Der Schutz von Geschäftsgeheimnissen im Gerichtsprozess unter Beachtung von Art. 6 EMRK

Kölner Schriften zu Recht und Staat

Herausgegeben von
Prof. Dr. Hartmut Schiedermair und
Prof. Dr. Bernhard Kempen

Band 63

PETER LANG

Kristina Kober

Der Schutz von Geschäftsgeheimnissen im Gerichtsprozess unter Beachtung von Art. 6 EMRK

Die Umsetzung von Art. 9 der europäischen Richtlinie über den Schutz von Geschäftsgeheimnissen in den Mitgliedstaaten der Europäischen Union

PETER LANG

Bibliografische Information der Deutschen Nationalbibliothek
Die Deutsche Nationalbibliothek verzeichnet diese Publikation in der Deutschen Nationalbibliografie; detaillierte bibliografische Daten sind im Internet über http://dnb.d-nb.de abrufbar.

Zugl.: Köln, Univ., Diss., 2021

Abbildung auf dem Umschlag:
Historisches Universitätssiegel
der Universität zu Köln.

Gedruckt auf alterungsbeständigem, säurefreiem Papier.

D 38
ISSN 1433-0253
ISBN 978-3-631-86276-6 (Print)
E-ISBN 978-3-631-86487-6 (E-PDF)
E-ISBN 978-3-631-86488-3 (EPUB)
DOI 10.3726/b18905

Peter Lang – Berlin · Bern · Bruxelles · New York ·
Oxford · Warszawa · Wien

www.peterlang.com

Ich widme diese Arbeit meinen Eltern
in Dankbarkeit für ihre Unterstützung.

Vorwort und Danksagung

Die vorliegende Arbeit wurde im Wintersemester 2020/2021 von der Rechtswissenschaftlichen Fakultät der Universität zu Köln als Dissertation angenommen. Sie berücksichtigt Gesetzgebung, Rechtsprechung und Literatur, die bis September 2020 veröffentlicht wurde.

Gedankt sei an dieser Stelle meinem Doktorvater, Herrn Prof. Dr. Bernhard Kempen, für den gewährten Freiraum bei der Bearbeitung des Themas sowie die uneingeschränkte Unterstützung und ausgezeichnete Betreuung meiner Arbeit. Bedanken möchte ich mich auch bei Prof. Dr. Burkhard Schöbener für die rasche Erstellung des Zweitgutachtens und Abnahme meiner mündlichen Prüfung.

Zum Dank verpflichtet bin ich des weiteren Herrn Rechtsanwalt Dr. Thomas Farkas, der den Anstoß für das Thema der Dissertation gab und mir durch die vielen Diskussionen in der Anfangsphase eine leichte Einarbeitung in die Themenstellung ermöglichte. Bedanken möchte ich mich außerdem bei Herrn Rechtsanwalt Dr. Tobias Maier, der mich während meiner dissertationsbegleitenden Tätigkeit als Rechtsanwältin in meinem Promotionsvorhaben stets bestärkt und auch meine berufliche Spezialisierung gefördert hat. Herzlicher Dank gilt schließlich Herrn Dr. Jan Botterweck, Richter am Amtsgericht Düren, der mich im Rahmen der Endkorrektur dieser Arbeit unterstützt und insbesondere durch wertvolle Anregungen aus der richterlichen Praxis meine Dissertation bereichert hat.

Im Besonderen hervorzuheben sind zu guter Letzt meine lieben Eltern, die mich während meiner gesamten Ausbildung bedingungslos unterstützt und mir bei all meinen Vorhaben stets zur Seite gestanden haben. Ihnen ist diese Arbeit gewidmet. Insbesondere mein Vater, Herr Rechtsanwalt Dr. Richard Kober, war mir eine wertvolle Hilfe und hat vor allem durch seine sorgfältigen Korrekturarbeiten in der Endphase entscheidend zum Gelingen dieser Arbeit beigetragen. Ihm gilt mein besonderer Dank.

Köln, im Juli 2021
Kristina Kober

Inhaltsverzeichnis

Abkürzungsverzeichnis

Hinsichtlich der verwendeten Abkürzungen wird verwiesen auf: *Kirchner, Hildebert*, Abkürzungsverzeichnis der Rechtssprache, 9. Auflage 2018.

Im Übrigen gelten die folgenden Abkürzungen:

AEMR	Allgemeine Erklärung der Menschenrechte
AEUV	Vertrag über die Arbeitsweise der Europäischen Union
Einl.	Einleitung
GeschGehG	Geschäftsgeheimnisgesetz
GRC	Grundrechtecharta
MarkenG	Markengesetz

A. Einleitung und Gang der Untersuchung

Geschäftsgeheimnisse sind für Unternehmen und Forschungseinrichtungen jeder Art und Größe sowie jeglichen Wirtschaftszweiges von wesentlicher Bedeutung. Sie können in vielfältiger Weise in einem Unternehmen vorliegen und sind insbesondere im technologischen und kaufmännischen Bereich zu finden, beispielsweise in Form von Produktionsprozessen, Forschungsergebnissen, Erfindungen, Geschäfts- und Marktstrategien, Vertriebskonzepten oder Kunden- und Lieferantendaten.[1] Solche Informationen stellen immaterielle Vermögenswerte dar, die erhebliche Wettbewerbsvorteile schaffen können und somit den Erfolg eines Unternehmens am globalen Markt entscheidend mitbestimmen. Geschäftsgeheimnisse gehören regelmäßig zu den wertvollsten Vermögenswerten eines Unternehmens und sind maßgeblich für die unternehmerische Wettbewerbsfähigkeit.[2] Es handelt sich dabei um intellektuelles Kapital, dem als Wirtschaftsgut eine herausragende und existenzielle Bedeutung zukommt und dessen Schutz daher ebenso bedeutsam ist wie der Schutz materieller Vermögenswerte.[3]

Hinzu kommt, dass der Wert von Geschäftsgeheimnissen in den zurückliegenden Jahrzehnten deutlich gestiegen ist. Grund hierfür ist die stetig steigende Komplexität von Produkten und Fertigungsprozessen, die sich parallel mit einer Schwerpunktverlagerung von Mechanik hin zu Elektrik, Elektronik, Software- und Computertechnologie entwickelt hat.[4] Die verbreitete Digitalisierung von Informationen und die allgegenwärtige Zugriffsmöglichkeit auf das Internet

---

1 BVerfGE 115, 205, 230 – *Deutsche Telekom*; BGH, GRUR 2003, 453 – *Verwertung von Kundenlisten*; *Ann*, in: Ann/et al., Praxishandbuch, Kap. 1, Rn. 74; *Ann/et al.*, Auskunftsanspruch und Geheimnisschutz, Rn. 18 ff., 371; *Baker & McKenzie*, Study on Trade Secrets, S. 1; *Buck*, in: jM 2020, 59, 60; *Kallerhoff/Mayen*, in: Sachs/Schmitz, VwVfG, § 30, Rn. 13; *Reinfeld*, GeschGehG, § 1, Rn. 168; *Rosenthal/Hamann*, in: NJ 2019, 321; *Stadler*, in: NJW 1989, 1202.

2 *Alexander*, in: Köhler/et al. UWG, Vorb. § 1 GeschGehG, Rn. 38 ff.; *Stürner*, in: JZ 1985, 453; *Wiese*, EU-Richtlinie, S. 2.

3 BGHZ 16, 172, 175 f. – *Dücko*; *Bartenbach*, Patentlizenz- und Know-how-Vertrag, Rn. 2532; *Hauck*, in: MüKo UWG, Bd. 1, Teil I, Rn. 272; *Kalbfus*, in: GRUR-Prax 2017, 391, 392; *Müllmann*, in: WRP 2018, 1177.

4 *Huber*, in: Ann/et al., Praxishandbuch, Kap. 1, Rn. 235; *Harte-Badendamm*, in: Harte-Bavendamm/Henning-Bodewig, UWG, Vorb. § 17, Rn. 1; *Wiese*, EU-Richtlinie, S. 2.

vereinfachen jede Form der Spionage und machen sie umso gefährlicher.[5] Der in der deutschen Wirtschaft durch Ausspähungshandlungen zu verzeichnende Schaden beträgt jährlich in etwa 50 Milliarden Euro.[6] Die Gefahr einer Verletzung ist nicht nur von außen zu befürchten, der Geheimnisverlust resultiert in den meisten Fällen aus einem Verrat durch eigene Angestellte, die sich hieraus einen wirtschaftlichen Vorteil erhoffen.[7] Laut einer Umfrage waren im Jahr 2014 rund 26,9 % der befragten Unternehmen Opfer von konkreten Spionagehandlungen, wobei mittlere Unternehmen (30,8 %) und Kleinunternehmen (17,2 %) den größten Teil der Betroffenen ausmachten.[8] Weitere 27,4 % verzeichneten zumindest Verdachtsfälle, sodass sich insgesamt jedes zweite Unternehmen mit dem Thema Spionage auseinandersetzen musste.[9] Dabei sind insbesondere kleine und mittlere Unternehmen sowie Start-up-Unternehmen in besonderem Maße auf Geschäftsgeheimnisse angewiesen, da es ihnen häufig an entsprechend ausgebildetem Fachpersonal und finanziellen Möglichkeiten für die Verfolgung, Verwaltung und Verteidigung von geistigen Eigentumsrechten fehlt.[10]

Auch auf europäischer Ebene hat man die Bedeutung und die Schutzbedürftigkeit von Geschäftsgeheimnissen früh erkannt. So stellte der EuGH bereits

---

5 *Europäischer Wirtschafts- und Sozialausschuss*, Stellungnahme vom 16.7.2014, C 226/49, Ziff. 4.7; *Hernandez*, Trade Secret Protection in the U.S. and EU., S. 14; *Hiéramente*, in: BeckOK GeschGehG, § 1, Rn. 5; *Hillenbrand*, Betriebs- und Geschäftsgeheimnis, S. 2; *Hogan Lovells International LLP*, Report on Trade Secrets, Ziff. 19; *Müllmann*, in: WRP 2018, 1177, 1179; *Winzer*, Schutz von Geschäftsgeheimnissen, Rn. 5.

6 *Hoeren/Münker*, in: WRP 2018, 150.

7 *Baker & McKenzie*, The Board Ultimatum, S. 7; *Harte-Bavendamm*, in: Harte-Bavendamm/et al., GeschGehG, Einl., Kap. A, Rn. 47, § 2, Rn. 61; *Rath/et al.*, Erste Hilfe GeschGehG, S. 9; *Sander*, in: GRUR Int. 2013, 217, 218 f.; *Thiel*, in: WRP 2019, 700, 703; *Voigt/et al.*, in: BB 2016, 142, 145; *Winzer*, Schutz von Geschäftsgeheimnissen, Rn. 6; *Ziegelmayer*, CR 2018, 693, 695.

8 *Corporate Trust*, Studie: Industriespionage 2014, S. 8, 13, 73.

9 *Corporate Trust*, Studie: Industriespionage 2014, S. 8, 13, 73.

10 Europäische Kommission, Vorschlag vom 28.11.2013 für eine Richtlinie des Europäischen Parlaments und des Rates über den Schutz vertraulichen Know-hows und vertraulicher Geschäftsinformationen (Geschäftsgeheimnisse) vor rechtswidrigem Erwerb sowie rechtswidriger Nutzung und Offenlegung, COM(2013) 813 final, 2013/0402 (COD), S. 3, abrufbar unter: https://eur-lex.europa.eu/legal-content/DE/TXT/PDF/?uri=CELEX:52013PC0813&from=DE (Abrufdatum: August 2020); *Europäisches Parlament*, Arbeitsdokument SWD (2013) 471, S. 1, 3; *EWSA*, Stellungnahme 2014/C 226/09, Ziff. 1.2, 1.4., 4.4.; *Ohly*, in: Harte-Bavendamm/et al., GeschGehG, Einl., Kap. A, Rn. 1.

im späten 20. Jahrhundert fest, dass der Schutz von Geschäftsgeheimnissen ein allgemeiner Grundsatz des Unionsrechts und das berechtigte Interesse der Geheimnisträger an der Geheimhaltung ihrer wertvollen Informationen stets zu berücksichtigen sei.[11] Schließlicht liegt die Wahrung eines unverfälschten Wettbewerbs auch im Interesse der Allgemeinheit.[12] Geschäftsgeheimnisse genießen Schutz durch die Charta der Grundrechte der Europäischen Union (GRCh) und fallen in den Anwendungsbereich des Art. 16 bzw. Art. 17 GRCh.[13] Ausdrückliche Erwähnung finden sie zudem in Art. 41 Abs. 2 lit. b GRCh, wonach bei der Entscheidung über das Recht auf Aktenzugang berechtigte Interessen der Vertraulichkeit sowie Berufs- und Geschäftsgeheimnisse stets zu berücksichtigen sind. Zudem generiert das in Art. 8 EMRK sowie Art. 7 GRCh normierte und weit zu verstehende Recht auf Achtung des Privatlebens auch Schutz für berufliche und geschäftliche Tätigkeiten, also auch für Geschäftsgeheimnisse.[14] Ebenso Erwähnung finden Geschäftsgeheimnisse in Art. 339 AEUV, der neben den übrigen primärrechtlichen Anknüpfungspunkten als Grundlage für den allgemeinen europarechtlichen Grundsatz eines Schutzes von Geschäftsgeheimnissen herangezogen wird.[15]

In Anbetracht der herausragenden Bedeutung der „*Währung der wissensbasierten Wirtschaft*“[16] und dem Erfordernis eines einheitlichen europäischen Schutzstandards wurde im Jahr 2016 die Richtlinie (EU) 2016/943 über den Schutz vertraulichen Know-hows und vertraulicher Geschäftsinformationen (Geschäftsgeheimnisse) vor rechtswidrigem Erwerb sowie rechtswidriger

---

11 EuGH, Urteil vom 24.6.1986, Rs. 53/85, Slg. 1986, I-1965, Ziff. 28 – *AKZO Chemie/Kommission*; EuGH, Urteil vom 19.5.1994, Rs. C-36/92 P, Slg. 1994, I-1911, Ziff. 37 – *SEP/Kommission*; EuGH, Urteil vom 14. Februar 2008, Rs. C-450/06, Slg. 2008, I-601, Ziff. 49 – *Varec/Belgien*; EuGH, Urteil vom 29.3.2012, Rs. C-1/11, EuZW 2012, 360, Ziff. 43 – *Intersoh/SAM*; EuGH, Urteil vom 19.6.2018, Rs. C-15/16, EuZW 2018, 697, Ziff. 53 – *Bundesanstalt für Finanzdienstleistung/Baumeister*.

12 EuGH, Urteil vom 14.02.2008, Rs. C-450/06, Slg. 2008, I-601, Ziff. 50 – *Varec/Belgien*

13 EuGH, Urteil vom 22.01.2013, Rs. C-283/11, EuZW 2013, 347, Ziff. 34 – *Sky Österreich/KommAustria*; EuGH, Urteil vom 27.3.2014, Rs. C-314/12, EuZW 2014, 388, Ziff. 49 – *UPC Telebakel/Constantin*; *Alexander*, in: Köhler/et al. UWG, Vorb. § 1 GeschGehG, Rn. 7; *Winzer*, Schutz von Geschäftsgeheimnissen, Rn. 55; *Wollenschläger*, in: Von der Groeben/et al., Europäisches Unionsrecht, Art. 16 GRCh, Rn. 8.

14 EGMR, Urteil vom 16.12.1991, NJW 1993, 718, Ziff. 29 – *Niemietz/Deutschland*; EuGH, Urteil vom 14. Februar 2008, Rs. C-450/06, Slg. 2008, I-601, Ziff. 48 – *Varec/Belgien*.

15 *Alexander*, in: Köhler/et al., UWG, Vorb. § 1 GeschGehG, Rn. 6 ff.

16 Erwägungsgrund Nr. 24 der Richtlinie (EU) 2016/943.

Nutzung und Offenlegung (im Folgenden benannt als „(EU-)Richtlinie“ oder „(EU-)Geschäftsgeheimnis-Richtlinie“) erlassen. Darin normiert der europäische Gesetzgeber erstmalig umfangreiche Regelungen zum Schutz von Geschäftsgeheimnissen und stellt fest, dass Geschäftsgeheimnisse in Gerichtsprozessen besonders schutzbedürftig sind und es daher auch entsprechender prozessualer Vorgaben bedarf.

I. Prozessuale Schutzbedürftigkeit von Geschäftsgeheimnissen

Ein nach allgemeinen Grundsätzen öffentlich zu führender Gerichtsprozess, der ein Geschäftsgeheimnis zum Gegenstand hat, stellt ein großes Wagnis für den jeweiligen Geheimnisinhaber dar. So steht etwa in einem gerichtlichen Verfahren wegen der Offenbarung einer geheimen Information das möglicherweise verletzte Geheimnis im Mittelpunkt der Verhandlung. Zur Durchführung des Verletzungsverfahrens und Urteilsfindung bedarf es der zweifelsfreien Feststellung, ob überhaupt ein schutzwürdiges Geschäftsgeheimnis vorliegt und eben jenes verletzt wurde. Hierfür muss der Kläger im Sinne einer wahrheitsgemäßen Sachverhaltsaufklärung alle entscheidungsrelevanten Umstände, also auch das streitgegenständliche Geheimnis selbst, zumindest teilweise umfangreich darlegen und beweisen. Entsprechende Beweiserleichterungen, die den Geheimnisträger vor einer ungewollten Offenbarung schützen, sind im deutschen Recht nicht vorgesehen.[17] Dabei besteht nicht nur die Gefahr, dass zum Zwecke einer substantiierten und hinreichend bestimmten Anspruchsbegründung oder effektiven Verteidigung die missbräuchlich verwendete Information erst in der mündlichen Verhandlung öffentlich diskutiert wird. Vielmehr ist eine Offenlegung bereits im vorbereitenden Stadium des Gerichtsverfahrens durch Einreichung und Zustellung der Klageschrift zu befürchten.[18]

Gleiches gilt im Nachgang für die Tenorierung und Begründung des Urteils.[19] Nach neueren Entscheidungen ist es nämlich nicht ausreichend, im Antrag

17 BGH, NJW 1983, 171, 172; *Ann*, in: Ann/et al., Praxishandbuch, Kap. 7, Rn. 49; *Dumont*, in: BB 2018, 2441, 2442; *Gärtner/Goßler*, in: Mitt. 2018, 204, 206; *Heusch/et al.*, in: GRUR Int. 2015, 932, 938 f.

18 *Deichfuß*, in: GRUR-Prax 2012, 449, 450; Druschel/*Jauch*, in: BB 2018, 1218, 1219; *Hauck*, in: NJW 2016, 2218, 2221; *McGuire*, in: GRUR 2015, 424, 429; *Rojahn*, in: FS Loewenheim, 251, 254; *Winzer*, Schutz von Geschäftsgeheimnissen, Rn. 221, 224.

19 *Platzer*, Der Schutz von Unternehmensgeheimnissen, S. 146; *Winzer*, Schutz von Geschäftsgeheimnissen, Rn. 14.

beispielsweise lediglich von „Kundendaten des Klägers“ zu sprechen, deren Herausgabe verlangt oder Verbreitung untersagt werden soll.[20] Vielmehr bedarf es entsprechend § 253 Abs. 2 Nr. 2 ZPO einer detaillierten Umschreibung, die den Streitgegenstand unverwechselbar konkretisiert.

Auf diese Weise erhalten sowohl alle Verfahrensbeteiligten als auch regelmäßig die anwesende Öffentlichkeit umfangreich Kenntnis von der so wertvollen Information. Bereits die Kenntnis nur einer unberechtigten Person kann aber dazu führen, dass die Information ihre so wertvolle Geheimniseigenschaft verliert. Dabei gilt insbesondere zu berücksichtigen, dass gerade in einem Verletzungsprozess häufig ein an der Information besonders interessierter Wettbewerber der klagenden Partei selbst oder aber ein Mitarbeiter eines Wettbewerbers auf der Gegenseite steht oder jedenfalls der öffentlichen Verhandlung beiwohnt.[21] Zudem geschieht eine Offenbarung des Geschäftsgeheimnisses unabhängig davon, wie das Verfahren ausgeht und das Gericht letztlich entscheidet. Der Geheimnisträger steht also vor der unangenehmen Wahl, ein Geschäftsgeheimnis für einen möglichen, aber nicht sicheren Prozesserfolg herzugeben.[22] Da zu befürchten ist, dass im Laufe des Gerichtsverfahrens das streitgegenständliche Geheimnis offenbart werden muss, lag es bislang oft nahe, von einem prozessualen Vorgehen gegen eine mutmaßliche Geheimnisverletzung gänzlich Abstand zu nehmen.[23] Viele entschieden sich daher für eine alternative

20 *Schlingloff*, in: WRP 2018, 666, 667.

21 *Ann*, in: Ann/et al., Praxishandbuch, Kap. 7, Rn. 336; *Druschel/Jauch*, in: BB 2018, 1218, 1219; *Stadler*, in: NJW 1989, 1202; *Stürner*, Aufklärungspflicht, S. 219.

22 *Ann*, in: GRUR-Prax 2016, 465, 467; *Ann*, in: Ann/et al., Praxishandbuch, Kap. 7, Rn. 3, 49; *Bahner*, Geheimnisschutz, S. 160 f., 215; *BDP*, Stellungnahme, S. 1; *Druschel/Jauch*, in: BB 2018, 1218, 1219; *Gregor*, in: BeckOK GeschGehG, § 19, Rn. 1; *Hauck*, in: NJW 2016, 2218, 2221 f.; *Kalbfus*, in: Harte-Bavendamm/et al., GeschGehG, Vorb. §§ 16–20, Rn. 1; *Lachmann*, in: NJW 1987, 2206, 2210; *Laoutoumai/Baumfalk*, in: WRP 2018, 1300, 1301, 1304; *Lapousterle/et al.*, in: EIPR 2016, 255, 260; *Maier*, Schutz von Betriebs- und Geschäftsgeheimnissen, S. 262; *Malmström*, Schutz von Betriebs- und Geschäftsgeheimnissen, S. 158, 189; *Mayen*, in: NVwZ 2003, 537, 539; *McGuire*, in: GRUR 2015, 424, 428; *Ohly*, in: GRUR 2019, 441, 449; *Pagenberg*, in: CR 1991, 65; *Stadler*, in: NJW 1989, 1202 f.; *Stadler*, Schutz von Unternehmensgeheimnissen, S. 117, 149, 368; *Stürner*, Aufklärungspflicht, S. 226 f.; *Stürner*, in: JZ 1985, 453, 457; *Wiese*, EU-Richtlinie, S. 209; *Winzer*, Schutz von Geschäftsgeheimnissen, Rn. 12, 540; *Wrede*, Geheimverfahren, S. 62, 204.

23 Erwägungsgrund Nr. 24 der Richtlinie (EU) 2016/943; *EUIPO*, Rechtsschutz für Geschäftsgeheimnisse, S. 8; *Alexander*, in: Köhler/et al., UWG, § 16 GeschGehG, Rn. 1; *Druschel/Jauch*, in: BB 2018, 1218; *Götting/Nordemann*, NK UWG, Vorb. §§ 17–19,

Streitbeilegung, die sowohl aus Zeit- und Kostengründen als auch im Hinblick auf die Vertraulichkeit vorzugswürdig schien.[24] So schätzte der deutsche Bundesrat, dass insgesamt lediglich zwanzig der im Jahr 2018 vor deutschen Gerichten geführten Verfahren eine Geheimnisverletzung zum Gegenstand hatten.[25] Eine ähnlich niedrige Anzahl an gerichtlich geführten Geheimnisstreitsachen war auch in allen übrigen EU-Mitgliedstaaten zu verzeichnen.[26] Die nur sehr geringen Fallzahlen verzögern eine Fortentwicklung des Prozessrechts und der grundrechtlich garantierte freie Zugang zu den Gerichten wird durch diese hemmende Wirkung jedenfalls mittelbar eingeschränkt.[27]

Zudem verlieren die zum Geheimnisschutz vorgesehenen Maßnahmen, Verfahren und Rechtsbehelfe erheblich an Wirksamkeit und Bedeutung. Die einschränkende Wirkung betrifft nicht nur den Geheimnisträger selbst, sondern auch den vermeintlichen Verletzer, der in einem gegen ihn geführten Prozess zu der ihm vorgeworfenen Verletzungshandlung Stellung nehmen soll, aber hiervon möglicherweise zum Schutz seiner eigenen Geheimhaltungsinteressen Abstand nimmt. So befürchtete beispielsweise das beklagte Unternehmen Apple in seinem jüngsten Patentstreit vor dem Landgericht München, dass durch die Offenlegung technischer Pläne die Geheimhaltungsinteressen eines Zulieferers verletzt würden, und machte daher keine tiefer gehenden Ausführungen zu seiner Verteidigung.[28] Auch dieser Effekt widerspricht dem Sinn und Zweck geltenden Rechts. Dabei stellte bereits Joseph Kohler Ende des 19. Jahrhunderts fest, dass ein Geschäftsgeheimnis ein rechtliches Gut ist, das vor Eingriffen Dritter geschützt werden muss und insbesondere nicht durch die Rechtsordnung im Prozess gebrochen werden darf.[29]

Rn. 19; *Hogan Lovells International LLP*, Report on Trade Secrets, Ziff. 277 f.; *Kalbfus*, in: WRP 2019, 692; *MPI*, Stellungnahme zum Referentenentwurf, S. 14; *Kalbfus*, in: Harte-Bavendamm/et al., GeschGehG, Vorb. §§ 16–20, Rn. 2; *Pagenberg*, in: CR 1991, 65 f.; *Rath/et al.*, Erste Hilfe GeschGehG, S. 43; *Rengier*, in: Fezer/et al., UWG, § 17, Rn. 83; *Schlingloff*, in: WRP 2018, 666; *Wiese*, EU-Richtlinie, S. 209.

24 *Winzer*, Schutz von Geschäftsgeheimnissen, Rn. 12.

25 BR-Drucks. 382/18.

26 *Hogan Lovells International LLP*, Report on Trade Secrets, Ziff. 277 f.

27 *Wiese*, EU-Richtlinie, S. 210.

28 *Semrau-Brandt*, in: GRUR-Prax 2019, 127.

29 *Kohler*, Prozessrechtliche Forschungen, S. 83.

II. Ziel der Untersuchung

In Anbetracht der besonderen Schutzbedürftigkeit stellt die EU-Geschäftsgeheimnis-Richtlinie spezifische Anforderungen an die nationalen Gesetzgeber der EU-Mitgliedstaaten, um die Vertraulichkeit eines Geschäftsgeheimnisses auch während eines Gerichtsverfahrens sicherzustellen. Aufgrund der bis zum 9. Juni 2018 vorgesehenen Umsetzung der Richtlinie in den Mitgliedstaaten wurden entsprechend der europäischen Vorgaben diverse Verfahrensmaßnahmen entwickelt, um den Schutz von Geschäftsgeheimnissen auch im Gerichtsverfahren zu garantieren. Dabei ist es von besonderer Herausforderung, eine Balance zu schaffen zwischen dem Geheimnisschutz einerseits und den Grundsätzen eines fairen Verfahrens andererseits, die eine insgesamt ausgewogene Rechteverteilung fordern. Ziel dieser Arbeit ist es, herauszuarbeiten, welche Anforderungen an den Schutz von Geschäftsgeheimnissen im Gerichtsprozess zu stellen sind und durch welche Maßnahmen ein effektiver Geheimnisschutz unter Beachtung der Grundsätze eines fairen Verfahrens herbeigeführt werden kann. Hierzu wird zunächst ein Blick auf die Hintergründe der Richtlinie und die in ihr formulierten Anforderungen an Geschäftsgeheimnisse als solche und ihren Schutz im Gerichtsprozess geworfen. Die Richtlinie selbst setzt ausdrücklich voraus, dass bei der Entscheidung über Geheimhaltungsmaßnahmen stets das Recht auf ein faires Verfahren zu berücksichtigen ist. Daher werden im Anschluss an die Ausführungen zur EU-Richtlinie Bedeutung und Umfang des in Art. 6 EMRK geregelten europarechtlichen Fairnessgrundsatzes näher beleuchtet.

In einem nächsten Schritt werden die verschiedenen Umsetzungsmaßnahmen der EU-Mitgliedstaaten[30] dargestellt und bewertet. Dabei liegt der Schwerpunkt auf einer Analyse der bisherigen rechtlichen Situation in Deutschland und der Umsetzungsmaßnahmen des deutschen Gesetzgebers. Es folgt eine Zusammenfassung der neuen Gesetzeslage in den übrigen EU-Mitgliedstaaten, wobei erwähnenswerte Bemühungen einzelner nationaler Gesetzgeber besonders hervorgehoben werden. Daran anschließend werden mit Blick auf andere Rechtsgebiete im In- und Ausland weitere mögliche Methoden zum Geheimnisschutz im Gerichtsprozess dargestellt und dahingehend überprüft, ob sie im Hinblick auf die Vorgaben der Richtlinie und der europarechtlichen Grundsätze

30 Die rechtsvergleichende Darstellung umfasst alle Länder, die zum Ablauf der Umsetzungsfrist der EU-Richtlinie am 9.6.2018 Mitgliedstaaten der Europäischen Union waren.

eine zweck- und rechtmäßige Balance zwischen dem Geheimnisschutz einerseits und den Grundsätzen eines fairen Verfahrens andererseits schaffen können. Abschließend folgt die Entwicklung eines Lösungsvorschlages zur Generierung eines bestmöglichen Geheimnisschutzes im Hinblick auf die beschriebene Problematik sowie eine entsprechende Überarbeitung der gesetzlichen Regelungen für einen prozessualen Geheimnisschutz im deutschen Recht.

B. Die EU-Geschäftsgeheimnis-Richtlinie

I. Entstehungsgeschichte der Richtlinie

Trotz eines umfangreich harmonisierten europäischen Wirtschaftsrechts fehlte es bislang an gesetzlichen Regelungen zum Schutz von Betriebs- und Geschäftsgeheimnissen.[31] Die Europäische Kommission erkannte den Bedarf an EU-weit einheitlichen Regelungen und forderte im Jahr 2011 im Rahmen der von ihr entwickelten Gesamtstrategie zur Schaffung eines integrierten Binnenmarktes entsprechend verbesserte Rahmenbedingungen.[32] Aufgrund der Komplexität der Materie ließ die Kommission zwei umfangreiche Studien über den Schutz von Unternehmensgeheimnissen durchführen, um alle diesbezüglichen Hintergründe und die rechtliche Situation innerhalb Europas zusammenzufassen.[33] Auch die in Auftrag gegebenen Studien veranschaulichten die herausragende Bedeutung von Geschäftsgeheimnissen und das Fehlen einer einheitlichen Rechtsordnung innerhalb der Europäischen Union.[34]

Ende November 2013 legte die Kommission dann einen Vorschlag für eine Richtlinie über den Schutz vertraulichen Know-hows und vertraglicher Geschäftsinformationen (Geschäftsgeheimnisse) vor rechtswidrigem Erwerb sowie rechtswidriger Nutzung und Offenlegung vor.[35] Im Mai des Folgejahres wurde eine konsolidierte Entwurfsfassung vom Rat beschlossen.[36] Ein weiteres

---

31 *Alexander*, in: Köhler/et al., UWG, Vorb. § 1 GeschGehG, Rn. 10 f.; *Schubert*, in: Franzen/et al., EuArbR, Art. 1, Rn. 1.

32 *Europäische Kommission*, Mitteilung KOM(2011) 287, S. 19 ff.

33 *Alexander*, in: Köhler/et al., UWG, Vorb. § 1 GeschGehG, Rn. 12; *Wiese*, EU-Richtlinie, S. 7.

34 *Baker & McKenzie*, Study on Trade Secrets, S. 85 ff.; *Hogan Lovells International LLP*, Report on Trade Secrets, Ziff. 19 ff., 288 ff.

35 Europäische Kommission, Vorschlag vom 28.11.2013 für eine Richtlinie des Europäischen Parlaments und des Rates über den Schutz vertraulichen Know-hows und vertraulicher Geschäftsinformationen (Geschäftsgeheimnisse) vor rechtswidrigem Erwerb sowie rechtswidriger Nutzung und Offenlegung, COM (2013) 813 final, 2013/0402 (COD), abrufbar unter: https://eur-lex.europa.eu/legal-content/DE/TXT/PDF/?uri=CELEX:52013PC0813&from=DE (Abrufdatum: August 2020).

36 Rat der Europäischen Union, Vorschlag vom 19.5.2015 für eine Richtlinie des Europäischen Parlaments und Rates über den Schutz vertraulichen Know-hows und vertraulicher Geschäftsinformationen (Geschäftsgeheimnisse) vor rechtswidrigem Erwerb sowie rechtswidriger Nutzung und Offenlegung, 9870/14 PI 67, CODEC 1295.

Jahr später legte der Rechtsausschuss des Europäischen Parlaments im Juni 2015 einen neuen Entwurf vor, der als Grundlage für die bevorstehenden Verhandlungen zwischen dem Rat der Europäischen Union, dem Europäischen Parlament und der Europäischen Kommission diente.[37] Die inoffiziellen Trilog-Verhandlungen verliefen intensiv, sodass der von der Europäischen Kommission unterbreitete Vorschlag vergleichsweise zögerlich erst zu einem Richtlinienentwurf und dann zu einem Richtlinientext fortentwickelt wurde.[38] Im April 2016 nahm das Europäische Parlament die neue Richtlinie mit 503 zu 131 Stimmen an.[39] Mehr als zweieinhalb Jahre nach Vorlage des ersten Richtlinienvorschlags, dessen Grundzüge bereits auf der GRUR-Jahrestagung 2013[40] skizziert worden waren, wurde die Richtlinie im Juni 2016 veröffentlicht[41] und trat kurz darauf am 5. Juli 2016 in Kraft.[42] Der Erlass der EU-Geschäftsgeheimnis-Richtlinie beruht auf der in Art. 114 AUEV normierten Ermächtigungsgrundlage. Die Umsetzungsfrist endete entsprechend Art. 12 Abs. 1 S. 1 EU-Richtlinie bereits am 9. Juni 2018. In einigen Mitgliedstaaten erfolgte die Umsetzung erst einige Zeit nach dem Ablauf dieser Frist. Allerdings waren diese bereits mit Ablauf der Umsetzungsfrist dazu verpflichtet, die europarechtlichen Vorgaben jedenfalls im Rahmen einer richtlinienkonformen Auslegung nationaler Vorschriften zu berücksichtigen.[43]

---

37 Europäisches Parlaments, Bericht vom 22.6.2015 über den Vorschlag für eine Richtlinie des Europäischen Parlaments und des Rates über den Schutz vertraulichen Know-hows und vertraulicher Geschäftsinformationen (Geschäftsgeheimnisse) vor rechtswidrigem Erwerb sowie rechtswidriger Nutzung und Offenlegung, A8-0199/2015; *Schubert*, in: Franzen/et al., EuArbR, Art. 1, Rn. 1.

38 *Ann*, in: GRUR-Prax 2016, 465; *Gärtner/Goßler*, in: Mitt. 2018, 204, 206; *Kalbfus*, in: Harte-Bavendamm/et al., GeschGehG, Einl., Kap. A, Rn. 77; *Lejeune*, in: CR 2016, 330, 331; *Rauer/Eckert*, in: DB 2016, 1239.

39 *Wiese*, EU-Richtlinie, S. 8.

40 *Ann*, Geheimnisschutz, S. 1 ff.; *Ohly*, Geheimnisschutz, S. 1 f.

41 Amtsblatt der Europäischen Union vom 15.6.2016, L 157, S. 1–18.

42 *Ann*, in: GRUR-Prax 2016, 465.

43 *Alexander*, in: WRP 2017, 1035, 1037; *Alexander*, in: Köhler/et al., UWG, Vorb. § 1 GeschGehG, Rn. 9, 60, 102; *Apel/Walling*, in: DB 2019, 891; *Kalbfus*, in: Harte-Bavendamm/Henning-Bodewig, UWG, Einl., Kap. A, Rn. 205; *Nettesheim*, in: Grabitz/et al., AEUV, Art. 288, Rn. 133; *Partsch/Rump*, in: NJW 2020, 118.

II. Rechtswirkung und Harmonisierung

Gemäß Art. 288 Abs. 3 AEUV entfaltet jede europäische Richtlinie eine verbindliche Wirkung für alle Mitgliedstaaten und findet nicht erst mit ihrer Umsetzung in das nationale Recht Berücksichtigung. Bereits vor dem Ablauf der durch die Richtlinie vorgegebenen Umsetzungsfrist entfaltet diese eine Art Vorwirkung in Form des sogenannten Frustrationsverbotes.[44] Das Verbot beruht auf dem Verbindlichkeitsanspruch und der in Art. 4 Abs. 3 EUV normierten Loyalitätspflicht.[45] Danach sind die Mitgliedstaaten bereits ab dem Tag des Inkrafttretens dazu verpflichtet, alle erforderlichen Maßnahmen zu ergreifen, um die rechtzeitige Erfüllung der durch die Richtlinie vorgegebenen Ziele sicherzustellen.[46] So besteht zwar keine Verpflichtung, die Richtlinie bereits vor dem Ablauf der Frist umzusetzen. Allerdings ist es den Mitgliedstaaten untersagt, die vorgesehene Umsetzung durch nationale Maßnahmen ernstlich zu gefährden.[47] Kommt ein Mitgliedstaat der Verpflichtung zur Umsetzung nicht innerhalb der hierfür vorgesehenen Frist nach, so findet die Richtlinie trotzdem mit Ablauf der Umsetzungsfrist unmittelbar Anwendung oder ist jedenfalls im Rahmen richtlinienkonformer Auslegung zu berücksichtigen.[48]

Trotz der verbindlichen Wirkung können die Mitgliedstaaten gemäß Art. 288 Abs. 3 AEUV frei entscheiden, in welcher Form und mit welchen Mitteln sie die vorgegebenen Ziele umsetzen. Die Richtlinie sieht nur für einige wenige Vorgaben eine Vollharmonisierung vor, die es den Mitgliedstaaten untersagt, abweichende Vorschriften beizubehalten oder zu erlassen. In den im Gesetz abschließend benannten Fällen dürfen die nationalen Gesetzgeber die Vorgaben der Richtlinie weder unter- noch überschreiten.[49] Die übrigen Regelungsfelder dienen gemäß Art. 1 Abs. 1 EU-Richtlinie lediglich als Mindeststandard,

---

44 *Calliess/Kahl/Puttler*, in: Calliess/Ruffert, EUV/AEUV, Art. 4 EUV, Rn. 102; *Kubitza*, in: EuZW 2016, 691; *Steinmann*, in: WRP 2019, 703, 705 f.

45 *McGuire*, in: Büscher, UWG, Einl. GeschGehG, Rn. 12; *Kubitza*, in: EuZW 2016, 691; *Steinmann*, in: WRP 2019, 703, 705.

46 EuGH, Urteil vom 18.12.1997, Rs. C-129/96, Slg. I-1997, 7411, Ziff. 47 – *Inter-Environment Wallonie;* EuGH, Urteil vom 8.5.2003, Rs. C-14/02, Slg. 2004, I-4431, Ziff. 58 – *ATRAL*; EuGH, Urteil vom 22.11.2005, Rs. C-144/04, Slg. 2005, I-9981, Ziff. 67 – *Mangold.*

47 EuGH, Urteil vom 18.12.1997, Rs. C-129/96, Slg. I 1997, 7411, Ziff. 48 – *Inter-Environment Wallonie.*

48 EuGH, Urteil vom 4.7.2006, Rs. C-212/04, Slg. 2006, 6091, Ziff. 115 – *Adeneler*; *Kubitza*, in: EuZW 2016, 691; *Steinmann*, in: WRP 2019, 703, 707 f., 710.

49 *Alexander*, in: Köhler/et al., UWG, Vorb. § 1 GeschGehG, Rn. 20 f.

sodass die Mitgliedsländer insofern unter Beachtung der Maßgaben der AEUV einen weitergehenden Schutz in ihre nationale Rechtsordnung aufnehmen können. Den Mitgliedstaaten kommt daher ein insgesamt weiter Gestaltungsspielraum zu.[50] Einzig vollharmonisierend sind die in Art. 1 Abs. 1 EU-Richtlinie genannten Artikel, die durch die nationalrechtlichen Umsetzungsmaßnahmen eingehalten werden müssen und keinen Spielraum für die nationalen Gesetzgeber vorsehen.

III. Hintergründe und Ziele der Richtlinie

1. Einheitlicher Schutzmaßstab

Ausweislich der Erwägungsgründe besteht das vordringliche Ziel der EU-Richtlinie darin, innerhalb der Europäischen Union ein einheitliches Mindestmaß an Schutz für Geschäftsgeheimnisse zu garantieren.[51] Auf internationaler Ebene hat es bereits Anstrengungen zur Schaffung eines grenzüberschreitenden Schutzes gegeben. Die Welthandelsorganisation hat durch das Übereinkommen über handelsbezogene Aspekte der Rechte des geistigen Eigentums von 1994 (im Folgenden benannt als „TRIPS-Abkommen") einen Mindeststandard für den Schutz geistigen Eigentums geschaffen, der unter anderem auch Vorgaben zum Schutz nicht offengelegter Informationen beinhaltet.[52] Art. 39 TRIPS-Abkommen normierte erstmalig ein multinationales Schutzinstrument für solche Kenntnisse, die weder nach dem Immaterialgüterrecht noch nach dem Urhebergesetz Schutz genießen.[53] Das Abkommen wurde von allen Mitgliedstaaten der Welthandelsorganisation ratifiziert und bindet sowohl die

50 *Alexander*, in: Köhler/et al., UWG, Vorb. § 1 GeschGehG, Rn. 20; *Falce*, in: ICC 2015, 940, 957; *Harte-Bavendamm*, in: Harte-Bavendamm/Henning-Bodewig, UWG, Vorb. § 17, Rn. 10a; *Kalbfus*, in: Harte-Bavendamm/et al., GeschGehG, Einl., Kap. A, Rn. 62; *Wiese*, EU-Richtlinie, S. 10.

51 Erwägungsgründe Nr. 6 bis 10 der Richtlinie (EU) 2016/943.

52 *Cook*, Trade Secret Protection, S. 5; *Hahn*, in: Calliess/Ruffert, EUV/AEUV, Art. 207 AEUV, Rn. 155; *Harte-Bavendamm*, in: Harte-Bavendamm/Henning-Bodewig, UWG, Vorb. § 17, Rn. 1; *Harte-Bavendamm*, in: Gloy/et al., Handbuch Wettbewerbsrecht, § 77, Rn. 4; *Heath*, in: ICC 2016, 755, 756; *Hillenbrand*, Betriebs- und Geschäftsgeheimnis, S. 8; *Kalbfuß/Harte-Bavendamm*, in: GRUR-Prax 2017, 391; *MPI*, in: GRUR Int. 2014, 554; *Müller-Stoy*, Nachweis und Besichtigung, Rn. 25.

53 *Brammsen*, UWG, Vorb. §§ 17–19, Rn. 10; *Hernandez*, Trade Secret Protection in the U.S. and EU, S. 3; *Peter/Wiebe*, in: Busche/et al., TRIPs, Art. 39, Rn. 3.

Europäische Union als Staatenverbund als auch jeden einzelnen ihrer Mitgliedstaaten.[54] Dabei richtet sich das Abkommen allerdings nur an seine Mitglieder und nicht an die Gerichte und Behörden der teilnehmenden Staaten, sodass diese nicht unmittelbar verpflichtet werden.[55]

Dem Abkommen kommt aufgrund seiner Zugehörigkeit zum System der Welthandelsorganisation als handelspolitischem Rechtssystem lediglich mittelbare Wirkung zu.[56] Das Recht der Welthandelsorganisation findet nicht aus sich heraus unmittelbare Anwendung, sondern nur indirekt aufgrund des Vorhandenseins von Sekundärrecht.[57] Es begründet lediglich eine Pflicht der einzelstaatlichen Gerichte und Behörden zur völkerrechtskonformen Auslegung nationalen Rechts im Lichte dieses Abkommens.[58] Aufgrund dieser nur mittelbaren Wirkung bestanden trotz der einheitlichen Vorgaben des TRIPS-Abkommens erhebliche Unterschiede zwischen den gesetzlichen Vorgaben in den Mitgliedstaaten hinsichtlich des Schutzes von Geschäftsgeheimnissen vor rechtswidrigem Erwerb und rechtswidriger Nutzung oder Offenlegung durch andere Personen.[59] So gab es insbesondere keine einheitliche Definition des Begriffs des Geschäftsgeheimnisses, sodass der Schutzumfang innerhalb der Europäischen Union erheblich variierte und nur schwer zu erschließen war. Teilweise unterschieden sich die in den Mitgliedsstaaten entwickelten Definitionsansätze sogar in wesentlichen Punkten.[60]

---

54 *Alexander*, in: Köhler/et al., UWG, Vorb. § 1 GeschGehG, Rn. 35; *Drexl*, in: MüKo BGB, Bd. 12, Teil 8, Rn. 104; *Hahn*, in: Calliess/Ruffert, EUV/AEUV, Art. 207 AEUV, Rn. 158; *Kalbfus*, in: Harte-Bavendamm/et al., GeschGehG, Einl., Kap. A, Rn. 154.

55 *Kur*, in: BeckOK MarkenR, Rn. 305; *Nettesheim*, in: Grabitz/et al., AUEV, Art. 288, Rn. 39, 109.

56 *Bahner*, Geheimnisschutz, S. 92, 98 f.; *Drexl*, in: MüKo BGB, Bd. 12, Teil 8, Rn. 99, 104; *Kur*, in: BeckOK MarkenR, Rn. 305; *Peter/Wiebe*, in: Busche/et al., TRIPs, Art. 39, Rn. 11.

57 *Drexl*, in: MüKo BGB, Bd. 12, Teil 8, Rn. 100.

58 EuGH, Urteil vom 16.6.1998, Rs. C-53/96, Slg. 1998, I-3603 – *Hermès International*; EuGH, Urteil vom 23.11.1999, Rs. C-149/96, Slg. 1999, I-8395 – *Portugal/Rat*; EuGH, Urteil vom 14.12.2000, Rs. C-300/98, Slg. 2000, I-11307 – *Dior und Assco*; EuGH, Urteil vom 13.9.2001, Rs. C-89/99, Slg. C-89/99 – *Schieving-Nijstad*; *Drexl*, in: MüKo BGB, Bd. 12, Teil 8, Rn. 100.

59 Erwägungsgrund Nr. 6 der Richtlinie (EU) 2016/943; *Ann*, in: GRUR-Prax 2016, 465; *Götting/Nordemann*, NK UWG, Vorb. §§ 17–19, Rn. 5, 11; *Hogan Lovells International LLP*, Report on Trade Secrets, Ziff. 4.

60 *Platzer*, Der Schutz von Unternehmensgeheimnissen, S. 6 ff.

Lediglich zwei Mitglieder der Europäischen Union, nämlich Italien[61] und Portugal[62], haben bereits vor dem Inkrafttreten der Richtlinie den Begriff in ihrem jeweiligen Gesetz zum gewerblichen Rechtsschutz näher definiert. Andere Länder wiederum definierten den Begriff in einem oder mehreren anderen Gesetzen. In Bulgarien beispielsweise waren entsprechende Definitionen in den ergänzenden Bestimmungen zum nationalen Gesetz über den Schutz des Wettbewerbs[63] sowie im Gesetz über den Zugang zu öffentlichen Informationen[64] zu finden. In einigen anderen Ländern fanden sich zumindest Definitionsansätze im entsprechenden Zivilgesetzbuch (Litauen[65], Tschechien[66] und Ungarn[67]), im Datenschutzgesetz (Kroatien[68]), Strafgesetzbuch (Finnland[69]), Handelsgesetz (Lettland[70]) oder im Gesetz gegen den unlauteren Wettbewerb

61 Art. 98 des italienischen Gesetzes zum gewerblichen Rechtsschutz (im Italienischen: *Codice della proprietà industriale*), veröffentlicht im italienischen Amtsblatt Nr. 52 am 4.3.2005, in Kraft seit 19.3.2005.

62 Art. 318 des portugiesischen Gesetzes zum gewerblichen Rechtsschutz (im Portugiesischen: *Código da Propriedade Industrial*), veröffentlicht im portugiesischen Amtsblatt Nr. 134/2008 am 25.7.2008, in Kraft seit 1.10.2008.

63 § 1 Abs. 9 des bulgarischen Wettbewerbsgesetzes (im Bulgarischen: *ЗАКОН ЗА ЗАЩИТА НА КОНКУРЕНЦИЯТА*) veröffentlicht im bulgarischen Staatsanzeiger Nr. 102/2008 am 28.11.2008, in Kraft seit 2.12.2008.

64 Art. 1 Abs. 5 der zusätzlichen Bestimmungen zum bulgarischen Gesetz über den Zugang zu öffentlichen Informationen (im Bulgarischen: *Закон за достъп до обществена информация*), veröffentlicht im bulgarischen Staatsanzeiger Nr. 55/2000 am 7.7.2000, in Kraft seit 7.8.2000.

65 Art. 1.116 Abs. 1 des lettischen Zivilgesetzbuches (im Litauischen: *Civilinis kodeksas*), veröffentlicht im litauischen Amtsblatt Nr. 74-2262 am 9.6.2000, in Kraft seit 18.7.2000.

66 § 504 des tschechischen Zivilgesetzbuches (im Tschechischen: *Zákon občanský zákoník)*, veröffentlicht im tschechischen Amtsblatt Nr. 89/2012 am 3.2.2012, in Kraft seit 22.3.2012.

67 Art. 2:47 Abs. 1 des fünften ungarischen Zivilgesetzbuches (im Ungarischen: *Évi V. Törvény a Polgári Törvénykönyvröl*), veröffentlicht im Amtsblatt der Republik Ungarn Nr. 31 am 16.2.2013, in Kraft seit 15.3.2013.

68 Art. 19 Abs. 1 des kroatischen Datenschutzgesetzes (im Kroatischen: *Zakon o zaštiti tajnosti podataka*), veröffentlicht im kroatischen Amtsblatt Nr. 108/96 am 23.12.1996, in Kraft seit 31.12.1996.

69 Kap. 30 § 11 des finnischen Strafgesetzbuches (im Finnischen: *Rikoslaki*), Änderung veröffentlicht im finnischen Amtsblatt Nr. 769/1990 am 24.8.1990, in Kraft seit 1.1.1991.

70 § 19 im lettischen Handelsgesetz (im Lettischen: *Komerclikums*), Änderung veröffentlicht im lettischen Amtsblatt Nr. 72 am 7 Mai 2004, in Kraft seit 21.5.2004.

(Rumänien[71], Polen[72], Estland[73] und Slowenien[74]). In Belgien[75], Dänemark[76], Deutschland[77], Frankreich[78], Griechenland[79], Irland[80], Luxemburg[81], Österreich[82], Spanien[83] und Zypern[84] fehlte es dagegen bisher gänzlich an einer gesetzlichen Definition. Der Begriff des Geschäftsgeheimnisses wurde in diesen Mitgliedstaaten ausschließlich durch die einschlägige Rechtsprechung näher definiert, wobei sich diese dabei häufig an der dem TRIPS-Abkommen zugrunde liegenden Definition orientierte.[85] Schweden ist das einzige Mitgliedsland der Europäischen Union, das dem Geschäftsgeheimnis bereits vor der Umsetzung

---

71 Art. 1[1] lit. b) des rumänischen Gesetzes zur Bekämpfung des unlauteren Wettbewerbs (im Rumänischen: *Lege privind combaterea concurenţei neloiale*), Änderung veröffentlicht im rumänischen Amtsblatt Nr. 313 am 7.6.2001, in Kraft seit 12.6.2001.

72 Art. 11 Abs. 2 des polnischen Gesetzes zur Bekämpfung des unlauteren Wettbewerbs (im Polnischen: *Ustawa o zwalczaniu nieuczciwej konkurencji*), Änderung veröffentlicht im polnischen Amtsblatt Nr. 153 am 26.6.2003, in Kraft seit 28.11.2003.

73 § 63 Abs. 1 des estnischen Wettbewerbsgesetzes (im Estnischen: *Konkurentsiseaduse*), Änderung veröffentlicht im estnischen Amtsblatt Nr. I/2007, 66, 408 am 22.11.2007, in Kraft seit 1.1.2008.

74 Art. 39 des slowenischen Wettbewerbsgesetzes (im Slowenischen: *Zakon o gospodarskih družbah*), Änderung veröffentlicht im slowenischen Amtsblatt am Nr. 65/2009 am 4.8.2009, in Kraft seit 1.9.2009.

75 *Cook*, Trade Secret Protection, S. 45; *EUIPO*, Rechtsschutz für Geschäftsgeheimnisse in den Mitgliedstaaten der EU, S. 4; *EUIPO*, Baseline, S. 16.

76 *Cook*, Trade Secret Protection, S. 114; *EUIPO*, Rechtsschutz für Geschäftsgeheimnisse in den Mitgliedstaaten der EU, S. 4; *EUIPO*, Baseline, S. 47.

77 *Cook*, Trade Secret Protection, S. 156; *EUIPO*, Rechtsschutz für Geschäftsgeheimnisse in den Mitgliedstaaten der EU, S. 4; *EUIPO*, Baseline, S. 57.

78 *Cook*, Trade Secret Protection, S. 139, 141; *EUIPO*, Rechtsschutz für Geschäftsgeheimnisse, S. 4; *EUIPO*, Baseline, S. 123.

79 *EUIPO*, Rechtsschutz für Geschäftsgeheimnisse, S. 4; *EUIPO*, Baseline, S. 95.

80 *Cook*, Trade Secret Protection, S. 203 f.; *EUIPO*, Rechtsschutz für Geschäftsgeheimnisse, S. 4; *EUIPO*, Baseline, S. 84.

81 *EUIPO*, Rechtsschutz für Geschäftsgeheimnisse, S. 4; *EUIPO*, Baseline, S. 191.

82 *Cook*, Trade Secret Protection, S. 31; *EUIPO*, Rechtsschutz für Geschäftsgeheimnisse in den Mitgliedstaaten der EU, S. 4; *EUIPO*, Baseline, S. 235.

83 *Cook*, Trade Secret Protection, S. 377, 379; *EUIPO*, Rechtsschutz für Geschäftsgeheimnisse, S. 4; *EUIPO*, Baseline, S. 110.

84 *EUIPO*, Rechtsschutz für Geschäftsgeheimnisse, S. 4; *EUIPO*, Baseline, S. 163.

85 *EUIPO*, Rechtsschutz für Geschäftsgeheimnisse, S. 4.

der Richtlinie ein eigenes Gesetz widmete und seine Bedeutung im ersten Abschnitt umfangreich definierte.[86]

Neben einer einheitlichen Definition fehlte es im europäischen Vergleich zudem an einem gewissen Maß an Kohärenz im Hinblick auf die zivilrechtlichen Rechtsbehelfe, die dem Geheimnisinhaber zur Verfügung stehen, wenn seine Geschäftsgeheimnisse auf rechtswidrige Weise von Dritten erworben, genutzt oder offengelegt werden.[87] Weitere Unterschiede zwischen den Rechtsordnungen der Mitgliedstaaten bestanden hinsichtlich der Ausgestaltung möglicher Ansprüche des Geheimnisinhabers gegen den Verletzer sowie hinsichtlich der Rechtsfolgen eines gutgläubigen Erwerbs von geheimen Informationen.[88] Gleiches gilt für entsprechende Vorschriften zur Schadensberechnung. Nur wenige Mitgliedsländer wurden dem immateriellen Charakter von Geschäftsgeheimnissen gerecht und legten der Schadensberechnung eine angemessene Lizenzgebühr zugrunde, die im Rahmen einer ordnungsgemäßen Lizenzerteilung an den Rechteinhaber zu entrichten gewesen wäre.[89]

Erhebliche Unterschiede bestanden zudem auch hinsichtlich gesetzlicher Regelungen zum Schutz von Geschäftsgeheimnissen während eines Gerichtsprozesses.[90] So sahen etwa die Rechtsprechung im Vereinigten Königreich[91] und das nationale Gesetz in Schweden[92] zum Schutz von Geschäftsgeheimnissen die ausdrückliche Möglichkeit einer Anhörung unter Ausschluss der Öffentlichkeit

---

86 Schwedisches Gesetz zum Schutz von Unternehmensgeheimnissen (im Schwedischen: *Lag om skydd för företagshemligheter*), veröffentlicht in der schwedischen Verfassungssammlung Nr. 1990:409 am 31.5.1990, in Kraft seit 1.7.1990.

87 Erwägungsgrund Nr. 6 der Richtlinie (EU) 2016/943.

88 *Hogan Lovells International LLP*, Report on Trade Secrets, Ziff. 4 ff.

89 Erwägungsgrund Nr. 7 der Richtlinie (EU) 2016/943; Europäische Kommission, Vorschlag vom 28.11.2013 für eine Richtlinie des Europäischen Parlaments und des Rates über den Schutz vertraulichen Know-hows und vertraulicher Geschäftsinformationen (Geschäftsgeheimnisse) vor rechtswidrigem Erwerb sowie rechtswidriger Nutzung und Offenlegung, COM(2013) 813 final, 2013/0402 (COD), S. 5, 14, abrufbar unter: https://eur-lex.europa.eu/legal-content/DE/TXT/PDF/?uri=CELEX:52013PC0813&from=DE (Abrufdatum: August 2020).

90 *Falce*, in: ICC 2015, 940, 948; *Hogan Lovells International LLP*, Report on Trade Secrets, Ziff. 301.

91 *EUIPO*, Baseline, S. 324 f.; *Hogan Lovells International LLP*, Report on Trade Secrets, Ziff. 13.

92 Kap. 5, § 1 der schwedischen Prozessordnung (im Schwedischen: *Rättegångsbalk*), veröffentlicht in der schwedischen Verfassungssammlung Nr. 2009:401 am 2.6.2009, in Kraft seit 30.6.2009.

vor, während dies beispielsweise in Italien[93] nur aus Gründen der nationalen Sicherheit, der öffentlichen Ordnung oder des Anstands möglich gewesen ist. Auch die in Belgien vorgesehene Möglichkeit des Öffentlichkeitsausschlusses lief regelmäßig leer, da alle wesentlichen Informationen, also auch das möglicherweise verletzte Geschäftsgeheimnis, in öffentlich zugänglichen Schriftsätzen dargelegt werden mussten.[94] Durch eine derart divergierende Ausgestaltung des Geheimnisschutzes ist die Rechtslage insbesondere für unionsweit agierende Unternehmen nur schwer zu durchschauen.[95]

Auch die Europäische Kommission beschrieb den grenzüberschreitenden Rechtsschutz von Geschäftsgeheimnissen vor der Einführung der Richtlinie als insgesamt sehr schwach und intransparent.[96] Laut einer Studie des Amtes der Europäischen Union für geistiges Eigentum (im Folgenden benannt als „EUIPO“) zum Schutz von Unternehmensgeheimnissen in den EU-Mitgliedstaaten aus dem Jahr 2018 war lediglich in sechs Mitgliedstaaten der bestehende Geheimnisschutz als zufriedenstellend zu bezeichnen, nämlich in Bulgarien, Irland, Italien, Litauen, Schweden und dem Vereinigten Königreich.[97] Solche gravierenden Unterschiede zwischen nationalen Rechtsordnungen spalten den europäischen Binnenmarkt und schwächen zudem die von den einschlägigen Vorschriften beabsichtigte abschreckende Wirkung. Darüber hinaus wird dadurch die Rechtsverfolgung bei grenzüberschreitenden Tatbeständen erheblich erschwert.[98] Zwar lässt sich anhand der entsprechenden Vorschriften in der ROM-II-Verordnung feststellen, welche Rechtsordnung im konkreten grenzüberschreitenden Fall Anwendung findet. Allerdings kann auch auf diese Weise einer Verfälschung des Wettbewerbs auf verschiedenen Märkten innerhalb der Europäischen Union nur schwerlich begegnet werden, solange der Rechtsschutz in den Mitgliedsländern in einem solchen Maße divergiert.[99] Ohne einen einheitlichen Schutzstandard

---

93 *Hogan Lovells International LLP*, Report on Trade Secrets, Ziff. 13.

94 *Hogan Lovells International LLP*, Report on Trade Secrets, Ziff. 13.

95 *Wiese*, EU-Richtlinie, S. 1.

96 Europäische Kommission, Vorschlag vom 28.11.2013 für eine Richtlinie des Europäischen Parlaments und des Rates über den Schutz vertraulichen Know-hows und vertraulicher Geschäftsinformationen (Geschäftsgeheimnisse) vor rechtswidrigem Erwerb sowie rechtswidriger Nutzung und Offenlegung, COM(2013) 813 final, 2013/0402 (COD), S. 4, abrufbar unter: https://eur-lex.europa.eu/legal-content/DE/TXT/PDF/?uri=CELEX:52013PC0813&from=DE (Abrufdatum: August 2020).

97 *EUIPO*, Rechtsschutz für Geschäftsgeheimnisse, S. 7.

98 *Baker & McKenzie*, Study on Trade Secrets, S. 5 f.; *MPI*, in: GRUR Int. 2014, 554; *Wiese*, EU-Richtlinie, S. 3.

99 *MPI*, in: GRUR Int. 2014, 554.

gilt zudem zu befürchten, dass der in einigen Ländern nur schwach ausgestaltete Schutz von Geschäftsgeheimnissen zur Durchführung unlauterer Praktiken motiviert und ausgenutzt wird. Als weitere Folge führt eine so divergierende Rechtslage dazu, dass innovative Unternehmen langfristig ihre Tätigkeit hauptsächlich in solche Länder verlegen, in denen Geschäftsgeheimnisse einen hohen rechtlichen Schutzstandard genießen. Auf diese Weise droht eine unverhältnismäßige Verteilung von wirtschaftlichem Kapital, die eine Gefahr für die Funktionsfähigkeit des gesamten innereuropäischen Marktes darstellt. Ziel der EU-Richtlinie ist es, all dem durch die Schaffung einheitlicher Wettbewerbsbedingungen entgegenzuwirken.

2. Besondere Verletzlichkeit von Geschäftsgeheimnissen

Ausgangspunkt der Richtlinie ist auch die besondere Verletzlichkeit von Geschäftsgeheimnissen. Bereits die erst- und einmalige Offenbarung eines für das Unternehmen wertvollen Geheimnisses kann eine vollständige Entwertung der dem Geheimnis zugrunde liegenden Information und einen unwiederbringlichen Verlust des Wissensvorsprungs zur Folge haben.[100] Durch die Offenbarung geht die Geheimniseigenschaft und damit der Wert der Information verloren, das Geheimnis wird in seiner Substanz vernichtet.[101] Übrig bleibt lediglich das Wissen, das nun offenkundig ist und daher etwas gänzlich anderes, ein aliud, darstellt.[102] Durch die Offenbarung verliert das betroffene Unternehmen einen seiner womöglich wertvollsten Vermögenswerte und seinen wettbewerblichen Vorsprung, was sich auf den Gesamterfolg des Unternehmens am globalen Markt erheblich auswirken kann. Insbesondere innovativ tätige Unternehmen sind zunehmend widerrechtlichen Angriffen wie Diebstahl, unbefugtem Vervielfältigen, Wirtschaftsspionage oder Verstößen gegen Geheimhaltungspflichten ausgesetzt, die darauf abzielen, sich auf unlautere Weise Geschäftsgeheimnisse anzueignen.[103] Dabei sind Unternehmen aus den klassisch innovativen Bereichen der Pharma-, Automobil-, IT- und Chemieindustrie besonders sensibel

---

100 *Harte-Bavendamm*, in: Harte-Bavendamm/Henning-Bodewig, UWG, Vorb. § 17, Rn. 2; *Haedicke*, in: GRUR 2020, 785; *Hauck*, in: NJW 2016, 2218; *Laoutoumai/Baumfalk*, in: WRP 2018, 1300, 1302.

101 BGH, GRUR 1980, 750, 751 – *Pankreaplex II; Wiese,* EU-Richtlinie, S. 1, 209.

102 *Wiese*, EU-Richtlinie, S. 1, 11.

103 Erwägungsgrund Nr. 4 der Richtlinie (EU) 2016/943.

und anfällig.[104] Die Geheimnisverletzungen können ihren Ursprung sowohl innerhalb als auch außerhalb der Union haben.[105]

Der europäische Gesetzgeber hat erkannt, dass die Globalisierung, damit verbundene Entwicklungen und Outsourcing-Maßnahmen sowie die daraus resultierenden längeren Versorgungsketten und der verstärkte Einsatz von Kommunikations- und Informationstechnologien zu einer Erhöhung des Risikos beitragen, das von derartigen Praktiken ausgeht.[106] Zudem ist es aufgrund des technischen Fortschritts ohne Weiteres möglich, geheime Informationen zu digitalisieren und zu entwenden, ohne dabei physische Spuren zu hinterlassen.[107] Die zu befürchtenden Folgen sind insbesondere deshalb verheerend, da nach der Offenlegung eine Wiederherstellung des vor dem Verlust des Geschäftsgeheimnisses bestandenen Zustandes nicht mehr möglich ist. Daher ist die Einführung von jedermann zugänglichen und wirksamen Maßnahmen notwendig, die den rechtswidrigen Erwerb, die rechtswidrige Nutzung oder Offenlegung unverzüglich beenden.[108] Aufgrund der besonderen Verletzlichkeit von Geschäftsgeheimnissen und in Anbetracht der verstärkten Globalisierung bedarf es einer grenzübergreifenden Rechtssicherheit durch die Regelung einheitlicher Schutzmaßnahmen.

3. Grenzüberschreitende Zusammenarbeit

Mit der Einführung der Geschäftsgeheimnis-Richtlinie verfolgt die Europäische Union als weiteres Ziel die Förderung des technologischen Fortschritts.[109] Auch

---

104 *Baker & McKenzie*, Study on Trade Secrets, 2013, S. 6; *Brammsen*, UWG, § 17, Rn. 8; *EWSA*, Stellungnahme 2014/C 226/09, Ziff. 2.6; *Falce*, in: ICC 2015, 940, 948; *Hogan Lovells International LLP*, Report on Trade Secrets, Ziff. 22.

105 Erwägungsgrund Nr. 4 der Richtlinie (EU) 2016/943.

106 Erwägungsgrund Nr. 4 der Richtlinie (EU) 2016/943; Europäische Kommission, Vorschlag vom 28.11.2013 für eine Richtlinie des Europäischen Parlaments und des Rates über den Schutz vertraulichen Know-hows und vertraulicher Geschäftsinformationen (Geschäftsgeheimnisse) vor rechtswidrigem Erwerb sowie rechtswidriger Nutzung und Offenlegung, COM(2013) 813 final, 2013/0402 (COD), S. 3 f., abrufbar unter: https://eur-lex.europa.eu/legal-content/DE/TXT/PDF/?uri=CELEX:52013PC0813&from=DE (Abrufdatum: August 2020); *Europäisches Parlament*, Arbeitsdokument SWD (2013) 471, S. 1.

107 *Druschel/Jauch*, in: BB 2018, 1218; *Winzer*, Schutz von Geschäftsgeheimnissen, Rn. 6.

108 Erwägungsgrund Nr. 26 der Richtlinie (EU) 2016/943.

109 *EWSA*, Stellungnahme C 226/49, Ziff. 1.2; *Maume*, in: Ann/et al., Praxishandbuch, Kap. 4, Rn. 65.

der Europäische Gesetzgeber hat erkannt, dass der gesunde, einfallsreiche und effiziente Wettbewerb ein öffentlicher Belang von hoher Bedeutung ist.[110] Durch die Schaffung eines umfangreichen Schutzstandards wird der Weg für verstärkt offene Innovationen und kooperative Forschung geebnet. Ohne entsprechende Regelungen zum Schutz gegen unlautere Praktiken schrecken Unternehmen davor zurück, mit Partnern zusammenzuarbeiten und das eigene Wissen zur gemeinsamen Weiterentwicklung zu teilen. In Anbetracht der erheblichen Unterschiede zwischen den nationalen Rechtsordnungen gilt dies insbesondere für Kooperationen mit Partnern in anderen Mitgliedstaaten.[111] Dabei ist gerade das Zusammenwirken und Zusammenbringen von neuem Wissen essentiell für die Schaffung neuer Ideen und innovativer Geschäftsmodelle. Jedes Unternehmen schafft durch eigene Forschung und Aufwand eigenes intellektuelles Kapital. Durch das Zusammenbringen dieser Unternehmen mit anderen kommt es zu einem Austausch von vielseitigem Wissen, das in seiner Gesamtheit sowohl für Folgeinnovationen als auch den Entwicklungsfortschritt insgesamt Impulse setzt und damit einen höheren Mehrwert erzielt. Die Einführung einheitlicher Schutzmaßnahmen schafft ein Gefühl der Sicherheit und steigert so die unternehmerische Motivation zur Aufnahme grenzüberschreitender Innovationstätigkeiten. Auf diese Weise wird das Potenzial von Geschäftsgeheimnissen umfangreich ausgeschöpft, wodurch sowohl die gesamte Forschung als auch das allgemeine Wirtschaftswachstum erheblich vorangetrieben werden.

4. Beseitigung von Schutzlücken

Besondere Bedeutung findet die Einführung des europaweiten Geheimnisschutzes in den Fällen, in denen immaterielle Schutzrechte wie etwa das Patentrecht nicht zur Verfügung stehen oder bewusst nicht in Betracht gezogen werden. So haben beispielsweise Innovationen, die nicht patentfähig sind, bisher auch keinen sonstigen rechtlichen Schutz genossen. Gleiches galt dann, wenn Unternehmen den grundsätzlich eröffneten Patentschutz bewusst nicht in Anspruch nahmen und auf eine Anmeldung als Patent verzichteten. Studien belegen, dass selbst in klassischen, innovationsgetriebenen Industriebereichen, wie dem Maschinen- und Anlagenbau, nur sehr wenige Unternehmen ihre Erfindung als Patent- oder

---

110 *EUIPO*, Rechtsschutz für Geschäftsgeheimnisse in den Mitgliedstaaten der EU, S. 8.

111 *Baker & McKenzie*, Study on Trade Secrets, S. 3, 4; *Falce*, in: IIC 2015, 940 f.; *Hartz*, in: ZUM 2005, 376, 377; *Hernandez*, Trade Secret Protection in the U.S. and EU., S. 20; *MPI*, in: GRUR Int. 2014, 554, 555; *Rauer*, in: GRUR-Prax 2014, 2; *Wiese*, EU-Richtlinie, S. 3.

Gebrauchsmuster anmelden.[112] Der Einreichung einer Patentanmeldung kann entgegenstehen, dass die für die Anmeldung nötigen Mittel nicht aufgebracht werden können oder der lange und schwerfällige Anmeldungsprozess bewusst gemieden wird. Dies gilt insbesondere im Hinblick auf den außergewöhnlich hohen technischen und finanziellen Aufwand, der häufig erforderlich ist, um die Verletzung eines letztlich angemeldeten Patents nachzuweisen. Hinzu kommen die nicht zu verachtenden Kosten für einen fachkundigen Patentanwalt, dessen Hilfe sowohl bei der Anmeldung von Schutzrechten als auch bei ihrer Aufrechterhaltung regelmäßig in Anspruch zu nehmen ist.[113]

Das wohl bedeutendste Argument, das gegen eine Patentanmeldung spricht, ist die Tatsache, dass – außer in den sehr seltenen Ausnahmefällen eines Geheimpatents – europäische Patentanmeldungen gemäß Regel 91 Abs. 1 lit. a) des Europäischen Patentübereinkommens (EPÜ) grundsätzlich achtzehn Monate nach dem Anmeldedatum von Amts wegen durch das Patentamt veröffentlicht werden.[114] Entsprechendes gilt auch im Rahmen einer nationalen Patentanmeldung vor dem deutschen Patent- und Markenamt.[115] Die Veröffentlichung geschieht zudem unabhängig davon, ob die Anmeldung letztlich erfolgt oder im Zuge des amtlichen Prüfungs- und Erteilungsverfahrens zurückgewiesen wird.[116] Eine Veröffentlichung unterbleibt gemäß Regel 67 EPÜ bzw. § 32 Abs. 4 PatG nur dann, wenn eine rechtskräftige Zurückweisung oder Rücknahme der Anmeldung erfolgt, bevor die Veröffentlichung technisch vorbereitet ist. Es besteht also die Gefahr, dass die technische Innovation der Öffentlichkeit bekannt gegeben wird, ohne dass diese patentrechtlichen Schutz erhält. Das gleiche Problem besteht dann, wenn das Patent zwar erteilt wird, ein Dritter aber fristgemäß Einspruch einlegt und dieser Einspruch zu einer Einschränkung oder gar Aufhebung des Patents führt.[117]

---

112 *Falce*, in: ICC 2015, 940, 949 f.; *INNO-tec*, Patente im mittelständischen Unternehmen, S. 16 ff.; *McGuire*, in: GRUR 2016, 1000; *Schweikhardt*, in: GRUR 1962, 116, 118.

113 *Hauck*, in: MüKo UWG, Bd. 1, Kap. A, Teil I, Rn. 272; *Hernandez*, Trade Secret Protection in the U.S. and EU, S. 7; *McGuire*, in: GRUR 2015, 424, 425.

114 *Ehlers*, in: Benkard, EPÜ, Art. 93, Rn. 5; *Hauck*, in: MüKo UWG, Bd. 1, Kap. A, Teil I, Rn. 272; *Huber*, in: Ann/et al., Praxishandbuch, Kap. 1, Rn. 398 f., 401; *Platzer*, Der Schutz von Unternehmensgeheimnissen, S. 2; *Wiese*, EU-Richtlinie, S. 2.

115 *Schoenen*, in: MAH GewRS, § 38, Rn. 66.

116 *Ann*, in: Kraßer/Ann, PatentR, § 22, Rn. 19; *Huber*, in: Ann/et al., Praxishandbuch, Kap. 1, Rn. 394; *McGuire*, in: GRUR 2015, 424, 425.

117 *Huber*, in: Ann/et al., Praxishandbuch, Kap. 1, Rn. 395.

Hinzu kommt, dass sich aus dem Gegenstand der Patentanmeldung nicht nur Informationen zur technischen Erfindung selbst ergeben. Vielmehr lassen sich aus der veröffentlichten Patentliteratur auch Informationen über das anmeldende Unternehmen herleiten wie beispielsweise der Fokus der Entwicklungstätigkeit oder eine beabsichtigte Tätigkeit in neuen Forschungsbereichen. Auch diese weitergehenden Informationen über die anmeldenden Unternehmen sind von unschätzbarem Wert für die Beobachtung von Wettbewerbern.[118] Vor diesem Hintergrund gebietet sich daher stets eine sorgfältige Abwägung zwischen dem Interesse an der Geheimhaltung und an dem zu erwirkenden Patentschutz, der gemäß § 63 Abs. 1 EPÜ bzw. § 16 PatG lediglich für eine begrenzte Zeit von maximal zwanzig Jahren gilt.[119] So hat sich beispielsweise auch der Getränkehersteller Coca-Cola in Anbetracht dieser Gründe dagegen entschieden, die streng geheim gehaltene Rezeptur für sein umsatzstärkstes Erfrischungsgetränk als Patent anzumelden, um eine folgenschwere Offenlegung zu vermeiden.[120] Fehlt es an den entsprechenden Schutzvoraussetzungen oder entscheidet sich ein Unternehmen aus den genannten Gründen bewusst gegen eine Patentanmeldung, so war das werthaltige Geheimnis vor Offenbarung und rechtswidriger Aneignung bisher nicht geschützt. Auf diese Weise konnten Dritte ohne eigenen Aufwand und ohne rechtliche Konsequenzen von den Innovationsanstrengungen anderer Unternehmen profitieren. Durch die EU-Richtlinie und den darin erstmalig umfangreich geregelten Geheimnisschutz wird also eine bestehende Lücke zum Schutz unternehmenseigenen Wissens geschlossen. Der Schutz von Know-how und Geschäftsinformationen stellt demnach sowohl eine Ergänzung als auch eine Alternative zu sonstigen Rechten des geistigen Eigentums dar.[121]

---

118 *Huber*, in: Ann/et al., Praxishandbuch, Kap. 1, Rn. 400.

119 *Huber*, in: Ann/et al., Praxishandbuch, Kap. 1, Rn. 393, 396; *Kalbfus*, in: Harte-Bavendamm/et al., GeschGehG, Einl., Kap. A, Rn. 181 f.; *Wiese*, EU-Richtlinie, S. 2.

120 *Hernandez*, Trade Secret Protection in the U.S. and EU., S. 1; *Stadler*, Schutz von Unternehmensgeheimnissen, S. 198; *Wiese*, EU-Richtlinie, S. 21.

121 Erwägungsgrund Nr. 2 der Richtlinie (EU) 2016/943; *Ann*, in: GRUR-Prax 2016, 465; *Ann*, in: Ann/et al., Praxishandbuch, Kap. 1, Rn. 37, 239 f.; *Baker & McKenzie*, Study on Trade Secrets, S. 2; *Hauck*, in: MüKo UWG, Bd. 1, Kap. A, Teil I, Rn. 272; *Hogan Lovells International LLP*, Report on Trade Secrets, Ziff. 14 ff., 22; *Kalbfus*, in: GRUR-Prax 2017, 391, 392; *Kalbfus*, in: Harte-Bavendamm/et al., GeschGehG, Einl., Kap. A, Rn. 176 ff.; *Lapousterle/et al.*, EIPR 2016, 255; *McGuire*, in: GRUR 2015, 424, 425; *Ohly*, in: Ohly/Sosnitza, UWG, Vorb. §§ 17–19, Rn. 4; *Platzer*, Der Schutz von Unternehmensgeheimnissen, S. 1; *Rath/et al.*, Erste Hilfe GeschGehG, S. 10; *Schubert*, in: Franzen/et al., EuArbR, Art. 1, Rn. 3; *Schweikhardt*, in: GRUR 1962, 116; *Winzer*, Schutz von Geschäftsgeheimnissen, Rn. 3.

IV. Definition des Geschäftsgeheimnisses

Die von der EU-Richtlinie vorgegebene Definition des Geschäftsgeheimnisses als Schutzgegenstand ist seit dem ersten Vorschlag der Europäischen Kommission im Jahr 2013 jedenfalls im Kern unverändert geblieben. Entsprechend der in Art. 2 Nr. 1 EU-Richtlinie aufgenommenen Legaldefinition sind Geschäftsgeheimnisse solche Informationen, die geheim, von kommerziellem Wert und Gegenstand von angemessenen Geheimhaltungsmaßnahmen sind. Damit deckt sich die Begriffsdefinition in der Richtlinie fast vollständig mit der sehr weiten Fassung in Art. 39 Abs. 2 TRIPS-Abkommen. Zur Erreichung eines angemessenen Geheimnisschutzes setzt die Richtlinie ausschließlich objektive Kriterien voraus. Subjektive Voraussetzungen, wie beispielsweise ein Geheimhaltungswille oder ein Geheimhaltungsinteresse des Unternehmers, sind nicht erforderlich. Diese Beschränkung ist im Hinblick auf die grundsätzlich schwierige Nachweisbarkeit von subjektiven Merkmalen sowie im Sinne eines angemessenen und umfangreichen Geheimnisschutzes zu begrüßen.

1. Begriff der Information

Entgegen dem Wortlaut von Art. 2 Nr. 1 EU-Geschäftsgeheimnis-Richtlinie, der im Rahmen der Begriffsbestimmung lediglich von „Informationen" spricht, fasst die Richtlinie unter dem Oberbegriff der Geschäftsgeheimnisse sowohl technologische Informationen und Geschäftsinformationen als auch Know-how zusammen.[122] Der Begriff der „technologischen Information" meint dabei technisches Wissen, beispielsweise solches über Herstellungsverfahren, Fertigungsmethoden, Funktionsweisen oder die Optimierung von Anlagen und Geräten („Betriebsgeheimnisse").[123] Daneben sind hinter dem Begriff der Geschäftsinformationen sämtliche nichttechnischen und vor allem kaufmännischen Kenntnisse, wie etwa Bilanzzahlen, Informationen über Preisgestaltung und Konditionen, Kunden- und Lieferantendaten sowie Marktstrategien und

---

122 Erwägungsgründe Nr. 2, 14 der Richtlinie (EU) 2016/943.

123 BGH, GRUR 1967, 367, 370 f. – *Industrieböden*; BGH, NJW-RR 2003, 618, 620 – *Präzisionsmessgeräte*; *Alexander*, in: Köhler/et al., UWG, § 2 GeschGehG, Rn. 18; *Hauck*, in: NJW 2016, 2218, 2219; *Ann/et al.*, Auskunftsanspruch und Geheimnisschutz, Rn. 19; *Kalbfus*, in: GRUR 2016, 1009, 1010; *Ohly*, in: Ohly/Sosnitza, UWG, § 17, Rn. 5; *Rengier*, in: Fezer/et al., UWG, § 17, Rn. 8, 23; *Wurzer*, in; Wurzer/Kaiser, Handbuch, S. 56.

Werbemethoden, zu verstehen.[124] Der aus der englischen Sprache stammende und hierzulande zunehmend als anglizistischer Ausspruch verwendete Begriff „Know-how“ beschreibt einen weiteren Teilbereich des Oberbegriffes. „Know-how“ ist eine Abkürzung für *„the knowledge how to do it“*[125], also das *„gewusst wie“*[126], und beschreibt das Wissen, wie man eine Sache praktisch verwirklicht.[127] Es handelt sich dabei um besonderes (Erfahrungs-)Wissen, Fähigkeiten und Kenntnisse von Personen.[128] So definiert beispielsweise auch die Europäische Kommission in Art. 1 Abs. 1 Ziff. i) ihrer Verordnung (EU) Nr. 316/2014[129] Know-how als *„Gesamtheit aller praktischen Kenntnisse, die durch Erfahrungen und Versuche gewonnen wurden“*. Bei der Beurteilung der Schutzfähigkeit von Informationen und Know-how als Geschäftsgeheimnis spielen Faktoren wie Schöpfungshöhe, Struktur, Beschaffenheit, Art der Verkörperung, Darstellung, Verständlichkeit, Individualität und Neuheit keine Rolle.[130]

2. Fehlende Offenkundigkeit

Maßgebliches Kriterium für die Einordnung als Geschäftsgeheimnis im Sinne der Richtlinie ist, dass die zu schützende Information geheim ist. Entsprechend

---

124 BVerfGE 115, 205, 230, 231 – *Deutsche Telekom*; BGH, NJW-RR 2003, 833 – *Verwertung von Kundenlisten*; *Alexander*, in: Köhler/et al. UWG, § 2 GeschGehG, Rn. 17; *Ann/et al.*, Auskunftsanspruch und Geheimnisschutz, Rn. 20; *Hauck*, in: NJW 2016, 2218, 2219; *Kalbfus*, in: GRUR 2016, 1009, 1010; *McGuire*, in: Büscher, UWG, § 2 GeschGehG, Rn. 15; *Ohly*, in: Ohly/Sosnitza, UWG, § 17, Rn. 5; *Rengier*, in: Fezer/et al., UWG, § 17, Rn. 8, 23.

125 *Kochmann*, Schutz des „Know-how“, S. 21; *Malmström*, Schutz von Betriebs- und Geschäftsgeheimnissen, S. 37.

126 *Bartenbach*, Patentlizenz- und Know-how-Vertrag, Rn. 2550; *Malmström*, Schutz von Betriebs- und Geschäftsgeheimnissen, S. 37.

127 Dudenredaktion, „Know-how, das“ auf Duden online, abrufbar unter: https://www.duden.de/rechtschreibung/Know_how (Abrufdatum: August 2020).

128 *McGuire*, in: FS Harte-Bavendamm, 341, 374; *Stadler*, Schutz von Unternehmensgeheimnissen, S. 7; *Wiese*, EU-Richtlinie, S. 18 f.; *Wurzer*, in; Wurzer/Kaiser, Handbuch, S. 53.

129 Verordnung vom 21.3.2014 über die Anwendung von Art. 101 Abs. 3 des Vertrages über die Arbeitsweise der Europäischen Union auf Gruppen von Technologietransfer-Vereinbarungen.

130 *Alexander*, in: Köhler/et al., UWG, § 2 GeschGehG, Rn. 25, 27; *Harte-Bavendamm*, in: Harte-Bavendamm/et al., GeschGehG, § 1, Rn. 19; *Hiéramente*, in: BeckOK GeschGehG, § 2, Rn. 3; *Hohn-Hein*, in: BeckOK UWG, § 2 GeschGehG, Rn. 5; *McGuire*, in: Büscher, UWG, § 2 GeschGehG, Rn. 16.

Art. 2 Nr. 1 lit. a) EU-Geschäftsgeheimnis-Richtlinie bedeutet dies, dass die Information weder in ihrer Gesamtheit noch in der genauen Anordnung und Zusammensetzung ihrer Bestandteile den Personen in den Kreisen, die üblicherweise mit dieser Art von Informationen umgehen, allgemein bekannt oder ohne Weiteres zugänglich ist.

a) Keine allgemeine Bekanntheit

Die Information darf nicht allgemein bekannt sein. Dies ist dann der Fall, wenn die Information nur dem Geheimnisinhaber selbst oder aber nur solchen Dritten bekannt ist, die zur Vertraulichkeit verpflichtet sind.[131] Eine Information ist auch dann nicht allgemein bekannt, wenn nur ein einzelner Bestandteil der Information bekannt wird, ohne dass sich daraus die Gesamtheit des Geheimnisses erschließen lässt. So reicht es für eine Offenkundigkeit im Sinne der Richtlinie beispielsweise nicht aus, wenn von der Rezeptur eines Medizin- oder Kosmetikprodukts lediglich die Inhaltstoffe, nicht aber die genaue Gewichtung und Zusammensetzung bekannt werden.[132] Wird die Information hingegen in ihrer Gesamtheit in dem maßgeblichen, regelmäßig aus Wettbewerbern bestehenden Fachkreis bekannt, so geht die Geheimniseigenschaft verloren und kann auch nicht wiederhergestellt werden.[133] Dies ist in der Regel dann anzunehmen, wenn die Information über das Internet oder sonstige allgemein zugängliche Medien veröffentlicht wird.[134] In diesem Fall verliert der Geheimnisinhaber die Kontrolle über die Zugriffsmöglichkeit. Die Geheimniseigenschaft entfällt dann unabhängig davon, ob der Geheimnisinhaber die Offenbarung beabsichtigt hat oder dies gegen seinen Willen geschehen ist.[135] Ebenso ist für den Verlust der

---

131 *Heinzke*, in: CCZ 2016, 179, 181; *Ohly*, in: GRUR 2019, 441, 443.

132 BGH, GRUR 1980, 750, 751 – *Pankreaplex II*.

133 EuG, Urteil vom 15.7.2015, Rs. T-462/12, Rn. 63 – *Pilkington/Kommission*; *Bartenbach*, Patentlizenz- und Know-how-Vertrag, Rn. 2534; *Peter/Wiebe*, in: Busche/et al., TRIPs, Art. 38, Rn. 19; *Wiese*, EU-Richtlinie, S. 42, 56.

134 *Alexander*, in: Köhler/et al., UWG, § 2 GeschGehG, Rn. 35 f.; *Götting/Nordemann*, NK UWG, § 17, Rn. 15; *Harte-Bavendamm*, in: Harte-Bavendamm/Henning-Bodewig, UWG, § 17, Rn. 3; *Harte-Bavendamm*, in: Harte-Bavendamm/et al., GeschGehG, § 2, Rn. 24; *Hiéramente*, in: BeckOK GeschGehG, § 2, Rn. 11; *Joecks/Miebach*, in: MüKo StGB, Bd. 7, § 23 GeschGehG, Rn. 25; *Ohly*, in: Ohly/Sosnitza, UWG, § 17, Rn. 9; *Stadler*, Schutz von Unternehmensgeheimnissen, S. 9 f.

135 *Götting/Nordemann*, NK UWG, § 17, Rn. 14; *Loschelder*, in: Ann/et al., Praxishandbuch, Kap. 1, Rn. 80.

Geheimniseigenschaft nicht von Bedeutung, ob die Offenbarung rechtswidrig oder schuldhaft erfolgt ist.[136]

b) *Keine leichte Zugänglichkeit*

Die Information darf nicht ohne Weiteres zugänglich sein. Die Geheimniseigenschaft geht also auch dann verloren, wenn die Information ohne Schwierigkeiten und mit legalen Mitteln zu beschaffen ist.[137] Dies ist beispielsweise dann der Fall, wenn sich der maßgebliche Fachkreis mittels einer Recherche über das Internet, Fachliteratur oder öffentlich einsehbare Register hierüber Kenntnis verschaffen kann.[138] Dies gilt unabhängig davon, ob die Information letztlich auch tatsächlich zur Kenntnis genommen wurde.[139] Es genügt, wenn eine Kenntnisnahme möglich ist.[140] Anders verhält es sich hingegen, wenn die Verschaffung der Information zwar möglich, aber mit erheblichen Anstrengungen sowie einem großen Zeit- und/oder Kostenaufwand verbunden ist.[141] So geht die Geheimniseigenschaft beispielsweise nicht verloren, wenn ein Fertigungsprozess durch ein aufwendiges Zerlegen und Analysieren der entsprechenden Maschine rekonstruiert werden kann.[142] Da die Information nur mit einem nicht unerheblichen Aufwand zu verschaffen ist, ist diese nicht leicht zugänglich im Sinne der Richtlinie. Das unabhängige Entdecken derselben Information („Reverse Engineering") soll ausweislich der Richtlinie weiterhin möglich bleiben.[143]

---

136 *Harte-Badendamm*, in: Harte-Bavendamm/Henning-Bodewig, UWG, § 17, Rn. 3a; *Loschelder*, in: Ann/et al., Praxishandbuch, Kap. 1, Rn. 80, 81.

137 *Alexander*, in: Köhler/et al., UWG, § 2 GeschGehG, Rn. 36; *Heinzke*, in: CCZ 2016, 179, 181; *McGuire*, in: Büscher, UWG, § 2 GeschGehG, Rn. 32; *Peter/Wiebe*, in: Busche/et al., TRIPs, Art. 39, Rn. 20.

138 *Alexander*, in: Köhler/et al., UWG, § 2 GeschGehG, Rn. 37.

139 *Bartenbach*, Patentlizenz- und Know-how-Vertrag, Rn. 2553; *Harte-Bavendamm*, in: Harte-Bavendamm/et al., GeschGehG, § 2, Rn. 23.

140 *Götz*, Schutz von Betriebs- und Geschäftsgeheimnissen, S. 15; *Ohly*, in: GRUR 2014, 1, 4.

141 BGH, GRUR 2006, 1044, 1046 – *Kundenprogramm*; BGH, GRUR 2008, 727, 728 f. – *Schweißmodulgenerator*; BGH, GRUR 2012, 1048, 1049 – *MOVICOL-Zulassungsantrag*; BGH, GRUR 2018, 1161, 1164 – *Hohlfasermembranspinnanlage II*.

142 RGZ 149, 339, 331 – *Stiefeleisenpresse*.

143 Erwägungsgrund Nr. 16 der Richtlinie (EU) 2016/943.

c) *Maßgeblicher Personenkreis*

Das Erfordernis der fehlenden Offenkundigkeit bezieht sich nur auf Personen in den Kreisen, die üblicherweise mit der betreffenden Art von Informationen umgehen. Gemeint sind dabei durchschnittliche Fachkräfte, die sich in regelmäßigen Abständen mit dem jeweils einschlägigen Fachbereich, dem das Geheimnis entstammt, auseinandersetzen und beschäftigen.[144] Die Richtlinie knüpft nicht an einzelne Personen an, die die Information kennen oder denen ein leichter Zugang gewährt wird. Es kommt also nicht auf eine absolute Geheimhaltung an.[145] Vielmehr handelt es sich hierbei um einen relativen Geheimnisbegriff, der an die Kenntnis und praktische Zugangsmöglichkeit für einen bestimmten Personenkreis anknüpft.[146] Daher ist es für den Bestand der Geheimniseigenschaft im Sinne der Richtlinie unschädlich, wenn lediglich eine Person von der Information Kenntnis erlangt oder sich diese eine Person leicht Zugang verschaffen kann.[147] Maßgeblich ist vielmehr, ob aufgrund fehlender bzw. funktionsloser Schutzmaßnahmen Informationen unkontrolliert offengelegt werden und Dritte hierauf beliebig zugreifen können.[148]

3. Kommerzieller Wert

Weiteres zwingendes Erfordernis nach Art. 2 Nr. 1 lit. b) EU-Geschäftsgeheimnis-Richtlinie ist, dass die Information aufgrund ihres vertraulichen Charakters von kommerziellem Wert ist. Die EU-Richtlinie schützt nicht den Gehalt der Information, sondern lediglich die fehlende Offenkundigkeit als wettbewerbsrechtlichen

---

144 *Rosenthal/Hamann*, in: NJ 2019, 321, 323.

145 *Peter/Wiebe*, in: Busche/et al., TRIPs, Art. 39, Rn. 19; *Siebert*, Geheimnisschutz und Auskunftsansprüche, S. 263.

146 *Harte-Bavendamm*, in: Harte-Bavendamm/et al., GeschGehG, § 2, Rn. 22; *Malmström*, Schutz von Betriebs- und Geschäftsgeheimnissen, S. 42; *Ohly*, in: GRUR 2019, 441, 443; *Reinfeld*, GeschGehG, § 1, Rn. 125; *Stadler*, Schutz von Unternehmensgeheimnissen, S. 10.

147 *Harte-Bavendamm*, in: Harte-Bavendamm/et al., GeschGehG, § 2, Rn. 23, 26; *Reinfeld*, GeschGehG, § 1, Rn. 133; *Rengier*, in: Fezer/et al., UWG, § 17, Rn. 18; *Wiese*, EU-Richtlinie, S. 41.

148 *Harte-Bavendamm*, in: Harte-Bavendamm/et al., GeschGehG, § 2, Rn. 23; *Hillenbrand*, Betriebs- und Geschäftsgeheimnis, S. 65; *McGuire*, in: Büscher, UWG, § 2 GeschGehG, Rn. 30; *Reinfeld*, GeschGehG, § 1, Rn. 128, 133; *Westermann*, Handbuch, Kap. 1, Rn. 33, 36.

Vorteil.[149] Hieraus wird erkennbar, dass der Geheimnisschutz zuallererst ein Zugangsschutz ist.[150] Dabei muss sich der Wert aber nicht alleine aus der Geheimhaltung ergeben.[151] Zudem kommt es nicht auf eine absolute Wertigkeit der Information an.[152] Es ist ausreichend, wenn die Information alleine für das jeweilige Unternehmen und sein Potential von Bedeutung ist.[153] Der europäische Gesetzgeber spricht von einem *„realen oder potentiellen Handelswert“*,[154] den die Information verkörpern muss, um Schutz als Geschäftsgeheimnis zu genießen. Ein solcher Handelswert ist der Information dann zuzusprechen, wenn *„ihr unbefugter Erwerb oder ihre unbefugte Nutzung oder Offenlegung die Interessen der Person, die rechtmäßig die Kontrolle über sie ausübt, aller Voraussicht nach dadurch schädigt, dass das wissenschaftliche oder technische Potenzial, die geschäftlichen oder finanziellen Interessen, die strategische Position oder die Wettbewerbsfähigkeit dieser Person untergraben werden“*[155].

Dabei ist das Kriterium des kommerziellen Werts weit zu verstehen, nur explizit belanglose Informationen sowie im Rahmen der ausgeübten Tätigkeit gewonnene Erfahrungen und Qualifikationen sind nicht als Geschäftsgeheimnis im Sinne der Richtlinie anzusehen.[156] Selbst negative Informationen, wie beispielsweise eine drohende Zahlungsunfähigkeit, Probleme in der Produktion oder ein im Unternehmen begangener Rechtsverstoß[157], können von erheblicher

149 *Enders*, in: GRUR 2012, 25, 27; *Wiebe/Schur*, in: GRUR Int. 2019, 746; *Wiese*, EU-Richtlinie, S. 1; *Winzer*, Schutz von Geschäftsgeheimnissen, Rn. 24, 32.

150 *Ann/et al.*, Auskunftsanspruch und Geheimnisschutz, Rn. 9; *Enders*, in: GRUR 2012, 25, 27; *Hauck*, in: NJW 2016, 2218, 2220; *Hauck*, in: WRP 2018, 1032, 1033; *Heinzke*, in: CCZ 2016, 179, 183; *McGuire*, in: GRUR 2015, 424, 427; *Schubert*, in: Franzen/et al. Art. 1, Rn. 2; *Wiebe/Schur*, Protection of Trade Secrets, in: GRUR Int. 2019, 746; *WKÖ*, Stellungnahme, S. 3.

151 *Alexander*, in: WRP 2017, 1035, 1039; *Alexander*, in: Köhler et al., UWG, § 2 GeschGehG, Rn. 47; *Harte-Bavendamm*, in: Harte-Bavendamm/et al., GeschGehG, § 2, Rn. 37; *Peter/Wiebe*, in: Busche/et al., TRIPs, Art. 39, Rn. 22.

152 *Reinfeld*, GeschGehG, § 168, Rn. 168; *Wiese*, EU-Richtlinie, S. 44.

153 *Alexander*, in: WRP 2017, 1035, 1039; *Alexander*, in: Köhler/et al., UWG, § 2 GeschGehG, Rn. 45; *Harte-Bavendamm*, in: Harte-Bavendamm/et al., GeschGehG, § 2, Rn. 36; *Wiese*, EU-Richtlinie, S. 45.

154 Erwägungsgrund Nr. 14 der Richtlinie (EU) 2016/943.

155 Erwägungsgrund Nr. 14 der Richtlinie (EU) 2016/943.

156 Erwägungsgrund Nr. 14 der Richtlinie (EU) 2016/943.

157 A.A. *Hauck*, in: WRP 2018, 1032, 1034 f.; *McGuire*, in: Büscher, UWG, § 2 GeschGehG, Rn. 39 f.

Bedeutung sein und damit einen wirtschaftlichen Wert haben.[158] Dabei ist – anders als noch von der Europäischen Kommission ursprünglich vorgeschlagen – ein nur potenzieller Handelswert ausreichend.[159] Dadurch greift der Geheimnisschutz bereits in der frühen Entwicklungsphase einer marktreifen Leistung ein.[160] Es ist nicht erforderlich, dass ein tatsächlich messbarer Nachteil im Falle einer ungewollten Offenbarung vorliegt, die bloße Möglichkeit nachteiliger Folgen ist ausreichend.[161]

Im Gegensatz zur bisherigen Rechtsprechung in einigen europäischen Mitgliedstaaten, wie beispielsweise in Deutschland, Bulgarien, Polen, Schweden und der Slowakei, fordert Art. 2 EU-Richtlinie keinen ausdrücklichen Unternehmensbezug des Geheimnisses, sodass argumentiert werden kann, dass nach dem Wortlaut der Richtlinie grundsätzlich auch private Geheimnisse Schutz genießen können.[162] Letztlich zielt aber der von der europäischen Legaldefinition geforderte kommerzielle Wert des Geheimnisses auf einen Unternehmensschutz ab, sodass eine Erweiterung des Schutzbereichs auf private Informationen in der Praxis keine große Rolle spielen dürfte.[163] Etwas anderes gilt lediglich dann, wenn die rein private Information mit der geschäftlichen Tätigkeit in Verbindung steht und sich diese überschneiden.[164] Im Ergebnis ähnelt das Erfordernis eines kommerziellen Wertes dem bisher in einigen nationalen Gesetzen geforderten Geheimhaltungsinteresse mit dem Unterschied, dass es zur Feststellung

---

158 *Alexander*, in: WRP 2017, 1035, 1038; *Alexander*, in: Köhler/et al., UWG, § 2 GeschGehG, Rn. 28, 41; *Brammsen*, UWG, § 17, Rn. 13; *Felsmann*, Aktuelles Thema-Spezial 2019, 201903; *Harte-Bavendamm*, in: Harte-Bavendamm/et al., GeschGehG, § 2, Rn. 39; *Hiéramente*, in: BeckOK GeschGehG, § 2, Rn. 73 ff.; *McGuire*, in: FS Harte-Bavendamm, 341, 378; *Ohly*, in: GRUR 2019, 441, 443; *Reinfeld*, GeschGehG, § 1, Rn. 147; *Stürner*, Aufklärungspflicht, S. 208; *Stürner*, in: JZ 1985, 453; *Wiese*, EU-Richtlinie, S. 45, 47.

159 Erwägungsgrund Nr. 14 der Richtlinie (EU) 2016/943; *EWSA*, Stellungnahme 2014/ C 226/09, Ziff. 5.11.

160 *Alexander*, in: Köhler/et al., UWG, § 2 GeschGehG, Rn. 43.

161 *Wiese*, EU-Richtlinie, S. 45 f.

162 *Gaugenrieder*, in: BB 2014, 1987, 1988; *Hauck*, in: NJW 2016, 2218, 2221; *Hiéramente*, in: BeckOK GeschGehG, § 2, Rn. 16; *Lapousterle/et al.*, in: EIPR 2016, 255, 256 f.; *Ohly*, in: GRUR 2019, 441, 442; *Rauer*, GRUR-Prax 2014, 2; a.A. *Alexander*, in: WRP 2017, 1035, 1038; *Buck*, in: jM 2020, 59, 60; *Wiese*, EU-Richtlinie, S. 48 f.

163 *Alexander*, in: et al., UWG, § 2 GeschGehG, Rn. 83; *Hauck*, in: NJW 2016, 2218, 2221; *McGuire*, in: Büscher, UWG, § 2 GeschGehG, Rn. 20.

164 *Alexander*, in: Köhler/et al., UWG, § 2 GeschGehG, Rn. 84.

des Handelswertes keiner umfassenden Abwägung bedarf.[165] Allerdings ist es auch insofern ausreichend, wenn im Falle der Offenbarung des Geschäftsgeheimnisses ein Nachteil für die Wettbewerbsfähigkeit des Unternehmens wahrscheinlich ist.

4. Angemessene Geheimhaltungsmaßnahmen

Gemäß Art. 2 Nr. 1 lit. c) EU-Richtlinie müssen schutzwürdige Geschäftsgeheimnisse Gegenstand von den Umständen entsprechend angemessenen Geheimhaltungsmaßnahmen sein. Derjenige, der sich auf die Geheimniseigenschaft seiner Information beruft, muss nachweisen, dass er in adäquater technischer, physischer und vertraglicher Weise sowohl inner- als auch außerbetrieblich die Geheimhaltung der so wertvollen Information sichergestellt hat.[166] Durch angemessene Geheimhaltungsmaßnahmen soll der Geheimnischarakter hervorgehoben und dadurch die Bedeutung der Information gegenüber Dritten verdeutlicht werden.[167]

Damit geht das von der Richtlinie tatbestandlich vorausgesetzte Erfordernis angemessener Geheimhaltungsmaßnahmen über die beispielsweise im deutschen Recht bisher erforderliche Voraussetzung eines Geheimhaltungswillens, die sich regelmäßig aus der Natur der Sache ergab und damit vermutet wurde, hinaus.[168] Der Geheimnisinhaber ist verantwortlich für die Geheimhaltung und

---

165 *Wiese,* EU-Richtlinie, S. 46; *Kalbfus,* in: GRUR 2016, 1009, 1010; *Kalbfus/Harte-Bavendamm,* in: GRUR 2014, 453.

166 *Alexander,* in: Köhler/et al., UWG, § 2 GeschGehG, Rn. 49, 53 ff.; *Hauck,* in: NJW 2016, 2218, 2220; *Harte-Bavendamm,* in: Harte-Bavendamm/et al., GeschGehG, § 2, Rn. 40; *Maaßen,* in: GRUR 2019, 352, 360; *Redeker/et al.,* in: WRP 2015, 681, 683 f; *Reinfeld,* GeschGehG, § 1, Rn. 176 ff.; *McGuire,* in: IPRB 2018, 202, 203; *Wiese,* EU-Richtlinie, S. 50.

167 *Harte-Bavendamm,* in: Harte-Bavendamm/et al., GeschGehG, § 2, Rn. 42; *Joecks/Miebach,* in: MüKo StGB, Bd. 7, § 23 GeschGehG, Rn. 29; *Kalbfus,* in: GRUR-Prax 2017, 391; *Partsch/Rump,* in: NJW 2020, 118, 120; *Reinfeld,* GeschGehG, § 1, Rn. 182.

168 *Ann,* in: GRUR 2007, 39, 42; *Apel/Walling,* in: DB 2019, 891, 893 f.; *Bitkom,* Stellungnahme zum Referentenentwurf, S. 4 f.; *Burghardt-Richter/Bode,* in: BB 2019, 2697; *Dumont,* in: BB 2018, 2441, 2443; *Heinzke,* in: CCZ 2016, 179, 181 f.; *Hohn-Hein,* in: BeckOK UWG, § 2 GeschGehG, Rn. 15; *Kalbfus,* in: GRUR 2016, 1009, 1011; *Kalbfus/Harte-Bavendamm,* in: GRUR 2014, 453, 454; *Laoutoumai/Baumfalk,* in: WRP 2018, 1300 f.; *McGuire,* in: WRP 2019, 679, 680; *McGuire,* in: FS Harte-Bavendamm, 367, 371; *Ohly,* in: GRUR 2019, 441, 444; *Götz,* Schutz von Betriebs- und Geschäftsgeheimnissen, S. 18; *Lejeune,* in: CR 2016, 330, 332; *Partsch/Rump,* in: NJW 2020, 118; *Redeker/et al.,* in: WRP 2015, 681, 683; *Reinfeld,* GeschGehG, § 1, Rn. 14, 109 f., 151;

trägt mit seinem Einsatz dazu bei, ob eine Information schutzwürdig im Sinne der Richtlinie ist. Er muss aktiv tätig werden. Es genügt nicht, bloß darauf zu vertrauen, dass die Information geheim bleibt.[169] Es handelt sich dabei um eine Obliegenheit des Geheimnisinhabers, die ihren Ursprung in zahlreichen nationalen Regelungen findet.[170] Auch außerhalb der Europäischen Union gab es bereits Rechtsordnungen, die angemessene Geheimhaltungsmaßnahmen für den gesetzlichen Schutz von Geschäftsgeheimnissen voraussetzten.[171] Darüber hinaus spricht auch das TRIPS-Abkommen aus dem Jahr 1994 in Art. 39 Abs. 2 lit. c) von Geheimhaltungsmaßnahmen, die den Umständen nach angemessen sind. Inspiriert von dieser völkerrechtlichen Regelung nahmen auch einige andere Länder wie beispielsweise Italien[172] oder die Volksrepublik China[173] und Taiwan[174] das Erfordernis angemessener Geheimhaltungsmaßnahmen in neueren Gesetzesvorhaben mit auf.[175]

Auf diese Weise wird ein schützenswertes Geheimnis von einer nur zufällig unbekannt gebliebenen Information abgegrenzt.[176] Es muss sich dabei nicht um bestmögliche, absolut wirksame oder gänzlich unumgehbare Schutzmaßnahmen

---

Rengier, in: Fezer/et al., UWG, § 17, Rn. 18; *Scholtyssek/et al.*, in: CCZ 2020, 23, 24; *Steinmann*, in: WRP 2019, 703, 704; *Thiel*, in: WRP 2019, 700, 701; *Trebeck/Schulte-Wissermann*, in: NZA 2018, 1175, 1177; *Voigt/et al.*, in: BB 2016, 142 f.; *Weigert*, in: NZA 2020, 209, 212; *Wiese*, EU-Richtlinie, S. 55.

169 *Alexander*, in: Köhler/et al., UWG, § 2 GeschGehG, Rn. 49; *Peter/Wiebe*, in: Busche/et al., TRIPs, Art. 39, Rn. 23.

170 *Kalbfus*, in: GRUR-Prax 2017, 391; *Ohly*, in: GRUR 2019, 441, 443.

171 So setzen beispielsweise die Vereinigten Staaten von Amerika in Abschnitt 1 Abs. 4 Nr. (ii) ihres Uniform Trade Secret Act von 1985 voraus, dass Geschäftsgeheimnisse „*Gegenstand von Bemühungen*" sind, „*die unter den gegebenen Umständen zur Wahrung der Geheimhaltung angemessen sind*". Ähnlich heißt es zudem in § 1839 Abs. 3 lit. (A) des Title 18 des U.S. Codes, der den Geheimnisinhaber zu angemessenen Geheimhaltungsmaßnahmen verpflichtet.

172 Art. 98 Abs. 1 lit. c) des italienischen Gesetzes zum gewerblichen Rechtsschutz (im Italienischen: *Codice della proprietà industriale*).

173 § 10 Abs. 3 des Gesetzes gegen den unlauteren Wettbewerb der Volksrepublik China (im Chinesischen: 中华人民共和国反 不正当 竞争 法), verkündet am 2.9.1992, in Kraft seit 1.12.1992.

174 § 2 Nr. 3 des taiwanesischen Gesetzes über Betriebsgeheimnisse (im Chinesischen: 營業秘密法), verkündet am 30.1.2013, in Kraft seit 1.2.2013.

175 *Kalbfus*, in: GRUR-Prax 2017, 391.

176 *Kalbfus*, in: GRUR-Prax 2017, 391; *Kalbfus/Harte-Bavendamm*, in: GRUR 2014, 453, 454.

handeln.[177] Vielmehr verlangt die EU-Richtlinie lediglich dem jeweiligen Einzelfall angemessene Vorkehrungen. Die Angemessenheit einer Geheimhaltungsmaßnahme beurteilt sich aus der ex ante Perspektive anhand einer Gesamtschau unter Berücksichtigung des informatorischen Wertes des Geheimnisses, seines wettbewerbsrechtlichen Vorteils sowie etwaiger Schwierigkeiten bei der Geheimhaltung, der konkreten Gefährdung der Information sowie der wirtschaftlichen Möglichkeiten des jeweiligen Unternehmens.[178] Maßgeblich ist eine Abwägung zwischen den Kosten für die Geheimhaltung einerseits und den wirtschaftlichen Folgen im Falle eines Verlustes andererseits.[179] Je größer die Bedeutung der geheimen Information für das Unternehmen ist, desto höhere Anforderungen sind an das Unternehmen hinsichtlich der Einführung von Sicherheitsvorkehrungen zu stellen.[180]

Als Maßnahmen kommen sowohl klassische technische sowie physische Zugangsbeschränkungen als auch vertragliche und organisatorische Vorkehrungen in Betracht.[181] Sie müssen durch die hierfür zuständige Person, die die rechtmäßige Kontrolle über die Informationen innehält, durchgeführt werden. Vor der Implementierung einer solchen konkreten Maßnahme empfiehlt es sich ganz allgemein, klare Zuständigkeiten innerhalb des Unternehmens festzulegen, möglicherweise relevante Informationen zu identifizieren und in einem nächsten

---

177 *Alexander*, in: WRP 2017, 1035, 1039; *Harte-Bavendamm*, in: Harte-Bavendamm/et al., GeschGehG, § 2, Rn. 43 f.; *Kalbfus*, in: GRUR-Prax 2017, 391, 392; *Kortstock/Werner*, in: Creifelds, Rechtswörterbuch, Geschäftsgeheimnis; *McGuire*, in: IPRB 2018, 202, 203; *McGuire*, in: Büscher, UWG, § 2 GeschGehG, Rn. 51; *Ohly*, in: GRUR 2019, 441, 443; *Thiel*, in: WRP 2019, 700, 703; *Voigt/et al.*, in: BB 2016, 142, 144.

178 *Hiéramente*, in: BeckOK GeschGehG, § 2, Rn. 25 ff.; *Lamy/Vollprecht*, in: IR 2019, 201, 203; *Peter/Wiebe*, in: Busche/et al., TRIPs, Art. 39, Rn. 24; *Maaßen*, in: GRUR 2019, 352, 353 f.; *McGuire*, in: Büscher, UWG, § 2 GeschGehG, Rn. 48; *Reinfeld*, GeschGehG, § 1, Rn. 183 ff.; *Thiel*, in: WRP 2019, 700, 701; *Wiese*, EU-Richtlinie, S. 51, 211; *Ziegelmayer*, in: CR 2018, 693, 694.

179 *Alexander*, in: Köhler/et al., UWG, § 2 GeschGehG, Rn. 67; *Wiebe/Schur*, in: GRUR Int. 2019, 746, 749; *Wiese*, EU-Richtlinie, S. 51.

180 A.A. *Lauck*, in: GRUR 2019, 1132 ff.; *Weigert*, in: NZA 2020, 209 ff.

181 *Alexander*, in: Köhler/et al., UWG, § 2 GeschGehG, Rn. 53 ff.; *Dann/Markgraf*, in: NJW 2019, 1774, 1776; *Heinzke*, in: CCZ 2016, 179, 182; *Hohn-Hein*, in: BeckOK UWG, § 2 GeschGehG, Rn. 16 f.; *Maaßen*, in: GRUR 2019, 352, 354; *Peter/Wiebe*, in: Busche/et al., TRIPs, Art. 39, Rn. 23; *Thiel*, in: WRP 2019, 700, 702; *Wiese*, EU-Richtlinie, S. 51, 53 f.

Schritt sowohl zu bewerten als auch entsprechend zu kategorisieren.[182] Auf diese Weise wird eine grundlegende Organisationsstruktur geschaffen, die als grobe Orientierung für die weitere Maßnahmendurchsetzung dient. Im innerbetrieblichen Bereich können angemessene Schutzmaßnahmen dann beispielsweise durch Zugangsbeschränkungen zu im Einzelnen identifizierbaren, sensiblen Daten umgesetzt werden, sodass nur eine bestimmte Person oder allenfalls eine Personengruppe (etwa ein bestimmtes Entwicklungsteam) überhaupt Zugang zu solchen Informationen erhält.[183] Hinzu kommt die Möglichkeit von zusätzlich vereinbarten umfangreichen Geheimhaltungs- oder Vertraulichkeitsverpflichtungen sowie Schulungen für Mitarbeiter, um diese über den wirtschaftlichen Wert von Geschäftsgeheimnissen zu informieren und für die entsprechende besondere Verletzlichkeit zu sensibilisieren.[184]

Um den Zugriff Unberechtigter zu verhindern, sollten die unternehmensinternen Computeranlagen und -systeme sowohl nach innen als auch nach außen entsprechend aktuellen technischen Standards und Entwicklungen hinreichend geschützt werden. Entsprechende Schutzmaßnahmen sind auch bei der Speicherung und Übermittlung von sensiblen Informationen notwendig,

---

182 *Alexander*, in: Köhler/et al., UWG, § 2 GeschGehG, Rn. 55; *Ann*, in: GRUR 2014, 12, 14; *Buck*, in: jM 2020, 59, 63; *Burghardt-Richter/Bode*, in: BB 2019, 2697, 2670; *Dumont*, in: BB 2018, 2441, 2443; *Heinzke*, in: CCZ 2016, 179, 182; *Hiéramente*, in: BeckOK GeschGehG, § 2, Rn. 23; *Jansen/Hofmann*, in: BB 2020, 259, 260; *Kalbfus*, in: GRUR-Prax 2017, 391 ff.; *Lamy/Vollprecht*, in: IR 2019, 201, 205; *Lejeune*, in: CR 2016, 330, 332; *Maaßen*, in: GRUR 2019, 352, 356 f.; *McGuire*, in: IPRB 2018, 202, 203 f.; *McGuire*, in: WRP 2019, 679, 682; *Rath/et al.*, Erste Hilfe GeschGehG, S. 7, 13, 33; *Reinfeld*, GeschGehG, § 1, Rn. 202, 205; *Rosenthal/Hamann*, in: NJ 2019, 321, 323; *Scholtyssek/et al.*, in: CCZ 2020, 23, 26; *Trebeck/Schulte-Wissermann*, in: NZA 2018, 1175, 1178; *Voigt/et al.*, in: BB 2016, 142, 144; *Wurzer*, in; Wurzer/Kaiser, Handbuch, S. 103, 117 ff.

183 *Alexander*, in: Köhler/et al., UWG, § 2 GeschGehG, Rn. 59; *Hauck*, in: NJW 2016, 2218, 2220; *Jansen/Hofmann*, in: BB 2020, 259, 260; *Rath/et al.*, Erste Hilfe GeschGehG, S. 33; *McGuire*, in: IPRB 2018, 202, 204; *Reinfeld*, GeschGehG, § 1, Rn. 173; *Wiebe/Schur*, in: GRUR Int. 2019, 746, 749.

184 *Buck*, in: jM 2020, 59, 63; *Burghardt-Richter/Bode*, in: BB 2019, 2697, 2701; *Dumont*, in: BB 2018, 2441, 2443 f.; *Gärtner/Goßler*, in: Mitt. 2018, 204, 208; *Hiéramente*, in: BeckOK GeschGehG, § 2, Rn. 40, 51, 61; *Leister*, in: GRUR-Prax 2020, 145, 147; *Nienaber*, Bedeutung und Schutz von Geschäftsgeheimnissen, Rn. 8, 165, 585; *Otte-Gräbener/Kutscher-Puis*, in: ZVertriebsR 2019, 288, 291; *Rauer/Eckert*, in: DB 2016, 1239, 1240; *Rosenthal/Hamann*, in: NJ 2019, 321, 324; *Scholtyssek/et al.*, in: CCZ 2020, 23, 28.

beispielsweise durch die Verwendung von Verschlüsselungstechnologien. Auch im außerbetrieblichen Bereich ist im Rahmen von Vertragsverhandlungen der Abschluss von Geheimhaltungsvereinbarungen obligatorisch.[185] Zudem können räumliche Zugangsbeschränkungen angemessen sein, etwa durch die Abschottung bestimmter Abteilungen oder sogar ganzer Betriebsteile.[186] Fehlt ein entsprechendes angemessenes Schutzkonzept, so läuft der Geheimnisträger Gefahr, wertvolle Informationen zu verlieren, ohne die in der Richtlinie vorgesehenen Ansprüche geltend machen zu können.

V. Prozessuale Vorgaben der EU-Richtlinie

Das „*Herzstück*"[187] der EU-Richtlinie sind die prozessualen Regelungen zur Wahrung der Vertraulichkeit eines Geschäftsgeheimnisses während eines Gerichtsverfahrens, die bereits mit Ablauf der Umsetzungsfrist ohne Einschränkung unmittelbar anwendbar waren.[188] In Art. 9 sieht die Richtlinie diverse Maßnahmen vor, um einen Schutz von Unternehmensgeheimnissen im Gerichtsverfahren zu garantieren.

Nach Art. 9 Abs. 1 EU-Geschäftsgeheimnis-Richtlinie haben die Mitgliedstaaten sicherzustellen, dass die an einem Gerichtsverfahren beteiligten Personen nicht befugt sind, ein Geschäftsgeheimnis oder ein angebliches Geschäftsgeheimnis zu nutzen oder offenzulegen, das von den zuständigen Gerichten aufgrund eines ordnungsgemäß begründeten Antrags einer interessierten Partei als vertraulich eingestuft worden ist und von dem sie aufgrund der Teilnahme an dem Verfahren oder des Zugangs zu den Dokumenten Kenntnis erlangt haben. Darüber hinaus verlangt die EU-Richtlinie in Art. 9 Abs. 2, dass die zuständigen

---

185 *Apel/Walling*, in: DB 2019, 891, 895; *Gaugenrieder*, in: BB 2014, 1987, 1992; *Hauck*, in: NJW 2016, 2218, 2220; *Heinzke*, in: CCZ 2016, 179, 182 f.; *Hiéramente*, in: BeckOK GeschGehG, § 2, Rn. 65; *Jansen/Hofmann*, in: BB 2020, 259, 262; *Joecks/Miebach*, in: MüKo StGB, Bd. 7, § 23 GeschGehG, Rn. 37; *Kortstock/Werner*, in: Creifelds, Rechtswörterbuch, Geschäftsgeheimnis; *Leister*, in: GRUR-Prax 2020, 145, 147; *Maaßen*, in: GRUR 2019, 352, 360; *McGuire*, in: IPRB 2018, 202, 204; *McGuire*, in: WRP 2019, 679, 681; *Ohly*, in: GRUR 2019, 441, 444; *Otte-Gräbener/Kutscher-Puis*, in: ZVertriebsR 2019, 288, 289 f.; *Partsch/Rump*, in: NJW 2020, 118, 121; *Rosenthal/Hamann*, in: NJ 2019, 321, 324; *Wiese*, EU-Richtlinie, S. 52, 58.

186 *Hauck*, in: NJW 2016, 2218, 2220.

187 *Kalbfuß/Harte-Bavendamm*, in: GRUR 2014, 453, 456; *Wiese*, EU-Richtlinie, S. 10; *Winzer*, Schutz von Geschäftsgeheimnissen, Rn. 12.

188 *Steinmann*, in: WRP 2019, 703, 707.

Gerichte auf ordnungsgemäß begründeten Antrag einer Partei spezifische Maßnahmen treffen können, die erforderlich sind, um die Vertraulichkeit eines Geschäftsgeheimnisses oder eines angeblichen Geschäftsgeheimnisses zu wahren. Es handelt sich hierbei lediglich um grobe Vorgaben, die im Folgenden näher beleuchtet werden. Die Mitgliedstaaten sind in ihrer Entscheidung frei, in welcher Art und Weise sie der vorgegebenen Richtung folgen. Lediglich die Voraussetzungen der Art. 9 Abs. 1 UAbs. 2, Abs. 3 und Abs. 4 EU-Richtlinie unterliegen gemäß Art. 1 Abs. 1 UAbs. 2 EU-Richtlinie der Vollharmonisierung, sodass insofern kein Umsetzungsspielraum besteht und die nationalen Gesetzgeber keine hiervon abweichenden Vorschriften beibehalten oder erlassen dürfen.

1. Anwendungsbereich des Art. 9 EU-Richtlinie

a) Sachlicher Anwendungsbereich

Der in der Richtlinie für Gerichtsverfahren vorgegebene Schutzmaßstab soll entsprechend den Erwägungsgründen[189] und dem eindeutigen Wortlaut des Art. 9 Abs. 1 UAbs. 1 S. 1, Abs. 2 UAbs. 1 S. 1 EU-Richtlinie nur solchen Gerichtsverfahren zugutekommen, die *„den rechtswidrigen Erwerb oder die rechtswidrige Nutzung oder Offenlegung eines Geschäftsgeheimnisses zum Gegenstand"* haben. Der sachliche Anwendungsbereich ist damit auf sogenannte Geschäftsgeheimnisstreitsachen beschränkt. Dabei ist es ausreichend, wenn neben anderen Ansprüchen auch solche geltend gemacht werden, die den rechtswidrigen Erwerb oder die rechtswidrige Nutzung oder Offenlegung eines Geschäftsgeheimnisses zum Gegenstand haben.[190] Dabei spielt es keine Rolle, vor welchem Gericht die Ansprüche geltend gemacht werden, sodass die Vorschriften auch in Verfahren vor den Arbeitsgerichten Anwendung finden.[191]

Allerdings droht die Gefahr der Offenlegung nicht nur im Rahmen von Verfahren in Streitsachen, die ausschließlich das Geschäftsgeheimnis selbst betreffen. Zwar besteht gerade im Bereich der Geschäftsgeheimnisstreitsachen ein besonders dringendes Bedürfnis entsprechender Schutzmechanismen. Jedoch sind darüber hinaus zahlreiche weitere Konstellationen denkbar, in denen der rechtswidrige Erwerb bzw. die rechtswidrige Nutzung oder Offenlegung des

---

189 Erwägungsgrund Nr. 24 der Richtlinie (EU) 2016/943.

190 *Gregor*, in: BeckOK GeschGehG, § 16, Rn. 10; *Hauck*, in: GRUR 2020, 817, 820; *Reinfeld*, GeschGehG, § 1, Rn. 10.

191 *Alexander*, in: Köhler/et al., UWG, § 16, Rn. 15; *Gregor*, in: BeckOK GeschGehG, § 16, Rn. 6; *Reinfeld*, GeschGehG, § 6, Rn. 11.

Geheimnisses selbst zwar nicht Gegenstand des Prozesses ist, eine folgenreiche Offenbarung aber trotzdem zu befürchten ist. Auch in anderen Konstellationen kann es gerade auf die geheime Information ankommen, sodass diese zur substantiierten Anspruchsbegründung oder effektiven Verteidigung herangezogen wird.[192] So können beispielsweise Geschäftsgeheimnisse in Form von Herstellungsverfahren, Produktionsabläufen oder Rezepturen in produkthaftungsrechtlichen Streitigkeiten oder Strafsachen eine tragende Rolle spielen. Gleiches gilt für kartell- und patentrechtliche Verfahren[193], wobei im Rahmen der bevorstehenden zweiten Modernisierung des Patentgesetzes § 145a PatG neu eingefügt werden soll, wonach die §§ 16 bis 20 GeschGehG zumindest in Patentstreitsachen entsprechend Anwendung finden.[194]

Zudem sind Fälle denkbar, in denen bei der Erfüllung einer Auskunftspflicht mehr offenbart wird als erforderlich, ohne dass dies im Zusammenhang mit einem in den Anwendungsbereich fallenden Verfahren geschieht.[195] Die Gefahr der Offenbarung besteht sogar bereits vor dem Beginn eines streitigen Verfahrens. So kann es im vorprozessualen Bereich erforderlich sein, die geheime Information im Sinne einer substantiierten Anspruchsbegründung offenzulegen. Der von der Richtlinie vorgegebene Anwendungsbereich umfasst demnach nicht alle in Betracht kommende Sachverhalte, die die Gefahr einer ungewollten Offenbarung in sich tragen.[196] Allerdings unterliegt die Richtlinie insofern nicht der Vollharmonisierung. Den nationalen Gesetzgebern steht es daher offen, über die von der Richtlinie geforderte Umsetzung hinauszugehen und die vorgesehenen Schutzmaßnahmen für sämtliche Gefährdungslagen in das jeweilige nationale Recht zu implementieren.[197]

---

192 *Druschel/Jauch*, in: BB 2018, 1218, 2019; *McGuire*, in: GRUR 2015, 424, 425; *Ohly*, in: Ohly/Sosnitza, UWG, § 17, Rn. 57; *Semrau-Brandt*, in: GRUR-Prax 2019, 127, 128; *Wiese*, EU-Richtlinie, S. 210.

193 *Gregor*, in: BeckOK GeschGehG, § 16, Rn. 9; *McGuire*, in: Büscher, UWG, § 16 GeschGehG, Rn. 7; *McGuire*, in: GRUR 2015, 424, 428.

194 Diskussionsentwurf des Bundesministeriums für Justiz und für Verbraucherschutz, Entwurf eines Zweiten Gesetzes zur Vereinfachung und Modernisierung des Patentrechts, online veröffentlicht im Januar 2020, abrufbar unter: https://www.bmjv.de/SharedDocs/Gesetzgebungsverfahren/Dokumente/DiskE_2_PatMoG.pdf?__blob=publicationFile&v=1.

195 *Hauck*, in: NJW 2016, 2218, 2221.

196 A.A. *Schlingloff*, in: WRP 2018, 666, 669.

197 *Hauck*, in: NJW 2016, 2218, 2223; *Müller/Aldick*, in: ZIP 2020, 9, 10, 12; *Semrau-Brandt*, in: GRUR-Prax 2019, 127, 128.

b) Persönlicher Anwendungsbereich

Der persönliche Anwendungsbereich der von der EU-Geschäftsgeheimnis-Richtlinie vorgegebenen prozessualen Regelungen ist weit gefasst und umfasst alle an der Geschäftsgeheimnisstreitsache beteiligten Personen. Die in Art. 9 Abs. 1 EU-Richtlinie vorgegebenen Mindeststandards sollen das streitgegenständliche Geheimnis nicht nur im Verhältnis zwischen den Parteien schützen, sondern auch gegenüber ihren Rechtsanwälten oder sonstigen Vertretern, Gerichtsbediensteten, Zeugen, Sachverständigen und auch allen sonstigen Personen, die an der Geheimnisstreitsache beteiligt sind, oder die Zugang zu den Dokumenten haben.

Es handelt sich dabei um eine sachbezogene Anordnung, die sich alleine an der Tatsache der Prozessbeteiligung und nicht an einer personenbezogenen Eigenschaft orientiert.[198] Daher gehören zum Kreis der verpflichteten Verfahrensbeteiligten auch alle im späteren Verlauf des Verfahrens hinzutretenden oder gar ausgewechselten Beteiligten, wie beispielsweise im Falle eines Parteiwechsels oder der Mandatierung eines neuen rechtlichen Beistandes.[199] Maßgeblich ist die bloße Möglichkeit der Kenntnisnahme.[200] Auf diese Weise wird – im Gegensatz zum sachlich beschränkten Anwendungsbereich – jedenfalls in persönlicher Hinsicht für einen umfassenden Schutz im Sinne der Geheimhaltung Sorge getragen.

c) Zeitlicher Anwendungsbereich

Der von der EU-Geschäftsgeheimnis-Richtlinie für das gerichtliche Verfahren vorgesehene Schutzapparat steht dem Geheimnisinhaber ab dem Zeitpunkt der Klageeinreichung zur Verfügung.[201] Mit der Aufnahme auch bloß „angeblicher Geschäftsgeheimnisse“ in den Schutzbereich der Norm gibt der europäische Gesetzgeber zu erkennen, dass die Schutzwirkung bereits vor der endgültigen Feststellung über die Geheimniseigenschaft eingreifen soll. Erforderlich ist

---

198 *Kalbfus*, in: WRP 2019, 692, 695, 697; *Kalbfus*, in: Harte-Bavendamm/et al., GeschGehG, § 16, Rn. 28; *Namysłowska*, in: MüKo UWG, Bd. 1, Kap. B, Teil III, Art. 9 EU-Richtlinie, Rn. 3.

199 *Kalbfus*, in: WRP 2019, 692, 695, 697; *Kalbfus*, in: Harte-Bavendamm/et al., GeschGehG, § 16, Rn. 31.

200 *Wiese*, EU-Richtlinie, S. 210.

201 *Reinfeld*, GeschGehG, § 6, Rn. 41.

lediglich, dass der Vortrag hinsichtlich des behaupteten Geschäftsgeheimnisses insgesamt schlüssig ist.[202]

In Art. 9 Abs. 1 UAbs. 2 Geschäftsgeheimnis-Richtlinie wird zudem klargestellt, dass der Schutzumfang auch nach Abschluss des Verfahrens fortbestehen und die Beteiligten über das Verfahren hinaus zum Geheimnisschutz verpflichtet sein sollen. Die Verpflichtung zur Geheimhaltung wirkt also unbefristet nach.[203] Ausnahmsweise soll dies in den dort abschließend genannten Fällen nicht gelten, wenn die Geheimniseigenschaft rechtskräftig verneint wird oder die infrage stehende Information im Laufe der Zeit anderweitig allgemein bekannt oder ohne Weiteres zugänglich wird. Nach Art. 1 Abs. 1 UAbs. 2 EU-Geschäftsgeheimnis-Richtlinie ist diese Vorgabe zwingend in das nationale Recht der EU-Mitgliedstaaten umzusetzen.

aa) Entfall der Schutzwirkung bei rechtskräftiger Feststellung der fehlenden Geheimniseigenschaft

Die vom europäischen Gesetzgeber vorgesehene Verpflichtung zur Geheimhaltung soll gemäß Art. 9 Abs. 1 UAbs. 2 S. 2 lit. a) EU-Richtlinie zum einen dann enden, wenn im Rahmen einer rechtskräftigen Entscheidung festgestellt wird, dass die Information nicht die für ein Geschäftsgeheimnis erforderlichen Kriterien erfüllt. Die insofern vorausgesetzte rechtskräftige Feststellung kann sowohl im erstinstanzlichen Verfahren als auch im Rahmen jeder weiteren Entscheidung im Rechtsmittelverfahren erfolgen.[204] Ein bloß klageabweisendes Urteil ist nicht ausreichend, es bedarf vielmehr einer entsprechend erweiterten Tenorierung.[205] Es muss ausdrücklich festgestellt werden, dass die streitgegenständliche Information nicht den Anforderungen eines schützenswerten Geheimnisses nach Art. 2 Nr. 1 EU-Richtlinie gerecht wird. Erst wenn endgültig feststeht, dass die Information nicht geheim, von kommerziellem Wert oder Gegenstand angemessener Geheimhaltungsmaßnahmen ist, entfällt die Verpflichtung zur Geheimhaltung über die jeweilige Information.

---

202 *Kalbfus*, in: WRP 2019, 692, 695, 699; *Kalbfus*, in: Harte-Bavendamm/et al., GeschGehG, § 20, Rn. 21; *Rath/et al.*, Erste Hilfe GeschGehG, S. 43 f.

203 *Reinfeld*, GeschGehG, § 6, Rn. 56.

204 *Wiese*, EU-Richtlinie, S. 213.

205 *Wiese*, EU-Richtlinie, S. 213.

bb) Entfall der Schutzwirkung bei Eintritt von Offenkundigkeit

Die Schutzwirkung soll nach Art. 9 Abs. 1 UAbs. 2 S. 2 lit. b) EU-Richtlinie zum anderen auch dann enden, wenn die infrage stehende Information im Laufe der Zeit für Personen in den üblicherweise mit der betreffenden Art von Information in Berührung kommenden Kreisen bekannt oder ohne Weiteres zugänglich wird. Wird das Geheimnis mit der Zeit offenkundig, so endet die Schutzwirkung der prozessualen Vorgaben eo ipso, ohne dass es einer gesonderten Feststellung durch ein Gericht bedarf.[206] Dabei spielt es keine Rolle, wer für die Offenbarung des Geheimnisses verantwortlich ist. Die Information verliert in jedem Falle ihre wertvolle Geheimniseigenschaft. Zwar geht die Geheimniseigenschaft auch dann verloren, wenn die weiteren Voraussetzungen des Art. 2 Nr. 1 EU-Richtlinie fehlen. Allerdings stellt die fehlende Offenkundigkeit das für ein Geheimnis charakteristischste Merkmal dar. Fehlt es an der Geheimheit, so geht auch der sich aus dem vertraulichen Charakter ergebende kommerzielle Wert der Information verloren. Zudem sind nach dem Wegfall der Geheimheit weitere angemessene Geheimhaltungsmaßnahmen nicht mehr notwendig, da die einmal eintretende Offenkundigkeit nicht mehr rückgängig gemacht werden kann. Daher ist es sinnvoll, bereits im Falle eintretender Offenkundigkeit die von Art. 9 EU-Richtlinie vorgesehene Schutzwirkung von selbst und nicht erst nach gerichtlicher Feststellung entfallen zu lassen.

2. Voraussetzungen und Mindestanforderungen an den prozessualen Geheimnisschutz

Art. 9 EU-Geschäftsgeheimnis-Richtlinie sieht zur Wahrung der Vertraulichkeit über geheimhaltungswürdige Informationen im gerichtlichen Verfahren vor, dass die Mitgliedstaaten einen zweistufigen Verfahrensmechanismus sicherstellen: In einem ersten Schritt überprüft das Gericht die Vertraulichkeit der streitgegenständlichen Information. Stuft das Gericht die Information als vertraulich ein, so kann es in einem nächsten Schritt spezifische Maßnahmen treffen, um die festgestellte Vertraulichkeit auch im weiteren Verfahren zu gewährleisten.

a) Gerichtliche Überprüfung der Geheimniseigenschaft und Verpflichtung zur Geheimhaltung

Auf Antrag einer interessierten Partei soll das Gericht entsprechend der in Art. 9 Abs. 1 UAbs. 1 S. 1 EU-Geschäftsgeheimnis-Richtlinie gewählten Formulierung

---

206 *McGuire*, in: Büscher, UWG, § 19 GeschGehG, Rn. 11; *Wiese*, EU-Richtlinie, S. 213.

zunächst darüber entscheiden, ob die streitgegenständliche Information überhaupt als vertraulich einzustufen ist. Das Gericht muss also bereits im Rahmen eines vorgelagerten Verfahrensschrittes die Geheimniseigenschaft überprüfen und hierüber befinden.[207] Den Mitgliedstaaten steht es gemäß Art. 9 Abs. 1 UAbs. 1 S. 2 EU-Richtlinie frei, eine solche Vorprüfung nicht nur auf Antrag, sondern auch von Amts wegen zuzulassen. Fällt die Entscheidung des Gerichts über die Frage der Geheimhaltungsbedürftigkeit positiv aus, so ist das Geschäftsgeheimnis von allen Verfahrensbeteiligten vertraulich zu behandeln. Alle Beteiligten dürfen die als Geheimnis eingestufte Information weder offenlegen noch nutzen.

In diesem Zusammenhang spricht die EU-Richtlinie sowohl von Geschäftsgeheimnissen als auch von „*angeblichen Geschäftsgeheimnissen*", die das zuständige Gericht als vertraulich eingestuft hat und von den Verfahrensbeteiligten geheim zu halten sind. Es kommt also lediglich darauf an, ob das über die Geheimniseigenschaft befindende Gericht diese aus einer ex ante Perspektive annehmen durfte.[208] Es ist insofern keine Sicherheit des Gerichts erforderlich, noch muss die Eigenschaft im Ergebnis tatsächlich vorliegen.[209] Der Geheimnisträger muss die Geheimniseigenschaft im Einstufungsverfahren lediglich schlüssig behaupten, die inhaltliche Prüfung erfolgt erst im Rahmen der späteren Sachentscheidung.[210]

b) Weitere Maßnahmen zum Schutz der festgestellten Geheimniseigenschaft

In einem nächsten Schritt soll es den zuständigen Gerichten möglich sein, weitere Maßnahmen zur Wahrung der Vertraulichkeit während des Gerichtsverfahrens vorzunehmen. In Art. 9 Abs. 2 UAbs. 2 EU-Geschäftsgeheimnis-Richtlinie normiert der europäische Gesetzgeber konkrete Anforderungen an eben jene zusätzlichen Schutzmaßnahmen, die durch die Mitgliedstaaten sichergestellt werden sollen. Vorgesehen sind ein beschränkter Zugang zu sensiblen Dokumenten und Anhörungen sowie die Bereitstellung einer vertraulichen Fassung von gerichtlichen Entscheidungen.

Die beschriebenen Maßnahmen stellen lediglich einen Mindeststandard dar, die Mitgliedstaaten können im Rahmen der Umsetzung der Richtlinie in das nationale Recht darüber hinausgehende Maßnahmen vorsehen. Als

---

207 *Hauck*, in: NJW 2016, 2218, 2223; *Schlingloff*, in: WRP 2018, 666, 670.

208 *Wiese*, EU-Richtlinie, S. 211.

209 *Schlingloff*, in: WRP 2018, 666, 669.

210 *Kalbfus*, in: WRP 2019, 692, 695, 699; *Rath/et al.*, Erste Hilfe GeschGehG, S. 43 f.

weitere spezifische Maßnahmen zur Wahrung der Vertraulichkeit sind beispielsweise erweiterte Verschwiegenheitspflichten oder Dokumentationspflichten denkbar.[211] Es obliegt letztlich auch insofern der Verantwortung der EU-Mitgliedstaaten, für einen weitergehenden Schutz von Geschäftsgeheimnissen im Gerichtsprozess zu sorgen und entsprechende prozessuale Mechanismen fortzuentwickeln.

aa) Zugangsbeschränkungen

Den nationalen Gerichten soll es gemäß Art. 9 Abs. 2 UAbs. 2 EU-Geschäftsgeheimnis-Richtlinie zumindest möglich sein, sowohl den Zugang zur Verhandlung als auch das Recht auf Akteneinsicht ganz oder teilweise zu beschränken. Danach kann der Zugang zu vorgelegten Dokumenten, die (angebliche) Geschäftsgeheimnisse enthalten, und zu Anhörungen oder entsprechenden Aufzeichnungen oder Mitschriften dieser Anhörungen, bei denen unter Umständen Geschäftsgeheimnisse offenbart werden, zum Schutz dieser auf eine begrenzte Anzahl an Personen beschränkt werden. Diese neue Regelung orientiert sich an dem bereits in den Siebzigerjahren von der englischen Rechtsprechung entwickelten und als „Confidentiality club" bekannten Instrument zum Schutz von Geschäftsgeheimnissen.[212] Das Gericht kann die beantragte Zugangsbeschränkung umfassend anordnen oder aber in zeitlicher, personeller oder inhaltlicher Hinsicht beschränken.[213]Sie umfasst nicht nur Beweismittel, sondern alle von den Parteien oder Dritten in das Verfahren eingebrachten Dokumente, die Geschäftsgeheimnisse beinhalten.[214]

Die begrenzte Anzahl der zugangsberechtigten Personen soll nach Art. 9 Abs. 2 UAbs. 3 EU-Richtlinie nicht größer sein, als zur Wahrung des Rechts der Verfahrensparteien auf einen wirksamen Rechtsbehelf und ein faires Verfahren erforderlich ist. Notwendig ist nach den Vorgaben der Richtlinie jedoch, dass zumindest einer natürlichen Person jeder Partei sowie ihren jeweiligen Rechtsanwälten oder sonstigen Vertretern umfassend Zugang gewährt wird. Eine vollständige Beschränkung des Zugangs beispielsweise allein auf die jeweiligen Parteivertreter ist danach also nicht möglich.[215] Ein gänzlicher Ausschluss einer

---

211 *Ann/et al.*, Auskunftsanspruch und Geheimnisschutz, Rn. 418; *Kalbfus*, in: WRP 2019, 6923, 692, 697.

212 *Gärtner/Goßler*, in: Mitt. 2018, 204, 207.

213 *Alexander*, in: Köhler/et al., UWG, § 21 GeschGehG, Rn. 21.

214 *Wiese*, EU-Richtlinie, S. 217.

215 *Hauck*, in: NJW 2016, 2218, 2223.

Partei lässt sich mit diesen Vorgaben der EU-Richtlinie nicht vereinbaren, vielmehr muss zumindest eine Person der Partei selbst anwesend sein. Ausweislich der gewählten Formulierung („*mindestens eine natürliche Person jeder Partei und ihre jeweiligen Rechtsanwälte oder sonstigen Vertreter*") darf nur das Zugangsrecht der Partei, nicht aber das Zugangsrecht der Rechtsanwälte und sonstigen Vertretern auf eine natürliche Person beschränkt werden.[216] Wird eine Partei durch mehrere Personen vertreten, so ist jedem einzelnen Vertreter Zugang zu allen Dokumenten und zu Anhörungen zu gewähren. Nur hinsichtlich der Partei selbst kann der Zugang auf eine natürliche Person beschränkt werden. Ausweislich Art. 1 Abs. 1 UAbs. 2 EU-Geschäftsgeheimnis-Richtlinie unterliegen diese Vorgaben jedoch nicht der Vollharmonisierung, sodass die Mitgliedstaaten im Rahmen ihrer Umsetzung hiervon abweichen dürfen und den Schutz durch Erweiterung der in der Richtlinie vorgesehenen Zugangsbeschränkungen ausbauen können.

bb) Vertrauliche Fassung einer gerichtlichen Entscheidung

Ist eine Information vom Gericht als vertraulich eingestuft worden, so ist zu gewährleisten, dass dieses Geschäftsgeheimnis den Gerichtssaal nicht ohne Schutz vor Offenbarung verlässt. Daher muss als logische Konsequenz ein entsprechender Schutz auch und gerade gegenüber solchen Personen vorgesehen werden, die zwar nicht zugangsberechtigt sind, denen aber ein Recht auf Akteneinsicht zusteht. Deshalb sollen die von den Mitgliedstaaten sicherzustellenden Maßnahmen nach Art. 9 Abs. 2 UAbs. 2 lit. c) EU-Geschäftsgeheimnis-Richtlinie auch die Möglichkeit vorsehen, dass den Personen, die eben nicht der begrenzten Anzahl an zugangsberechtigten Personen angehören, auf Antrag einer Partei lediglich eine vertrauliche Fassung der gerichtlichen Entscheidung bereitgestellt wird. In dieser vertraulichen Fassung sollen die sensiblen Passagen, die Geschäftsgeheimnisse betreffen, gelöscht oder geschwärzt werden. Auf diese Weise wird das Geheimnis über den Kreis zugangsberechtigter Personen hinaus geschützt und ein Geheimnisschutz auch außerhalb des Gerichtssaals gewährleistet.

cc) Verhältnismäßigkeit und Datenschutz

In Art. 9 Abs. 3 i.V.m. Art. 11 Abs. 2 stellt die EU-Geschäftsgeheimnis-Richtlinie klar, dass alle beschriebenen Schutzmaßnahmen dem Grundsatz der

216 *Kalbfus*, in: WRP 2019, 692, 695, 698.

Verhältnismäßigkeit gerecht werden müssen. Dabei sollen insbesondere sowohl das Recht auf einen wirksamen Rechtsbehelf und ein faires Verfahren als auch der Wert des Geschäftsgeheimnisses, die legitimen Interessen der Parteien und gegebenenfalls etwaiger Dritter sowie mögliche Schäden berücksichtigt werden, die durch die Gewährung oder Ablehnung der Schutzmaßnahmen entstehen können. In Art. 9 Abs. 4 verweist die EU-Geschäftsgeheimnis-Richtlinie zudem auf die Richtlinie 95/46/EG des Europäischen Parlaments und des Rates vom 24. Oktober 1995 zum Schutz natürlicher Personen bei der Verarbeitung personenbezogener Daten und zum freien Datenverkehr und setzt voraus, dass sich jede Verarbeitung personenbezogener Daten an den europarechtlichen Grundsätzen des Datenschutzes orientiert.

dd) Sanktionen bei Nichteinhaltung

Gemäß Art. 16 Abs. 1 EU-Geschäftsgeheimnis-Richtlinie haben die EU-Mitgliedstaaten die Möglichkeit der Sanktionierung sicherzustellen. Die zuständigen Gerichte sollen in der Lage sein, Personen Sanktionen aufzuerlegen, wenn diese etwa einer nach Art. 9 EU-Richtlinie zum Schutz eines Geschäftsgeheimnisses erlassenen Maßnahme zuwiderhandeln. Ausweislich Art. 16 UAbs. 3 EU-Richtlinie soll eine solche Sanktion wirksam und verhältnismäßig sein, aber gleichwohl eine abschreckende Wirkung erzielen.

VI. Zusammenfassung und Bewertung des prozessualen Geheimnisschutzes

Erstmalig schafft eine gesetzliche Regelung einen europaweiten Mindeststandard für den Schutz wertvoller Informationen. Dabei hat der europäische Gesetzgeber auch das im Rahmen eines Gerichtsverfahrens bestehende besondere Risiko einer ungewollten Offenbarung erkannt und versucht, dieser Gefahr durch entsprechende Mindestvorgaben in der Richtlinie gerecht zu werden. In Anbetracht der überragenden Bedeutung von Geschäftsgeheimnissen und der entsprechend schwerwiegenden Folgen einer Offenbarung ist diese Neuerung grundsätzlich zu begrüßen. Allerdings enthält die Richtlinie einige Vorgaben, die dem Ziel eines vollumfänglichen Schutzniveaus widersprechen und die Durchsetzung von Geschäftsgeheimnissen im Gerichtsprozess erschweren.

1. Eingeschränkter Anwendungsbereich

Die Beschränkung des sachlichen Anwendungsbereichs auf Geschäftsgeheimnisstreitsachen wird der Bedeutung von Geschäftsgeheimnissen und den besonderen Gefahren für ihre Geheimhaltung im Prozess nicht gerecht. Wie bereits ausführlich dargestellt, besteht die Gefahr einer Offenbarung nicht nur im Rahmen von Streitigkeiten, die eine Verletzung von Geschäftsgeheimnissen zum Gegenstand haben. Vielmehr sind zahlreiche Konstellationen denkbar, in denen die substantiierte Darstellung eines Geschäftsgeheimnisses für die Anspruchsbegründung oder Verteidigung erforderlich ist und entsprechende Schutzmechanismen auch hier sinnvoll wären.[217] Da die EU-Mitgliedstaaten allerdings insofern nicht gebunden sind und im Rahmen der Umsetzung einen darüber hinausgehenden Anwendungsbereich schaffen können, ist zu hoffen, dass diese Einschränkung auf nationaler Ebene keine Berücksichtigung findet und die Mitgliedstaaten in ihren nationalen Gesetzen Schutzlücken vermeiden.

2. Mindestanzahl zugelassener Personen

Die EU-Geschäftsgeheimnis-Richtlinie setzt voraus, dass mindestens eine natürliche Person jeder Partei zugangsberechtigt sein muss. Nach dieser Formulierung ist eine vollständige Beschränkung des Zugangs beispielsweise allein auf die jeweiligen Parteivertreter nicht möglich.[218] Vielmehr muss zumindest eine Person jeder Partei, also auch die Gegenseite selbst, anwesend sein. Aufgrund dieser notwendigen Mindestanzahl zugelassener Personen bleibt auch weiterhin zu befürchten, dass viele Geheimnisinhaber aufgrund einer stets zu befürchtenden Offenbarung gegenüber der Gegenpartei von einem gerichtlichen Verfahren gänzlich Abstand nehmen.[219]

Zudem fehlen weitere Ausführungen dahingehend, wer genau als *„natürliche Person“* gemeint sein soll. Nach der sehr offenen Formulierung der Regelung kann jeder unabhängige Dritte als zugangsberechtigte, natürliche Person einer Partei eingesetzt werden. Es besteht daher die Gefahr, dass beispielsweise besonders fachkundige Dritte als zugangsberechtigte Person eingesetzt werden, die das streitgegenständliche Geschäftsgeheimnis sofort vollständig erfassen und hieraus aufgrund der eigenen besonderen Sachkunde einen Nutzen ziehen können. Die Richtlinie trifft nicht einmal eine Anforderung dahingehend, ob diese zugangsberechtigte Person jedenfalls einer gesonderten Geheimhaltungsverpflichtung unterliegen muss. Es bedarf insofern einer Konkretisierung durch die Rechtsprechung des EuGH, die in Zukunft zu erwarten sein darf.

---

217 *BRAK*, Stellungnahme, S. 5.

218 *Hauck*, in: NJW 2016, 2218, 2223.

219 *Druschel/Jauch*, in: BB 2018, 1218, 1223; *Patel/et al.*, in: EIPR 2016, 738, 743.

3. Praktikabilität des Nutzungsverbotes

Die von Art. 9 Abs. 1 EU-Geschäftsgeheimnis-Richtlinie vorgegebene Verpflichtung zur Nichtnutzung dürfte praktisch nur schwer umzusetzen sein. Selbst wenn ein Prozessbeteiligter Kenntnis von der geheimen Information erlangt hat, so lässt sich diese einmal erlangte Kenntnis nicht mehr rückgängig machen.[220] Erhält ein Wettbewerber beispielsweise Informationen über eine Rezeptur oder eine Marketingstrategie, so lässt sich dieses Wissen nur schwer gänzlich ausblenden. Es ist also zu befürchten, dass das erlangte Wissen hierüber zwar nicht unbedingt willentlich verwendet wird, aber jedenfalls unbewusst in die eigene Tätigkeit mit einfließt und damit letztlich doch Verwendung findet. Hinzu kommt, dass im Falle einer rechtswidrigen Verwendung des Geschäftsgeheimnisses der verletzte Geheimnisträger die (unbewusste) Nutzung durch die andere Partei nur schwer wird nachweisen können. Ihm fehlt in der Regel der Einblick in die Verfahrensabläufe der gegnerischen Partei. Entsprechende Darlegungs- und Beweiserleichterungen oder aber zumindest die Regelung einer sekundären Darlegungslast, die diesem Problem hätten Abhilfe schaffen können, sind nicht vorgesehen.[221]

Deutlich effektiver wäre daher die Vorgabe, dass jedenfalls für die gegnerische Partei nur fachfremde Personen am Prozess teilnehmen dürfen, die mit Informationen wie der streitgegenständlichen regelmäßig nicht in Berührung kommen und daher die Gefahr einer unbewusste Verwendung auf ein Mindestmaß reduziert würde.[222] Handelt es sich bei dem womöglich verletzten Geheimnis beispielsweise um technisches Know-how und würde auf der gegnerischen Seite ausschließlich ein Mitarbeiter aus der juristischen oder personalverwaltenden Abteilung zugelassen, so ließe sich aufgrund der fehlenden Sachkunde dieser Person die Gefahr einer unbewussten Aufnahme und Verwendung des technischen Wissens erheblich reduzieren. Auch insofern bleibt zu hoffen, dass die Gesetzgeber der EU-Mitgliedstaaten dies erkennen und sich um einen weitergehenden Schutzstandard für Geschäftsgeheimnisse im Gerichtsprozess bemühen.

---

220 *Alexander,* in: WRP 2017, 1035, 1039; *McGuire*, in: GRUR 2016, 1000, 1002; *Wiese,* EU-Richtlinie, S. 212.

221 *Kalbfus*, in: Harte-Bavendamm/et al., GeschGehG, Vorb. §§ 16–20, Rn. 16; *Rauer,* in: GRUR-Prax 2014, 2, 4; *Wiese,* EU-Richtlinie, S. 212.

222 *Schregle,* in: GRUR 2019, 912, 915; *Wiese,* EU-Richtlinie, S. 212.

4. Vereinbarkeit mit dem Grundsatz eines fairen Verfahrens

Letztendlich darf der Schutz von Unternehmensgeheimnissen im Gerichtsprozess nicht dazu führen, dass allgemeingültige Prozessgrundsätze umgangen und in ihrer Bedeutung vollständig ausgehöhlt werden. So hat auch der EuGH in einigen seiner Entscheidungen deutlich klargestellt, dass nationale Gerichte gleichwohl im Rahmen des Geheimnisschutzes die Voraussetzungen eines effektiven Rechtsschutzes zu berücksichtigen haben und sicherstellen müssen, dass die Verteidigungsrechte der Parteien in ausreichendem Maße gewahrt werden.[223]

Dies hat auch der europäische Gesetzgeber erkannt und in Art. 9 Abs. 3 EU-Geschäftsgeheimnis-Richtlinie eine entsprechende Verhältnismäßigkeitsprüfung vorgesehen, die bei der gerichtlichen Entscheidung über die prozessualen Geheimhaltungsmaßnahmen zu berücksichtigen ist. Die nationalen Gerichte müssen unter Einhaltung der von der Richtlinie vorgegebenen Mindestvorgaben eine Balance zwischen der so wichtigen Vertraulichkeit sensibler Informationen einerseits und den allgemeinen prozessrechtlichen Grundsätzen andererseits schaffen. Vorherrschendes Ziel ist dabei, dass trotz der vorgesehenen Schutzmaßnahmen ein insgesamt faires Verfahren bestehen bleibt. Der Grundsatz eines fairen Verfahrens findet auf europäischer Ebene seine Grundlage insbesondere in Art. 6 Abs. 1 EMRK. Details und Umfang der unionsrechtlichen Fairnessgarantie werden im Folgenden ausführlich dargestellt. Die Darstellung dient als Grundlage für die sich daran anschließende Überprüfung der Umsetzung der Richtlinie in den EU-Mitgliedstaaten und Entwicklung weiterer Maßnahmen zum Schutz von Geschäftsgeheimnissen im gerichtlichen Verfahren.

223 EuGH, Urteil vom 13.7.2006, Rs. C-438/04, Slg. I-6701, Ziff. 40, 43 – *Mobistar/IBPT*.

C. Recht auf ein faires Verfahren nach Art. 6 EMRK

Das Wort „fair" bzw. „Fairness" entstammt der englischen Sprache und ist begrifflich als eine anständige und ehrliche Haltung sowie ein den Regeln entsprechendes Verhalten gegenüber anderen Menschen zu verstehen.[224] „Fairness" ist eine Vorstellung von Gerechtigkeit und beschreibt bildlich gesprochen das Austarieren einer Waage.[225] Die Idee der Gerechtigkeit ist wesentlicher Bestandteil eines Rechtsstaats und bindet das gesamte staatliche Handeln.[226] So trifft auch die rechtsprechende Gewalt eine Verpflichtung zu verfahrensmäßiger Gerechtigkeit. Da der gerichtliche Rechtsschutz für die Wahrung der bürgerlichen Grundfreiheiten von überragender Bedeutung ist, sieht die Konvention nicht nur materielle Freiheitsrechte vor, sondern schafft mit den Verfahrensgarantien des Art. 6 EMRK eine prozessuale Grundlage für die gerichtliche Durchsetzung ziviler Rechte und die Überprüfung strafrechtlicher Anklagen.[227] Auf diese Weise wird gewährleistet, dass trotz der zwischen den nationalen Rechtsordnungen bestehenden Unterschiede gemeinsame Ziele und ein einheitlicher Standard an Verfahrensgerechtigkeit geschaffen werden.

I. Bedeutung der Fairnessgarantie

Das in Art. 6 EMRK normierte Recht auf ein faires Verfahren ist Ausdruck eines allgemeinen unionsrechtlichen Grundsatzes.[228] Danach soll es jeder natürlichen und juristischen Person unabhängig von ihrer Staatszugehörigkeit möglich sein, in einem sie betreffenden Verfahren umfassend mitzuwirken und an

---

224 Dudenredaktion, „Fairness, die" auf Duden online, abrufbar unter: https://www.duden.de/rechtschreibung/Fairness (Abrufdatum: August 2020).

225 *Salomon*, in: Rescriptum 2015, 126, 132.

226 *Schulze-Fielitz*, in: Dreier, GG-Kommentar, Art. 20 (Rechtsstaat), Rn. 1, 50, 216.

227 *Wolf*, in: FS Söllner, 1279.

228 EuGH, Urteil vom 15.5.1986, Rs. 222/84, Slg. 1986, 1651, *Rn. 18 – Johnston; Gaede*, in: MüKo StPO, Bd. 3/2, Art. 6 EMRK, Rn. 1, 97; *Grabenwarter/Pabel*, EMRK, § 24, Rn. 2, 3; *Meyer-Ladewig/Harrendorf/König*, in: NK EMRK, Art. 41, Rn. 1; *Meyer-Ladewig/Harrendorf/König*, in: NK EMRK, Art. 6, Rn. 1; *Peters/Altwicker*, EMRK, § 1, Rn. 16; *Schädler/Jakobs*, in: KK StPO, Art. 6 EMRK, Rn. 1.

der Urteilsfindung teilzuhaben.[229] Jede beteiligte Person darf nicht als Objekt verstanden werden, sondern muss als Subjekt des Verfahrens mit angemessenen Rechten ausgestattet sein.[230] Sie muss in der Lage sein, zur effektiven Wahrnehmung ihrer Rechte aktiv auf den Verlauf und den Ausgang des Verfahrens Einfluss zu nehmen.[231] Dabei sollen für jede Partei im Wesentlichen gleiche Bedingungen gelten.[232] Auf diese Weise wird im Sinne der Rechtsstaatlichkeit eine hinreichende Verfahrensgerechtigkeit geschaffen, die den Einzelnen vor gerichtlicher Willkür und einer faktischen Übermacht des Staates schützt.[233]

Ziel der Garantie ist, im Rahmen eines ausgewogenen Verfahrens zu einem Ergebnis zu gelangen, nicht hingegen zwingend ein objektiv richtiges Ergebnis zu erzielen.[234] Damit verkörpert der Fairnessgrundsatz die allen 47 Vertragsstaaten der Konvention innewohnende rechtsstaatliche Tradition und gewährleistet ein Mindestmaß prozessualer Garantien in der Verfahrenspraxis der nationalen Gerichte.[235] Aufgrund seiner Tragweite stellt der Grundsatz eines fairen Verfahrens innerhalb der Konvention die praktisch wohl bedeutendste Garantie dar.[236] Laut einer Statistik des Europäischen Gerichtshofes für Menschenrechte (im Folgenden benannt als „Gerichtshof") beschäftigte sich dieser in den zwischen 1959 und 2016 zu entscheidenden Fällen überwiegend (64 %) mit einem Verstoß

---

229 *Gaede*, in: MüKo StPO, Bd. 3/2, Art. 6 EMRK, Rn. 2, 98; *Meyer-Ladewig/Harrendorf/König*, in: NK EMRK, Art. 6, Rn. 87 f.

230 *Lachmann*, in: NJW 1987, 2206, 2210; *Meyer*, in: Karpenstein/Mayer, EMRK, Art. 6, Rn. 39; *Meyer-Ladewig/Harrendorf/König*, in: NK EMRK, Art. 6, Rn. 87; *Schädler/Jakobs*, in: KK StPO, Art. 6 EMRK, Rn. 20; *Valerius*, in: BeckOK StPO, Art. 6 EMRK, Rn. 9; *Wolf*, in: FS Söllner, 1279, 1289.

231 *Schädler/Jakobs*, in: KK StPO, Art. 6 EMRK, Rn. 29.

232 *Grabenwarter/Pabel*, EMRK, § 24, Rn. 66.

233 *Gaede*, in: MüKo StPO, Bd. 3/2, Art. 6 EMRK, Rn. 2; *Grabenwarter/Pabel*, EMRK, § 24, Rn. 33; *Meyer*, in: Karpenstein/Mayer, EMRK, Art. 6, Rn. 39, 99; *Meyer-Ladewig/Harrendorf/König*, in: NK EMRK, Art. 6, Rn. 88; *Salomon*, in: Rescriptum 2015, 126, 132.

234 *Meyer*, in: Karpenstein/Mayer, EMRK, Art. 6, Rn. 3.

235 *Meyer*, in: Karpenstein/Mayer, EMRK, Art. 6, Rn. 1; *Wolf*, in: FS Söllner, 1279.

236 EuGH, Urteil vom 15.5.1986, Rs. 222/84, Slg. 1986, 1651, *Rn. 18 – Johnston; Gaede*, in: MüKo StPO, Bd. 3/2, Art. 6 EMRK, Rn. 1, 97; *Gaede*, in: MüKo StPO, Bd. 3/2, Art. 6 EMRK, Rn. 1; *Grabenwarter/Pabel*, EMRK, § 24, Rn. 2, 3; *Meyer*, in: *Karpenstein/Mayer*, EMRK, Art. 6, Rn. 1; *Meyer-Ladewig/Harrendorf/König*, in: NK EMRK, Art. 6, Rn. 1; *Miehsler/Vogler*, in: IntKomm EMRK, Vorb. Art. 6, S. 7; *Peters/Altwicker*, EMRK, § 1, Rn. 16; *Schädler/Jakobs*, in: KK StPO, Art. 6 EMRK, Rn. 1; *Wolf*, in: FS Söllner, 1279, 1283.

gegen die so zentrale Fairnessgarantie.[237] Der Gerichtshof erkannte bereits früh die für eine demokratische Gesellschaft herausragende Bedeutung des Art. 6 EMRK und legt dem Recht auf ein faires Verfahren einen weiten Anwendungsbereich zugrunde, da ein restriktiver Auslegungsmaßstab sonst zu unangemessenen Ergebnissen führe.[238] Ohnehin wird die EMRK insgesamt als *„lebendiges Instrument“*[239] verstanden, das sich an neuen Entwicklungen orientiert und stets im Zusammenhang mit den gegenwärtigen Umständen zu betrachten ist.

II. Hintergrund und prägende Vorbilder

Geprägt von den menschenunwürdigen Zuständen während der Weltkriege wurde zur Schaffung einer Grundlage für eine neue Ordnung innerhalb Europas im Juni 1950 ein Konventionsentwurf vorgelegt und nach einigen Änderungen schließlich im November 1950 unterzeichnet.[240] Im Laufe der Jahre wurde die EMRK durch insgesamt sechzehn Zusatzprotokolle geändert, ergänzt und fortentwickelt.[241] Vor dem Inkrafttreten der Konvention im Jahre 1953 normierte bereits Art. 10 der von den Vereinten Nationen verkündeten Allgemeinen Erklärung der Menschenrechte vom 10. Dezember 1948 den Anspruch auf ein gerechtes und öffentliches Verfahren vor einem unabhängigen und unparteiischen Gericht. Der hierin normierte Grundsatz diente als Vorbild für den Entwurf des Art. 6 EMRK.[242] Auch die Charta der Grundrechte der Europäischen Union (EU-Grundrechtecharta) orientierte sich hieran und normiert in Art. 47 ein vollumfassendes Recht auf ein faires Verfahren, das in seinem Anwendungsbereich sogar über Art. 6 EMRK hinausgeht.[243] Allerdings binden die europäischen Grundrechte die Mitgliedstaaten gemäß Art. 51 EU-Grundrechtecharta ausschließlich bei der Durchführung von Unionsrecht. Werden sie hingegen im Rahmen nationaler Kompetenzen tätig, so kommen die europäischen

237 EGMR, Violations by Article and State, abrufbar unter: https://www.echr.coe.int/Documents/Stats_violation_1959_2017_ENG.pdf (Abrufdatum: August 2020).

238 EGMR, Urteil vom 17.1.1970, Rs. 2689/65, Ziff. 25 – *Delcourt/Belgien;* EGMR, Urteil vom 13.5.1980, Rs. 6694/74, Ziff. 33 – *Artico/Italien*; EGMR, Urteil vom 17.1.2008, Rs. 14810/02, Ziff. 37 – *Ryyakib Biryukov/Russland.*

239 EGMR, Urteil vom 25.4.1978, Rs. 5856/72, Ziff. 31 – *Tyrer/Großbritannien.*

240 *Meyer-Ladewig/Nettesheim*, in: NK EMRK, Einl., Rn. 6.

241 *Meyer-Ladewig/Nettesheim*, in: NK EMRK, Einl., Rn. 7.

242 *Meyer-Ladewig/Harrendorf/König*, in: NK EMRK, Art. 6, Rn. 3.

243 *Jarass*, EU-Grundrechtecharta, Art. 47, Rn. 1; *Kraft*, in: EuGRZ 2014, 666, 674.

Grundrechte nicht zum Tragen.[244] Insofern bedarf es daher eines Rückgriffes auf den in seinem Anwendungsbereich beschränkten Art. 6 EMRK.

III. Geltungsdimension im innerstaatlichen Bereich

Als Bestandteil der nationalen Rechtsordnungen findet die Konvention unmittelbar Anwendung und verpflichtet die Konventionsstaaten insbesondere zur Einrichtung ihrer rechtsprechenden Gewalt entsprechend der in Art. 6 EMRK vorgegebenen Anforderungen.[245] Da die Konvention keine verbindliche Vorgabe darüber trifft, welche Position sie in der mitgliedschaftlichen Ordnung einnimmt, messen die einzelnen Konventionsstaaten der EMRK einen unterschiedlichen Rang in ihrer Normenhierarchie zu.[246] Während der Konvention in Deutschland[247], Italien und einigen skandinavischen Staaten lediglich der Rang eines einfachen Gesetzes zukommt, genießt die Konvention in Österreich sowie in gewissem Sinne auch im Vereinigten Königreich Großbritannien und Nordirland (im Folgenden benannt als „UK") Verfassungsrang.[248] Sowohl Rumänien als auch die Niederlande, die Slowakei und auch die Tschechische Republik ordnen die Konvention in ihrer innerstaatlichen Normenhierarchie sogar oberhalb der nationalen Verfassung ein.[249]

Im deutschen Recht findet das in Art. 6 EMRK normierte allgemeine Prozessgrundrecht eine eigenständige Grundlage in Art. 1 Abs. 1, Art. 2 Abs. 1 GG in Verbindung mit dem sich aus Art. 20 Abs. 3 GG ergebenden Rechtsstaatsprinzip.[250] Allerdings enthält das sich aus dem deutschen Grundgesetz ergebende

---

244 *Jarass*, EU-Grundrechtecharta, Art. 51, Rn. 18.

245 *Gaede*, in: MüKo StPO, Bd. 3/2, Art. 6 EMRK, Rn. 3; *Meyer*, in: Karpenstein/Mayer, EMRK, Art. 1, Rn. 3; *Meyer-Ladewig/Harrendorf/König*, in: NK EMRK, Art. 6, Rn. 2, 3, 33; *Peters/Altwicker*, EMRK, § 1, Rn. 3, 9; *Schädler/Jakobs*, in: KK StPO, Art. 6, Rn. 44.

246 *Meyer*, in: Karpenstein/Mayer, EMRK, Art. 6, Rn. 119; *Meyer-Ladewig/Nettesheim*, in: NK EMRK, Einl., Rn. 15; *Peters/Altwicker*, EMRK, § 1, Rn. 6; *Schulze-Fielitz*, in: Dreier, GG-Kommentar, Art. 20 (Rechtsstaatsprinzip), Rn. 24.

247 BVerfGE 111, 307, 313, 331.

248 *Grabenwarter/Pabel*, EMRK, § 3, Rn. 5 f.; *Meyer*, in: Karpenstein/Mayer, EMRK, Einl., Rn. 78, 120; *Peters/Altwicker*, EMRK, § 1, Rn. 6.

249 *Peters/Altwicker*, EMRK, § 1, Rn. 6.

250 *BVerfGE* 118, 212, 231 ff.; BVerfG, NJW 2011, 591, 592; BVerfG, NJW 2015, 1083; *Gaede*, in: MüKo StPO, Bd. 3/2, Art. 6 EMRK, Rn. 35; *Grabenwarter/Pabel*, EMRK, § 24, Rn. 2; *Kraft*, in: EuGRZ 2014, 666, 668; *Meyer-Ladewig/Harrendorf/König*, in: NK EMRK, Art. 6, Rn. 89; *Musilak*, in: Musielak/Voit, ZPO, Einl., Rn. 30; *Schädler/Jakobs*, in: KK StPO, Art. 6, Rn. 29; *Valerius*, in: BeckOK StPO, Art. 6 EMRK, Rn. 1.1.

Recht auf ein faires Verfahren keine in allen Einzelheiten bestimmten Ge- und Verbote, sondern bedarf der Ausgestaltung durch den Gesetzgeber und der anwendungsbezogenen Konkretisierung durch die Gerichte.[251] Art. 19 Abs. 4 GG normiert zudem ein Grundrecht auf effektiven Rechtsschutz, das sich in vielerlei Hinsicht mit den sich aus Art. 6 EMRK ergebenden Teilrechten überschneidet.[252] Darüber hinaus sieht Art. 101 Abs. 1 S. 2 GG vor, dass niemand seinem gesetzlichen Richter entzogen werden darf. Auf diese Weise sorgt das deutsche Recht selbst für eine unabhängige, unparteiliche und sachliche Rechtsprechung.[253] Auch das von Art. 6 EMRK umfasste Erfordernis unabhängiger Gerichte und Recht auf Gehör finden eine eigene grundgesetzliche Gewährleistung im deutschen Recht in Art. 97 GG und Art. 103 Abs. 1 GG.

Unabhängig von den selbstständigen gesetzlichen Grundlagen im deutschen Grundgesetz findet die Konvention aber auch mittelbar Anwendung. Die deutsche Gesamtrechtsordnung ist, einschließlich der Grundrechte, im Lichte der EMRK auszulegen, soweit dies mit den grundgesetzlichen Vorgaben vereinbar ist.[254] Auf diese Weise wird den Gewährleistungen der Konvention eine besondere Bedeutung beigemessen, sodass ihr im innerstaatlichen Rechtsraum faktisch ein übergesetzlicher Rang zukommt.

IV. Sachlicher und zeitlicher Anwendungsbereich

Die von Art. 6 EMRK umfassten Garantien gelten sowohl für natürliche als auch für juristische Personen.[255] Nach dem Wortlaut der Norm gilt der Grundsatz jedoch nur für Streitigkeiten in Bezug auf zivilrechtliche Ansprüche und Verpflichtungen oder strafrechtliche Anklagen. Da der Gesetzestext nicht auch die Verwaltungsgerichtsbarkeit ausdrücklich benennt, handelt es sich hierbei nicht um eine vollumfassende Rechtsweggarantie.[256] Trotzdem entspricht es mittlerweile der ständigen Rechtsprechung des Gerichtshofs, dass einige

251 BVerfGE 63, 45, 61; BVerfG, NJW 2011, 591, 592; *Meyer*, in: Karpenstein/Mayer, EMRK, Art. 6, Rn. 9.

252 *Kraft*, in: EuGRZ 2014, 666.

253 BVerfGE 4, 412, 416, 418; *Kraft*, in: EuGRZ 2014, 666, 667.

254 BVerfGE 111, 303, 317; BVerfGE 131, 286, 295.

255 EGMR, Urteil vom 24.9.1997, Rs. 18996/91 – *Garyfallou AEBE/Griechenland.*

256 EGMR, Urteil vom 7.11.2002, Rs. 37571/97, Ziff. 70 – *Veeber/Estland*; *Gaede*, in: MüKo StPO, Bd. 3/2, Art. 6 EMRK, Rn. 10.

verwaltungsgerichtliche Verfahren vom Anwendungsbereich des Art. 6 EMRK umfasst werden.[257]

Im Interesse eines einheitlichen Schutzbereiches in den Mitgliedsstaaten sind die Anwendbarkeitsvoraussetzungen des Art. 6 EMRK autonom auszulegen, also unabhängig von den einschlägigen nationalen Rechtsvorschriften.[258] Es findet keine Berücksichtigung, nach welchen Regeln die nationale Rechtsordnung und Rechtsprechung die einzelnen juristischen Fachbereiche voneinander abgrenzt. Für die Einordnung der Streitigkeit in das „Zivilrecht" im Sinne der Konvention und damit in den Anwendungsbereich des Art. 6 EMRK ist nicht das zugrunde liegende Rechtsverhältnis maßgeblich, sondern die Rechtsfolge, die durch die streitgegenständliche Maßnahme erzielt wird.[259] Zu überprüfen ist dabei, ob der Ausgang des Verfahrens die Begründung, Aufhebung oder Änderung zivilrechtlicher Ansprüche oder Verpflichtungen mit sich bringt.[260] Auf diese Weise behandelt der Europäische Gerichtshof Streitigkeiten, die beispielsweise nach deutschem Verständnis als öffentlich-rechtliche Streitigkeit einzuordnen sind, als solche des Zivilrechts.[261] So fallen etwa bauplanerische Entscheidungen, die den Wert des betroffenen Grundstücks mindern,[262] der Entzug staatlich erteilter Genehmigungen[263] und die Durchsetzung staatshaftungsrechtlicher[264] oder sozialversicherungsrechtlicher Ansprüche[265] in das „zivilrechtliche Verständnis" des Gerichtshofes. Gleiches gilt für verfassungsrechtliche Verfahren, die den

---

257 EGMR, Urteil vom 16.7.19, Rs. 2614/65, Ziff. 95 – *Ringeisen/Österreich.*

258 EGMR, Urteil vom 28.6.1978, Rs. 6232/73, Ziff. 88 – *König/Deutschland; Grabenwarter/Pabel*, EMRK, § 24, Rn. 5; *Meyer*, in: Karpenstein/Mayer, EMRK, Art. 6, Rn. 13; *Kraft*, in: EuGRZ 2014, 666, 669; *Gaede*, in: MüKo StPO, Bd. 3/2, Art. 6 EMRK, Rn. 6, 13; *Meyer-Ladewig/Harrendorf/König*, in: NK EMRK, Art. 6, Rn. 5; *Miehsler*, in: IntKomm EMRK, Art. 6, Rn. 58; *Schädler/Jakobs*, in: KK StPO, Art. 6 EMRK, Rn. 7.

259 *Kraft*, in: EuGRZ 2014, 666, 669.

260 EGMR, Urteil vom 27.7.2000, Rs. 33379/96, Ziff. 29 – *Klein/Deutschland*; *Meyer-Ladewig/Harrendorf/König*, in: NK EMRK, Art. 6, Rn. 9.

261 *Grabenwarter/Pabel*, EMRK, § 24, Rn. 8 f.; *Kraft*, in: EuGRZ 2014, 666, 669; *Meyer*, in: Karpenstein/Mayer, EMRK, Art. 6, Rn. 14 f.; *Meyer-Ladewig/Harrendorf/König*, in: NK EMRK, Art. 6, Rn. 5; *Valerius*, in: BeckOK StPO, Art. 6 EMRK, Rn. 2.

262 St. Rspr. seit EGMR, Urteil vom 16.7.19, Rs. 2614/65, Ziff. 94 ff. – *Ringeisen/Österreich.*

263 St. Rspr. seit EGMR, Urteil vom 23.10.1985, Rs. 8848/80, Ziff. 34 – *Benthem/Niederlande.*

264 St. Rspr. seit EGMR, Urteil vom 8.7.1987, Rs. 10092/82, Ziff. 42 ff. – *Barona/Portugal.*

265 St. Rspr. seit EGMR, Urteil vom 29.5.1986, Rs. 8562/79, Ziff. 12, 26 f. mit Erklärung von Richter Pinheiro Farinha, Ziff. 4, 6 ff. – *Feldbrugge/Niederlande.*

Verfahrensgarantien von Art. 6 EMRK unterfallen, sofern sie unmittelbar entscheidend für zivilrechtliche Ansprüche sind.[266]

Nicht vom Anwendungsbereich des Art. 6 EMRK umfasst werden hingegen Verfahren aus den Kernbereichen des öffentlichen Rechts wie beispielsweise steuer-, ausländer- oder wahlrechtliche Fragestellungen.[267] Verfahren des einstweiligen Rechtsschutzes fallen in den Anwendungsbereich des Art. 6 EMRK, sofern die vorläufige Maßnahme auf die wirksame Feststellung eines zivilrechtlichen Anspruchs oder einer Pflicht gerichtet ist.[268] Dabei gilt jedoch zu beachten, dass nicht jede von Art. 6 EMRK umfasste Garantie ihrer Natur nach im einstweiligen Rechtsschutzverfahren sofort umsetzbar ist.[269] Da dieses Verfahren lediglich der vorläufigen Sicherung von Rechten dient, gilt beispielsweise zum Zwecke der Beschleunigung ein reduzierter Prüfungsmaßstab. Die Vorgabe eines reduzierten Prüfungsmaßstabs widerspricht aber vereinzelten Verfahrensgarantien. So lässt sich beispielsweise der Anspruch auf Durchführung einer mündlichen Verhandlung mit der Natur des einstweiligen Verfügungsverfahrens nur schwer vereinbaren. Ohne Einschränkung anwendbar ist jedoch auch im einstweiligen Rechtsschutzverfahren das zwingende Erfordernis eines unabhängigen und unparteiischen Spruchkörpers.[270]

In zeitlicher Hinsicht findet Art. 6 EMRK Anwendung für jedes gerichtliche Verfahren, in Strafsachen auch bereits für das Ermittlungsverfahren.[271] Das Zwangsvollstreckungsverfahren fällt nur ausnahmsweise dann in den Anwendungsbereich dieses zentralen Prozessgrundrechts, wenn die Wirksamkeit eines Rechts von diesem Verfahren abhängt.[272] In verwaltungsgerichtlichen

---

266 EGMR, Urteil vom 23.6.1993, Rs. 12952/87, Ziff. – *Ruiz-Mateos/Spanien*; EGMR, Urteil vom 16.9.1996, Rs. 20024/92, Ziff. 39 ff. – *Süssmann/Deutschland*; EGMR, Urteil vom 27.04.2004, Rs. 62543/00, Ziff. 45 ff. – *Gorraiz Lizarraga/Spanien*; *Grabenwarter/Pabel*, EMRK, § 24, Rn. 17.

267 EGMR, Urteil vom 21.10.1997, Rs. 24194/94, Ziff. 50 – *Pierre-Block/Frankreich*; EGMR, Urteil vom 12.7.2001, Rs. 44759/98, Ziff. 29 – *Ferrazzini/Italien*; *Grabenwarter/Pabel*, EMRK, § 24, Rn. 14; *Kraft*, in: EuGRZ 2014, 666, 669.

268 *Grabenwarter/Pabel*, EMRK, § 24, Rn. 15; *Meyer*, in: Karpenstein/Mayer, EMRK, Art. 6, Rn. 22; *Peters/Altwicker*, EMRK, § 19, Rn. 14.

269 *Grabenwarter/Pabel*, EMRK, § 24, Rn. 15.

270 EGMR, Urteil vom 5.10.2009, Rs. 17056/06, Ziff. 86 – *Micallef/Malta*.

271 *Meyer*, in: Karpenstein/Mayer, EMRK, Art. 6, Rn. 35, 37; *Meyer-Ladewig/Harrendorf/König*, in: NK EMRK, Art. 6, Rn. 91; *Valerius*, in: BeckOK StPO, Art. 6 EMRK, Rn. 9.

272 EGMR, Urteil vom 17.9.2009, Rs. 74912/01, Ziff. 97 – *Enea/Italien*; *Meyer*, in: Karpenstein/Mayer, EMRK, Art. 6, Rn. 22.

Streitigkeiten kann bereits das Widerspruchsverfahren vom Schutzbereich umfasst sein, sodass eine Anwendung der von Art. 6 EMRK umfassten Garantien bereits vor Klageerhebung möglich ist.[273]

V. Gerichtlicher Prüfungsmaßstab

Die Einhaltung des Grundsatzes eines fairen Verfahrens überprüft das angerufene Gericht im jeweiligen Einzelfall unter Abwägung aller in Betracht kommenden Umstände.[274] Dabei ist das zu überprüfende Verfahren in seiner Gesamtheit zu betrachten.[275] So kann beispielsweise ein die Fairnessgarantie verletzender Fehler in einer vorherigen Instanz geheilt werden, indem das Rechtsmittelgericht den fehlerhaften Teil des Verfahrens vollständig wiederholt.[276] Darüber hinaus besteht sogar die Möglichkeit, unter Abwägung der Gesamtumstände einen Verstoß gegen Art. 6 EMRK anzunehmen, ohne die Verletzung eines speziellen Teilrechts festzustellen.[277] Umgekehrt stellte der EGMR in einigen zu entscheidenden Fällen ein insgesamt faires Verfahren fest, obwohl einzelne von Art. 6 EMRK vorgegebene Mindestvoraussetzungen nicht eingehalten worden waren.[278] Es kommt also darauf an, ob die Entscheidungsfindung des nationalen Gerichts im Rahmen einer Gesamtschau der Umstände den Eindruck eines insgesamt unfairen Verfahrens erweckt. Die Nichteinhaltung einzelner Minimalgarantien schadet nicht, sofern das Verfahren an anderer Stelle einen Ausgleich schafft und somit insgesamt die erforderliche Balance hält.

---

273 EGMR, Urteil vom 20.12.2001, Rs. 23959/94, Ziff. 40 ff. – *Janssen/Deutschland.*

274 *Gaede*, in: MüKo StPO, Bd. 3/2, Art. 6 EMRK, Rn. 17, 22; *Meyer*, in: Karpenstein/Mayer, EMRK, Art. 6, Rn. 7; *Meyer-Ladewig/Harrendorf/König*, in: NK EMRK, Art. 6, Rn. 92; *Schädler/Jakobs*, in: KK StPO, Art. 6 EMRK, Rn. 35; *Gaede*, in: MüKo StPO, Bd. 3/2, Art. 6 EMRK, Rn. 2.

275 *Gaede*, in: MüKo StPO, Bd. 3/2, Art. 6 EMRK, Rn. 24; *Meyer*, in: Karpenstein/Mayer, EMRK, Art. 6, Rn. 7; *Schuska*, Rechtsfolgen Art. 6 EMRK, S. 45.

276 EGMR, Urteil vom 14.11.2000, Rs. 35115/97, Ziff. 37 – *Riepan/Österreich.*

277 EGMR, Urteil vom 12.6.2003, Rs. 35968, Ziff. 54 ff., 62 ff. – *Van Kück/Deutschland*; EGMR, Urteil vom 8.1.2009, Rs. 29002/06, Ziff. 57 f. – *Schlumpf/Schweiz*; EGMR, Urteil vom 15.11.2007, Rs. 72118/01, Ziff. 170 ff. – *Khamidov/Russland.*

278 EGMR, Urteil vom 26.4.1991, Rs. 12398/86, Ziff. 26 ff. – *Asch/Österreich*; EGMR, Urteil vom 23.2.1994, Rs. 16757/90, Ziff. 24 ff. – *Stanford/Großbritannien.*

VI. Verfahrensgarantien

Zur Gewährleistung einer umfangreichen Verfahrensgerechtigkeit umfasst das Recht auf ein faires Verfahren zahlreiche im Wortlaut des Art. 6 EMRK ausdrücklich aufgeführte als auch hieraus entwickelte Teilrechte, die mit wenigen Ausnahmen grundsätzlich absolute Geltung genießen.[279] Dabei lassen sich die von der Fairnessgarantie umfassten Inhalte grob in drei Kategorien gliedern: die Organisationsgarantien, das Recht auf Zugang und die Verfahrensgarantien im engeren Sinne.[280] Sofern keine wichtigen öffentlichen Interessen entgegenstehen, kann jeder Betroffene auf die sich aus Art. 6 EMRK ergebenden Rechte verzichten, vorausgesetzt der Verzicht erfolgt eindeutig und freiwillig.[281]

1. Organisations- und Zugangsrechte

a) Recht auf ein Gericht und Zugang zu diesem Gericht

Art. 6 Abs. 1 S. 1 EMRK garantiert zunächst das grundsätzliche Recht auf ein Gericht. Danach ist jeder Konventionsstaat verpflichtet, ein effektives System rechtsprechender Gewalt aufzubauen und so zu unterhalten, dass die Gerichte allen von der Konvention vorgegebenen Anforderungen entsprechen können.[282] Dem Begriff des „Gerichts" liegt ein autonomes Verständnis zugrunde, sodass auch insofern innerstaatliche Interpretationsansätze keine Rolle spielen.[283] Das konventionsrechtliche Verständnis umfasst als „Gericht" all jene Spruchkörper, die auf der Grundlage von Rechtsnormen und nach vorgeschriebenem Verfahren eine Angelegenheit überprüfen und eine für die Parteien bindende Entscheidung über Sach- und Rechtsfragen treffen.[284] Es obliegt den Konventionsstaaten

---

279 *Gaede*, in: MüKo StPO, Bd. 3/2, Art. 6 EMRK, Rn. 2, 16, 28, 36.

280 *Grabenwarter/Pabel*, EMRK, § 24, Vor Rn. 29; *Meyer*, in: Karpenstein/Mayer, EMRK, Art. 6, Rn. 2.

281 *Gaede*, in: MüKo StPO, Bd. 3/2, Art. 6 EMRK, Rn. 77 ff.; *Meyer*, in: Karpenstein/Mayer, EMRK, Art. 6, Rn. 5.

282 EGMR, Urteil vom 25.2.2000, Rs. 29357/95, Ziff. 75 – *Gast u. Popp/Deutschland*; EGMR, Urteil vom 27.7.2000, Rs. 33379/96, Ziff. 42 – *Klein/Deutschland*; EGMR, Urteil vom 31.5.2001, Rs. 37591/97, Ziff. 42 – *Metzger/Deutschland*; *Meyer-Ladewig/Harrendorf/König*, in: NK EMRK, Art. 6, Rn. 3, 33.

283 *Grabenwarter/Pabel*, EMRK, § 24, Rn. 29.

284 EGMR, Urteil vom 16.7.1971, Rs. 2614/65, Ziff. 95 – *Ringeisen/Österreich*; EGMR; Urteil vom 23.6.1981, Rs. 6878/75, Ziff. 51b, 60 – *Le Compte u.a./Belgien*; EGMR, Urteil vom 28.6.1984, *Rs. 7819/77, Ziff. 76, 80 – Campbell u. Fell;* EGMR, Urteil vom 22.10.1984, Rs. 8790/79 – *Sramek/Österreich;* EGMR, Urteil vom 23.10.1985, Rs. 8848/

zu entscheiden, wie sie der Verpflichtung zur Einrichtung eines effektiven Systems rechtsprechender Gewalt gerecht werden.[285] So können die Mitgliedstaaten die Effektivität ihres Gerichtssystems beispielsweise durch die Einstellung weiterer Richter oder durch entsprechende Fristenregelungen erhöhen.[286]

Als weiterer Ausfluss der Garantie und Grundbedingung für die Eröffnung eines fairen Verfahrens gewährleistet Art. 6 Abs. 1 EMRK jeder Person den freien Zugang zu eben jenen Gerichten.[287] Das Recht auf Zugang zu den Gerichten sichert die prozessuale Durchsetzung subjektiver Rechte.[288] Davon umfasst sind sowohl das Recht, eine Klage bei Gericht einzureichen, als auch das Recht auf eine abschließende Entscheidung in dieser Sache durch das angerufene Gericht und die Umsetzung der getroffenen Entscheidung.[289] Der Anspruch auf eine abschließende Entscheidung verlangt, dass das Gericht in vollem Umfang entscheidet und der Beschwer Abhilfe leistet.[290] Dies setzt voraus, dass das Gericht die Sache vollumfänglich prüfen und über alle erheblichen Tatsachen- und Rechtsfragen entscheiden kann.[291]

Zur effektiven Gewährleistung des Zugangsrechts sind die Mitgliedstaaten angehalten, ihr Rechtsschutzsystem so zu organisieren, dass jedem Einzelnen der Zugang zu den Gerichten auch praktisch möglich ist.[292] Wie die Mitgliedstaaten diesem Anspruch gerecht werden, obliegt auch insofern ihrer eigenen Entscheidung.[293] Verhältnismäßige Einschränkungen des Zugangsrechts sind zulässig,

---

80, Ziff. 40 – *Benthem/Niederlande*; EGMR, Urteil vom 29.4.1988, Rs. 10328/83, Ziff. 64 – *Belios/Schweiz.*

285 *Meyer-Ladewig/Harrendorf/König*, in: NK EMRK, Art. 6, Rn. 33.

286 EGMR, Urteil vom 29.1.2004, Rs. 53084/99, Ziff. 54 – *Kormachova/Russland.*

287 EGMR, Urteil vom 18.2.1999, Rs. 26083/94, Ziff. 50 – *Waite u. Kennedy/Deutschland*; EGMR, Urteil vom 12.7.2001, Rs. 42527/98, Ziff. 43 – *Prinz Hans-Adam II v. Liechtenstein/Deutschland*; EGMR, Urteil vom 7.11.2002, Rs. 37571/97, Ziff. 70 – *Veeber/Estland*; *Gaede*, in: MüKo StPO, Bd. 3/2, Art. 6 EMRK, Rn. 101.

288 *Meyer*, in: Karpenstein/Mayer, EMRK, Art. 6, Rn. 51.

289 EGMR, Urteil vom 19.3.1997, Rs. 18357/91, Ziff. 40 – *Hornsby/Griechenland;* EGMR, Urteil vom 1.3.2002, Rs. 48778/99, Ziff. 25 – *Kutic/Kroatien; Grabenwarter/Pabel*, EMRK, § 24, Rn. 51, 65.

290 *Meyer-Ladewig/Harrendorf/König*, in: NK EMRK, Art. 6, Rn. 35.

291 EGMR, Urteil vom 7.11.2002, Rs. 37571/97, Ziff. 70 ff. – *Veeber/Estland*; *Meyer*, in: Karpenstein/Mayer, EMRK, Art. 6, Rn. 51; *Meyer-Ladewig/Harrendorf/König*, in: NK EMRK, Art. 6, Rn. 35.

292 *Grabenwarter/Pabel*, EMRK, § 24, Rn. 52; *Meyer*, in: Karpenstein/Mayer, EMRK, Art. 6, Rn. 51; *Wolf*, in: FS Söllner, 1279, 1281.

293 EGMR, Urteil vom 19.9.2000, Rs. 40031/98, Ziff. 38 – *Gnahoré/Frankreich*; EGMR, Urteil vom 26.2.2002, Rs. 46800/99, Ziff. 21 – *Del Sol/Frankreich.*

sofern diese nicht derart schwer sind, dass die Garantie in ihrem Wesensgehalt angetastet wird.[294] Beschränkungen des Zugangs zum Gericht durch die Vorgabe von Fristen, Formvorschriften oder die zwingende Vertretung durch einen Rechtsanwalt sind in der Regel zulässig.[295] Anders verhält es sich dann, wenn Prozessparteien ihre Beweissituation aufgrund gesetzlicher Bestimmungen als schlecht erachten und daher von einer gerichtlichen Geltendmachung ihrer Ansprüche Abstand nehmen.[296] Die von den Mitgliedstaaten im Rahmen ihres Ermessensspielraum geschaffenen Einschränkungen dürfen nicht derart schwer sein, dass sie als Hürde wahrgenommen werden und die grundsätzliche Entscheidung über die gerichtliche Geltendmachung von Ansprüchen beeinflussen. Da das Recht auf Zugang zur Disposition der Parteien steht und ein Verzicht daher zulässig ist, kann die Zuständigkeit eines Gerichts etwa durch die Vereinbarung einer Schiedsklausel ausgeschlossen werden.[297]

Art. 6 EMRK gewährt zwar Schutz durch einen gesetzlichen Richter, jedoch nicht auch Schutz gegen einen solchen Richter durch die verpflichtende Zulassung und Einrichtung von Rechtsmittelgerichten.[298] Sofern allerdings ein Konventionsstaat ein Rechtsmittelgericht vorsieht, so gelten auch für dieses die durch die Konvention vorgegebenen Anforderungen.[299] Somit finden die Grundsätze eines fairen Verfahrens auch auf Prozesse vor einem Rechtsmittelgericht Anwendung.[300] Es obliegt dem jeweiligen Konventionsstaat, die Zulässigkeit von Rechtsmitteln durch hinreichend kohärente und klare Vorgaben näher

---

294 EGMR, Urteil vom 28.5.1985, Rs. 8225/78, Ziff. 57 – *Ashingdane/Großbritannien*; EGMR, Urteil vom 8.7.2986, Rs. 9006/80, Ziff. 194 – *Lithgow/Großbritannien*; EGMR, Urteil vom 27.8.1991, Rs. 12750/87, Ziff. 59 – *Philis/Griechenland*; EGMR, Urteil vom 15.11.2007, Rs. 72118/01, Ziff. 155 f. – *Khamidov/Russland.*

295 *Grabenwarter/Pabel*, EMRK, § 24, Rn. 55; *Meyer*, in: Karpenstein/Mayer, EMRK, Art. 6, Rn. 54.

296 EGMR, Urteil vom 28.4.2009, Rs. 32881/04, Ziff. 66 – *K. H. u.a./Slovakei.*

297 EGMR, Urteil vom 27.11.1996, Rs. 28101/95 – *Nordström-Janzon u. Nordström-Lehtinen/Niederlande; Meyer*, in: Karpenstein/Mayer, EMRK, Art. 6, Rn. 59.

298 EGMR Urteil vom 29.9.2009, Rs. 5643/07 – *Jung/Deutschland*; *Kraft*, in: EuGRZ 2014, 666, 670; *Meyer-Ladewig/Harrendorf/König*, in: NK EMRK, Art. 6, Rn. 59; *Schädler/Jakobs*, in: KK StPO, Art. 6 EMRK, Rn. 18; *Valerius*, in: BeckOK StPO, Art. 6 EMRK, Rn. 5.

299 EGMR, Urteil vom 17.1.1970, Rs. 2689/65 – *Delcourt/Belgien*; EGMR, Urteil vom 25.7.2002, Rs. 54210/00, Ziff. 90 ff. – *Papon/Frankreich.*

300 *Gaede*, in: MüKo StPO, Bd. 3/2, Art. 6 EMRK, Rn. 67 f.; *Meyer-Ladewig/Harrendorf/König*, in: NK EMRK, Art. 6, Rn. 59.

zu regeln.[301] Dabei kann der Zugang zum Rechtsmittelgericht zwar an strenge Anforderungen geknüpft werden, darf jedoch nicht in unzumutbarer Weise erschwert und in seinem Kerngehalt berührt werden.[302]

b) Anforderungen an das Gericht

Art. 6 EMRK gewährt nicht nur Zugang zu einem beliebigen Gericht. Vielmehr muss das zugängliche Gericht auch die Gewähr für ein faires Verfahren bieten. Dies setzt voraus, dass das Gericht sowohl unabhängig als auch unparteiisch ist und auf Grundlage des Gesetzes Entscheidungen trifft.[303] Zur Begründung dieser Anforderungen hat der Europäische Gerichtshof wiederholt betont, dass das Vertrauen der Prozessparteien in die Gerichte einer demokratischen Gesellschaft von grundlegender Bedeutung ist.[304] Um eine solche wesentliche Vertrauensbasis zu schaffen, müssen sich die Parteien auf ein unabhängiges, unparteiisches und auf Gesetz beruhendes Gericht verlassen können. Nur auf diese Weise wird gewährleistet, dass die Entscheidung des Gerichts allgemein anerkannt und von den Parteien akzeptiert wird.

aa) Verhandlung der Rechtssache durch ein auf Gesetz beruhendes Gericht

Das entscheidende Gericht muss im Sinne des Grundsatzes der Rechtsstaatlichkeit auf geltendem Recht beruhen.[305] Die Konventionsstaaten sind verpflichtet, Gerichte durch ein parlamentarisches Gesetz einzurichten.[306] Dies bedeutet nicht nur, dass es einer Rechtsgrundlage für die Existenz des Gerichts bedarf, sondern auch, dass organisatorische Vorschriften hinsichtlich Einrichtung, Zusammensetzung, Organisation und Zuständigkeit bestehen.[307] Nur wenn

---

301 EGMR, Urteil vom 20.5.2008, Rs. 39005/04, Ziff. 44 – *Santos Pinto/Portugal.*

302 EGMR, Urteil vom 25.7.2002, Rs. 54210/00, Ziff. 90 – *Papon/Frankreich.*

303 EGMR, Urteil vom 29.4.1988, Rs. 10328/83, Ziff. 64 – *Belilos/Schweiz; Gaede*, in: MüKo StPO, Bd. 3/2, Art. 6 EMRK, Rn. 103, 107 ff.; *Meyer-Ladewig/Harrendorf/König*, in: NK EMRK, Art. 6, Rn. 56, 65 f.

304 EGMR, Urteil vom 8.12.1983, Rs. 8273/78, Ziff. 25 – *Axen/Deutschland*; EGMR, Urteil vom 7.6.2005, Rs. 64935/01, Ziff. 48, 55 – *Chmelir/Tschechien.*

305 *Gaede*, in: MüKo StPO, Bd. 3/2, Art. 6 EMRK, Rn. 104; *Grabenwarter/Pabel*, EMRK, § 24, Rn. 32; *McGuire*, in: GRUR 2015, 424, 428; *Meyer-Ladewig/Harrendorf/König*, in: NK EMRK, Art. 6, Rn. 71.

306 *Meyer*, in: Karpenstein/Mayer, EMRK, Art. 6, Rn. 41 f.; *Peters/Altwicker*, EMRK, § 19, Rn. 22.

307 EGMR, Urteil vom 4.3.2003, Rs. 63486/00 – *Posokhov/Russland; EGMR, Urteil vom 11.7.2006, Rs. 36455/02, Ziff. 35 – Gurov/Moldawien;* EGMR, Urteil vom 20.7.2006, Rs.

diese Kriterien durch ein formelles Gesetz abstrakt-generell vorbestimmt sind, können ad hoc durch Gesetz oder Verwaltungsakt geschaffene Spruchkörper vermieden und Willkür ausgeschlossen werden.[308] Verstößt das Gericht gegen diese Vorschriften, weil beispielsweise das Gericht selbst oder der zur Entscheidung berufene Spruchkörper danach nicht zuständig ist und trotzdem entscheidet, so liegt sowohl ein Verstoß gegen die entsprechende nationale Vorschrift als auch gegen den in Art. 6 EMRK normierten Grundsatz vor.[309]

bb) Gerichtliche Unabhängigkeit

Das zur Entscheidung berufene Gericht muss sowohl sachlich als auch persönlich unabhängig sein.[310] Dies bedeutet, dass ein grundsätzlich sowohl unabsetzbarer als auch unversetzbarer Richter sein Amt nach individueller Kapazität und ohne äußerliche Beeinflussung ausüben soll sowie in seiner richterlichen Tätigkeit weder weisungsgebunden noch zur Rechenschaft verpflichtet sein darf.[311] Auf diese Weise soll jeder Eingriff in die rechtsprechende Gewalt vermieden werden, der auf die Beeinflussung einer richterlichen Entscheidung abzielt. Es bedarf eines strukturellen und umfassenden Schutzes von Richtern vor sachwidriger Einflussnahme von außen.[312] Ausschließlich das geltende Recht und das eigene Gewissen sollen dem Richter als Grundlage zur Entscheidungsfindung dienen.[313] Zudem soll die grundsätzliche Unabsetzbarkeit eines Richters und eine vorgesehene Amtszeit von mindestens drei Jahren eine gewisse Stabilität im Amt gewährleisten.[314]

29458/04, Ziff. 24 – *Sokurenko u. Strygun/Ukraine; Grabenwarter/Pabel*, EMRK, § 24, Ziff. 32 f.; *Meyer-Ladewig/Harrendorf/König*, in: NK EMRK, Art. 6, Rn. 71; *Schädler/Jakobs*, in: KK StPO, Art. 6 EMRK, Rn. 17.

308 *Grabenwarter/Pabel*, EMRK, § 24, Rn. 32, 33; *Peters/Altwicker*, EMRK, § 19, Rn. 22; *Schädler/Jakobs*, in: KK StPO, Art. 6 EMRK, Rn. 17; *Valerius*, in: BeckOK StPO, Art. 6 EMRK, Rn. 8.

309 *Meyer-Ladewig/Harrendorf/König*, in: NK EMRK, Art. 6, Rn. 71.

310 *Gaede*, in: MüKo StPO, Bd. 3/2, Art. 6, Rn. 107.

311 *Grabenwarter/Pabel*, EMRK, § 24, Rn. 35, 37; *Meyer*, in: Karpenstein/Mayer, EMRK, Art. 6, Rn. 43; *Meyer-Ladewig/Harrendorf/König*, in: NK EMRK, Art. 6, Rn. 66; *Valerius*, in: BeckOK StPO, Art. 6 EMRK, Rn. 6.

312 *Gaede*, in: MüKo StPO, Bd. 3/2, Art. 6, Rn. 108; *Meyer*, in: Karpenstein/Mayer, EMRK, Art. 6, Rn. 43.

313 *Grabenwarter/Pabel*, EMRK, § 24, Rn. 37.

314 *Grabenwarter/Pabel*, EMRK, § 24, Rn. 36; *Meyer*, in: Karpenstein/Mayer, EMRK, Art. 6, Rn. 43; *Peters/Altwicker*, EMRK, § 19, Rn. 23.

Im Rahmen einer Beurteilung der erforderlichen Unabhängigkeit ist zu berücksichtigen, in welcher Art und Weise Richter benannt werden und inwieweit Garantien sowie Sicherheitsvorkehrungen gegen eine Einflussnahme von außen bestehen.[315] Die Unabhängigkeit hat dabei nicht nur gegenüber dem Staat, sondern auch gegenüber den Parteien zu bestehen.[316] Das Gericht darf auch nicht an behördliche Feststellungen gebunden sein.[317] Das Erfordernis der Unabhängigkeit bezieht sich dabei sowohl auf den Spruchkörper im Ganzen als auch auf jedes seiner einzelnen Mitglieder.[318] Es ist zwingend erforderlich, dass nicht einmal der bloße äußere Eindruck einer persönlichen oder sachlichen Abhängigkeit nach außen ersichtlich ist.[319] Denn nur wenn auch nach außen der Eindruck gerichtlicher Unabhängigkeit besteht, lässt sich das für eine demokratische Gesellschaft grundlegende und für die allgemeine Akzeptanz der Justiz notwendige Vertrauen der Allgemeinheit gewinnen.

cc) Unparteilichkeit des urteilenden Gerichts

Das mit dem Kriterium der Unabhängigkeit funktional verbundene Erfordernis der Unparteilichkeit setzt voraus, dass das urteilende Gericht weder voreingenommen noch befangen ist.[320] Für den Staat folgt daraus die prozessrechtliche

315 EGMR, Urteil vom 22.11.1995 Rs. 19178/91, Ziff. 37 – *Bryan/Großbritannien*; EGMR, Urteil vom 22.6.1989, Rs. 11179/84, Ziff. 32 – *Langborger/Schweden;* EGMR, Urteil vom 28.6.1984, *Rs. 7819/77, Ziff. 78 – Campbell u. Fell;* EGMR, Urteil vom 25.2.1997, *Rs. 22107/93 – Findlay/Großbritannien;* EGMR, Urteil vom 23.6.1981, Rs. 6878/75, Ziff. 55; EGMR, Urteil vom 2.9.1998, *Rs. 26138/95, Ziff. 63 – Lauko/Slowakei; Grabenwarter/Pabel*, EMRK, § 24, Rn. 34; *Kraft*, in: EuGRZ 2014, 666, 670; *Meyer-Ladewig/Harrendorf/König*, in: NK EMRK, Art. 6, Rn. 66.

316 EGMR, Urteil vom *27.6.1968, Rs. 1936/63, Ziff. 24 – Neumeister/Österreich*; EGMR, Urteil vom 16.7.1971, Rs. 2614/65, Ziff. 95 – *Ringeisen/Österreich*; EGMR, Urteil vom 28.6.1984, *Rs. 7819/77, Ziff. 78 – Campbell u. Fell/Großbritannien*; *Grabenwarter/Pabel*, EMRK, § 24, Ziff. 34.

317 EGMR, Urteil vom 28.4.2005, Rs. 43578/98, Ziff. 48 – *I.D./Bulgarien*; *Meyer-Ladewig/Harrendorf/König*, in: NK EMRK, Art. 6, Rn. 35.

318 EGMR, Urteil vom 28-6.1084, Rs. 7878/77, Ziff. 78 – *Campbell u. Fell/Großbritannien*; *Grabenwarter/Pabel*, EMRK, § 24, Rn. 34.

319 *Gaede*, in: MüKo StPO, Bd. 3/2, Art. 6, Rn. 108, 109; *Meyer*, in: Karpenstein/Mayer, EMRK, Art. 6, Rn. 45.

320 EGMR, Urteil vom 26.10.2004, Rs. 45825/99, Ziff. 28 – *Miller/Großbritannien;* EGMR, Urteil vom 9.10.2008, Ziff. 175 – *Moiseyev/Russland*; EGMR, Urteil vom 6.10.2011, Rs. 23465/03, Ziff. 128 – *Agrokompleks/Ukraine; Gaede*, in: MüKo StPO, Bd. 3/2, Art. 6, Rn. 109; *Grabenwarter/Pabel*, EMRK, § 24, Rn. 41; *Meyer-Ladewig/Harrendorf/König*, in: NK EMRK, Art. 6, Rn. 74.

Pflicht, bei nicht offensichtlich unbegründeten Zweifeln eines Beteiligten den ausgesprochenen Vorwurf der Unparteilichkeit zu überprüfen.[321] Auf diese Weise soll die Objektivität des Verfahrens gewahrt und darüber hinaus sichergestellt werden, dass jeder auf die Unbefangenheit des Gerichts vertrauen kann.[322] Eine Unparteilichkeit kann dabei sowohl in objektiver als auch in subjektiver Form vorliegen.[323] Eine objektive Unparteilichkeit ist dann gegeben, wenn – unabhängig von einem persönlichen Verhalten des Richters – nachweisbare Umstände sachlich berechtigte Zweifel an der Unparteilichkeit des Richters begründen.[324] Anknüpfungspunkte für solche Zweifel können etwa die interne Organisation eines Gerichts oder die Funktion eines Richters in einem Verfahren sein.[325] Eine objektive Parteilichkeit im Strafverfahren ist beispielsweise dann zu bejahen, wenn der zur Entscheidung berufene Richter selbst von der angeklagten Straftat betroffen ist oder im Ermittlungsverfahren als Staatsanwalt oder Ermittlungsrichter aufgetreten ist.[326] Objektive Zweifel können zudem auch bei einem engen verwandtschaftlichen Verhältnis zwischen dem entscheidenden Richter und einer Ermittlungsperson oder dem Vertreter der gegnerischen Partei angenommen werden.[327] Der Vorwurf subjektiver Unparteilichkeit knüpft hingegen an die persönliche Überzeugung oder an ein Verhalten des Richters oder zumindest eines Richters des zur Entscheidung berufenen Spruchkörpers an.[328] So ist ein

---

321 EGMR, Urteil vom 23.4.1996, Rs. 16839/90, Ziff. 48 – *Remli/Frankreich*; *Grabenwarter/Pabel*, EMRK, § 24, Rn. 48; *Meyer-Ladewig/Harrendorf/König*, in: NK EMRK, Art. 6, Rn. 74.

322 *Grabenwarter/Pabel*, EMRK, § 24, Rn. 41.

323 EGMR, Urteil vom 1.10.1982, Rs. 8692/79, Rn. 30 – *Piersack/Belgien*; *Gaede*, in: MüKo StPO, Bd. 3/2, Art. 6, Rn. 109 ff.; *Grabenwarter/Pabel*, EMRK, § 24, Rn. 44; *Meyer-Ladewig/Harrendorf/König*, in: NK EMRK, Art. 6, Rn. 74; *Valerius*, in: BeckOK StPO, Art. 6 EMRK, Rn. 7.

324 EGMR, Urteil vom 24.5.1989, Rs. 10486/83, Rn. 48 – *Hauschildt/Dänemark*; *Gaede*, in: MüKo StPO, Bd. 3/2, Art. 6, Rn. 111; *Grabenwarter/Pabel*, EMRK, § 24, Rn. 44, 48 ff.; *Meyer-Ladewig/Harrendorf/König*, in: NK EMRK, Art. 6, Rn. 75.

325 *Grabenwarter/Pabel*, EMRK, § 24, Rn. 48; *Meyer*, in: Karpenstein/Mayer, EMRK, Art. 6, Rn. 46.

326 EGMR, Urteil vom 1.10.1982, Rs. 8692/9, Ziff. 30 – *Piersack/Belgien*; EGMR, Urteil vom 26.10.1984, Rs. 9186/80, Ziff. 29 f. – *De Cubber/Belgien*; *Schädler/Jakobs*, in: KK StPO, Art. 6 EMRK, Rn. 15.

327 EGMR, Urteil vom 24.4.2008, Rs. 14659/04, Ziff. 56 ff. – *Dorozhko/Estland*; *Grabenwarter/Pabel*, EMRK, § 24, Rn. 48.

328 EGMR, Urteil vom 27.8.1991, Rs. 13057/87, Ziff. 40 – *Demicoli/Malta*; *Grabenwarter/Pabel*, EMRK, § 24, Rn. 44, 45 ff.; *Meyer-Ladewig/Harrendorf/König*, in: NK EMRK, Art. 6, Rn. 74.

Richter als subjektiv parteilich anzusehen, wenn sich dieser gegenüber einem Verfahrensbeteiligten feindselig oder böswillig geäußert hat.[329] Bis zum Beweis des Gegenteils gilt eine Vermutung für den Vorwurf der persönlichen Unparteilichkeit des Richters.[330]

Grundsätzlich besteht für jede Partei die Möglichkeit, auf die Unparteilichkeit des zur Entscheidung berufenen Spruchkörpers – auch stillschweigend – zu verzichten.[331] Dies setzt allerdings voraus, dass der Betroffene zuvor ausreichend aufgeklärt wurde, er sich mit seinem anwaltlichen Vertreter beraten hat und keine wichtigen öffentlichen Interessen dem entgegenstehen.[332]

2. Verfahrensgarantien im engeren Sinne

a) Anspruch auf Durchführung einer mündlichen Verhandlung

Obwohl der Wortlaut der Norm das Erfordernis der Mündlichkeit nicht ausdrücklich erwähnt, ergibt sich aus Art. 6 Abs. 1 EMRK eine grundsätzliche Verpflichtung zur Durchführung einer mündlichen Verhandlung.[333] Auf diese Weise soll die Möglichkeit eines direkten Austauschs geschaffen werden, der eine transparente Erörterung und effiziente Klärung der streitgegenständlichen Fragen erleichtert.[334] Nur das, was Gegenstand der mündlichen Verhandlung gewesen ist, kann als Entscheidungsgrundlage herangezogen werden.[335]

Das Erfordernis einer mündlichen Verhandlung gilt jedoch nicht ausnahmslos für jede Instanz. Vielmehr gilt der Grundsatz vornehmlich für alle Verfahren

---

329 *Meyer*, in: Karpenstein/Mayer, EMRK, Art. 6, Rn. 49; *Schädler/Jakobs*, in: KK StPO, Art. 6 EMRK, Rn. 16.

330 EGMR, Urteil vom 15.12.2005, Rs. 73797/01, Ziff. 119 – *Kyprianou/Zypern*; EGMR, Urteil vom 10.8.2006, Rs. 75737/01, Ziff. 39 – *Schwarzenberger/Deutschland*; EGMR, Urteil vom 5.2.2009, Rs. 22330/05, Ziff. 58 – *Olujic/Kroatien.*

331 *Gaede*, in: MüKo StPO, Bd. 3/2, Art. 6, Rn. 78; *Grabenwarter/Pabel*, EMRK, § 24, Rn. 43; *Meyer*, in: Karpenstein/Mayer, EMRK, Art. 6, Rn. 50; *Peters/Altwicker*, EMRK, § 19, Rn. 28; a.A. Kühne, in: IntKomm EMRK, Art. 6, Rn. 317.

332 *Gaede*, in: MüKo StPO, Bd. 3/2, Art. 6, Rn. 79 ff.; *Grabenwarter/Pabel*, EMRK, § 24, Rn. 43.

333 EGMR, Urteil vom 23.2.1994, Rs. 18928/91, Ziff. 20 f. – *Fredin/Schweden*; EGMR, Urteil vom 19.2.1998, Rs. 16970/90, Ziff. 46 – *Allan Jacobsson/Schweden*; EGMR, Urteil vom 18.12.2008, Rs. 69917701, Ziff. 71 – *Saccoccia/Österreich*; *Meyer-Ladewig/Harrendorf/König*, in: NK EMRK, Art. 6, Rn. 170.

334 *Meyer*, in: Karpenstein/Mayer, EMRK, Art. 6, Rn. 60.

335 *Kudlich*, in: MüKo StPO, Bd. 1, Einl., Rn. 180; *Kühne*, in: IntKomm EMRK, Art. 6, Rn. 346.

in erster Instanz und ist in jeder höheren Instanz, die nur noch Rechtsfragen zu erörtern hat, weniger streng einzuhalten.[336] Grundsätzlich gewährleistet Art. 6 Abs. 1 EMRK die Durchführung einer mündlichen Verhandlung innerhalb eines Instanzenzuges, sodass nach erfolgter Verhandlung in erster Instanz von einer weiteren mündlichen Verhandlung abzusehen ist.[337] Entgegen dem Wortlaut des Gesetzestextes, der Ausnahmen nur in Bezug auf den Öffentlichkeitsgrundsatz ausdrücklich normiert, kann nach ständiger Rechtsprechung des Gerichtshofes eine mündliche Verhandlung gänzlich unterbleiben, wenn der Grundrechtsträger hierauf verzichtet[338] oder außergewöhnliche Umstände dies rechtfertigen[339]. So kann beispielsweise in einem Verfahren, das ausschließlich tatsächliche oder rechtliche Fragen aufwirft, die bereits aufgrund der Aktenlage und der schriftlichen Erklärung der Parteien angemessen beantwortet werden können, im Sinne der Verfahrensökonomie und -effektivität von einer mündlichen Verhandlung abgesehen werden.[340] Gleiches gilt für Sorgerechtsstreitigkeiten, in denen der Schutz von Minderjährigen und der Privatsphäre der Beteiligten besondere Umstände begründen, die das Ausbleiben einer mündlichen Verhandlung rechtfertigen.[341]

Entscheidend bei der Abwägung über die Notwendigkeit einer mündlichen Verhandlung ist die Frage, inwiefern eine Nichtdurchführung Auswirkung auf das Verfahrensergebnis hätte.[342] Sehen nationale Regelungen für bestimmte Verfahren ausschließlich ein schriftliches Verfahren vor, ohne dass die Möglichkeit besteht, die Durchführung einer mündlichen Verhandlung zu beantragen,

---

336 EGMR, Urteil vom 8.12.1983, Rs. 8273/78, Ziff. 28 – *Axen/Deutschland*; EGMR, Urteil vom 8.2.2005, Rs. 55853/00, Ziff. 30 – *Miller/Schweden*; *Grabenwarter/Pabel*, EMRK, § 24, Rn. 107; Meyer-*Ladewig/Harrendorf/König*, in: NK EMRK, Art. 6, Rn. 175.

337 *Meyer*, in: Karpenstein/Mayer, EMRK, Art. 6, Rn. 65; *Peters/Altwicker*, EMRK, § 19, Rn. 46.

338 EGMR, Urteil vom 23.6.1981, Rs. 6878/75, Ziff. 59 – *Le Compte u. a./Belgien*; EGMR, Urteil vom 21.2.1990, Rs. 11855/85, Ziff. 66 – *Håkansson u. Sturesson/Schweden*; EGMR, Urteil vom 24.6.1993, Rs. 14518/89, Ziff. 58 – *Schuler-Zgraggen/Schweiz*; EGMR, Urteil vom 12.11.2002, Rs. 28394/95, Ziff. 37 – *Döry/Schweden*.

339 EGMR, Urteil vom 19.2.1998, Rs. 16970/90, Ziff. 46 – *Allan Jacobsson/Schweden*.

340 EGMR, Urteil vom 12.11.2002, Rs. 28394/95, Ziff. 37 ff. – *Döry/Schweden*; EGMR, Urteil vom 8.2.2005, Rs. 55853/00, Ziff. 29 – *Miller/Schweden*; EGMR, Urteil vom 23.11.2006, Rs. 73053/01, Ziff. 41 ff. – *Jussila/Finnland*; EGMR, Urteil vom 10.12.2009, Rs. 49616/06, Ziff. 19 f. – *Koottummel/Österreich*.

341 EGMR, Urteil vom 14.2.2006, Rs. 45983/99, Ziff. 24 – *Kaplan/Österreich*; *Grabenwarter/Pabel*, EMRK, § 24, Rn. 103.

342 *Meyer*, in: Karpenstein/Mayer, EMRK, Art. 6, Rn. 64, 66.

so verstößt diese Regelung gegen den in Art. 6 Abs. 1 EMRK verankerten Grundsatz.[343]

b) Recht auf persönliche Teilnahme am Verfahren

Auch das Recht auf persönliche Teilnahme wird in Art. 6 EMRK nicht ausdrücklich benannt, stellt aber innerhalb eines fairen Verfahrens ein wesentliches Element dar.[344] Die Anwesenheit des Betroffenen vor Gericht dient der effektiven Teilnahme am Verfahren und gewährleistet eine richtige Entscheidung. Nur bei einer persönlichen Teilnahme ist es dem Betroffenen möglich, seine Verfahrensrechte vollumfänglich geltend zu machen und zu überwachen. Auf diese Weise kann der Betroffene selbst sicherstellen, dass alle verfahrensrechtlichen Vorgaben beachtet werden und die Entscheidung auf der Grundlage eines ordnungsgemäßen Abwägungsprozesses ergeht. Durch die Teilnahme an einer den Prozessstoff erörternden mündlichen Verhandlung wird den Prozessbeteiligten das Gefühl vermittelt, dass sie nicht bloß als Außenstehende des Prozesses angesehen werden, sondern ihre aktive Teilnahme unmittelbaren Einfluss auf den Ausgang des Verfahrens hat. Im Vergleich zum Zivilprozess findet der Grundsatz einer persönlichen Teilnahme im Strafverfahren eine strengere Handhabung. Strafrechtliche Verfahren sind grundsätzlich nicht ohne den Betroffenen zu verhandeln.[345] Dabei ersetzt die Anwesenheit eines Verteidigers nicht die Anwesenheit des Betroffenen selbst.[346]

Das Recht auf Teilnahme gilt jedoch auch hier nicht absolut, sodass auch im Strafverfahren ein Verfahren in Abwesenheit des Betroffenen ausnahmsweise möglich ist.[347] So verstößt es beispielsweise nicht gegen die Vorgaben des Art. 6 EMRK, wenn das nationale Gesetz im Falle einer Teilnahmeverweigerung oder schuldhaft begründeten Verhandlungsunfähigkeit des Angeklagten die Durchführung einer Hauptverhandlung ohne diesen vorsieht.[348] Im Zivilverfahren findet der Grundsatz einer persönlichen Teilnahme weniger strenge Anwendung

343 EGMR, Urteil vom 12.4.2006, Rs. 58675/00, Ziff. 42 f. – *Martinie/Frankreich.*

344 *Meyer*, in: Karpenstein/Mayer, EMRK, Art. 6, Rn. 105; *Wrede*, Geheimverfahren, S. 243.

345 EGMR, Urteil vom 24.9.1963, Rs. 1169/61 – *X./Deutschland*; EGMR, Urteil vom 21.9.1993, Rs. 12350/86, Rn. 67 – *Kremzow/Österreich.*

346 *Meyer*, in: Karpenstein/Mayer, EMRK, Art. 6, Rn. 107.

347 *Kühne*, in: IntKomm EMRK, Art. 6, Rn. 385; *Meyer*, in: Karpenstein/Mayer, EMRK, Art. 6, Rn. 111.

348 *Kühne*, in: IntKomm EMRK, Art. 6, Rn. 386.

und ist nur dann zwingend durchgängig zu beachten, wenn erhebliche Folgen für die Rechte des Betroffenen zu befürchten sind und es für die Beurteilung entscheidender Streitfragen gerade auf den persönlichen Eindruck ankommt.[349] Jeder Rechteinhaber kann – sowohl im Zivil- als auch im Strafverfahren – auf sein Teilnahmerecht verzichten, sofern kein Interesse der Allgemeinheit entgegensteht.[350]

c) Grundsatz der Unmittelbarkeit

Eine weitere Ausprägung der Fairnessgarantie stellt der Grundsatz der Unmittelbarkeit dar.[351] Danach soll die Vernehmung der Prozessbeteiligten und der geladenen Zeugen von dem Richter durchgeführt werden, der auch über den Ausgang des Verfahrens entscheidet.[352] Der erkennende Richter soll die von den Parteien vorgelegten Beweismittel auf der Grundlage einer eigenen Anschauung frei würdigen können.[353] Zur Schaffung einer verlässlichen Entscheidungsgrundlage sollen dem Gericht die zu würdigenden Umstände möglichst ohne eine vorherige Filterung durch einen Informationsmittler vorgelegt werden.[354] Durch eine unmittelbar selbst durchgeführte Vernehmung soll es dem Richter möglich sein, einen persönlichen Eindruck von den aussagenden Personen und ihrem Verhalten zu gewinnen, der insbesondere für die gewissenhafte Beurteilung der Glaubwürdigkeit von herausragender Bedeutung ist.[355] Da im Rahmen einer unmittelbaren Vernehmung Rückfragen direkt gestellt sowie Unklarheiten

---

349 *Kühne*, in: IntKomm EMRK, Art. 6, Rn. 380; *Meyer*, in: Karpenstein/Mayer, EMRK, Art. 6, Rn. 106; *Wolf*, in: FS Söllner, 1279, 1282, 1289 f.

350 *Lohse/Jakobs*, in: KK StPO, Art. 6 MRK, Rn. 12; *Meyer*, in: Karpenstein/Mayer, EMRK, Art. 6, Rn. 114.

351 EGMR, Urteil vom 27.6.2000, Rs. 28871/95, Ziff. 55 – *Constantinescu/Rumänien*; EGMR, Urteil vom 9.7.2002, Rs. 37442/97 – *P.K./Finnland*; EGMR, Urteil vom 6.5.2003, Rs. 42059/98 – *Eerola/Finnland*; EGMR, Urteil vom 9.3.2004, Rs. 30508/96, Ziff. 58 – *Pitkanen/Finnland*; EGMR, Urteil vom 24.11.2009, Rs. 75300/01, Ziff. 28 – *Ieremejov/Rumänien.*

352 *Berger*, in: Stein/Jonas, ZPO, § 355, Rn. 2; *Meyer-Ladewig/Harrendorf/König*, in: NK EMRK, Art. 6, Rn. 152; *Wolf*, in: FS Söllner, 1279, 1288.

353 *Stadler*, in: Musielak/Voit, ZPO, § 355, Rn. 4.

354 *Berger*, in: Stein/Jonas, ZPO, § 355, Rn. 5; *Salomon*, in: Rescriptum 2015, 126, 127.

355 *Berger*, in: Stein/Jonas, ZPO, § 355, Rn. 5; *Meyer-Ladewig/Harrendorf/König*, in: NK EMRK, Art. 6, Rn. 152; *Salomon*, in: Rescriptum 2015, 126, 127; *Wolf*, in: FS Söllner, 1279, 1288.

sofort beseitigt werden können, dient das Erfordernis der Unmittelbarkeit auch der Beschleunigung des gesamten Verfahrens.[356]

Besondere Berücksichtigung findet das Erfordernis einer unmittelbaren Vernehmung im Strafverfahren. Ändert sich beispielsweise die Zusammensetzung des zur Entscheidung berufenen Gerichts nach einer bereits durchgeführten Anhörung, so ist in Strafsachen die Vernehmung grundsätzlich noch einmal durchzuführen.[357] Bei Verfahren vor dem Zivilgericht hingegen ist eine wiederholte Vernehmung grundsätzlich nicht zwingend erforderlich, sondern steht im Ermessen des neu zusammengesetzten Gerichts.[358] Unter Abwägung aller Umstände kann es hier ausreichend sein, dem Spruchkörper zur Bildung eines persönlichen Eindrucks lediglich Mitschriften oder Audiodateien über die bereits durchgeführte Vernehmung und die darin getätigten Aussagen vorzulegen.[359]

Der Grundsatz der Unmittelbarkeit findet bereits im Vorfeld der eigentlichen Beweisaufnahme Anwendung. So obliegt auch die Feststellung von Tatsachen, die dem im Verfahren hinzugezogenen Sachverständigen zur Erstellung seines Gutachtens als Grundlage dienen (sog. Anschluss- oder Anknüpfungstatsachen), grundsätzlich dem Gericht.[360] Der erkennende Richter hat also zu prüfen, welche Tatsachen der sachverständigen Begutachtung zugrunde zu legen sind.[361] Anschließend wertet der Sachverständige die vom Gericht festgestellten Tatsachen aus, ohne eine eigene Feststellung vorzunehmen. Er zieht die gerichtlich festgestellten Tatsachen als Grundlage für seine sachverständige Bewertung heran und fungiert damit lediglich als mittelbares Beweismittel.[362] Das Gericht kann den Sachverständigen gegebenenfalls unterstützend zur Beweisaufnahme hinzuziehen, sofern zur abschließenden Feststellung der Grundlagen eine bestimmte Sachkunde notwendig ist.[363] In der deutschen Verfahrenspraxis wird die Feststellung von Anknüpfungstatsachen ausnahmsweise dann vollständig

---

356 *Berger*, in: Stein/Jonas, ZPO, § 355, Rn. 6; *Stadler*, in: Musielak/Voit, ZPO, § 355, Rn. 4.

357 EGMR, Urteil vom 9.3.2004, Rs. 30508/96, Ziff. 58 – *Pitkanen/Finnland*.

358 *Berger*, in: Stein/Jonas, ZPO, § 355, Rn. 11; *Meyer-Ladewig/Harrendorf/König*, in: NK EMRK, Art. 6, Rn. 152; *Stadler*, in: Musielak/Voit, ZPO, § 355, Rn. 6.

359 *Meyer-Ladewig/Harrendorf/König*, in: NK EMRK, Art. 6, Rn. 152.

360 *Bach*, in: BeckOK ZPO, § 355, Rn. 21; *Heinrich*, in: MüKo ZPO, Bd. 2, § 355, Rn. 11; *Stadler*, in: Musielak/Voit, ZPO, § 355, Rn. 7.

361 *Huber*, in: Musielak/Voit, ZPO, § 404a, Rn. 4.

362 *Bach*, in: BeckOK ZPO, § 355, Rn. 22.

363 *Bach*, in: BeckOK ZPO, § 355, Rn. 21; *Heinrich*, in: MüKo ZPO, Bd. 2, § 355, Rn. 11; *Stadler*, in: Musielak/Voit, ZPO, § 355, Rn. 7.

auf den Sachverständigen übertragen, wenn rein tatsächlich die Durchführung der Beweisaufnahme durch das Gericht nicht möglich oder es zum Schutz berechtigter Interessen notwendig ist, dass ausschließlich der Sachverständige und nicht auch weitere Personen anwesend sind.[364] Anders zu beurteilen ist dies hingegen bei sogenannten Befundtatsachen, die nur mit entsprechender Sachkunde festzustellen und daher vollumfänglich durch den Sachverständigen selbst zu ermitteln sind.[365] Ausnahmen vom Grundsatz der Unmittelbarkeit sind dabei lediglich in engen Grenzen möglich.[366]

d) Grundsatz der Öffentlichkeit

aa) Bedeutung des Öffentlichkeitsgrundsatzes

Der in Art. 6 EMRK ausdrücklich erwähnte Begriff der „Öffentlichkeit" ist als Volksöffentlichkeit zu verstehen.[367] Ausgehend von diesem Verständnis soll es nach dem Grundsatz der Öffentlichkeit jedem, der nicht Prozessbeteiligter ist, möglich sein, jede beliebige Verhandlung vor jedem beliebigen Gericht unmittelbar zu verfolgen, ohne dass die eigene Person angesehen oder die eigenen Interessen an der Verhandlung überprüft werden.[368] Auf der Ebene international geltenden Rechts ist der Grundsatz der Öffentlichkeit neben seiner Verankerung in Art. 6 Abs. 1 S. 1 EMRK und Art. 10 AEMR auch in Art. 14 Abs. 1 S. 2 des Internationalen Paktes über bürgerliche und politische Rechte vom 10. Dezember 1966 (im Folgenden benannt als „UN-Pakt") niedergelegt. Dabei wurde in Deutschland sowohl der EMRK[369] als auch dem UN-Pakt[370] durch ein entsprechendes Transformationsgesetz innerstaatliche Geltung im Rang eines einfachen

---

364 *Berger*, in: Stein/Jonas, ZPO, § 355 ZPO, Rn. 24; *Heinrich*, in: MüKo ZPO, Bd. 2, § 355, Rn. 12; *Stadler*, in: Musielak/Voit, ZPO, § 355, Rn. 7;

365 *Bach*, in: BeckOK ZPO, § 355, Rn. 21; *Berger*, in: Stein/Jonas, ZPO, § 355, Rn. 24; *Heinrich*, in: MüKo ZPO, Bd. 2, § 355, Rn. 11; *Stadler*, in: Musielak/Voit, ZPO, § 355, Rn. 7.

366 *Berger*, in: Stein/Jonas, ZPO, § 355, Rn. 13.

367 *Kühne*, in: IntKomm EMRK, Art. 6, Rn. 345; *McGuire*, in: GRUR 2015, 424, 428.

368 *Ann*, in: Ann/et al., Praxishandbuch, Kap. 7, Rn. 60; *McGuire*, in: GRUR 2015, 424, 428; *Zimmermann*, in: MüKo ZPO, Bd. 3, § 169 GVG, Rn. 1.

369 Deutsches Gesetz über die Konvention zum Schutz der Menschenrechte und Grundfreiheiten, veröffentlicht im Bundesgesetzblatt 1952 Teil II Nr. 14 S. 685 ff. am 22.8.1952, in Kraft seit 23.8.1952.

370 Deutsches Gesetz zum Internationalen Pakt vom 19.12.1966 über bürgerliche und politische Rechte, veröffentlicht im Bundesgesetzblatt 1973 Teil II Nr. 60 S. 1533 ff. am 20.11.1973, in Kraft seit 17.12.1973.

Gesetzes zugesprochen, sodass diese unmittelbare Anwendung finden.[371] Sinn und Zweck des Öffentlichkeitsgrundsatzes ist, durch die Schaffung einer bürgerlichen Öffentlichkeit eine gewisse Kontrolle zu ermöglichen und auch auf diese Weise das Vertrauen der Bürger in die rechtsprechende Gewalt zu stärken.[372] Durch das Erfordernis der Öffentlichkeit wird nicht nur die Bildung einer unkontrollierbaren Geheimjustiz verhindert, sondern auch eine erhöhte Akzeptanz der gerichtlichen Entscheidung in der Gesellschaft erzielt.[373]

bb) Reichweite des Öffentlichkeitsgrundsatzes

Das Gebot der Öffentlichkeit gilt umfassend und betrifft bereits die gerichtliche Verhandlung mit der Folge, dass die breite Öffentlichkeit über Ort und Zeitpunkt der Verhandlung zu informieren und ihr ohne größere Hindernisse Zugang hierzu zu gewähren ist.[374] Wie aus Art. 6 Abs. 1 S. 2 EMRK ersichtlich, umfasst der Öffentlichkeitsgrundsatz auch die Medienberichterstattung von Journalisten als Teil der allgemeinen Öffentlichkeit.[375]

In zeitlicher Hinsicht reicht der Öffentlichkeitsgrundsatz bis zur Entscheidungsverkündung und soll insoweit die Zugänglichkeit des Urteils garantieren.[376] Dabei ist der Begriff der „Verkündung" nicht wörtlich zu verstehen. Vielmehr ist es im Hinblick auf die unterschiedlichen prozessualen Vorgehensweisen in den einzelnen Konventionsstaaten ausreichend, dass jeder Person mit einem berechtigten Interesse zur Kontrolle der Entscheidung ein Vervielfältigungsexemplar des vollständigen Urteils zugänglich gemacht wird.[377] Dabei ist

---

371 BVerfGE 111, 307, 313, 318, 331; *Wrede*, Geheimverfahren, S. 240; *Zimmermann*, in: MüKo ZPO, Bd. 3, § 169 GVG, Rn. 5.

372 *Ann*, in: Ann/et al., Praxishandbuch, Kap. 7, Rn. 60; *Meyer*, in: Karpenstein/Mayer, EMRK, Art. 6, Rn. 60; *McGuire*, in: GRUR 2015, 424, 428; *Meyer-Ladewig/Harrendorf/König*, in: NK EMRK, Art. 6, Rn. 183; *Peters/Altwicker*, EMRK, § 19, Rn. 45; *Valerius*, in: BeckOK StPO, Art. 6 EMRK, Rn. 18.

373 EGMR, Urteil vom 26.9.1995, Rs. 18160/91, Ziff. 33 – *Diennet/Frankreich*; EGMR, Urteil vom 14.11.2000, Rs. 35115/97, Ziff. 27 – Riepan/Österreich; *Gaede*, in: MüKo StPO, Bd. 3/2, Art. 6, Rn. 119; *Meyer*, in: Karpenstein/Mayer, EMRK, Art. 6, Rn. 60; *Peters/Altwicker*, EMRK, § 19, Rn. 45.

374 *Grabenwarter/Pabel*, EMRK, § 24, Rn. 86; *Meyer-Ladewig/Harrendorf/König*, in: NK EMRK, Art. 6, Rn. 184.

375 *Grabenwarter/Pabel*, EMRK, § 24, Rn. 87; *Kühne*, in: IntKomm EMRK, Art. 6, Rn. 349.

376 *Gaede*, in: MüKo StPO, Bd. 3/2, Art. 6, Rn. 122; *Meyer*, in: Karpenstein/Mayer, EMRK, Art. 6, Rn. 71; *Valerius*, in: BeckOK StPO, Art. 6 EMRK, Rn. 19.

377 EGMR, Urteil vom 8.12.1983, Rs. 8273/78, Ziff. 31 f. – *Axen/Deutschland*; EGMR, Urteil vom 8.12.1983, Rs. 7984/77, Ziff. 27 – *Pretto u. a./Italien.*

es erlaubt, Anonymisierungen vorzunehmen und besonders kritische Passagen geheim zu halten.[378] Möglich ist es insoweit auch, von einer allgemeinen Urteilsveröffentlichung abzusehen und den vollen Inhalt nur Personen mit einem nachgewiesenen, hinreichenden Interesse an der Sache zugänglich zu machen.[379] Diese Vorgehensweise reicht jedoch nicht aus, sofern bereits ohne Grund auf eine öffentliche Verhandlung verzichtet wurde.[380] Der nationale Gesetzgeber kann hierzu eigene Regelungen treffen, darf dabei jedoch nicht über den Anwendungsbereich des Art. 6 EMRK hinausgehen.[381]

cc) Öffentlichkeit in der Praxis

Statistisch gesehen nimmt in Deutschland nur eine geringe Anzahl an Bürgern die Möglichkeit einer unmittelbaren Prozessverfolgung wahr.[382] Grund für die regelmäßig nur spärlich besetzten Zuschauerbänke ist unter anderem die Tatsache, dass der Sachverhalt in der Verhandlung nicht vollumfänglich erörtert wird, sondern in der Regel lediglich auf den Akteninhalt stillschweigend Bezug genommen wird.[383] Auf diese Weise bleiben dem Zuschauer wichtige Details verwehrt. Ohne erforderliches Hintergrundwissen ist es schwierig, den Ausführungen während der Verhandlung zu folgen und die gerichtlichen Schlussfolgerungen nachzuvollziehen.

Hinzu kommt, dass nach § 311 Abs. 2 S. 2 ZPO selbst die Verlesung der Urteilsformel durch eine Bezugnahme ersetzt werden kann, sodass der Zuhörer regelmäßig weder den Sachverhalt noch den Inhalt des Urteils erfährt und sich der Mehrwert einer Prozessverfolgung für ihn damit auf ein Mindestmaß beschränkt.[384] Auch in Strafverfahren kommt der Gerichtsöffentlichkeit eine nur geringe praktische Bedeutung zu, da selbst schwerwiegende Delikte im Strafbefehlsverfahren verfolgt oder gegen Geldauflage eingestellt werden können. Das

---

378 EGMR, Urteil vom 11.2.2010, Rs. 31465/08, Ziff. 53 – *Raza/Bulgarien*; EGMR, Urteil vom 16.4.2013, Rs. 40908/05, Ziff. 69 – *Fazliyski/Bulgarien*; *Gaede*, in: MüKo StPO, Bd. 3/2, Art. 6, Rn. 122.

379 EGMR, Urteil vom 24.4.2001, Rs. 36337/97, Ziff. 45 ff. – *B. u. P./Großbritannien;* EGMR, Urteil vom 17.1.2008, Rs. 14810/02, Ziff. 36 – *Biryukow/Russland.*

380 EGMR, Urteil vom 21.9.2006, Rs. 12643/02, Ziff. 103 – *Moser/Österreich.*

381 *Grabenwarter/Pabel*, EMRK, § 24, Rn. 89; *Kühne*, in: IntKomm EMRK, Art. 6, Rn. 350.

382 *Ann*, in: Ann/et al., Praxishandbuch, Kap. 7, Rn. 60; *Zimmermann*, in: MüKo ZPO, Bd. 3, § 169 GVG, Rn 1.

383 *Zimmermann*, in: MüKo ZPO, Bd. 3, § 169 GVG, Rn 1.

384 *Zimmermann*, in: MüKo ZPO, Bd. 3, § 169 GVG, Rn 1.

Interesse der allgemeinen Öffentlichkeit am Verlauf und Ausgang eines Verfahrens wird daher meist nur mittelbar über die Medien wahrgenommen.[385]

Trotz der nur gering zu verzeichnenden Teilnahme der Zivilbevölkerung an Gerichtsprozessen ist die Bedeutung des Öffentlichkeitsgrundsatzes aber mit Blick auf Geschäftsgeheimnisse nicht zu unterschätzen. Auch Wettbewerber sind Teil der allgemeinen Öffentlichkeit und können daher als Zuschauer an Gerichtsprozessen teilnehmen. Durch ihre Teilnahme können sie sich Kenntnis über alle im Verfahren zur Sprache kommenden Geschäftsgeheimnisse verschaffen. In Anbetracht der besonderen Verletzlichkeit von Geschäftsgeheimnissen kann allerdings bereits die Anwesenheit eines einzelnen Zuschauers die Geheimniseigenschaft und die damit einhergehende Wertigkeit der Information für den Geheimnisinhaber gefährden.

dd) Ausschluss von Öffentlichkeit und Presse

Von einer öffentlichen Verhandlung kann abgesehen werden, wenn die Parteien freiwillig und unzweideutig, gegebenenfalls auch konkludent[386], auf ihre Durchführung verzichtet haben.[387] Dies gilt jedoch nicht, sofern die Durchführung einer öffentlichen Verhandlung zum Schutz wichtiger öffentliche Interessen notwendig ist.[388] Art. 6 Abs. 1 S. 2 EMRK normiert zudem einen Katalog unmittelbar anwendbarer Ausnahmetatbestände, die den Ausschluss der Öffentlichkeit und der Presse für Teile oder die Gesamtheit eines gerichtlichen Verfahrens – nicht aber im Hinblick auf die Entscheidungsverkündung – rechtfertigen.[389] Als Ausschlussgründe benennt das Gesetz ausdrücklich das Interesse der Moral, der öffentlichen Ordnung, der Rechtspflege und der nationalen Sicherheit sowie den Schutz von Jugendlichen als auch des Privatlebens der Prozessparteien.

---

385 *Ann*, in: Ann/et al., Praxishandbuch, Kap. 7, Rn. 60.

386 *Meyer*, in: Karpenstein/Mayer, EMRK, Art. 6, Rn. 69 f.

387 EGMR, Urteil vom 24.6.1993, Rs. 14518/89, Ziff. 58 – *Schuler-Zgraggen/Schweiz;* EGMR, Urteil vom 23.6.1981, Rs. 6878/75, Ziff. 59 – *Le Compte u.a./Belgien.*

388 EGMR, Urteil vom 21.2.1990, Rs. 11855/85, Ziff. 66 – *Hakansson u. Sturesson/Schweden*; EGMR, Urteil vom 24.6.1993, Rs. 14518/89, Ziff. 58 – *Schuler-Zgraggen/Schweiz.*

389 *Gaede*, in: MüKo StPO, Bd. 3/2, Art. 6, Rn. 123; *Grabenwarter/Pabel*, EMRK, § 24, Rn. 89, 111; *Kühne*, in: IntKomm EMRK, Art. 6, Rn. 350, 355; *Peters/Altwicker*, EMRK, § 19, Rn. 50.

(1) Allgemeine Ausschlussgründe

Die zuerst benannte Gruppe der allgemeinen Ausschlussgründe (Moral, öffentliche Ordnung und Sicherheit) bildet die Richtschnur einer demokratischen Gesellschaft.[390] Das Interesse der Moral hat dabei praktisch die geringste Bedeutung und kommt hauptsächlich im Falle von am Prozess beteiligten Jugendlichen zur Anwendung.[391] Insbesondere in Verfahren, die Gewalt- oder Sittlichkeitsdelikte zum Gegenstand haben, werden regelmäßig nicht nur die Öffentlichkeit, sondern die betroffenen Jugendlichen selbst zu ihrem Schutz vom Prozessgeschehen ausgeschlossen.[392]Darüber hinaus rechtfertigt das Vorführen sensibler Beweise den Ausschluss der Öffentlichkeit aus moralischen Gründen.[393] So wird die Öffentlichkeit aus Gründen der Pietät für einen Teil des Verfahrens ausgeschlossen, wenn beispielsweise bildlich dokumentierte ärztliche Untersuchungsergebnisse in das Verfahren eingebracht und geprüft werden.

Der Ausschlussgrund der nationalen Sicherheit umfasst die Sicherheitsinteressen eines Staates und kommt beispielsweise bei einer zu befürchtenden Offenbarung von Staatsgeheimnissen zum Tragen.[394] Das ebenfalls im Katalog benannte Interesse der öffentlichen Ordnung beinhaltet keinen allgemeinen „ordre public"-Vorbehalt, der einen Ausschluss der Öffentlichkeit zur Wahrung jeglicher Ordnung möglich macht.[395] So kann die Öffentlichkeit etwa nicht mit der Begründung ausgeschlossen werden, dass Gefahren von einer einzelnen anwesenden Person ausgehen.[396] Dieser Gefahr kann vielmehr bereits mit der bloßen Entfernung dieser einen gefährlichen Person entsprochen werden.[397] Den Ausschlussgrund der öffentlichen Ordnung im Sinne des Art. 6 Abs. 1 S. 2 EMRK begründen hingegen solche Gefahren, die von der Person des Angeklagten oder allgemein von der Zulassung der Öffentlichkeit ausgehen.[398] Dies gilt jedoch dann nicht, wenn die Öffentlichkeit lediglich zur bloßen Erleichterung der Gerichtsbehörden ausgeschlossen werden soll oder Gefahren vorliegen, die

---

390 *Grabenwarter/Pabel*, EMRK, § 24, Vor Rn. 95.

391 *Grabenwarter/Pabel*, EMRK, § 24, Vor Rn. 95.

392 EGMR, Urteil vom 24.4.2001, Rs. 36337/97, Ziff. 38 – *B. u. P./Großbritannien*; *Grabenwarter/Pabel*, EMRK, § 24, Vor Rn. 95.

393 *Grabenwarter/Pabel*, EMRK, § 24, Vor Rn. 95.

394 *Grabenwarter/Pabel*, EMRK, § 24, Rn. 96; *Meyer-Ladewig/Harrendorf/König*, in: NK EMRK, Art. 6, Rn. 185.

395 *Grabenwarter/Pabel*, EMRK, § 24, Rn. 97.

396 EGMR, Urteil vom 28.6.1984, Rs. 7819/77, Ziff. 87 – *Campbell u. Fell/Großbritannien.*

397 *Meyer-Ladewig/Harrendorf/König*, in: NK EMRK, Art. 6, Rn. 185.

398 *Grabenwarter/Pabel*, EMRK, § 24, Rn. 97.

mit üblichen Sicherheitsvorkehrungen zu bewältigen sind.[399] Nur eine unverhältnismäßig starke Belastung der Behörden und Schwierigkeiten, die über das gewöhnliche Maß in einem Strafverfahren hinausgehen, begründen den Ausschlusstatbestand der öffentlichen Ordnung.[400]

(2) Prozessbezogene Ausschlussgründe

Neben den allgemeinen Ausschlussgründen nennt Art. 6 Abs. 1 S. 2 EMRK auch prozessbezogene Tatbestände, die einen Ausschluss der Öffentlichkeit rechtfertigen können. Der insoweit normierte Tatbestand des Jugendschutzes geht über den Schutz der Moral und des Privatlebens hinaus.[401] Er findet dann Anwendung, wenn der betroffene Jugendliche einem hohen psychischen Druck ausgesetzt ist und zu befürchten ist, dass er in Anwesenheit der Öffentlichkeit oder bestimmter Personen nicht die Wahrheit sagen wird.[402] Ebenso dient auch der als prozessbezogene Ausschlussgrund normierte Schutz des Privatlebens der gerichtlichen Wahrheitsfindung und soll eine ungehemmte Vernehmung sicherstellen.[403] Obwohl der Wortlaut des Art. 6 Abs. 1 S. 2 EMRK lediglich von dem Privatleben der Prozessparteien spricht, erfordert der systematische Zusammenhang mit Art. 8 und Art. 14 EMRK ein erweitertes Verständnis des Begriffs „Prozessparteien", der auch alle sonstigen Prozessparteien – wie etwa geladene Zeugen – umfasst.[404] Der Begriff des Privatlebens beschränkt sich dabei nicht nur auf den klassischen persönlichen Bereich. Vielmehr erstreckt sich der Schutzumfang auch auf Geheimnisse aus dem beruflichen Bereich, sowie insbesondere Betriebs- und Geschäftsgeheimnisse.[405]Droht die Gefahr, dass solche Geheimnisse offenbart werden und ihr Wert damit verloren geht, kann dies den Ausschluss der Öffentlichkeit zum Schutz des Privatlebens rechtfertigen.

399 *Grabenwarter/Pabel*, EMRK, § 24, Rn. 97; *Meyer-Ladewig/Harrendorf/König*, in: NK EMRK, Art. 6, Rn. 185; *Peters/Altwicker*, EMRK, § 19, Rn. 50.

400 EGMR, Urteil vom 28.6.1984, Rs. 7819/77, Ziff. 86 f. – *Campbell u. Fell/Großbritannien.*

401 *Grabenwarter/Pabel*, EMRK, § 24, Rn. 99.

402 EGMR, Urteil vom 24.4.2001, Rs. 36337/97, Ziff. 38 – *B. u. P./Großbritannien.*

403 *Grabenwarter/Pabel*, EMRK, § 24, Rn. 99, 100.

404 *Grabenwarter/Pabel*, EMRK, § 24, Rn. 100; *Kühne*, in: IntKomm EMRK, Art. 6, Rn. 351.

405 EGMR, Urteil vom 23.6.1981, Rs. 6878/75, Ziff. 59 – *Le Compte u. a./Belgien*; EGMR, Urteil vom 10.2.1983, Rs. 7299/75, Ziff. 34 – *Albert u. Le Compte/Belgien*; EGMR, Urteil vom 30.11.1987, Rs. 8950/80, Ziff. 54 – *H./Belgien*; EGMR, Urteil vom 23.6.1994, Rs. 16997/90, Ziff. 56 – *De Moor/Belgien*; EGMR, Urteil vom 26.9.1995, Rs. 18160/91, Ziff. 34 – *Diennet/Frankreich; Grabenwarter/Pabel*, EMRK, § 24, Rn. 100.

Art. 6 Abs. 1 S. 2 EMRK benennt zudem die Interessen der Rechtspflege als Grund für einen Öffentlichkeitsausschluss. Danach ist es möglich, die Öffentlichkeit zur Gewährleistung einer vollumfänglichen und wahrheitsgemäßen Aussage der Parteien und Zeugen auszuschließen.[406] Zudem umfasst das Interesse der Rechtspflege einen störungsfreien Verlauf der Verhandlung, der bei entsprechend räumlichen Gegebenheiten durch Zugangsbeschränkungen durchgesetzt werden kann.[407] Allerdings wird dieser Ausschlussgrund als restriktiv auszulegende Härteklausel verstanden.[408] Er ist im Vergleich zu den übrigen Tatbeständen wesentlich enger gefasst und setzt ausdrücklich besondere Umstände voraus, die einen Ausschluss der Öffentlichkeit rechtfertigen, soweit das Gericht es für unbedingt erforderlich hält. Auch wenn der Wortlaut des Art. 6 Abs. 1 S. 2 EMRK zwar vermuten lässt, dass die darin aufgezählten Ausschlusstatbestände abschließend sind, so hat der Gerichtshof jedoch Ansätze erkennen lassen, dass neben den ausdrücklich benannten Tatbeständen weitere Ausschlussgründe wie beispielsweise die Förderung des freien Austauschs von Informationen und Meinungen in Betracht kommen.[409]

(3) Verhältnismäßigkeit

Weitere Voraussetzung für die Rechtmäßigkeit eines Öffentlichkeitsausschlusses ist seine Verhältnismäßigkeit. Danach muss der Ausschluss nicht nur eines der oben näher beschriebenen allgemeinen oder prozessbezogenen Ziele verfolgen, sondern muss der Erfüllung eben jenes Zieles auch tatsächlich dienen und hierfür erforderlich sein.[410] Dies bedeutet, dass kein anderes geeignetes, weniger belastendes Mittel in Betracht kommen darf. Lässt sich das verfolgte Ziel beispielsweise auch mit einer Einschränkung der Medienberichterstattung, durch eine bloße Anonymisierung oder die Einrichtung eines Sichtschutzes bei Zeugenvernehmungen erreichen, ist der gänzliche Ausschluss der Öffentlichkeit nicht erforderlich und damit insgesamt unverhältnismäßig.[411] Für einen

406 *Grabenwarter/Pabel*, EMRK, § 24, Rn. 100; *Kühne*, in: IntKomm EMRK, Art. 6, Rn. 352.

407 *Grabenwarter/Pabel*, EMRK, § 24, Rn. 102.

408 *Kühne*, in: IntKomm EMRK, Art. 6, Rn. 352.

409 EGMR, Urteil vom 24.4.2001, Rs. 36337/97, Ziff. 37 – *B. u. P./Vereinigtes Königreich*; *Kühne*, in: IntKomm EMRK, Art. 6, Rn. 350.

410 *Grabenwarter/Pabel*, EMRK, § 24, Rn. 93; *Meyer*, in: Karpenstein/Mayer, EMRK, Art. 6, Rn. 68; *Peters/Altwicker*, EMRK, § 19, Rn. 50.

411 *Grabenwarter/Pabel*, EMRK, § 24, Rn. 93, 101, 111; *Lohse/Jakobs*, in: KK StPO, Art. 6 MRK, Rn. 24; *Peters/Altwicker*, EMRK, § 19, Rn. 50.

zulässigen Ausschluss der Öffentlichkeit bedarf es zudem eines angemessenen Verhältnisses zwischen dem verfolgten Zweck einerseits und dem Interesse der Allgemeinheit an einer öffentlichen Verhandlung andererseits.[412] Auch hier sind die Gesamtumstände des Einzelfalls heranzuziehen. So ist beispielsweise zu berücksichtigen, ob die Öffentlichkeit die zu erörternden Tatsachen bereits kennt und welche Rolle der schutzbedürftigen Person zuteilwird (Täter, Opfer oder Zeuge).[413]

e) Recht auf rechtliches Gehör

Unabdingbare Voraussetzung für ein faires Verfahren und elementarer Grundsatz des Unionsrechts ist die Gewährung rechtlichen Gehörs.[414] Dies bedeutet, dass jeder Betroffene in billiger Weise anzuhören ist.[415] Jedem Verfahrensbeteiligten muss es möglich sein, sich angemessen am Verfahren zu beteiligen, indem er zu allen erheblichen Tatsachen und rechtlichen Fragestellungen in ausreichender Weise Stellung nehmen und Beweise vortragen kann.[416] Hiervon umfasst ist auch die Möglichkeit, vorgetragene Beweise anzugreifen und das Verfahren zu rügen.[417]

Um zu entscheiden, wie und in welcher Art Stellung genommen und Beweise vorgetragen werden, bedarf es allerdings einer umfassenden Kenntnis über den Sach- und Streitstand des Verfahrens. Daher ist jede am Verfahren beteiligte Person nicht nur über das Verfahren selbst, sondern über jeglichen Vortrag anderer Verfahrensbeteiligter und alle vorgelegten Beweismaterialien zu informieren.[418] Dies gilt selbst dann, wenn sich aus dem Vortrag keine neuen

412 EGMR, Urteil vom 28.6.1984, Rs. 7819/77, Ziff. 87 – *Campbell u. Fell/Großbritannien*; *Gaede*, in: MüKo StPO, Bd. 3/2, Art. 6, Rn. 124; *Grabenwarter/Pabel*, EMRK, § 24, Rn. 92, 93; *Meyer*, in: Karpenstein/Mayer, EMRK, Art. 6, Rn. 68.

413 *Grabenwarter/Pabel*, EMRK, § 24, Rn. 93.

414 EuGH, Urteil vom 22.3.1961, Rs. 49/59, Slg. 1961, 109, 169 – *SUNPAT/Hohe Behörde*; EuGH, Urteil vom 10.7.2001, Rs. C-315/99P, Slg. 2001, I-5281, 5324 – *Ismeri Europa/Rechnungshof*; *Musielak*, in: Musielak/Voit, ZPO, Einl., Rn. 29.

415 *Meyer*, in: Karpenstein/Mayer, EMRK, Art. 6, Rn. 100.

416 EGMR, Urteil vom 27.10.1993, Rs. 14448/88, Ziff. 33 – *Dombo Beheer B.V./Niederlande; EGMR, Urteil vom 18.3.1997, Rs. 21497/93, Rn. 33 – Mantovanelli/Frankreich.*

417 EGMR, Urteil vom 13.2.2001, Rs. 23541/94, Ziff. 39 – *Garcia Alva/Deutschland.*

418 EGMR, Urteil vom 28.8.1991, Rs. 11170/84, Ziff. 60 f. – *Brandstetter/Österreich*; EGMR, Urteil vom 23.6.1993, Rs. 12952/87, Ziff. 63 – *Ruiz-Mateos/Spanien*; EGMR, Urteil vom 16.2.2000, Rs. 28901/95, Ziff. 60 – *Rowe u. Davis/Großbritannien*; EGMR, Urteil vom 19.6.2001, Rs. 36533/97, Ziff. 40 – *Atlan/Großbritannien*; EGMR, Urteil vom 3.6.2003, Rs. 37372/97, Ziff. 58 ff. – *Walston (Rs. 1)/Norwegen*; EGMR, Urteil

Erkenntnisse ergeben.[419] Bei umfangreichen Fragestellungen sind die Beteiligten rechtzeitig vor der mündlichen Verhandlung über Beweismittel zu unterrichten, damit sich diese hiermit frühzeitig vertraut machen und in angemessener Form dazu Stellung nehmen können.[420] Der mit dem Recht auf rechtliches Gehör einhergehende Anspruch auf Informationserlangung erstreckt sich auch auf den Vortrag gerichtlich bestellter Sachverständiger.[421] Werden Sachverständige im Verfahren zur Sachverhaltsaufklärung herangezogen, so muss für die Verfahrensbeteiligten die Möglichkeit bestehen, diese bei Zweifeln zu befragen und ihr Ergebnis vollumfänglich zu überprüfen.[422] Es besteht jedoch kein Anspruch auf Anwesenheit während einer durch den Sachverständigen durchgeführten Anhörung oder auf Einblick in die von dem Sachverständigen berücksichtigten Unterlagen.[423] Das Erfordernis einer angemessenen Beteiligung gilt ausschließlich für das sich der gutachterlichen Prüfung anschließende Gerichtsverfahren.

Das Recht auf Gehör umfasst auch den Anspruch auf eine abschließende gerichtliche Entscheidung.[424] Das Gericht muss alle im Verfahren vorgebrachten Beweismittel prüfen und den Vortrag eines jeden Beteiligten nicht nur zur Kenntnis nehmen, sondern sich mit seinen wesentlichen Punkten auseinandersetzen und entsprechend würdigen.[425] Eine darüber hinausgehende Verpflichtung zur Führung eines Rechtsgesprächs besteht hingegen nicht.[426] Die abschließende Entscheidung des Gerichts muss hinreichend begründet sein und über die bloße Zitierung einer gesetzlichen Bestimmung hinausgehen.[427] Das Gericht muss zum Ausdruck bringen, dass es sich mit allen Umständen des Einzelfalls und

---

vom 2.6.2005, Rs. 50372/99, Rn. 25 – *Goktepe/Belgien*; EGMR Urteil vom 14.6.2005, Rs. 39553/02, Ziff. 48 ff. – *Menet/Frankreich*; *Grabenwarter/Pabel*, EMRK, § 24, Rn. 72; Meyer-*Ladewig/Harrendorf/König*, in: NK EMRK, Art. 6, Rn. 96.

419 EGMR, Urteil vom 13.7.2006, Rs. 17671/02, Ziff. 32 – *Ressegati/Schweiz.*

420 EGMR, Urteil vom 3.3.2000, Rs. 35376/97, Ziff. 42 – *Krcmar u.a./Tschechien.*

421 *Gaede*, in: MüKo StPO, Bd. 3/2, Art. 6 EMRK, Rn. 296.

422 EGMR, 4.11.2008, Rs. 72596/01, Ziff. 64 – *Balsytė-Lideikienė/Litauen.*

423 EGMR, Urteil vom 2.6.2005, Rs. 50372/99, Rn. 25 – *Goktepe/Belgien*; *Meyer-Ladewig/Harrendorf/König*, in: NK EMRK, Art. 6, Rn. 155.

424 *Meyer*, in: Karpenstein/Mayer, EMRK, Art. 6, Rn. 100; *Wolf*, in: FS Söllner, 1279, 1282 f.

425 EGMR, Urteil vom 19.4.1994, Rs. 16034/90, Ziff. 59 – *Van de Hurk/Niederlande*; EGMR, Urteil vom 2.6.2005, Rs. 50372/99, Ziff. 25; *Meyer-Ladewig/Harrendorf/König*, in: NK EMRK, Art. 6, Rn. 98.

426 *Meyer-Ladewig/Harrendorf/König*, in: NK EMRK, Art. 6, Rn. 100.

427 EGMR, Urteil vom 15.1.2004, Rs. 61828/00, Ziff. 51 – *Sakkopoulos/Griechenland*; *Grabenwarter/Pabel*, EMRK, § 24, Rn. 76.

den vorgetragenen Hauptargumenten auseinandergesetzt hat.[428] Art. 6 EMRK sieht keine Vorgaben zur Erhebung oder Würdigung von Beweisen vor.[429] Maßgeblich ist vielmehr, ob das Verfahren im Ganzen, auch unter Berücksichtigung der Beweisaufnahme, den Grundsätzen eines fairen Verfahrens entspricht.[430]

Da sowohl das Rechtsstaatsprinzip als auch die Menschenwürdegarantie dem Einzelnen nicht zur Disposition stehen, wird allgemein vertreten, dass auch auf das Recht auf rechtliches Gehör nicht von vorneherein verzichtet werden kann.[431] Allerdings können Einschränkungen der Verteidigungsrechte zulässig sein, sofern sie unbedingt notwendig sind.[432] So kann es zum Schutz wichtiger öffentlicher Interessen erforderlich sein, dass bestimmte Beweismittel nicht offengelegt werden.[433] In einem solchen Fall bedarf es einer umfassenden Abwägung der sich gegenüberstehenden Interessen.[434] Erfordern widerstreitende Interessen, wie beispielsweise Grundrechte anderer Personen oder die öffentliche Sicherheit, die Geheimhaltung wichtiger Dokumente, so muss durch die Einhaltung anderer verfahrensrechtlicher Garantien die hierdurch verursachte Einschränkung ausgeglichen und die erforderliche Balance im Ganzen wiederhergestellt werden.[435]

---

428 EGMR, Urteil vom 24.5.2005, Rs. 61302/00, Rn. 67 – *Buzescu/Rumänien*; *Meyer*, in: Karpenstein/Mayer, EMRK, Art. 6, Rn. 102.

429 EGMR, Urteil vom 12.7.1988, Rs. 10862/84, Rn. 46 – *Schenk/Schweiz*; EGMR, Urteil vom 18.3.1997, Rs. 21497/93, Rn. 34 – *Mantovanelli/Frankreich;* EGMR, Urteil vom 25.3.1999, Rs. 25444/94, Ziff. 45 – *Pelissier u. Sassi/Frankreich*; EGMR, Urteil vom 22.11.2001, Rs. 39799/98, Rn. 4 – *Volkmer/Deutschland;* EGMR, Urteil vom 5.3.2009, Rs. 77144/01, Rn. 41 – *Colak u. Tsakiridis/Deutschland.*

430 EGMR, Urteil vom 12.7.1988, Rs. 10862/84, Rn. 46 – *Schenk/Schweiz*; EGMR, Urteil vom 25.3.1999, Rs. 25444/94, Ziff. 45 f. – *Pelissier u. Sassi/Frankreich;* EGMR, Urteil vom 22.11.2001, Rs. 39799/98, Rn. 4 – *Volkmer/Deutschland.*

431 *Ann*, in: Ann/et al., Praxishandbuch, Kap. 7, Rn. 48.

432 EGMR, Urteil vom 16.2.2000, Rs. 27052/95, Ziff. 52 – *Jasper/Großbritannien*; EGMR, Urteil vom 9.10.2008, Rs. 62936/00, Ziff. 52 – *Moiseyev/Russland*; EGMR, Urteil vom 6.7.2010, Rs. 35601/04, Ziff. 52 – *Pocius/Litauen.*

433 *Meyer-Ladewig/Harrendorf/König*, in: NK EMRK, Art. 6, Rn. 101.

434 *Meyer-Ladewig/Harrendorf/König*, in: NK EMRK, Art. 6, Rn. 97, 101.

435 EGMR, Urteil vom 26.3.1996, Rs. 20524/92, Ziff. 72 – *Doorson/Niederlande;* EGMR, Urteil vom 23.4.1997, Rs. 21363/93, Ziff. 58 – *Van Mechelen u.a./Niederlande;* EGMR, Urteil vom 16.2.2000, Rs. 28901/95, Ziff. 61 – *Rowe u. Davis/Großbritannien;* EGMR, Urteil vom 19.6.2001, Rs. 36533/97, Ziff. 40 – *Atlan/Großbritannien*; *EGMR, Urteil vom* 17.11.2005, Rs. 73047/01 – *Haas/Deutschland;* EGMR, Urteil vom 11.12.2008, Rs. 6293/04, Ziff. 195 – *Mirilashvili/Russland.*

f) Gebot der Waffengleichheit

Nach ständiger Rechtsprechung umfasst der Grundsatz eines fairen Verfahrens nach Art. 6 EMRK auch das elementare und für einen Rechtsstaat grundlegende Prinzip der Waffengleichheit („*principle of equality of arms*“[436]), das eine besondere Ausprägung des Gleichheitsgrundsatzes darstellt.[437] Danach darf eine Partei nicht aufgrund ihrer Stellung im Verfahren in irgendeiner Weise benachteiligt werden.[438] Vielmehr muss jede am Verfahren beteiligte Partei gleichbehandelt werden und ihre Rechte gleich effektiv wahrnehmen dürfen, unabhängig von ihrer prozessualen Position.[439] Zudem sind alle im Besitz der Parteien befindlichen Beweismittel offenzulegen, um einem einseitigen Wissensvorsprung entgegenzuwirken.[440]

Da das Gebot der Waffengleichheit auf einige der ohnehin von Art. 6 EMRK ausdrücklich umfassten Teilrechte Bezug nimmt, ist umstritten, ob diesem Gebot überhaupt ein eigener Bedeutungsgehalt zuteilwird.[441] So sind beispielsweise auch im Sinne des Gebots der Waffengleichheit alle Beteiligten in gleichem Umfang über den Sach- und Streitstand sowie über die Wahrnehmungen des Gerichts im Verfahren zu unterrichten und in gleichem Umfang am Verfahren

---

436 EGMR, Urteil vom 27.6.1968, Rs. 1936/63, Ziff. 22 – *Neumeister/Österreich*; EGMR, Urteil vom 17.1.1970, Rs. 2689/65, Ziff. 28 – *Delcourt/Belgien; EGMR*, Urteil vom 28.08.1991, Rs. 11170/84, Ziff. 66 – *Brandstetter/Österreich*; *EGMR,* Urteil vom 22.2.1996, Rs. 17358/90, Ziff. 46 ff. – *Bulut/Österreich*; EGMR, Urteil vom 31.1.2002, Rs. 24430/94 – *Lanz/Österreich*; EGMR, Urteil vom 6.9.2005, Rs. 65518/01, Ziff. 87 ff. – *Saloy/Ukraine*; EGMR, Urteil vom 9.10.2008, Rs. 62936/00, Ziff. 203 – *Moiseyey/Russland.*

437 *Gaede*, in: MüKo StPO, Bd. 3/2, Art. 6 EMRK, Rn. 16; *Grabenwarter/Pabel*, EMRK, § 24, Rn. 67; *Meyer*, in: Karpenstein/Mayer, EMRK, Art. 6, Rn. 115; *Kühne*, in: IntKomm EMRK, Art., 6 Rn. 372; *Schulze-Fielitz*, in: Dreier, GG-Kommentar, Art. 20 (Rechtsstaat), Rn. 217.

438 *Kühne*, in: IntKomm EMRK, Art. 6, Rn. 372; *Peters/Altwicker*, EMRK, § 6, Rn. 10.

439 *Gaede*, in: MüKo StPO, Bd. 3/2, Art. 6 EMRK, Rn. 302; *Meyer-Ladewig/Harrendorf/König*, in: NK EMRK, Art. 6, Rn. 106; *Peters/Altwicker*, EMRK, § 6, Rn. 10; *Wolf*, in: FS Söllner, 1279, 1282.

440 EGMR, Urteil vom 23.6.1993, Rs. 12952/87, Ziff. 67 – *Ruiz-Mateos/Spanien*; EGMR, Urteil vom EGMR, Urteil vom 24.6.2003, Rs. 39482/98, Ziff. 41 ff. – *Dowsett/Großbritannien.*

441 *Meyer*, in: Karpenstein/Mayer, EMRK, Art. 6, Rn. 116.

zu beteiligen.[442] Allerdings erfordert das Gebot der Waffengleichheit eine „faire Balance" zwischen den sich gegenüberstehenden Prozessparteien.[443]

Ziel ist nicht die ebenbürtige Aussicht auf Obsiegen, sondern die Schaffung eines prozessualen Gleichgewichts unter Berücksichtigung der status- und funktionsspezifischen Unterschiede der Parteien.[444] Im Verfahren vor dem Strafgericht muss diese Ausgeglichenheit zwischen der Vertretung der Anklage und dem Beschuldigten bestehen, der durch die Anklagebehörde über alle vorgetragenen Beweismittel zu unterrichten ist.[445] So stellte der Gerichtshof die Verletzung der Waffengleichheit und damit einen Verstoß gegen Art. 6 EMRK in einem Fall fest, in dem der Angeklagte eines Lustrationsverfahrens keinen bzw. nur beschränkten Zugang zu geheimen Dokumenten erhielt, die für die Anklage vertretende Behörde zugänglich waren und der Entscheidung als Grundlage dienten.[446] Das Recht der Waffengleichheit genießt keine absolute Geltung und kann bei kollidierenden menschenrechtlichen oder öffentlichen Interessen eingeschränkt werden.[447] Im Vergleich zum Zivilrecht gilt in strafrechtlichen Verfahren ein insgesamt strengerer Grundsatz der Waffengleichheit.[448] Rechtfertigen entgegenstehende Interessen die Nichtoffenlegung von Beweismaterial, so bedarf es eines Ausgleichs durch verfahrensrechtliche Garantien, um ein insgesamt faires Verfahren zu gewährleisten.[449]

g) Gebot angemessener Verfahrensdauer

Art. 6 Abs. 1 EMRK umfasst zudem den Anspruch eines jeden Verfahrensbeteiligten, dass über die streitige Sache innerhalb eines angemessenen Zeitrahmens verhandelt und entschieden wird.[450] Auf diese Weise soll ein effektiver

---

442 EGMR, Urteil vom 28.8.1991, Rs. 11170/4, Ziff. 66 ff. – *Brandstetter/Österreich*; EGMR, Urteil vom 23.6.1993, Rs. 12952/87, Ziff. 63 – *Ruiz-Mateos/Spanien*; EGMR, Urteil vom 27.10.1993, Rs. 14448/88, Ziff. 33 – *Dombo Beheer B.V./Niederlande;* EGMR, Urteil vom 12.12.2013, Rs. 39544/05, Ziff. 197 – *Zagrebačka Banka D.D./Kroatien.*

443 *Meyer-Ladewig/Harrendorf/König*, in: NK EMRK, Art. 6, Rn. 106.

444 *Meyer*, in: Karpenstein/Mayer, EMRK, Art. 6, Rn. 115.

445 *Meyer-Ladewig/Harrendorf/König*, in: NK EMRK, Art. 6, Rn. 106.

446 EGMR, Urteil vom 17.2.2009, Rs. 34030/07, Ziff. 38 – *Jalowiecki/Polen*.

447 *Grabenwarter/Pabel*, EMRK, § 24, Rn. 62; *Meyer*, in: Karpenstein/Mayer, EMRK, Art. 6, Rn. 119.

448 *Meyer*, in: Karpenstein/Mayer, EMRK, Art. 6, Rn. 119.

449 EGMR, Urteil vom 16.2.2000, Rs. 28901/95, Ziff. 61 – *Rowe u. Davis/Großbritannien.*

450 *Schädler/Jakobs*, in: KK StPO, Art. 6 EMRK, Rn. 38; *Meyer-Ladewig/Harrendorf/König*, in: NK EMRK, Art. 6, Rn. 188; *Valerius*, in: BeckOK StPO, Art. 6 EMRK, Rn. 21.

Rechtsschutz gewährleistet und – insbesondere im Strafrecht – der ungewisse Zustand bis zum Abschluss des Verfahrens auf ein möglichst kurzes Maß reduziert werden.[451] Grundsätzlich bestehen keine festen zeitlichen Vorgaben, die regelmäßig einzuhalten sind, wobei eine grobe, aber von der Rechtsprechung nicht stringent angewendete Faustregel von einem Jahr je Instanz heranzuziehen ist.[452]

Bei der Beurteilung, ob sich die Verfahrensdauer innerhalb eines angemessenen Zeitraums bewegt, müssen die Umstände des jeweiligen Einzelfalls und das Verfahren im Ganzen berücksichtigt werden.[453] Dabei sind vier Kriterien bei der Beurteilung der Angemessenheit heranzuziehen: die Bedeutung der Sache für den Beschwerdeführer, die Komplexität des Sachverhalts, das Verhalten des Beschwerdeführers sowie das Verhalten der Behörden bzw. der Gerichte.[454] Im Rahmen der Beurteilung dürfen einzelne Abschnitte des Verfahrens nicht herausgezogen und isoliert beurteilt werden.[455] Vielmehr bedarf es einer Betrachtung der gesamten Verfahrensdauer, die insgesamt angemessen sein muss. Im zivilgerichtlichen Verfahren beginnt die Berechnung der zu berücksichtigen Frist mit der gerichtlichen Geltendmachung eines Anspruchs, im Strafrecht bereits mit dem Beginn der Strafuntersuchungen.[456] Bei Verfahren vor den Verwaltungsgerichten berechnet sich die Frist ab der Einlegung des Rechtsmittels, gegebenenfalls spielt bereits das zuvor durchlaufene Verwaltungsverfahren eine

---

451 *Gaede*, in: MüKo StPO, Bd. 3/2, Art. 6 EMRK, Rn. 362; *Grabenwarter/Pabel*, EMRK, § 24, Rn. 81.

452 EGMR, Urteil vom 26.11.2009, Rs. 13591/05, Ziff. 126 – *Nazarov/Russland*; *Gaede*, in: MüKo StPO, Bd. 3/2, Art. 6 EMRK, Rn. 372; *Grabenwarter/Pabel*, EMRK, § 24, Rn. 83; *Meyer-Ladewig/Harrendorf/König*, in: NK EMRK, Art. 6, Rn. 199, 207; *Schädler/Jakobs*, in: KK StPO, Art. 6 EMRK, Rn. 40.

453 *Gaede*, in: MüKo StPO, Bd. 3/2, Art. 6 EMRK, Rn. 367 f., 371; *Schädler/Jakobs*, in: KK StPO, Art. 6 EMRK, Rn. 40; *Schuska*, Rechtsfolgen Art. 6 EMRK, S. 108; *Valerius*, in: BeckOK StPO, Art. 6 EMRK, Rn. 23.

454 *Gaede*, in: MüKo StPO, Bd. 3/2, Art. 6 EMRK, Rn. 371; *Grabenwarter/Pabel*, EMRK, § 24, Rn. 82; *Meyer-Ladewig/Harrendorf/König*, in: NK EMRK, Art. 6, Rn. 200; *Schuska*, Rechtsfolgen Art. 6 EMRK, S. 108.

455 *Gaede*, in: MüKo StPO, Bd. 3/2, Art. 6 EMRK, Rn. 368; *Schädler/Jakobs*, in: KK StPO, Art. 6 EMRK, Rn. 40.

456 EGMR, Urteil vom 15.7.1982, Rs. 8130/78, Ziff. 73 – *Eckle/Deutschland*; EGMR, Urteil vom 10.12.1982, Rs. 8304/78, Ziff. 34 – *Corigliano/Italien*; EGMR, Urteil vom 19.2.1991, Rs. 11804/85, Ziff. 16 – *Manzoni/Italien*; EGMR, Urteil vom 2.10.2003, Rs. 41444/98, Ziff. 32 – *Hennig/Österreich*.

Rolle.[457] Das Verfahren endet in der Regel mit der rechtskräftigen Entscheidung in letzter Instanz, wobei auch die Dauer des Vollstreckungsverfahrens bei der Berechnung Berücksichtigung findet.[458] Insgesamt steht das Gebot einer angemessenen Verfahrensdauer in einem Spannungsverhältnis zu den übrigen Teilrechten des Art. 6 EMRK, da umfangreiche Verfahrensrechte Zeit in Anspruch nehmen und auf diese Weise regelmäßig zu einer Verlängerung des Verfahrens führen.[459]

3. Besondere Gewährleistungen im Strafprozess

Neben der in Art. 6 Abs. 2 EMRK garantierten Unschuldsvermutung, der „*Altsubstanz der Menschenrechtsgarantien*"[460], zählt Art. 6 Abs. 3 EMRK für das Strafverfahren beispielhaft prozessuale Mindestanforderungen auf, die die Konventionsstaaten im Sinne der erforderlichen Fairness gegenüber dem Angeklagten gewährleisten müssen. Auch die hierin normierten Voraussetzungen dienen einem angemessenen Ausgleich zwischen den Interessen der Allgemeinheit sowie den Schutzinteressen des Einzelnen und garantieren eine effektive Verteidigung des Angeklagten.[461] Dabei ist der Begriff des „Angeklagten" nicht wörtlich zu verstehen, sondern vielmehr auf den Beschuldigten auszudehnen, da bereits während des Ermittlungsverfahrens eine besondere Schutzbedürftigkeit besteht.[462] Die sich aus Art. 6 Abs. 3 EMRK ergebenden Verfahrensgarantien greifen daher ab dem Zeitpunkt der Mitteilung durch die zuständige Behörde über die Einleitung von Ermittlungen wegen einer Straftat.[463] Im Einklang mit der höchstrichterlich entwickelten Lehre der Gesamtbetrachtung sind bei der

---

457 EGMR, Urteil vom 28.6.1978, Rs. 6232/73, Ziff. 98 – *König/Deutschland*; EGMR, Urteil vom 23.4.1987, Rs. 9616/81, Ziff. 64 – *Erkner u. Hofauer/Österreich.*

458 EGMR, Urteil vom 28.6.1978, Rs. 6232/73, Ziff. 98 – *König/Deutschland*; EGMR, Urteil vom 15.7.1982, Rs. 8130/78, Ziff. 77 – *Eckle/Deutschland*; EGMR, Urteil vom 23.3.1994, Rs. 14940/89, Ziff. 35 f. – *Silva Pontes/Portugal*; EGMR, Urteil vom 23.9.1997, Rs. 22410/93, Ziff. 28 – *Robins/Großbritannien*; EGMR, Urteil vom 27.7.2006, Rs. 75778/01, Ziff. 27 ff. – *Mamič/Slowenien;* EGMR, Urteil vom 5.3.2009, Rs. 38478/05, Ziff. 68 – *Sandra Vanković/Kroatien.*

459 *Grabenwarter/Pabel*, EMRK, § 24, Rn. 81; *Peters/Altwicker*, EMRK, § 19, Rn. 53.

460 *Schädler/Jakobs*, in: KK StPO, Art. 6 EMRK, Rn. 54.

461 *Grabenwarter/Pabel*, EMRK, § 24, Rn. 112; *Schädler/Jakobs*, in: KK StPO, Art. 6 EMRK, Rn. 3.

462 *Gaede*, in: MüKo StPO, Bd. 3/2, Art. 6 EMRK, Rn. 55; *Schädler/Jakobs*, in: KK StPO, Art. 6 EMRK, Rn. 11; *Schuska*, Rechtsfolgen Art. 6 EMRK, S. 46.

463 EGMR, Urteil vom 27.2.1980, Rs. 6903/75, Ziff. 46 – *Deweer/Belgien.*

Bewertung der Fairness des Strafverfahrens sowohl die Hauptverhandlung als auch vorangegangene Ermittlungsstadien miteinzubeziehen und bei der Abwägung zu berücksichtigen.[464]

Die deutsche Strafprozessordnung hat die Vorgaben des Art. 6 Abs. 3 EMRK umfangreich transformiert und normiert in §§ 33, 33a, 35a, 136a, 137 ff., 168c, 243 Abs. 4, 265 Abs. 3, 311a, 338 Nr. 8, 356a StPO entsprechende Rechte des Beschuldigten.[465] Eine eigenständige Bedeutung kommt Art. 6 Abs. 3 EMRK daher nur ausnahmsweise in den Fällen zu, in denen der durch die nationalen Regelungen gewährte Schutzumfang hinter den vorgegeben Anforderungen zurückbleibt.[466] In Anbetracht des Schwerpunktes dieser Untersuchung sind vier der für das Strafverfahren vorgesehenen und in Art. 6 Abs. 3 EMRK benannten Garantien im Folgenden besonders hervorzuheben: der Informationsanspruch, das Recht auf Verteidigungsvorbereitung, das Recht auf Effektivität der Verteidigung sowie der Anspruch auf ein kontradiktorisches Verfahren.

a) Informationsanspruch

Nach Art. 6 Abs. 3 lit. a) EMRK ist jede angeklagte Person innerhalb einer möglichst kurzen Frist in allen Einzelheiten über Art und Grund der gegen sie erhobenen Beschuldigung zu unterrichten. Dies bedeutet, dass der Betroffene allerspätestens mit der formalen Anklage nicht nur im Detail über die ihm zur Last gelegte Tat, sondern auch über die juristische Bewertung derselben zu informieren ist.[467] Auf diese Weise wird die Ausgangsbasis für eine frühzeitige und gut vorbereitete Verteidigung geschaffen.[468] Nur bei Kenntnis aller Umstände ist es dem Betroffenen überhaupt erst möglich, eine Argumentationsstrategie zu entwerfen und die ihm zustehenden Verfahrensrechte auszuschöpfen. Der Informationsanspruch erfordert dabei insbesondere die Gewährung von Einsicht in die den Streit betreffenden Akten.[469] Ohne eine genaue und vollständige Unterrichtung ist es dem Beschuldigten nicht möglich, sich effektiv zu verteidigen.[470]

---

464 *Gaede*, in: MüKo StPO, Bd. 3/2, Art. 6 EMRK, Rn. 63.

465 *Schädler/Jakobs*, in: KK StPO, Art. 6 EMRK, Rn. 22.

466 *Schädler/Jakobs*, in: KK StPO, Art. 6 EMRK, Rn. 23, 34.

467 EGMR, Urteil vom 25.3.1999, Rs. 25444/94, Ziff. 51 f. – *Pélissier u. Sassi/Frankreich*; *Gaede*, in: MüKo StPO, Bd. 3/2, Art. 6 EMRK, Rn. 144, 146 f.; *Grabenwarter/Pabel*, EMRK, § 24, Rn. 113.

468 *Meyer*, in: Karpenstein/Mayer, EMRK, Art. 6, Rn. 172.

469 EGMR, Urteil vom 18.3.1987, Nr. 22209/93, Ziff. 36 – *Foucher/Frankreich*.

470 *Gaede*, in: MüKo StPO, Bd. 3/2, Art. 6 EMRK, Rn. 141; *Meyer-Ladewig/Harrendorf/König*, in: NK EMRK, Art. 6, Rn. 223.

Allerdings kann es im Interesse der Öffentlichkeit notwendig sein, der Verteidigung einzelne Beweise vorzuenthalten.[471] In diesem Fall müssen jedoch die für den Angeklagten entstehenden Nachteile insgesamt ausgeglichen werden.[472] So darf beispielsweise die Verurteilung letztlich nicht nur oder überwiegend auf Beweismittel gestützt sein, die dem Angeklagten vorenthalten wurden und zu denen sich dieser nicht hat äußern dürfen.[473] Das Verfahren muss, einschließlich der Art und Weise der Beweisaufnahme, nach den Gesamtumständen und unter Abwägung aller Interessen ausgeglichen sein.[474] Daher kann trotz einzelner Verstöße gegen die von Art. 6 EMRK umfassten Teilrechte ein insgesamt faires Verfahren vorliegen, wenn die Nachteile an anderer Stelle kompensiert wurden.[475]

b) Recht auf angemessene Verteidigungsvorbereitung

Gemäß Art. 6 Abs. 3 lit. b) EMRK ist jeder angeklagten Person ausreichend Zeit und Gelegenheit zur angemessenen Vorbereitung der Verteidigung zu gewähren. Nachdem der Angeklagte entsprechend Art. 6 Abs. 3 lit. a) EMRK umfassend informiert wurde, muss es ihm möglich sein, alle für die Verteidigung relevanten Argumente zusammenzutragen, um auf ihrer Grundlage den Verfahrensausgang zu beeinflussen.[476] Da auf diese Weise eine wirksame Teilnahme am Prozess und eine Gleichstellung mit den Strafverfolgungsbehörden gewährleistet wird, dient die Vorgabe einer hinreichenden Vorbereitung auch dem bereits oben näher beschriebenen Recht auf Gehör und dem Prinzip der Waffengleichheit.[477]

Wesentliche Voraussetzung für eine angemessene Vorbereitung ist ein Anspruch auf Akteneinsicht bzw. Zugang zum Beweismaterial.[478] Nur bei Kenntnis aller verfahrensrelevanten Umstände ist es dem Angeklagten möglich, eine

471 *Meyer-Ladewig/Harrendorf/König*, in: NK EMRK, Art. 6, Rn. 140.

472 EGMR, Urteil vom 19.2.2009, Rs. 3455/05, Ziff. 205 – *A. u.a./Großbritannien.*

473 *Meyer-Ladewig/Harrendorf/König*, in: NK EMRK, Art. 6, Rn. 140, 149.

474 EGMR, Urteil vom 25.3.1999, Rs. 25444/94, Ziff. 45 – *Pelissier u. Sassi/Frankreich; Meyer-Ladewig/Harrendorf/König*, in: NK EMRK, Art. 6, Rn. 142; *Valerius*, in: BeckOK StPO, Art. 6 EMRK, Rn. 16.

475 *Valerius*, in: BeckOK StPO, Art. 6 EMRK, Rn. 16.

476 EGMR, Urteil vom 8.12.2009, Rs. 28552/05, Ziff. 44 – *Janatuinen/Finnland.*

477 *Gaede*, in: MüKo StPO, Bd. 3/2, Art. 6 EMRK, Rn. 150.

478 EGMR, Urteil vom 16.12.1992, Rs. 13071/87, Ziff. 36 – *Edwards/Großbritannien*; EGMR, Urteil vom 16.2.2000, Rs. 28901/95, Ziff. 60 – *Rowe u. Davis/Großbritannien*; EGMR, Urteil vom 12.5.2005, Rs. 46221/99, Rn. 138 ff. – *Öcalan/Türkei*; EGMR, Urteil vom 24.4.2007, Rs. 38184/03, Ziff. 58 ff. – *Matyjek/Polen.*

Verteidigungsstrategie zu entwickeln. Daher sind alle der Anklage zugrunde liegenden und für die Verteidigung bedeutungsvollen Unterlagen dem Angeklagten bzw. gegebenenfalls seinem Verteidiger offenzulegen.[479] Dabei kommt dem Anspruch auf Akteneinsicht sowohl im Ermittlungsverfahren als auch in der Hauptverhandlung keine absolute Geltung zu.[480] Sowohl schutzwürdige Gründe des öffentlichen Interesses als auch allgemeine Sicherheits- und Geheimhaltungsinteressen können eine Einschränkung des in Art. 6 Abs. 3 lit. b) EMRK normierten Anspruchs und das Vorenthalten relevanten Beweismaterials rechtfertigen, sofern dies notwendig ist und die Beeinträchtigung durch ein insgesamt faires Entscheidungsverfahren ausreichend ausgeglichen wird.[481]

Ein solch erforderlicher Ausgleich wird nicht schon dadurch geschaffen, dass die Strafverfolgungsbehörde selbst versucht, die Bedeutung der streitgegenständlichen Information für die Verteidigung zu beurteilen und diese gegen das öffentliche Interesse an der Geheimhaltung abzuwägen.[482] Vielmehr muss die Entscheidung über die Offenlegung des Beweismaterials in einem sogenannten In-Camera-Verfahren von jemandem getroffen werden, der nicht auch über die Frage urteilt, die durch das zurückgehaltene Material bewiesen werden soll.[483] Ansonsten würden bei der Entscheidung letztlich Umstände berücksichtigt, die der Kenntnis des Angeklagten entzogen und daher nicht von seiner Stellungnahme umfasst sind.

c) *Recht auf effektive Verteidigung*

Zudem gewährt Art. 6 Abs. 3 lit. c) EMRK unter anderem das Recht des Angeklagten, sich selbst zu verteidigen. Kennzeichnend hierfür ist, dass die Verteidigung sowohl Inhalt als auch Art und Weise des Vortrags selbstständig und ohne Irreführung sowie Druck von außen bestimmen darf.[484] Auch das Recht, sich

---

479 EGMR, Urteil vom 19.12.1989, Rs. 9783/82, Ziff. 87 f. – *Kamasinski/Österreich*; EGMR, Urteil vom 21.9.1993, Rs. 12350/86, Ziff. 52 – *Kremzow/Österreich*; EGMR, Urteil vom 24.4.2007, Rs. 38184/03, Ziff. 60 – *Matyjek/Polen*.

480 *Gaede*, in: MüKo StPO, Bd. 3/2, Art. 6 EMRK, Rn. 161 f.

481 EGMR, Urteil vom 26.3.1996, Rs. 20524/92, Ziff. 70 – *Doorson/Niederlande*; EGMR, Urteil vom 16.2.2000, Rs. 28901/95, Ziff. 60 ff. – *Rowe u. Davis/Großbritannien*; EGMR, Urteil vom 24.6.2003, Rs. 39482/98, Ziff. 42 – *Dowsett/Großbritannien*.

482 EGMR, Urteil vom 16.2.2000, Rs. 28901/95, Ziff. 62 ff. – *Rowe u. Davis/Großbritannien*; EGMR, Urteil vom 24.6.2003, Rs. 39482/98, Ziff. 48 – *Dowsett/Großbritannien*.

483 *Gaede*, in: MüKo StPO, Bd. 3/2, Art. 6 EMRK, Rn. 163 f.

484 *Gaede*, in: MüKo StPO, Bd. 3/2, Art. 6 EMRK, Rn. 169.

selbst zu verteidigen, setzt voraus, dass der Angeklagte Einsicht in die Akten erhält, um über alle maßgeblichen Umstände informiert zu sein und so die Verteidigung angemessen vorbereiten zu können.[485] Im Interesse eines fairen und gerechten Strafverfahrens ist vom Recht auf Selbstverteidigung auch die garantierte Anwesenheit des An-geklagten während des Strafverfahrens und insbesondere während der Hauptverhandlung umfasst.[486] Der Begriff der „Anwesenheit" meint dabei nicht nur die physische Anwesenheit des Angeklagten im Gerichtssaal, die ausnahmsweise im Falle wichtiger Gründe – beispielsweise bei störendem Verhalten des Angeklagten – versagt werden kann.[487] Darüber hinaus muss es dem Angeklagten möglich sein, der mündlichen Verhandlung zuzuhören, zu folgen und an ihr effektiv teilzuhaben.[488] Dieses Recht gilt unabhängig davon, ob der Angeklagte einen anwaltlichen Verteidiger zur Führung der Verteidigung gewählt hat.[489] Eine effektive Teilnahme setzt voraus, dass es dem Angeklagten möglich ist, zu allen vorgebrachten Äußerungen Stellung zu nehmen und seine Fassung der Geschehnisse zu schildern.[490] Der Angeklagte kann auf sein Recht auf Anwesenheit ausdrücklich oder konkludent verzichten.[491]

d) Recht auf Konfrontation mit Belastungszeugen

Art. 6 Abs. 3 lit. d) EMRK garantiert die Waffengleichheit im Zeugenbeweis und normiert unter anderem den Anspruch, Fragen an Belastungszeugen zu stellen oder stellen zu lassen. Dabei wird hierunter nicht nur ein bloßes Fragerecht, sondern vielmehr ein Recht zur umfangreichen Überprüfung und kritischen

---

485 EGMR, Urteil vom 7.7.1989, Rs. 10857/84, Ziff. 79, 84 – *Bricmont/Belgien.*

486 EGMR, Urteil vom 8.4.2010, Rs. 20508/03, Ziff. 30 – *Sinichkin/Russland*; *Gaede*, in: MüKo StPO, Bd. 3/2, Art. 6 EMRK, Rn. 156; *Grabenwarter/Pabel*, EMRK, § 24, Rn. 120; *Meyer-Ladewig/Harrendorf/König*, in: NK EMRK, Art. 6, Rn. 112.

487 *Grabenwarter/Pabel*, EMRK, § 24, Rn. 120

488 EGMR, Urteil vom 23.2.1994, Rs. 16757/90, Ziff. 26 – *Stanford/Großbritannien*; EGMR, Urteil vom 15.6.2000, Rs. 45441/99 – *Pullicino/Malta*; EGMR, Urteil vom 14.1.2003, Rs. 26891/95, Ziff. 49 – *Lagerblom/Schweden*; EGMR, Urteil vom 15.6.2004, Rs. 60958/00, Ziff. 28 – *S.C./Großbritannien*; EGMR, Urteil vom 8.1.2008, Rs. 30443/03 – *Liebreich/Deutschland*; *Meyer-Ladewig/Harrendorf/König*, in: NK EMRK, Art. 6, Rn. 99, 113.

489 EGMR, Urteil vom 13.2.2001, Rs. 29731/96, Ziff. 84 ff. – Krombach/Frankreich; EGMR, Urteil vom 25.11.1997, Rs. 18954/91, Ziff. 68 ff. – Zana/Türkei.

490 EGMR, Urteil vom 13.10.2005, Rs. 36822/02, Ziff. 49 ff. – *Bracci/Italien*; *Grabenwarter/Pabel*, EMRK, § 24, Rn. 120

491 *Grabenwarter/Pabel*, EMRK, § 24, Rn. 123.

Auseinandersetzung mit dem Zeugen sowie seiner belastenden Aussage verstanden.[492] Mit Hilfe einer konfrontativen Befragung soll es den Parteien möglich sein, die Glaubwürdigkeit des Zeugen und die Glaubhaftigkeit seiner Aussage zu überprüfen.[493] Der Angeklagte kann selbst ein Kreuzverhör vornehmen oder lässt dies durch seinen Verteidiger durchführen.[494] Ein absoluter Anspruch auf Durchführung eines solchen Kreuzverhörs besteht allerdings nicht.[495] Das Recht auf Konfrontation setzt voraus, dass Aussagen von Zeugen im Rahmen einer mündlichen Verhandlung offengelegt und erörtert werden.[496] Der Angeklagte kann darauf bestehen, bei der entsprechenden Befragung anwesend zu sein, um Reaktionen des Zeugen genau zu beobachten, zu würdigen und hierauf unmittelbar zu reagieren.[497] Erhebt der Belastungszeuge im Verlauf des Verfahrens weitere Vorwürfe und behauptet neue belastende Tatsachen, so besteht ein Anspruch auf wiederholte Konfrontation.[498] Auf diese Weise soll es dem Angeklagten möglich sein, vorgetragene Beweismittel zu hinterfragen und zu kommentieren.[499] Auch der Begriff des Belastungszeugen ist autonom zu verstehen und umfasst all diejenigen, deren Aussagen zu einem wesentlichen Teil als Grundlage für eine Verurteilung dienen können und vom Gericht auch als

---

492 EGMR, Urteil vom 7.8.1996, Rs. 19874/92, Ziff. 51 – *Ferrantelli u. Santangelo/Italien*; EGMR, Urteil vom 15.10.1987, Rs. 10857/84, Ziff. 135 ff. – *Bricmont/Belgien.*

493 *Schramm*, in: HRRS 2011, 156, 158.

494 *Gaede*, in: MüKo StPO, Bd. 3/2, Art. 6 EMRK, Rn. 249.

495 EGMR, Urteil vom 26.3.1996, Rs. 20524/92, Ziff. 73 ff. – *Doorson/Niederlande;* EGMR, Urteil vom 20.12.2001, Rs. 33900/96, Ziff. 22 ff. – *P.S./Deutschland*; EGMR, Urteil vom 14.2.2002, Rs. 26668/95, Ziff. 43 – *Visser/Niederlande.*

496 EGMR, Urteil vom 20.11.1989, Rs. 11454/85, Ziff. 41 – *Kostovski/Niederlande;* EGMR, Urteil vom 6.12.1988, Rs. 10590/83, Ziff. 78 – *Barberà u.a./Spanien*; EGMR, Urteil vom 19.2.1991, Rs. 11339/85, Ziff. 34 – *Isgrò/Italien*; EGMR, Urteil vom 26.4.1991, Rs. 12398/86, Ziff. 27 – *Asch/Österreich;* EGMR, Urteil vom 20.9.1993, Rs. 14647, Ziff. 43 – *Saidi/Frankreich*; EGMR, Urteil vom 15.6.1992, Rs. 12433/86, Ziff. 47 – *Lüdi/Schweiz;* EGMR, Urteil vom 7.8.1996, Rs. 19874/92, Ziff. 51 f. – *Ferrantelli u. Santangelo/Italien*; EGMR, Urteil vom 27.2.2001, Rs. 33354/96, Ziff. 41 – *Lucà/Italien;* EGMR, Urteil vom 5.12.2002, Rs. 34896/97, Ziff. 85 – *Craxi/Italien.*

497 EGMR, Urteil vom 12.2.1985, Rs. 9024/80, Ziff. 27 – *Colozza/Italien*; EGMR, Urteil vom 23.2.1994, Rs. 16757/90, Ziff. 26 – *Stanford/Großbritannien*; EGMR, Urteil vom 25.11.1997, Ziff. 68 – *Zana/Türkei*; EGMR, Urteil vom 19.6.2003, Rs. 28490/95, Ziff. 95 – *Hulki Günes/Türkei*; *Gaede*, in: MüKo StPO, Bd. 3/2, Art. 6 EMRK, Rn. 248.

498 *Gaede*, in: MüKo StPO, Bd. 3/2, Art. 6 EMRK, Rn. 246.

499 EGMR, Urteil vom 12.5.2000, Rs. 35394/97, Ziff. 38 f. – *Khan/Großbritannien*; EGMR, Urteil vom 24.6.2003, Rs. 39482/98, Ziff. 41 ff. – *Dowsett/Großbritannien.*

Beweis herangezogen werden.[500] Belastungszeuge im Sinne des Art. 6 Abs. 3 lit. d) EMRK ist daher auch der im Verfahren hinzugezogene Sachverständige.[501] Auf diese Weise kann der Angeklagte auch zu einer belastenden Gutachtenerstellung effektiv Stellung nehmen und den entsprechenden Gutachter hierzu befragen.[502]

Sofern bestimmte rechtliche oder faktische Rechtfertigungsgründe vorliegen – wie beispielsweise die Geltendmachung eines Aussageverweigerungsrechts, die gesetzliche Unzulässigkeit der Zeugenvernehmung oder der Tod bzw. die Erkrankung eines Zeugen –, kann das Fragerecht ausnahmsweise verweigert werden.[503] Ob die Einschränkung des Fragerechts zulässig ist, beurteilt sich anhand einer Abwägungsentscheidung, die den Grund der ausnahmsweisen Beschränkung und die sich aus der Beschränkung ergebende Benachteiligung gegenüberstellt.[504] Einschränkungen des persönlichen Anwesenheitsrechts des Angeklagten sind möglich, sofern die Befragung durch den Verteidiger oder über audiovisuelle Medien weiterhin möglich bleibt und der Angeklagte umgehend nach seiner Rückkehr umfassend über den Verfahrensstand aufgeklärt wird.[505] Einschränkungen sind dann zulässig, wenn sie einem legitimen Zweck dienen, erforderlich sind und im weiteren Verfahren hinreichend ausgeglichen werden, sodass insgesamt die nötige Fairness innerhalb des Prozesses gewahrt bleibt.[506] Als legitimer Grund können beispielsweise familiäre Gründe oder

---

500 EGMR, Urteil vom 20.11.1989, Rs. 11454/85, Ziff. 40 – *Kostovski/Niederlande*; EGMR, Urteil vom 27.9.1990, Rs. 12489/86, Ziff. 23 – *Windisch/Österreich*; EGMR, Urteil vom 19.12.1990, Rs. 11444/85, Ziff. 34 – *Delta/Frankreich*; EGMR, Urteil vom 19.2.1991, Rs. 11339/85, Ziff. 33 – *Isgrò/Italien*; EGMR, Urteil vom 26.4.1991, Rs. 12398/86, Ziff. 25 – *Asch/Österreich*; EGMR, Urteil vom 15.6.1992, Rs. 12433/86, Ziff. 44, 49 – *Lüdi/Schweiz*; EGMR, Urteil vom 7.8.1996, Rs. 19874/92, Ziff. 51 f. – *Ferrantelli u. Santangelo/Italien*; EGMR, Urteil vom 27.2.2001, Rs. 33354/96, Ziff. 41 – *Lucà/Italien*; *Grabenwarter/Pabel*, EMRK, § 24, Rn. 131; *Meyer-Ladewig/Harrendorf/König*, in: NK EMRK, Art. 6, Rn. 2

501 EGMR, Urteil vom 6.5.1985, Rs. 8658/79, Ziff. 31 f. – *Bönisch/Österreich*; EGMR, Urteil vom 25.7.2013, Rs. 11082/06, Ziff. 711 – *Khodorkovskiy u. Lebedev/Russland*; *Grabenwarter/Pabel*, EMRK, § 24, Rn. 131; *Meyer-Ladewig/Harrendorf/König*, in: NK EMRK, Art. 6, Rn. 240.

502 *Gaede*, in: MüKo StPO, Bd. 3/2, Art. 6 EMRK, Rn. 311.

503 *Grabenwarter/Pabel*, EMRK, § 24, Rn. 132.

504 *Grabenwarter/Pabel*, EMRK, § 24, Rn. 134.

505 *Gaede*, in: MüKo StPO, Bd. 3/2, Art. 6 EMRK, Rn. 246, 261, 284.

506 *Gaede*, in: MüKo StPO, Bd. 3/2, Art. 6 EMRK, Rn. 249, 260, 262, 263 ff.

die Gefährdung von Zeugen herangezogen werden.[507] So kann die Befragung in besonderen Fällen, wie etwa Verfahren wegen sexueller Straftaten oder bei kindlichen bzw. jugendlichen Zeugen, beschränkt werden, indem die Befragung lediglich durch den Verteidiger oder bei gewichtigen Gründen nur durch das Gericht durchgeführt wird.[508]

Derartige Einschränkungen finden ausschließlich als Ultima Ratio Anwendung und sind dann unzulässig, wenn beispielsweise der Ausschluss der Öffentlichkeit oder der Einsatz von Videotechnologie als milderes, gleich effektives Mittel in Betracht kommt.[509] Eine Verurteilung darf nicht ausschließlich oder in entscheidendem Ausmaß auf Angaben von Belastungszeugen gestützt werden, die von der Verteidigung nicht befragt werden konnten.[510] Die Rechtsprechung der deutschen Gerichte wird dem Erfordernis eines angemessenen Ausgleichs regelmäßig gerecht, indem sie in Fällen einer unterbliebenen konfrontativen Befragung eines Zeugen die Verurteilung nur unter Heranziehung weiterer Beweise auf dessen Angaben stützt.[511]

507 EGMR, Urteil vom 23.4.1997, Rs. 21363/93, Ziff. 56 ff. – *Van Mechelenua/Niederlande*; EGMR, Urteil vom 14.2.2002, Rs. 26668/95, Ziff. 47 ff. – *Visser/Niederlande*; EGMR, Urteil vom 28.2.2006, Rs. 51277/99, Ziff. 75 ff. – *Krasnikj/Tschechien.*

508 EGMR, Urteil vom 2.7.2002, Rs. 34209/96, Ziff. 52 ff. – *S.N./Schweden*; EGMR, Urteil vom 28.09.2010, Rs. 40156/07, Ziff. 56 – *A. S./Finnland; Gaede*, in: MüKo StPO, Bd. 3/2, Art. 6 EMRK, Rn. 252.

509 *Gaede*, in: MüKo StPO, Bd. 3/2, Art. 6 EMRK, Rn. 261.

510 EGMR, Urteil vom 24.11.1986, Rs. 9120/80, Ziff. 33 – *Unterpertinger/Österreich*; EGMR, Urteil vom 7.7.1989, Rs. 10857/84, Ziff. 79 ff. – *Bricmont/Belgien*; EGMR, Urteil vom 20.11.1989, Rs. 11454/85, Ziff. 44 – *Kostovski/Niederlande*; EGMR, Urteil vom 5.12.2002, Rs. 34896/97, Ziff. 86 – Craxi/Italien; EGMR, Urteil vom 23.4.1997, Rs. 21363/93, Ziff. 55 – *Van Mechelenua/Niederlande*; EGMR, Urteil vom 20.9.1993, Rs. 14647/89, Ziff. 44 – *Saidi/Frankreich*; EGMR, Urteil vom 19.2.1991, Rs. 11339/85, Ziff. 33 ff. – *Isgrò/Italien*; EGMR, Urteil vom 19.12.1990, Rs. 11444/85, Ziff. 37 – *Delta/Frankreich*; EGMR, Urteil vom 14.2.2002, Rs. 26668/95, Ziff. 43 – *Visser/NL*; EGMR, Urteil vom 27.2.2001, Ziff. 40 – *Lucà/Italien*; EGMR, Urteil vom 20.12.2001, Rs. 33900/96, Ziff. 24 ff. – *P.S./Deutschland*; EGMR, Urteil vom 28.3.2002, Ziff. 29 ff. – *Birutis u.a./Litauen*; EGMR, Urteil vom 13.11.2003, Rs. 71846/01, Ziff. 23 ff. – *Rachdad/Frankreich.*

511 BVerfGK 10, 125 ff.; BVerfG, NJW 2010, 925 ff.; BGH, NJW 2007, 237, 239.

VII. Folgen eines Verstoßes gegen Art. 6 EMRK

1. Konventionsrechtliche Rechtsmittel

Die Verletzung materieller Konventionsvorschriften kann auf konventionsrechtlicher Ebene im Rahmen einer Staatenbeschwerde nach Art. 33 EMRK oder einer Individualbeschwerde gemäß Art. 34 EMRK geltend gemacht werden. Das in diesen Beschwerdeverfahren gesprochene endgültige Urteil des Gerichtshofes ist gemäß Art. 46 Abs. 1 EMRK von den Mitgliedstaaten zu befolgen. Die Durchführung dieses Urteils wird nach Art. 46 Abs. 2 EMRK vom Ministerkomitee des Europarates überwacht. Auf diese Weise wird die prozessuale Durchsetzung der europäischen Grundrechte gewährleistet und sichergestellt, dass sie ihrer Bedeutung für die unionsrechtliche Grundordnung entsprechend Geltung erhalten.

a) Staatenbeschwerde

Art. 33 EMRK sieht vor, dass jeder Vertragsstaat den Gerichtshof bei einer Verletzung der Konvention durch einen anderen Vertragsstaat anrufen darf. Dabei können die Mitgliedstaaten jede objektive Verletzung der Konvention geltend machen. Dieses Recht besteht unabhängig davon, ob der beschwerdeführende Vertragsstaat von der Verletzungshandlung persönlich betroffen ist.[512] Dadurch haben die Konventionsstaaten die Möglichkeit, sich gegenseitig zu kontrollieren und für eine allgemeine Einhaltung der konventionsrechtlichen Vorgaben zu sorgen. Der Gemeinschaft der Vertragsstaaten wird damit die Funktion eines Wächters zugewiesen, der die Wahrung der europäischen Menschenrechte überwacht.[513] Somit gewährleistet die Staatenbeschwerde die Wahrung einer allgemeinen öffentlichen Ordnung innerhalb der Vertragsstaaten.[514]

In der Praxis wird von der Möglichkeit einer Staatenbeschwerde nur in begrenztem Rahmen und in der Regel nur bei Sachverhalten von grundsätzlicher Bedeutung und großer politischer Tragweite Gebrauch gemacht.[515] Wesentliche Voraussetzung für die Zulässigkeit einer Staatenbeschwerden ist, dass alle in Betracht kommenden nationalen Rechtsbehelfe erschöpft sein müssen.[516]

---

512 EGMR, Urteil vom 11.1.1961, Rs. 788/60 – *Österreich/Italien*.

513 *Grabenwarter/Pabel*, EMRK, § 10, Rn. 1; *Meyer-Ladewig/Kulick*, in: NK EMRK, Art. 33, Rn. 2.

514 EGMR, Urteil vom 11.1.1961, Rs. 788/60 – *Österreich/Italien*.

515 *Grabenwarter/Pabel*, EMRK, § 10, Rn. 2; *Meyer-Ladewig/Kulick*, in: NK EMRK, Art. 33, Rn. 3.

516 *Meyer-Ladewig/Raumer*, in: NK EMRK, Einl., Rn. 47.

b) *Individualbeschwerde*

Das Herzstück des europäischen Grundrechtsschutzes stellt die Individualbeschwerde dar.[517] Nach Art. 34 S. 1 EMRK können Einzelpersonen mit der Behauptung einer Verletzung ihrer durch die Konvention garantierten Rechte durch einen Mitgliedstaat den Gerichtshof anrufen und damit die verbindlichen Vorgaben der EMRK auf europäischer Ebene gerichtlich durchsetzen. Der Rechtsweg zum Gerichtshof steht jeder Person, nichtstaatlichen Organisation und Personengruppe offen, die der Gewalt eines Konventionsstaates unterliegt.[518] Bevor der Europäische Gerichtshof in der vorgetragenen Sache Abhilfe schafft, müssen gemäß Art. 35 Abs. 1 EMRK auch im Falle einer Individualbeschwerde alle innerstaatlichen Rechtsbehelfe erschöpft sein. Da es den Konventionsstaaten obliegt, im innerstaatlichen Recht für die Beachtung der Verfahrensgarantien zu sorgen, soll es ihnen auch möglich sein, die Beschwerde vor der Weiterleitung an den Gerichtshof zu prüfen und ihr gegebenenfalls selbst abzuhelfen.[519]

Die Konvention enthält keine Regelungen, die dem Gerichtshof eine grundsätzliche Befugnis einräumen, Maßnahmen der Wiedergutmachung anzuordnen.[520] Das Gericht stellt im Rahmen einer Individualbeschwerde zwar fest, ob eine Verletzung der Konvention vorliegt (Feststellungsurteil).[521] Die Auswahl eines Mittels zur Beendigung und Wiedergutmachung der Rechtsverletzung obliegt jedoch den einzelnen Mitgliedsländern selbst.[522] Sieht das nationale Recht allerdings lediglich eine unvollkommene Wiedergutmachung für die Folgen der Verletzung vor, so kann der Gerichtshof – sofern er es denn für notwendig erachtet – gemäß Art. 41 EMRK der verletzten Partei auf Antrag eine gerechte Entschädigung zusprechen. Dies bedeutet, dass das Gericht den beklagten Staat direkt und unmittelbar zur Zahlung eines bestimmten Geldbetrags an den Betroffenen verurteilt.[523]

---

517 *Tomuschat*, in: EuGRZ 2003, 95.

518 *Meyer-Ladewig/Nettesheim*, in: NK EMRK, Einl., Rn. 2.

519 *Grabenwarter/Pabel*, EMRK, § 13, Rn. 24; *Meyer-Ladewig/Renger*, in: NK EMRK, Art. 13, Rn. 2.

520 *Schuska*, Rechtsfolgen Art. 6 EMRK, S. 21; *Wenzel*, in: Karpenstein/Mayer, EMRK, Art. 41, Rn. 1.

521 *Meyer-Ladewig/Raumer*, in: NK EMRK, Einl., Rn. 56.

522 *Schuska*, Rechtsfolgen Art. 6 EMRK, S. 21, 43; *Wenzel*, in: Karpenstein/Mayer, EMRK, Art. 41, Rn. 1.

523 *Meyer-Ladewig/Brunozzi*, in: NK EMRK, Art. 41, Rn. 1.

In der Praxis geht der Gerichtshof regelmäßig von einer nur unvollkommenen Wiedergutmachung durch das nationale Recht im Sinne des Art. 41 EMRK aus.[524] Eine solche Unvollkommenheit ist lediglich dann nicht gegeben, wenn das innerstaatliche Recht eine vollständige Wiedergutmachung vorsieht und den Zustand vor der Verletzung uneingeschränkt wiederherstellt.[525] Da die Entschädigung der vollständigen Wiedergutmachung dienen soll, werden als Maßstab für die Höhe der gerechten Entschädigung der materielle oder gegebenenfalls immaterielle Schaden, der durch die Verletzung kausal entstanden ist, sowie Kosten und Auslagen der Geltendmachung herangezogen.[526] Lassen sich die tatsächlich eingetretenen Schäden nur schwer beziffern, so kann eine pauschale Summe festgesetzt werden.[527] Bei der Verletzung einer Verfahrensgarantie liegt der Schaden in der für den Beschwerdeführer negativen Gerichtsentscheidung und der damit einhergehenden Beschwer.

Weitere Voraussetzung für den Zuspruch einer gerechten Entschädigung ist ein ursächlicher Zusammenhang zwischen der festgestellten Konventionsverletzung und dem eingetretenen Schaden.[528] Die Beweislast hierfür trägt der Beschwerdeführer.[529] Insbesondere in Fällen einer Verletzung der in Art. 6 EMRK enthaltenen Verfahrensgarantien wird die erforderliche Kausalität nur sehr selten zu bejahen sein, da der beweisbelastete Beschwerdeführer in der Regel nicht oder nur sehr schwer nachweisen kann, dass der Schaden kausal durch die Verletzung der Verfahrensgarantie herbeigeführt wurde.[530] Hierfür muss er darlegen, dass das Verfahren ohne eine entsprechende Verletzung zu seinen Gunsten ausgegangen wäre.[531] Der Gerichtshof geht jedoch davon aus,

---

524 *Meyer-Ladewig/Brunozzi*, in: NK EMRK, Art. 41, Rn. 6; *Wenzel*, in: Karpenstein/Mayer, EMRK, Art. 41, Rn. 6.

525 *Wenzel*, in: Karpenstein/Mayer, EMRK, Art. 41, Rn. 6.

526 *Grabenwarter/Pabel*, EMRK, § 15, Rn. 1; *Meyer-Ladewig/Brunozzi*, in: NK EMRK, Art. 41, Rn. 1, 4; *Wenzel*, in: Karpenstein/Mayer, EMRK, Art. 41, Rn. 4, 47.

527 EGMR, Urteil vom 6.4.2000, Rs. 35382/97, Ziff. 29 – *Comingersoll S.A./Portugal;* EGMR, Urteil vom 16.11. 2010, Rs. 24768/06, Ziff. 85 – *Perdigago/Portugal*; *Meyer-Ladewig/Harrendorf/König*, in: NK EMRK, Art. 41, Rn. 8.

528 *Grabenwarter/Pabel*, EMRK, § 15, Rn. 7; *Meyer-Ladewig/Brunozzi*, in: NK EMRK, Art. 41, Rn. 13.

529 EGMR, Urteil vom 7.5.1974, Rs. 1936/63, Ziff. 40 – *Neumeister/Österreich*; EGMR, Urteil vom 0.19.1979, Rs. 6289/73, Ziff. 12 – *Aurey/Irland.*

530 *Meyer-Ladewig/Brunozzi*, in: NK EMRK, Art. 41, Rn. 14; *Wenzel*, in: Karpenstein/Mayer, EMRK, Art. 41, Rn. 17.

531 *Wenzel*, in: Karpenstein/Mayer, EMRK, Art. 41, Rn. 17.

dass Spekulationen hierüber nicht möglich sind und daher eine entsprechende Feststellung nicht getroffen werden kann.[532] Anders hingegen verhält sich dies im Falle einer gerügten überlangen Verfahrensdauer. Hier kommt es nicht auf ein möglicherweise anderes Prozessergebnis an, dass ohne einen Konventionsverstoß erzielt worden wäre.[533] Der Schaden liegt hier nicht in einer negativen Entscheidung, sondern allein in einer unangemessen langen Verfahrensdauer. Insofern ist lediglich zu beweisen, dass die Dauer des Verfahrens durch das vorgeworfene Verhalten hinausgezögert wurde.

2. Verfolgung und Auswirkungen auf nationaler Ebene

In Deutschland ist die Konvention Teil des geltenden Bundesrechts und findet somit unmittelbare Anwendung, ohne dass eine Transformation in das nationale Gesetz erforderlich ist.[534] Die Bestimmungen der Konvention sind von allen staatlichen Organen einzuhalten und wie andere bundesgesetzliche Vorgaben im Rahmen methodisch vertretbarer Auslegung zu beachten und anzuwenden.[535] Da der EMRK allerdings lediglich der Rang eines einfachen Gesetzes zukommt, kann die Verletzung eines Konventionsrechts grundsätzlich nicht unmittelbar vor dem Bundesverfassungsgericht geltend gemacht werden.[536] Vielmehr können Verfassungsbeschwerden gemäß Art. 93 Abs. 1 Nr. 4a GG i.V.m. § 90 Abs. 1 BVerfGG nur im Falle einer Verletzung der Grundrechte oder der in Art. 20 Abs. 4, 33, 38, 101, 103 und 104 GG enthaltenen Rechte erhoben werden. Da allerdings einige der in der Konvention geregelten Rechte eine eigenständige Rechtsgrundlage im deutschen Grundgesetz finden (Art. 1 Abs. 1, 2 Abs. 1, 19 Abs. 4, 20 Abs. 3, 97, 101 Abs. 1 S. 2, 103 Abs. 1 GG), können diese im Rahmen einer Verfassungsbeschwerde vor dem Bundeserfassungsgericht unter Heranziehung der entsprechenden grundgesetzlichen Norm geltend gemacht werden. Auf diese Weise kann die Verletzung eines Konventionsrechts auch in einem Verfahren vor dem höchsten Gericht Streitgegenstand sein.

Zur Umsetzung des in Art. 13 EMRK normierten Rechts auf eine wirksame Beschwerde vor nationalen Gerichten wurde zusätzlich die

532 *Meyer-Ladewig/Brunozzi*, in: NK EMRK, Art. 41, Rn. 14.

533 *Meyer-Ladewig/Brunozzi*, in: NK EMRK, Art. 41, Rn. 16.

534 *Meyer-Ladewig/Nettesheim*, in: NK EMRK, Einl., Rn. 17; *Schuska*, Rechtsfolgen Art. 6 EMRK, S. 29.

535 BVerfGE 111, 307, 317, 329.

536 BVerfGE 74, 102, 128; BVerfGE 111, 307, 317.

Verzögerungsbeschwerde eingeführt und in den §§ 97a ff. BVerfGG gesetzlich geregelt.[537] Die Beschwerde ist auf einen verschuldensunabhängigen staatshaftungsrechtlichen Anspruch gerichtet, der die infolge unangemessener Verfahrensdauer erlittenen Nachteile ausgleichen soll.[538] Von deutlich größerer praktischer Relevanz ist der in §§ 198 ff. GVG normierte Entschädigungsanspruch, der wie die Verzögerungsbeschwerde im Rahmen des Gesetzes über den Rechtsschutz bei überlangen Gerichtsverfahren und strafrechtlichen Ermittlungsverfahren aus dem Jahr 2011 dem deutschen Gesetz hinzugefügt wurde und für eine angemessene Entschädigung im Falle einer überlangen Verfahrensdauer sorgen soll. Da die Konvention als Auslegungshilfe für Inhalt und Reichweite der innerstaatlichen Bestimmungen, einschließlich des Grundgesetzes, heranzuziehen ist, findet sie jedenfalls mittelbar bei jeder Entscheidungsfindung Anwendung.[539] Damit kommt den Garantien der EMRK faktisch eine Wirkung zu, die deutlich über ein einfaches Bundesgesetz hinausgeht.[540]

Im Strafverfahren besteht darüber hinaus die Möglichkeit, die konventionsrechtlichen Bestimmungen mit den allgemeinen strafprozessualen Rechtsbehelfen unmittelbar durchzusetzen.[541] Insofern ist insbesondere zu beachten, dass sich aus der Verletzung des Art. 6 EMRK ein Beweisverwertungsverbot ergeben kann.[542] Dabei handelt es sich in der Regel um solche Fälle, in denen die ermittelnden Behörden zwar nicht gegen ausdrücklich im Gesetz vorgesehene Beweiserhebungs- oder Beweisverwertungsregeln verstoßen, aber im Rahmen einer Gesamtbetrachtung aller Umstände des Einzelfalls ein insgesamt nicht mehr den Grundsätzen eines fairen Verfahrens entsprechendes Prozedere anzunehmen ist.[543] Darüber hinaus kann ein Mangel an Fairness bei der Strafzumessung bzw. Strafvollstreckung eine Rolle spielen und sogar ein Verfahrenshindernis begründen.[544]

---

537 *Grabenwarter/Pabel*, EMRK, § 24, Rn. 186.

538 BT-Drs. 17/3802, S. 19; *Haratsch*, in: Maunz, BVerfGG, § 97a, Rn. 1.

539 BVerfGE 111, 307, 315; BVerfGE 11, 153, 161.

540 *Hombrecher*, JA 2010, 731, 733.

541 *Lubig/Sprenger*, in: ZIS 2008, 433.

542 *Gaede*, in: MüKo StPO, Bd. 3/2, Art. 6 EMRK, Rn. 351 ff.; *Salomon*, in: Rescriptum 2015, 126, 132.

543 EGMR, Urteil vom 12.5.2000, Rs. 35394/97, Ziff. 34 – *Khan/Großbritannien*; EGMR, Urteil vom 5.11.2002, Rs. 48539/99, Ziff. 42 ff. – *Allan/Großbritannien*; BVerfG, NJW 2013, 1058, 1060; BVerfG, NJW 2013, 1083, 1084; BVerfG, NJW 2015, 1083; *Hombrecher*, in: JA 2016. 457, 460.

544 *Salomon*, in: Rescriptum 2015, 126, 132.

VIII. Zusammenfassung und Bedeutung der Fairnessgarantie für den prozessualen Geheimnisschutz

Der in Art. 6 EMRK enthaltene Grundsatz eines fairen Verfahrens umfasst zahlreiche Rechte, die ein insgesamt gerechtes und möglichst austariertes Verfahren schaffen sollen. Diese von der Konvention vorgegebene und in ihrer Tragweite wohl bedeutendste Verfahrensgarantie ist zwingend in jedem Verfahren zu berücksichtigen – auch und gerade in Gerichtsverfahren, die den rechtswidrigen Erwerb oder die rechtswidrige Nutzung oder Offenlegung von Geschäftsgeheimnissen zum Gegenstand haben. Die besondere Spannung zwischen dem Schutz von Geschäftsgeheimnissen und den Vorgaben der Fairnessgarantie (insbesondere) in Geschäftsgeheimnisstreitsachen hat auch der europäische Gesetzgeber erkannt, sodass diese Problematik sogar in den Wortlaut des Richtlinientextes und seinen Erwägungsgründen Einfluss gefunden hat.

Es stellt eine große Herausforderung dar, den Anforderungen an ein ausgewogenes sowie transparentes Verfahren, in dem jeder Partei möglichst alles offengelegt werden soll, gerecht zu werden und dabei gleichzeitig für sensible Informationen die erforderliche Geheimhaltung zu garantieren. Im Folgenden wird dargestellt, ob und inwiefern die Mitgliedsaaten der Europäischen Union dieser Herausforderung gerecht werden und den Spagat zwischen Geheimnisschutz einerseits und Fairnessgarantie andererseits zu meistern versuchen.

D. Umsetzung der Geschäftsgeheimnis-Richtlinie in der EU

Da die EU-Richtlinie lediglich einen Mindeststandard an Schutz für Geschäftsgeheimnisse generiert und nur in wenigen Bereichen eine Vollharmonisierung verlangt, bleibt den Mitgliedstaaten ein breiter Umsetzungsspielraum. Gemäß Art. 288 AUEV können die Mitgliedstaaten im Rahmen der Umsetzung in das nationale Recht über Form und Mittel frei entscheiden. Ihnen bleibt es unbenommen, bereits bestehende Regeln lediglich zu überarbeiten oder aber das eigene nationale Recht grundlegend zu reformieren.[545]

Die folgende Darstellung beginnt mit einem schwerpunktmäßigen Blick auf die rechtliche Situation in der Bundesrepublik Deutschland. Nach einem Überblick über die geschichtliche Entwicklung des Geheimnisschutzes im deutschen Recht werden die Regelungen zum Schutz von Geschäftsgeheimnissen im Gerichtsverfahren vor der Reform und die Vorgaben des neuen Umsetzungsgesetzes gegenübergestellt und bewertet. Im Anschluss daran folgen zusammenfassende Ausführungen zu den Umsetzungsmaßnahmen in den übrigen EU-Mitgliedstaaten. Es wird untersucht, inwiefern die nationalen Gesetzgeber innerhalb der Europäischen Union der Bedeutung von Geschäftsgeheimnissen gerecht werden und auf welche Weise sie versuchen, einen angemessenen Geheimnisschutz in Gerichtsverfahren zu gewährleisten.

I. Bundesrepublik Deutschland

1. Rechtsgeschichtlicher Überblick

Die Forderung nach einer Einführung gesetzlicher Regelungen zum Schutz von Geschäftsgeheimnissen besteht in Deutschland bereits seit den frühen 1880er Jahren.[546] Nach einer kontroversen Diskussion im Rahmen des 19. Deutschen Juristentages im Jahr 1888 über die Frage, ob es *„ratsam“* sei, *„das Strafgesetzbuch dahin zu ergänzen, daß der Verrat von Geschäfts- und Fabrikgeheimnissen als Vergehen strafbar ist,“*[547] trat im Jahr 1896 das neue Reichsgesetz zur

545 *Alexander*, in: Köhler/et al., UWG, Vorb. § 1 GeschGehG, Rn. 20; *McGuire*, in: GRUR 2016, 1000.

546 *Brammsen*, UWG, Vorb. § 17–19, Rn. 6; *Cook*, Trade Secret Protection, S. 155; *Kochmann*, Schutz des „Know-how“, S. 90; *Reinfeld*, GeschGehG, § 1, Rn. 16 f.

547 Verhandlungen des 19. Deutschen Juristentages, 1888, Band 1, S. 73 ff.

Bekämpfung des unlauteren Wettbewerbs in Kraft, das auch strafrechtliche Normen zum Schutz von Geheimnissen beinhaltete. Nach § 9 dieses Reichsgesetzes wurde mit Geld- oder Freiheitsstrafe bestraft, wer im Rahmen eines Dienstverhältnisses oder aufgrund sittenwidriger Handlung Kenntnis über ein Geschäfts- oder Betriebsgeheimnis erlangt und dieses verwertet oder anderen mitteilt. Man verzichtete dabei bewusst auf eine gesetzliche Definition von Geschäfts- und Betriebsgeheimnissen, um die Handhabung des Begriffes dem Rechtsanwender anzuvertrauen.[548] Im Rahmen der Überarbeitung des Gesetzes gegen den unlauteren Wettbewerb (UWG) im Jahr 1909 übernahm der deutsche Gesetzgeber die Regelungen aus dem Reichsgesetz wortgleich in das UWG. Trotz einiger Modifizierungen im Laufe der Jahre sind die entsprechenden Regelungen zum Schutz von Geschäfts- und Betriebsgeheimnissen bis zur Umsetzung der EU-Richtlinie im Jahr 2019 im Kern unverändert geblieben.[549]

2. Schutz von Geschäftsgeheimnissen vor der Reform

In Deutschland genießen Geschäftsgeheimnisse verfassungsrechtlichen Schutz.[550] Während das Bundesverfassungsgericht diese jedenfalls auch als Teil des in Art. 12 Abs. 1 GG verankerten Grundrechts auf Berufsfreiheit anerkennt,[551] sehen andere wegen der Einordnung als geistiges Eigentum die Grundlage vorrangig in der Eigentumsgarantie bzw. im Recht am eingerichteten und ausgeübten Gewerbebetrieb nach Art. 14 Abs. 1 S. 1 GG[552]. Trotz des jedenfalls unstreitig bestehenden Verfassungsrangs fehlte es aber vor der Umsetzung der EU-Richtlinie an einheitlichen gesetzlichen Vorschriften. Zwar wurden

---

548 Deutscher Reichstag, Stenografischer Berichte über die Verhandlungen vom 3.12.1895 bis 5.2.1896, IX. Legislaturperiode, IV. Session, S. 109.

549 *Alexander*, in: Köhler/et al., UWG, Vorb. § 1 GeschGehG, Rn. 43; *Harte-Bavendamm*, in: FS Köhler, 235, 235; *Harte-Bavendamm*, in: Harte-Bavendamm/et al., GeschGehG, Einl., Kap. A, Rn. 37 ff.; *Kochmann*, Schutz des „Know-how", S. 92 ff.; *McGuire/et al.*, in: GRUR Int. 2010, 820; *Reinfeld*, GeschGehG, § 1, Rn. 17 f., 25; *Rengier*, in: Fezer/et al., UWG, § 17, Rn. 2.

550 *Ann/et al.*, Auskunftsanspruch und Geheimnisschutz, Rn. 23; *Reinfeld*, GeschGehG, § 1, Rn. 15.

551 BVerfGE 115, 205, 229 – *Deutsche Telekom.*

552 *Ann*, in: GRUR 2007, 39, 42; *Ann/et al.*, Auskunftsanspruch und Geheimnisschutz, Rn. 29; *Brammsen*, UWG, § 17, Rn. 6; *Götz*, Schutz von Betriebs- und Geschäftsgeheimnissen, S. 37 f.; *Kochmann*, Schutz des „Know-how",S. 219; *Ploch-Kumpf*, Schutz von Geschäftsgeheimnissen, S. 12 ff.; *Stadler*, Schutz von Unternehmensgeheimnissen, S. 36 ff.; *Winzer*, Schutz von Geschäftsgeheimnissen, Rn. 59 ff.

Geschäftsgeheimnisse im deutschen Recht durch zahlreiche Regelungen insbesondere im Handels-, Wirtschafts- und mit besonderem Schwerpunkt im Wettbewerbsrecht, aber auch durch Steuer- und allgemeine Strafvorschriften geschützt.[553] Allerdings macht bereits diese beispielhafte Aufstellung das Fehlen eines einheitlichen innerstaatlichen Schutzregimes mehr als deutlich.[554]

Der Schutz erfolgte überwiegend durch strafrechtliche Normen, die in Anbetracht des Bestimmtheitsgebotes einer Analogie nicht zugänglich sind und daher nur einem eingeschränkten Anwendungsbereich unterliegen.[555] Diese vorwiegend strafrechtliche Ausgestaltung war historisch bedingt und beruhte auf der Überlegung, dass die Geltendmachung eines Schadensersatzanspruchs gegenüber dem regelmäßig verantwortlichen, aber meist mittellosen Arbeitnehmer nicht zufriedenstellend ist.[556] Da man in dieser Konstellation eine vollständige Tilgung zivilrechtlicher Ansprüche nicht erwartete, sollte zumindest eine strafrechtliche Verfolgung und entsprechende Bestrafung möglich sein. Nur ausnahmsweise waren zivilrechtliche Ansprüche ausdrücklich vorgesehen, so wie beispielsweise in dem stets geltenden § 90 HGB, der es dem Handelsvertreter auch nach Beendigung des Handelsvertreterverhältnisses untersagt, im Rahmen seiner Tätigkeit erlangte Geschäfts- und Betriebsgeheimnisse zu verwerten oder weiterzugeben. Im Übrigen ergab sich ein Unterlassungs- oder Schadensersatzanspruch entweder über allgemeine zivilrechtliche Normen oder mittelbar über die jeweilige strafrechtliche Norm, indem entweder die strafrechtliche Vorschrift als Schutzgesetz im Sinne des § 823 Abs. 2 BGB heranzuziehen war oder die Verletzung zugleich eine unlautere Handlung im Sinne des § 3 UWG darstellte.[557] Als zentrale Vorschriften zur Regelung von Verstößen gegen die

---

553 *Ann/et al.*, Auskunftsanspruch und Geheimnisschutz Rn. 9; *Loschelder*, in: Ann/et al., Praxishandbuch, Kap. 1, Rn. 65; *Winzer*, Schutz von Geschäftsgeheimnissen, Rn. 62.

554 *Hauck*, in: NJW 2016, 2218, 2219; *Ohly*, in: GRUR 2019, 441.

555 *Alexander*, in: Köhler/et al., UWG, Vorb. § 1 GeschGehG, Rn. 44; *Gärtner/Goßler*, in: Mitt. 2018, 204, 205; *Heusch/et al.*, in: GRUR Int. 2015, 932, 933; *McGuire*, in: GRUR 2016, 1000, 1002; *McGuire*, in: GRUR 2015, 424, 428.

556 *Harte-Bavendamm*, in: Harte-Bavendamm/Henning-Bodewig, UWG, Vorb. §§ 17 – 19, Rn. 6; *Harte-Bavendamm*, in: Harte-Bavendamm/et al., GeschGehG, Einl., Kap. A, Rn. 35; *Ohly*, in: GRUR 2014, 1, 5; *Redeker/et al.*, in: WRP 2015, 681; *Winzer*, Schutz von Geschäftsgeheimnissen, Rn. 62.

557 BGHZ 166, 84, 104 – *Kirch/Breuer*; BGH, GRUR 1966, 152, 153 – *Nitrolingual; Brammsen,* UWG, § 17, Rn. 7; *Dumont*, in: BB 2018, 2441, 2442; *Enders*, in: GRUR 2012, 25, 29; *Harte-Bavendamm*, in: FS Köhler, 235, 236; *Harte-Bavendamm*, in: Harte-Bavendamm/Henning-Bodewig, UWG, § 17, Rn. 44; *Hoeren/Münker*, in: WRP 2018, 150; *Köhler*, in: Köhler/Bornkamm, UWG, § 17, Rn. 52 f.; *Kraßer*, in: GRUR 1970, 587,

Geheimhaltungspflicht von Geschäftsgeheimnissen galten die §§ 17 bis 19 UWG a.F. als lauterkeitsrechtliches Nebenstrafrecht, die den Verrat, die Verwertung sowie das Verleiten und Erbieten zum Verrat von Geschäftsgeheimnissen unter Strafe stellten.[558]

Den im deutschen Recht bereits vor der Umsetzung der EU-Richtlinie vorhandenen Normen zum Schutz von Geschäftsgeheimnissen war gemein, dass sie lediglich die unbefugte Aneignung geheimer Informationen verboten und unter Strafe stellten. War das Geschäftsgeheimnis hingegen auf berechtigtem Wege bekannt geworden, so entfiel sowohl der faktische als auch der rechtliche Schutz – die an sich geheimhaltungsbedürftige Information wurde dann gemeinfrei.[559] Ebenso lückenhaft und veraltet waren auch die bisherigen Regelungen zum Schutz von Geschäftsgeheimnissen im Gerichtsprozess. Im deutschen Recht mangelte es insgesamt an der Anerkennung eines Unternehmensgeheimnisses als subjektives Recht, was sich unmittelbar auch auf den Schutz von Unternehmensgeheimnissen im Gerichtsverfahren auswirkte.[560]

Daher waren bislang keine übergreifenden Regelungen zum effektiven Schutz von Geschäftsgeheimnissen im Rahmen eines Gerichtsprozesses vorgesehen.[561] Die höchstrichterliche Rechtsprechung behalf sich teilweise damit, in Einzelfällen keine überspannten Anforderungen an das Erfordernis eines hinreichend bestimmten Klageantrags zu stellen und gab sich mit einer nur oberflächlichen Darstellung der streitgegenständlichen Information zufrieden.[562] Allerdings konnte sich dies nicht als standardisierte Lösung durchsetzen, sondern es blieb bei einer nur im Einzelfall angewandten Herangehensweise.[563] Durch vereinzelte, im Folgenden dargestellte Vorschriften verstreut über verschiedene

---

593; *Loschelder*, in: Ann/et al., Praxishandbuch, Kap. 1, Rn. 65; *McGuire*, in: GRUR 2015, 424, 426 f.; *McGuire/et al.*, in: GRUR Int. 2010, 820, 834; *Ohly*, in: Ohly/Sosnitza, UWG, § 17, Rn. 44, 48; *Rauer/Eckert*, in: DB 2016, 1239; *Rosenthal/Hamann*, in: NJ 2019, 321, 322; *Sander*, in: GRUR Int. 2013, 217, 225; *Scholtyssek/et al.*, in: CCZ 2020, 23 f.; *Stadler*, Schutz von Unternehmensgeheimnissen, S. 46, 220.

558 *Hauck*, in: NJW 2016, 2218; *Harte-Bavendamm*, in: Gloy/et al., Handbuch Wettbewerbsrecht, § 77, Rn. 5; *Loschelder*, in: Ann/et al., Praxishandbuch, Kap. 1, Rn. 99 f.

559 *Ann/et al.*, Auskunftsanspruch und Geheimnisschutz, Rn. 9, 15, 17.

560 *Hauck*, in: NJW 2016, 2218, 2219, 2221.

561 *Ann*, in: Ann/et al., Praxishandbuch, Kap. 7, Rn. 37; *Hauck*, in: NJW 2016, 2218, 2219, 2221.

562 BGH, GRUR 2018, 1161, 1162 f. – *Hohlfasermembranspinnanlage* II; BGH, GRUR 2018, 727, 728 – *Schweißmodulgenerator*.

563 *Kalbfus*, in: GRUR-Prax 2017, 391.

Rechtsgebiete unternahm der deutsche Gesetzgeber jedenfalls den Versuch, der Gefahr einer gänzlich unbeschränkten Offenlegung eines Geheimnisses im Prozess entgegenzuwirken.

a) Schutz von Geschäftsgeheimnissen im Zivilprozess

Die Normenkataloge der Zivilprozessordnung (ZPO) und des Gerichtsverfassungsgesetzes (GVG) sehen keine Regelungen vor, die wertvolle Informationen einer Prozesspartei absolut und unmittelbar gegen eine ungewollte Offenbarung schützen. Das deutsche Gesetz enthielt jedoch bereits vor der Umsetzung der EU-Richtlinie einige wenige Vorgaben, die zumindest einen teilweisen Schutz von Geschäftsgeheimnissen im Gerichtsprozess generierten.

aa) Ausschluss der Öffentlichkeit von der Verhandlung

§ 172 Nr. 2 GVG sieht die Möglichkeit vor, die Öffentlichkeit von der mündlichen Verhandlung auszuschließen, wenn ein wichtiges Geschäfts-, Betriebs-, Erfindungs- oder Steuergeheimnis zur Sprache kommt, durch dessen öffentliche Erörterung überwiegend schutzwürdige Interessen verletzt würden. Das Gericht entscheidet hierüber im Rahmen des ihm zustehenden Ermessensspielraums, ein Anspruch auf Öffentlichkeitsausschluss besteht nicht.[564] Die Verhandlung über den Ausschluss der Öffentlichkeit erfolgt gemäß § 174 Abs. 1 S. 1 GVG in nicht öffentlicher Sitzung, wenn ein Verfahrensbeteiligter dies beantragt oder das Gericht es für angemessen hält. Die Möglichkeit des Ausschlusses besteht für sämtliche Abschnitte des gerichtlichen Verfahrens und kann auf einzelne Abschnitte beschränkt werden.[565]

Ob ein Geheimnis als „wichtig" und damit als schutzwürdig im Sinne der Norm einzustufen ist, beurteilt sich anhand eines objektiven Maßstabes und bedarf einer Abwägung zwischen dem Wert der streitgegenständlichen Information für den Inhaber einerseits und dem Interesse der Öffentlichkeit an einem ungehinderten Zugang zu Gerichtsverfahren andererseits.[566] Voraussetzung ist, dass der geheimen Information eine nicht unerhebliche Bedeutung für die Entwicklung, den wirtschaftlichen Erfolg oder die Wettbewerbsfähigkeit

---

564 *Becker*, in: Baumbach/et al., ZPO, § 172 GVG, Rn. 9; *Diemer*, in: KK StPO, § 172 GVG, Rn. 1; *Kissel/Mayer*, GVG, § 172, Rn. 2; *Kulhanek*, in: MüKO StPO, Bd. 3/2, § 172 GVG, Rn. 3.

565 BGH NStZ 1986, 179; BGH NStZ 1988, 190; BGH NJW 2012, 3113, 3115.

566 *Ann*, in: Ann/et al., Praxishandbuch, Kap. 7, Rn. 63; *Diemer*, in: KK StPO, § 172, Rn. 8.

des Geheimnisträgers zukommt.[567] Es ist nicht erforderlich, dass die befürchtete Erörterung im Rahmen der mündlichen Verhandlung tatsächlich stattfindet. Es ist ausreichend, wenn lediglich mit einer solchen zu rechnen ist.[568] Zudem erkennt die ständige Rechtsprechung bereits in der bloßen Erörterung der Information im Rahmen einer öffentlichen Verhandlung eine Gefahr unabhängig davon, ob Dritte überhaupt anwesend sind und der Verkündung beiwohnen.[569] Es ist irrelevant, ob der eine Verletzung befürchtende Geheimnisträger Prozessbeteiligter ist, sodass auch Geheimnisse Dritter geschützt sind.[570] In einem Prozess vor den Gerichten für Arbeitssachen ist der speziellere § 52 S. 2 Var. 4 ArbGG heranzuziehen, der es einer Partei gestattet, den Ausschluss der Öffentlichkeit zu beantragen, wenn Betriebs-, Geschäfts- oder Erfindungsgeheimnisse Gegenstand der Verhandlung oder der Beweisaufnahme sein werden.

bb) Ausschluss der Öffentlichkeit von der Urteilsverkündung

Die Verkündung eines Urteils hat gemäß § 173 Abs. 1 GVG grundsätzlich öffentlich zu erfolgen. Ausnahmsweise kann nach § 173 Abs. 2 GVG die Öffentlichkeit von der Verkündung der Urteilsgründe ausgeschlossen werden, wenn durch die konkrete Beschreibung des Betriebsgeheimnisses im Urteil eine zusätzliche Gefährdung des klagebegründenden Geheimnisses zu befürchten ist.[571] Der Wortlaut der Norm ist ausdrücklich auf die Verkündung der Entscheidungsgründe beschränkt, sodass die Verkündung des Urteilstenors stets öffentlich zu erfolgen hat. Eine analoge Anwendung des § 173 Abs. 2 GVG auf die Verkündung des Urteilstenors widerspricht dem ausdrücklichen Wortlaut des Gesetzes.

Zudem hat der Gesetzgeber beispielsweise in § 48 Abs. 1 JGG das Problem der Interessengefährdung durch die öffentliche Verkündung des Urteilstenors erkannt und spricht daher zusammenfassend von der nicht-öffentlichen „*Verkündung der Entscheidungen*“ ohne zwischen „Urteilsgründe“ und „Urteilstenor“

---

567 *Kissel/Mayer*, GVG, § 172, Rn. 38; *Winzer*, Schutz von Geschäftsgeheimnissen, Rn. 151.

568 *Kissel/Mayer*, GVG, § 172, Rn. 39; *Winzer*, Schutz von Geschäftsgeheimnissen, Rn. 146.

569 BGH NJW 1993, 1638, 1639.

570 *Ann*, in: Ann/et al., Praxishandbuch, Kap. 7, Rn. 63; *Diemer*, in: KK StPO, § 172, Rn. 8; *Kissel/Mayer*, GVG, § 172, Rn. 38; *Walther*, in: BeckOK GVG, § 172, Rn. 6; *Winzer*, Schutz von Geschäftsgeheimnissen, Rn. 146; *Zimmermann*, in: MüKo ZPO, Bd. 3, § 172 GVG, Rn. 6.

571 *Grosch*, in: Ann/et al., Praxishandbuch, Kap. 6, Rn. 196; *Wiese*, EU-Richtlinie, S. 219.

zu differenzieren.[572] Es fehlt hier also bereits an einer planwidrigen Regelungslücke.[573] Daher ist die Verkündung des Urteilstenors auch nicht im Rahmen einer Analogie dem § 173 Abs. 2 GVG hinzuzulesen. Dabei kann bereits die bloße Verkündung des Urteilstenors insbesondere bei Unterlassungsklagen schon ein großes Risiko in sich tragen. Ein Unterlassungsantrag muss eine möglichst konkrete Beschreibung der streitgegenständlichen Handlung enthalten, sodass sich der Beklagte hiergegen erschöpfend verteidigen kann.[574] Nur in Ausnahmefällen kann zur Konkretisierung des Streitgegenstandes auf Anlagen Bezug genommen werden, die zu den Akten gegeben wurden.[575] Zur Ermöglichung der Vollstreckung bedarf es allerdings bereits im Tenor des Unterlassungsurteils einer genauen Bezeichnung der zu unterlassenden Beeinträchtigung.[576] Daher besteht die Gefahr, dass auch der Urteilstenor die streitgegenständliche Information enthält und der Allgemeinheit preisgibt. Klagt also ein Geheimnisträger auf Unterlassung der Nutzung bzw. Weitergabe der Information, so ist das Geheimnis als Teil der zu unterlassenden Beeinträchtigung im Detail zu spezifizieren und letztlich auch im Urteilstenor enthalten.

cc) Verpflichtung zur Geheimhaltung

Da die Gefahr der Offenbarung geheimer Informationen auch nach Abschluss der Verhandlung weiterbesteht, kann das Gericht anknüpfend an § 172 Abs. 2 GVG die in der mündlichen Verhandlung anwesenden Personen gemäß § 174 Abs. 3 GVG zur Geheimhaltung verpflichten. Durch die Auferlegung einer über die Verhandlung hinausgehenden Schweigepflicht wird der prozessuale Geheimnisschutz ergänzt und weiter fortgeführt.[577]

---

572 *Ann*, in: Ann/et al., Praxishandbuch, Kap. 7, Rn. 65.

573 *Wiese*, EU-Richtlinie, S. 220.

574 BGHZ 144, 255, 263 – *Abgasemissionen*; BGHZ 156, 1, 8 f. – *Paperboy*; BGH, NJW 2005, 2458 f. – *Fördermittelberatung*; BGH, NJOZ 2007, 4771, 4773 – *Telefonwerbung für „Individualverträge"*; BGH, GRUR 2009, 1075 – *Betriebsbeobachtung*; BGH, GRUR 2010, 749, 751 – *Erinnerungswerbung im Internet*; BGH NJW 2011, 2657, 2658; BGH, GRUR 2013, 1229, 1231 – *Kinderstühle im Internet II.*

575 BGHZ 142, 388, 390 ff. – *Musical-Gala*; *Saenger*, in: Saenger ZPO, § 253, Rn. 19.

576 *Laoutoumai/Baumfalk*, in: WRP 2018, 1300, 1303; *McGuire*, in: Büscher, UWG, § 19 GeschGehG, Rn. 26; *Spohnheimer*, in: BeckOK BGB, § 1004, Rn. 316.

577 *Winzer*, Schutz von Geschäftsgeheimnissen, Rn. 155.

(1) Anwendungsbereich der Geheimhaltungsverpflichtung

Die Verpflichtung zur Geheimhaltung erfasst alle Verfahrensbeteiligten, die trotz Nichtöffentlichkeit an der Verhandlung teilnehmen dürfen, also Richter, Parteien, Anwälte, Sachverständige, Zeugen, Geschäftsstellenmitarbeiter und das Justizwachpersonal.[578] Das Geheimhaltungsgebot schützt das Vertrauen des Geheimnisträgers in die Verschwiegenheit der anwesenden Personen und fördert dadurch eine ungestörte Aufklärung des Sachverhalts und die Wahrheitsfindung.[579]

Die Verpflichtung zur Geheimhaltung umfasst sämtliche Tatsachen, die im Rahmen der mündlichen Verhandlung bekannt werden. Hierunter fallen auch solche Tatsachen, die sich aus die Sache betreffenden amtlichen Schriftstücken ergeben – so auch anwaltliche Schriftsätze, sobald sie dem Gericht zugegangen und zur Akte gelangt sind.[580] Vom Geheimhaltungsgebot nicht umfasst sind hingegen Tatsachen, die erst durch das öffentlich verkündete Urteil bekannt werden.[581] Gleiches gilt für Informationen, über die ein Prozessbeteiligter bereits vor der Verhandlung oder anderweitig Kenntnis erlangt hat, gegebenenfalls sogar in unredlicher Weise.[582] Ebenso nicht vom Geheimhaltungsgebot umfasst sind Informationen aus verfahrenseinleitenden Schriftsätzen.[583] So kann das Geschäftsgeheimnis, das Gegenstand eines Verletzungsverfahrens ist, nicht über die Möglichkeit eines richterlichen Schweigegebotes geschützt werden, weil es nicht erst im Verfahren, sondern bereits durch eine vorherige Verletzungshandlung oder im Rahmen eines vorbereitenden Schriftsatzes bekannt geworden ist.[584]

In Anbetracht des ausdrücklichen Wortlautes des § 174 Abs. 3 GVG kann das Gericht den Gegner auch nicht bereits vor der mündlichen Verhandlung zur Geheimhaltung über schriftlich vorgebrachte Tatsachen verpflichten. Einer vereinzelt in der Literatur geforderten analogen Anwendung dieser Vorschrift ist entgegenzuhalten, dass die hierfür erforderliche Planwidrigkeit der Regelungslücke

578 *Ann*, in: Ann/et al., Praxishandbuch, Kap. 7, Rn. 68; *Diemer*, in: KK StPO, § 172, Rn. 6; *Walther*, in: BeckOK GVG, § 174, Rn. 16; Winzer, Schutz von Geschäftsgeheimnissen, Rn. 160; *Zimmermann,* in: MüKO ZPO, § 174 GVG, Rn. 14.

579 *Winzer*, Schutz von Geschäftsgeheimnissen, Rn. 164.

580 *Ann*, in: Ann/et al., Praxishandbuch, Kap. 7, Rn. 69; *Leppin*, in: GRUR 1984, 695, 698.

581 *Diemer*, in: KK StPO, § 174, Rn. 6; *Walther*, in: BeckOK GVG, § 174, Rn. 16.

582 *Wiese,* EU-Richtlinie, S. 214.

583 *Wiese,* EU-Richtlinie, S. 214 f.

584 *Lachmann*, in: NJW 1987, 2206, 2208; *Malmström*, Schutz von Betriebs- und Geschäftsgeheimnissen, S. 112; *Winzer*, Schutz von Geschäftsgeheimnissen, Rn. 157.

fraglich ist, da in der ZPO bereits umfangreiche Regelungen zu den die mündliche Verhandlung vorbereitenden Schriftsätzen bestehen.[585] Daher war es bislang ratsam, eine Klageschrift möglichst kurz zu halten und gegebenenfalls nicht vollständig substantiiert vorzutragen, um dann alsbald nach Klagezustellung um einen frühen ersten Termin zu bitten, in dem die Öffentlichkeit ausgeschlossen und eine entsprechende Geheimhaltungsanordnung getroffen werden kann.[586]

(2) Verfahren und Reichweite der Geheimhaltungsverpflichtung

Das Gericht entscheidet über das Gebot der Geheimhaltung im Rahmen des ihm zustehenden Ermessenspielraums und hat dabei das Interesse des Geheimnisträgers und die Zumutbarkeit der Schweigepflicht gegeneinander abzuwägen.[587] Auf den Erlass eines solchen Schweigegebots besteht zwar kein Anspruch seitens des Geheimnisträgers.[588] Der Verstoß gegen die vom Gericht auferlegte Schweigepflicht steht aber nach § 353d Nr. 2 StGB unter Strafe und wird mit einer Freiheitsstrafe bis zu einem Jahr oder Geldstrafe bedroht. Allerdings schützt das Geheimhaltungsgebot nach § 173 Abs. 2 S. 1 GVG nur vor der bloßen Weitergabe fremder Geschäftsgeheimnisse. Der Konkurrent kann die wertvolle Information jedoch solange ohne Konsequenzen für sich nutzen, wie er sie seinerseits nicht weitergibt.[589] Gleiches gilt für § 353d Nr. 2 StGB, der lediglich die Offenbarung unter Strafe stellt, nicht aber die für den Geheimnisinhaber bereits nachteilige Verwertung bis zur Weitergabe.

Dass die Verwertung als eigenständig wahrzunehmendes Problem neben der Offenbarung zu betrachten ist, zeigen auch §§ 203, 204 StGB, die zwischen der Offenbarung und der Verwertung von Geheimnissen differenzieren. Danach stehen sowohl die Offenbarung als auch die Verwertung von Geheimnissen durch bestimmte im Gesetz bezeichnete Berufsgruppen unter Strafe. Dabei wird

---

585 *Grosch*, in: Ann/et al., Praxishandbuch, Kap. 6, Rn. 193.

586 *Grosch*, in: Ann/et al., Praxishandbuch, Kap. 6, Rn. 194; *Harte-Bavendamm*, in: Gloy/et al., Handbuch Wettbewerbsrecht, § 77, Rn. 73; *Heusch/et al.*, in: GRUR Int. 2015, 932, 935.

587 *Diemer*, in: KK StPO, § 174, Rn. 6; *Jacobs*, in: Stein/Jonas, ZPO, § 173 GVG, Rn. 9; *Walther*, in: BeckOK GVG, § 174, Rn. 16; *Winzer*, Schutz von Geschäftsgeheimnissen, Rn. 156; *Zimmermann*, in: MüKo ZPO, Bd. 3, § 174 GVG, Rn. 14.

588 *Ann*, in: Ann/et al., Praxishandbuch, Kap. 7, Rn. 64, 69; *Zimmermann*, in: MüKo ZPO, Bd. 3, § 172 GVG, Rn. 3.

589 *Ann*, in: Ann/et al., Praxishandbuch, Kap. 7, Rn. 37, 70; *Lejeune*, in: CR 2016, 330, 335; *Schlingloff*, in: WRP 2018, 666, 667; *Semrau-Brandt*, in: GRUR-Prax 2019, 127, 128; *Wiese*, EU-Richtlinie, S. 215; *Winzer*, Schutz von Geschäftsgeheimnissen, Rn. 158.

der Verwertung durch die Normierung eines höheren Strafrahmens in § 204 Abs. 1 StGB (Freiheitsstrafe bis zu zwei Jahren oder Geldstrafe) im Gegensatz zur Offenbarung in § 203 Abs. 1 StGB (Freiheitsstrafe bis zu einem Jahr oder Geldstrafe) besondere Bedeutung zugemessen. Dies zeigt, dass das Problem der Verwertung nicht bloß einer eigenständigen Wahrnehmung bedarf, sondern im Vergleich zur Weitergabe ein deutlich höheres Gefahrpotenzial in sich trägt.

dd) Schutz von Geschäftsgeheimnissen bei Akteneinsicht

Während die Prozessparteien im Zivilprozess nach § 299 Abs. 1 ZPO ein uneingeschränktes Recht auf Akteneinsicht genießen, erhalten nicht am Prozess beteiligte Dritte nur unter bestimmten Voraussetzungen eine solche Einsicht. Gemäß § 299 Abs. 2 ZPO kann einem Antrag auf Akteneinsicht nur dann stattgegeben werden, sofern alle Parteien zustimmen oder ein rechtliches Interesse glaubhaft gemacht wird. Das Akteneinsichtsrecht umfasst alle Dokumente einschließlich aller Verhandlungsprotokolle, Urschriften der Urteile, Beschlüsse und Verfügungen.[590] Die Entscheidung über die Einsichtsgewährung steht im Ermessen des Gerichtsvorstandes, dessen Aufgaben beim Amtsgericht durch den mit der Dienstaufsicht betrauten Richter und am Land- sowie Oberlandesgericht durch den jeweiligen Gerichtspräsidenten wahrgenommen werden.[591] Dem für die Antragsgewährung erforderlichen rechtlichen Interesse des Antragstellers muss ein rechtlicher Bezug zum Prozessgegenstand zugrunde liegen.[592] Dies erfordert zumindest ein gegenwärtig bestehendes Verhältnis einer Person zu einer anderen Person oder zu einer Sache, das auf Rechtsnormen beruht oder durch solche geregelt wird.[593]

Ein solches Verhältnis ist dann zu bejahen, wenn die Einsicht in die Akten für den Dritten erforderlich ist, um Ansprüche zu verfolgen oder abzuwenden und ein rechtlicher Bezug zu dem Verfahren besteht, in dem Akteneinsicht beantragt wird.[594] Nicht ausreichend sind das Vorliegen eines bloß wirtschaftlichen oder gesellschaftlichen Interesses sowie die reine Neugierde am Prozessgeschehen.[595]

---

590 *Thole*, in: Stein/Jonas, ZPO, § 299, Rn. 41.

591 *Bacher*, in: BeckOK ZPO, § 299, Rn. 32; *Prütting*, in: MüKo ZPO, Bd. 1, § 299, Rn. 23, 24; *Thole*, in: Stein/Jonas, ZPO, § 299, Rn. 2, 22, 25.

592 *Ann*, in: Ann/et al., Praxishandbuch, Kap. 7, Rn. 66; *Thole*, in: Stein/Jonas, ZPO, § 299, Rn. 26.

593 BGHZ 4, 323, 325; *Prütting*, in: MüKo ZPO, Bd. 1, § 299, Rn. 21.

594 *Bacher*, in: BeckOK ZPO, § 299, Rn. 28.

595 KG OLGZ 1988, 190, 192; KG OLGZ 1988, 425, 427 f.; VG Frankfurt a.M., NJW 2011, 2229, 2230; *Ann*, in: Ann/et al., Praxishandbuch, Kap. 7, Rn. 38; *Prütting*, in: MüKo ZPO, Bd. 1, § 299, Rn. 21.

Im Rahmen der Ermessensentscheidung hat der Gerichtsvorstand die sich gegenüberstehenden Interessen der Verfahrensbeteiligten abzuwägen. Dabei ist auch zu berücksichtigen, ob durch die Kenntnisnahme Dritter ein schützenswertes Geheimhaltungsinteresse einer Partei verletzt werden könnte und daher das Informationsbedürfnis des Dritten zurückstehen muss.[596] Sofern möglich und eine unzumutbare Belastung der Gerichte nicht zu befürchten ist, geht eine Zensierung der Entscheidung durch Schwärzung einzelner Passagen als milderes Mittel der gänzlichen Zugangsbeschränkung vor.[597] Als Grundlage für die Weitergabe einer entsprechend anonymisierten Fassung wird § 299 Abs. 2 ZPO analog herangezogen.[598]

ee) Schutz von Geschäftsgeheimnissen Dritter

Während die Geschäftsgeheimnisse einer Prozesspartei keinen absoluten und unmittelbaren Schutz durch das Gesetz genießen, müssen Nicht-Prozessbeteiligte einen Eingriff in ihre gewerbliche Geheimsphäre nicht ohne Weiteres hinnehmen.[599] So gewährt § 384 Nr. 3 ZPO Zeugen ein Zeugnisverweigerungsrecht für solche Fragen, die – wie es im Gesetz wörtlich heißt – der Zeuge nicht würde beantworten können, ohne ein Kunst- oder Gewerbegeheimnis zu offenbaren. Der Begriff des Gewerbegeheimnisses umfasst dabei nicht nur alle noch nicht allgemein bekannten technischen Arbeitsmittel und Methoden, sondern im Rahmen einer weiten Auslegung auch alle wirtschaftlichen Tatsachen, sofern an ihrer Nichtoffenbarung ein erhebliches und unmittelbares Interesse besteht.[600] § 384 Nr. 3 ZPO umfasst damit auch Betriebs- und Geschäftsgeheimnisse.

Im Gegensatz zu § 383 ZPO, der eine umfassende Zeugnisverweigerung gewährt, berechtigt § 384 ZPO den Zeugen lediglich dazu, die Beantwortung einzelner Fragen insofern zu verweigern, wie es zur Vermeidung der Offenbarung erforderlich ist.[601] Der Zeuge kann auch dann auf das ihm nach § 384 ZPO

596 *Ann*, in: Ann/et al., Praxishandbuch, Kap. 7, Rn. 66; *Prütting*, in: MüKo ZPO, Bd. 1, § 299, Rn. 25.

597 *Bacher*, in: BeckOK ZPO, § 299, Rn. 33; *Wiese*, EU-Richtlinie, S. 221.

598 *Wiese*, EU-Richtlinie, S. 218.

599 *Ann*, in: Ann/et al., Praxishandbuch, Kap. 7, Rn. 52; *Malmström*, Schutz von Betriebs- und Geschäftsgeheimnissen, S. 107.

600 *Damrau*, in: MüKo ZPO, Bd. 2, § 384, Rn. 14; *Huber*, in: Musielak/Voit, ZPO, § 384, Rn. 5; *Siebert*, Geheimnisschutz und Auskunftsansprüche, S. 276, 278.

601 BGH NJW 1994, 197, 198; *Ann*, in: Ann/et al., Praxishandbuch, Kap. 7, Rn. 52; *Damrau*, in: MüKo ZPO, Bd. 2, § 384, Rn. 2; *Huber*, in: Musielak/Voit, ZPO, § 384, Rn. 1;

obliegende Zeugnisverweigerungsrecht zurückgreifen, wenn durch die Beantwortung der Fragen Geheimnisse eines Dritten offenbart würden, demgegenüber der Zeuge zur Geheimhaltung gesetzlich oder vertraglich verpflichtet ist.[602]

Auf diese Weise wird vermieden, dass sich der Zeuge Ansprüchen Dritter aussetzen muss, die durch die Verletzung der Geheimhaltungspflicht entstehen würden. Zur Vermeidung von Pflichtenkollisionen und zur Erleichterung der Berufstätigkeit steht Personen, denen aufgrund ihres Amtes, Standes oder Gewerbes eine Tatsache anvertraut wurde und die aufgrund ihrer Amts- bzw. Berufsträgereigenschaft zum Schweigen hierüber verpflichtet sind, nach § 383 Abs. 1 Nr. 6 ZPO ein umfassendes Zeugnisverweigerungsrecht zu.[603] Auf diese Weise erlangt die Verschwiegenheitspflicht von Amts- und Berufsträgern Vorrang vor der zivilprozessualen Wahrheitspflicht.[604] Dabei spielt es keine Rolle, ob sich die Schweigepflicht aus dem Gesetz oder aus der Natur der Sache ergibt.[605]

ff) Zusammenfassung und Bewertung der bisherigen Regelungen zum Schutz von Geschäftsgeheimnissen im Zivilprozess

Die bisher vom deutschen Gesetzgeber für den Zivilprozess vorgesehenen Regelungen generieren zwar ein gewisses Maß an Schutz für Geschäftsgeheimnisse, sind im Gesamten jedoch als unzureichend zu betrachten. Die Möglichkeit eines Ausschlusses der Öffentlichkeit besteht nach § 172 Nr. 2 GVG nur zum Schutz „wichtiger" Geschäftsgeheimnisse und bei Verletzung „überwiegend schutzwürdiger" Interessen. Dabei ergeben sich nicht nur Auslegungsprobleme dahingehend, welches Geheimnis als „wichtig" einzustufen ist und welche Interessen „besonders schutzwürdig" sind, sondern vor allem bleibt offen, ob ein Ausschluss der Öffentlichkeit auch dann möglich sein soll, wenn noch gar nicht feststeht, dass ein Geschäftsgeheimnis vorliegt.[606]

Kersting, Schutz des Wirtschaftsgeheimnisses, S. 294; *Scheuch*, in: BeckOK ZPO, § 384, Rn. 2; *Siebert*, in: Saenger, ZPO, § 384, Rn. 1.

602 *Damrau*, in: MüKo ZPO, Bd. 2, § 384, Rn. 13; *Huber*, in: Musielak/Voit, ZPO, § 384, Rn. 5.

603 *Ann*, in: Ann/et al., Praxishandbuch, Kap. 7, Rn. 55; *Damrau*, in: MüKo ZPO, Bd. 2, § 383, Rn. 1; *Huber*, in: Musielak/Voit, ZPO, § 383, Rn. 1; *Scheuch*, in: BeckOK ZPO, § 383, Rn. 18.

604 *Ann*, in: Ann/et al., Praxishandbuch, Kap. 7, Rn. 55.

605 *Damrau*, in: MüKo ZPO, Bd. 2, § 383, Rn. 31; *Scheuch*, in: BeckOK ZPO, § 383, Rn. 21 ff.

606 *Schlingloff*, in: WRP 2018, 666, 667.

Darüber hinaus generiert § 172 Nr. 2 GVG nur Schutz gegenüber der allgemeinen Öffentlichkeit. Es darf zwar die Öffentlichkeit, nicht aber auch die andere Partei, die in der Regel ein Wettbewerber ist, oder ihr Prozessbevollmächtigter von der Erörterung des Geheimnisses ausgeschlossen werden. Gleiches gilt für § 52 S. 2 ArbGG und § 299 Abs. 2 ZPO, die lediglich einen Ausschluss der breiten Volksöffentlichkeit von der mündlichen Verhandlung bzw. Akteneinsicht vorsehen. Die bereits bestehenden zivilprozessualen Regelungen sehen also lediglich einen externen Schutz gegenüber der Öffentlichkeit vor, ein Schutz von Geschäftsgeheimnissen inter partes generieren die Normen in der ZPO und im GVG hingegen nicht.

Hinzu kommt, dass dem Prozessgegner nach § 299 Abs. 1 ZPO ein uneingeschränktes Recht auf Einsichtnahme in die Prozessakten und sogar auf Erteilung von Ausfertigungen, Auszügen und Abschriften zusteht. Der am Geheimnis besonders interessierte Prozessgegner ist nach den bisherigen Regelungen also stets vollumfänglich zu beteiligen, obwohl von ihm in der Regel die größte Gefahr ausgeht. Unabhängig vom Ausgang des Verfahrens erhält der Prozessgegner umfassend Kenntnis von der wertvollen Information. All dies läuft insbesondere in Anbetracht der nur sehr beschränkten Reichweite der Verpflichtung zur Geheimhaltung nach § 174 Abs. 3 S. 1 GVG den Geheimhaltungsinteressen des Informationsinhabers zuwider. Gleiches gilt für die stets öffentliche Verkündung des Urteilstenors. Der von den bisher vorgesehenen zivilprozessualen Regelungen gewährte Schutz ist insgesamt nur von begrenztem Umfang. Er kommt der Bedeutung von Geschäftsgeheimnissen zwar entgegen, wird ihr aber nicht vollumfänglich gerecht.

b) Schutz von Geschäftsgeheimnissen im Strafprozess

Die Möglichkeit der Verletzung von Geschäftsgeheimnissen besteht nicht nur im Zivilverfahren, sondern auch im Strafprozess. Das Strafgesetzbuch normiert vereinzelte Straftatbestände, die Geschäftsgeheimnisse zum Gegenstand haben. Beispielsweise stellen §§ 201 ff. StGB die Verletzung des persönlichen Lebens- und Geheimbereichs unter Strafe. Nach § 204 StGB wird die Verwertung fremder Betriebs- und Geschäftsgeheimnisse trotz Verpflichtung zur Geheimhaltung mit einer Freiheitsstrafe bis zu zwei Jahren oder mit Geldstrafe bestraft. Zur Prüfung eines hinreichenden Tatverdachts ermittelt die zuständige Staatsanwaltschaft als Herrin des Ermittlungsverfahrens von Amts wegen umfassend den der Tat zugrunde liegenden Sachverhalt.[607]

607 *Griesbaum*, in: KK StPO, § 160, Rn. 4 f.; *Peters*, in: MüKo StPO, Bd. 2, § 152, Rn. 21.

Kommt es zur Anklageerhebung, so formuliert die Staatsanwaltschaft den Anklagesatz entsprechend § 110 der Richtlinien für das Strafverfahren und das Bußgeldverfahren (RiStBV) derart genau, dass eindeutig feststellbar ist, welches Fehlverhalten dem Angeklagten zur Last gelegt wird. Betrifft das Strafverfahren die Verletzung eines Geschäftsgeheimnisses, so muss auch hier im Detail offengelegt werden, welche Information der Angeklagte unbefugt erlangt oder offenbart haben soll. Auf diese Weise besteht beispielsweise die Gefahr, dass ein im Ergebnis zu Unrecht Angeklagter Kenntnis über geheime Informationen erlangt, was dem Zweck der Strafvorschriften zum Geheimnisschutz zuwiderlaufen würde.[608] Trotz dieser nicht zu verachtenden Gefahr einer nicht gewollten Offenbarung wertvoller Informationen sind die strafrechtlichen Vorschriften im Bereich des Know-how-Schutzes noch weniger ausgeprägt, als es im deutschen Zivilprozessrecht der Fall ist.

aa) Ausschluss der Öffentlichkeit und Schweigegebot

Die bereits vorstehend im Rahmen der zivilprozessualen Regelungen näher beschriebenen Möglichkeiten des Ausschlusses der Öffentlichkeit nach §§ 172 Nr. 2, 173 Abs. 1 GVG und der Anordnung eines Schweigegebots gemäß § 174 Abs. 3 S. 1 GVG gelten auch im Strafverfahren. Gleiches gilt für § 353d StGB, der den Verstoß gegen das Schweigegebot unter Strafe stellt.

bb) Ausschluss des Verletzten von der Verhandlung

Nach § 175 Abs. 2 S. 1 GVG ist dem Verletzten grundsätzlich Zutritt auch zu nicht öffentlichen Verhandlungen zu gewähren. Ein Anspruch hierauf besteht zwar nicht.[609] Allerdings ist dem Verletzten nur ausnahmsweise der Zutritt hierzu zu versagen.[610] Ein Grund für einen ausnahmsweisen Ausschluss des Verletzten von der Verhandlung kann bei einem besonderen Interesse an der Vertraulichkeit – auch im Hinblick auf Geschäftsgeheimnisse – bestehen.[611] Der anwaltliche Beistand des Verletzten kann jedoch nicht von der Verhandlung ausgeschlossen werden.[612]

---

608 *Ann*, in: Ann/et al., Praxishandbuch, Kap. 7, Rn. 71.

609 *Walther*, in: BeckOK GVG, § 175, Rn. 2.

610 BT-Drucks. 10/5305, S. 25.

611 *Götz,* Schutz von Betriebs- und Geschäftsgeheimnissen, S. 50 f.; *Kulhanek*, in: MüKO StPO, § 175 GVG, Rn. 7; *Rieß/Hilger*, in: NStZ 1987, 204, 208.

612 *Götz,* Schutz von Betriebs- und Geschäftsgeheimnissen, S. 51.

cc) Schutz von Geschäftsgeheimnissen bei Akteneinsicht

Das in Art. 102 Abs. 1 GG normierte Recht auf rechtliches Gehör wird konkretisiert durch den in § 147 StPO geregelten Anspruch auf Akteneinsicht.[613] Nur bei vollumfänglicher und lückenloser Kenntnis aller zur Last gelegten Umstände kann dieses für ein rechtsstaatliches Verfahren konstitutive und grundsätzlich unabdingbare Prozessgrundrecht sinnvoll wahrgenommen werden.[614] Eine informationelle Grundlage ist Voraussetzung für eine überlegte Einflussnahme auf das Verfahren und sein Ergebnis.[615] Daher genießt der Verteidiger ein unbeschränktes Recht auf Akteneinsicht nach § 147 Abs. 1, 3 StPO, das dieser *„als vertrauenswürdiges Organ der Rechtspflege"*[616] für den Beschuldigten ausübt.[617] Da der Verteidiger aber seinen Mandanten, den Beschuldigten, über jeglichen Inhalt der Akte informieren darf, erhält auch dieser regelmäßig umfangreich Kenntnis von gegebenenfalls darin enthaltenen Geschäftsgeheimnissen.[618]

Eine Ausnahme besteht gemäß § 147 Abs. 2 StPO lediglich im Vorverfahren. Danach kann dem Verteidiger die beanspruchte Akteneinsicht versagt werden, sofern eine Gefährdung des Untersuchungszwecks wahrscheinlich ist.[619] Jede weitergehende Versagung des Rechts auf Akteneinsicht ist eine Verletzung des Grundrechts auf rechtliches Gehör.[620] Zum Schutz geheimhaltungsbedürftiger Informationen kann die Einsichtnahme an Auflagen geknüpft werden. So kann beispielsweise angeordnet werden, dass der Verteidiger die Akten nicht mit zu sich in die Kanzleiräume nimmt oder Vervielfältigungen vornimmt – vorausgesetzt dies entzieht der Verteidigung nicht ihre Wirksamkeit.[621]

Zur wirksamen Verteidigung kann es aber gerade notwendig sein, den genauen Wortlaut der geheimen Unterlagen zu kennen, sodass dem Verteidiger das Kopieren der Akte zu gestatten ist.[622] In diesem Fall kommt nur noch eine

613 *Thomas/Kämpfer*, in: MüKo StPO, Bd. 1, § 147, Rn. 1.
614 BVerfG, NJW 2006, 1048; BVerfG, NJW 2004, 2443; BVerfG, NJW 1994, 3219, 3220; BVerfGE 18, 399; BGHSt 37, 204, 205 f.
615 BVerfG, NJW 2006, 1048; *Thomas/Kämpfer*, in: MüKo StPO, Bd. 1, § 147, Rn. 1.
616 BVerfG, NJW 2002, 2307, 2308.
617 *Götz*, Schutz von Betriebs- und Geschäftsgeheimnissen, S. 53; *Thomas/Kämpfer*, in: MüKo StPO, Bd. 1, § 147, Rn. 2.
618 *Götz*, Schutz von Betriebs- und Geschäftsgeheimnissen, S. 53.
619 *Thomas/Kämpfer*, in: MüKo StPO, Bd. 1, § 147, Rn. 24.
620 *Ann*, in: Ann/et al., Praxishandbuch, Kap. 7, Rn. 76.
621 BGHSt 18, 369, 371; BGHSt 27, 244, 245 f.; *Ann*, in: Ann/et al., Praxishandbuch, Kap. 7, Rn. 76.
622 BGHSt 18, 369, 372 f.; *Ann*, in: Ann/et al., Praxishandbuch, Kap. 7, Rn. 76.

förmliche Verpflichtung zur Geheimhaltung in Betracht, deren Verstoß gemäß § 353b Abs. 2 StGB unter Strafe steht.[623] Allerdings sind im Rahmen der Strafverfolgung wegen unlauteren Wettbewerbs (§ 299 StGB, §§ 16 – 19 UWG a. F.) Geschäfts- oder Betriebsgeheimnisse gemäß Nr. 260b Abs. 1 RiStBV nur insoweit in der Akte schriftlich festzuhalten, wie es für das Verfahren unerlässlich ist. Voraussetzung für eine solche Einschränkung ist, dass der Verletzte um Geheimhaltung bittet oder aber keinen Strafantrag stellt. Bevor die Staatsanwaltschaft die beantragte Akteneinsicht gewährt, hat sie nach Nr. 260b Abs. 2 RiStBV in den entsprechenden Akten zu vermerken, dass diese Geschäfts- oder Betriebsgeheimnisse beinhalten, und zu prüfen, ob der Übersendung der Akten an den Verteidiger gewichtige Gründe im Sinne des § 147 Abs. 4 StPO entgegenstehen.

Auch der Verletzte hat gemäß § 406e Abs. 1 StPO ein Recht auf Einsicht in die das Verfahren betreffenden Akten, das durch seinen Rechtsanwalt ausgeübt wird. Bei überwiegenden schutzwürdigen Interessen des Beschuldigten oder anderer Personen kann im Rahmen einer Abwägungsentscheidung gemäß § 406e Abs. 2 S. 1 StPO die Einsicht durch den Anwalt verweigert werden.

dd) Kein Schutz von Geschäftsgeheimnissen Dritter

Im Strafprozessrecht fehlt es an einer dem § 384 Nr. 3 ZPO entsprechenden Regelung, die den Zeugen zur Zeugnisverweigerung berechtigt, sofern die Offenbarung eines Geschäftsgeheimnisses droht. Das den Strafprozess beherrschende Prinzip des Amtsermittlungsgrundsatzes, die Verpflichtung zur Wahrheitsfindung, genießt insofern Vorrang und verdrängt im Zweifel auch ein berechtigtes Geheimhaltungsinteresse des Zeugen.[624] § 247 S. 1 StPO sieht lediglich vor, dass der Angeklagte während der Vernehmung eines Zeugen aus dem Sitzungszimmer entfernt werden kann, wenn sonst zu befürchten ist, dass dieser Zeuge nicht die Wahrheit sagen wird, weil er beispielsweise die Offenbarung einer wertvollen Information vermeiden will. Allerdings hat der Vorsitzende den Angeklagten, sobald dieser wieder anwesend ist, gemäß § 247 S. 4 StPO von dem wesentlichen Inhalt dessen zu unterrichten, was während seiner Abwesenheit ausgesagt oder sonst verhandelt worden ist. So sind ihm auch Geheimnisse mitzuteilen, die während seiner Abwesenheit zur Sprache gekommen sind.[625]

---

623 *Ann*, in: Ann/et al., Praxishandbuch, Kap. 7, Rn. 76.

624 *Ann*, in: Ann/et al., Praxishandbuch, Kap. 7, Rn. 74; *Trüg/Habetha*, in: MüKo StPO, Bd. 2, § 244, Rn. 47.

625 *Götz,* Schutz von Betriebs- und Geschäftsgeheimnissen, S. 50.

Sinn und Zweck des § 247 S. 1 StPO ist daher erkennbar nicht der Schutz von Geschäftsgeheimnissen, sondern die bestmögliche Aufklärung des Sachverhalts.[626] Gleiches gilt für § 168c Abs. 3 S. 1 StPO, der den Ausschluss des Beschuldigten von der richterlichen Vernehmung vorsieht, wenn dessen Anwesenheit den Untersuchungszweck gefährden würde. Ausweislich § 168c Abs. 3 S. 2 StPO ist der Untersuchungszweck insbesondere dann gefährdet, wenn zu besorgen ist, dass der Zeuge in Anwesenheit des Beschuldigten nicht die Wahrheit sagen wird. Eine nachträgliche Unterrichtung des Beschuldigten entsprechend § 247 S. 4 StPO ist hier zwar nicht vorgeschrieben, aber zu gegebener Zeit zulässig.[627] Ebenso verhält es sich mit §§ 224 Abs. 1, 225 und 369 Abs. 3 StPO, die im Falle der Gefährdung des Untersuchungserfolgs von der Anwesenheit des Angeklagten bei einer nach § 223 StPO angeordneten Vernehmung oder bei der Einnahme richterlichen Augenscheins bzw. von der Benachrichtigung des Angeklagten über den entsprechenden Termin absehen.

ee) *Zusammenfassung und Bewertung der bisherigen Regelungen zum Schutz von Geschäftsgeheimnissen im Strafprozess*

Trotz der auch im Strafverfahren drohenden Gefahr einer ungewollten Offenbarung geheimer Informationen fehlte es bisher an umfangreichen strafprozessualen Schutzmechanismen. Nur einige wenige strafprozessuale Vorschriften in GVG und StPO bewirken einen Schutz von Geschäftsgeheimnissen während des Strafverfahrens. Vorherrschendes Ziel ist dabei aber regelmäßig die Wahrheitsfindung, der selbst im Falle einer drohenden folgenreichen Offenbarung von Geschäftsgeheimnissen Vorrang zu gewähren ist.

Im Sinne einer wirksamen Verteidigung ist der Angeklagte stets über den Stand der Verhandlungen zu informieren und über den wesentlichen Inhalt zu unterrichten, ohne dass Ausnahmen hierzu vorgesehen sind. Auch der Verletzte hat jederzeit das Recht auf Akteneinsicht und erhält daher umfangreich Kenntnis über geheime Informationen, die der Angeklagte zu seiner Verteidigung vorbringt. Geschäftsgeheimnisse Dritter genießen keinerlei Schutz, auch hier hat das Ziel einer bestmöglichen Sachverhaltsaufklärung stets Vorrang. Hinsichtlich der auch im Strafprozess nach §§ 172 Nr. 2, 173 Abs. 1 GVG bestehenden Möglichkeiten eines Öffentlichkeitsausschlusses und der Verpflichtung zur Geheimhaltung nach § 174 Abs. 3 S. 1 GVG gilt die bereits ausgeführte Kritik zum

---

626 *Diemer*, in: KK StPO, § 247, Rn. 2; *Götz*, Schutz von Betriebs- und Geschäftsgeheimnissen, S. 50.

627 *Griesbaum*, in: KK StPO, § 168c, Rn. 6.

eingeschränkten Anwendungsbereich dieser gesetzlichen Vorgaben. Insgesamt werden daher auch die bisher im Strafprozess geltenden Regelungen dem Wesen von Geschäftsgeheimnissen und ihrer herausragenden Stellung nicht gerecht.

c) Schutz von Geschäftsgeheimnissen im Verwaltungsrecht

Sowohl im Verwaltungsverfahren als auch im Verwaltungsprozess besteht ein ebenso großes Risiko einer folgenschweren Offenbarung wertvoller Informationen. Der Gesetzgeber versucht, dem durch einige Vorschriften in den entsprechenden Gesetzen gerecht zu werden.

aa) Schutzvorschriften im Verwaltungsverfahren

Aufgrund der im Verwaltungsverfahren bestehenden Mitwirkungsverpflichtungen besteht auch hier das Risiko einer ungewollten Offenbarung geheimer Informationen. Gemäß § 24 Abs. 1 S. 1, Abs. 2 VwVfG sind die Verwaltungsbehörden verpflichtet, den relevanten Sachverhalt umfassend von Amts wegen zu ermitteln. Der hierin normierte Grundsatz der Amtsermittlung wird durch zahlreiche Mitwirkungsobliegenheiten der Beteiligten ergänzt.[628] Insbesondere im Rahmen der Leistungsverwaltung sieht das Verwaltungsverfahrensrecht umfangreiche Informations- und Auskunftspflichten gegenüber öffentlichen Stellen vor. So hat beispielsweise der Gewerbetreibende gemäß § 29 Abs. 1 GewO auf Verlangen die für die Überwachung des Geschäftsbetriebs erforderlichen mündlichen und schriftlichen Auskünfte zu erteilen. Ähnlich verhält es sich bei § 22 Abs. 1 GastG, § 69 Abs. 2 EnWG, § 63 Abs. 1 PflSchG oder § 52 Abs. 2 S. 1 BImschG, die für die Gewährung der jeweiligen Genehmigung eine umfangreiche Auskunftspflicht des Antragstellers normieren. Die danach zu offenbarenden Informationen und Auskünfte können auch sensible Informationen betreffen, sodass es auch insofern gewisser Schutzvorkehrungen bedarf, die das Geheimnis vor einer allgemeinen Offenbarung bewahren. Dies gilt umso mehr, da der zur Auskunft verpflichtete Betroffene die Preisgabe der begehrten Information nicht zum Schutz von Geschäftsgeheimnissen verweigern darf.[629]

(1) Anspruch auf Geheimhaltung durch die Behörde

Zur Gewährleistung des Grundrechts auf informationelle Selbstbestimmung haben die Beteiligten eines anhängigen Verwaltungsverfahrens gemäß § 30

---

628 *Heßhaus*, in: BeckOK VwVfG, § 24, Rn. 20.
629 *Herrmann*, in: BeckOK VwVfG, Vorb. § 30.

VwVfG ein subjektiv-öffentliches Recht auf individuelle Geheimhaltung.[630] Danach darf die um Auskunft bittende Behörde insbesondere zum persönlichen Lebensbereich gehörende Geheimnisse sowie Betriebs- und Geschäftsgeheimnisse nicht unbefugt offenbaren, auch nicht gegenüber anderen Behörden.[631] Auf diese Weise soll ein Vertrauensverhältnis zwischen Bürger und Behörde als Basis für eine effektive Zusammenarbeit geschaffen werden.[632] Ist eine unbefugte Offenbarung durch die Behörde zu befürchten, so steht dem Betroffenen neben der allgemeinen Leistungsklage zur Durchsetzung eines Unterlassungsanspruchs das einstweilige Verfügungsverfahren vor den Verwaltungsgerichten offen.[633] Sofern die Geheimhaltungspflicht bereits verletzt wurde, kann der betroffene Geheimnisinhaber Unterlassungs-, Folgenbeseitigungsansprüche oder im Falle eines Verschuldens Amtshaftungsansprüche geltend machen.[634]

Um den Geheimhaltungsbedürfnissen der Betroffenen in angemessenem Umfang gerecht zu werden, besteht der durch § 30 VwVfG gewährte Geheimhaltungsschutz zeitlich über den Wortlaut der Norm hinaus auch nach Beendigung des Verwaltungsverfahrens fort.[635] Zudem wird der Schutzumfang auch auf Geheimnisse Dritter, die der Behörde im Rahmen des Verwaltungsverfahrens bekannt werden, ausgedehnt.[636] So können beispielsweise auch Zeugen, Sachverständige und Bevollmächtigte darauf vertrauen, dass die Behörde Stillschweigen über im Verfahren preisgegebene Informationen bewahrt. Allerdings sind allgemeine Rechtsgrundsätze als ungeschriebene Offenbarungsbefugnis anerkannt, sodass im Rahmen einer vorzunehmenden Güterabwägung und des

---

630 *Ann*, in: Ann/et al., Praxishandbuch, Kap. 7, Rn. 83; *Herrmann*, in: BeckOK VwVfG, § 30, Rn. 1; *Kallerhoff/Mayen*, in: Sachs/Schmitz, VwVfG, § 30, Rn. 2; *Ramsauer*, in: Kopp/Ramsauer, VwVfG, § 30, Rn. 1a f.

631 *Ann*, in: Ann/et al., Praxishandbuch, Kap. 7, Rn. 84; *Herrmann*, in: BeckOK VwVfG, § 30, Rn. 12; *Kallerhoff/Mayen*, in: Sachs/Schmitz, VwVfG, § 30, Rn. 5.

632 *Ramsauer*, in: Kopp/Ramsauer, VwVfG, § 30, Rn. 1.

633 *Herrmann*, in: BeckOK VwVfG, § 30, Rn. 21; *Kallerhoff/Mayen*, in: Sachs/Schmitz, VwVfG, § 30, Rn. 28.

634 *Ann*, in: Ann/et al., Praxishandbuch, Kap. 7, Rn. 83; *Ramsauer*, in: Kopp/Ramsauer, VwVfG, § 30, Rn. 19 f.

635 *Ann*, in: Ann/et al., Praxishandbuch, Kap. 7, Rn. 83; *Herrmann*, in: BeckOK VwVfG, § 30, Rn. 4; *Kallerhoff/Mayen*, in: Sachs/Schmitz, VwVfG, § 30, Rn. 5; *Ramsauer*, in: Kopp/Ramsauer, VwVfG, § 30, Rn. 2.

636 *Ann*, in: Ann/et al., Praxishandbuch, Kap. 7, Rn. 83; *Herrmann*, in: BeckOK VwVfG, § 30, Rn. 5; *Kallerhoff/Mayen*, in: Sachs/Schmitz, VwVfG, § 30, Rn. 1; *Ramsauer*, in: Kopp/Ramsauer, VwVfG, § 30, Rn. 3, 17.

dabei zu berücksichtigenden Verhältnismäßigkeitsgrundsatzes möglicherweise überwiegende Interessen des Allgemeinwohls oder eines Dritten Vorrang gegenüber einem bestehenden Geheimhaltungsbedürfnis genießen.[637]

(2) Schutz von Geschäftsgeheimnissen bei Akteneinsicht

Entsprechend den Prinzipien eines Rechtsstaats hat jede an einem laufenden Verwaltungsverfahren beteiligte Person gemäß § 29 Abs. 1 S. 1 VwVfG ein Recht auf Einsicht in die das Verfahren betreffenden Akten, sofern hieran ein rechtliches Interesse besteht. Allerdings kann die Behörde die Akteneinsicht in Ausnahmefällen verweigern. So ist die Behörde nach § 29 Abs. 2 Alt. 3 VwVfG nicht verpflichtet, Akteneinsicht zu gestatten, wenn die betroffenen Vorgänge aufgrund gesetzlicher Bestimmungen oder ihrem Wesen nach geheim gehalten werden müssen. Eine wesensbedingte Geheimhaltungsbedürftigkeit ist dann gegeben, wenn zwar keine gesetzlichen Bestimmungen die Geheimhaltung vorschreiben, aber ein legitimes Geheimhaltungsinteresse besteht.[638] Dies wird insbesondere im Falle von Betriebs- und Geschäftsgeheimnissen angenommen, die die Behörde im Rahmen der in ihrem Ermessen stehenden Entscheidung über den Antrag auf Akteneinsicht angemessen zu berücksichtigen hat.[639]

bb) Schutzvorschriften im Verwaltungsprozess

Ebenso wie im Zivil- und Strafverfahren besteht auch im Verwaltungsprozess die Gefahr einer folgenreichen Offenbarung geheimer Informationen. Dies hat auch der deutsche Gesetzgeber erkannt und in der Verwaltungsgerichtsordnung entsprechende Regelungen vorgesehen, die Schutz für Geschäftsgeheimnisse im verwaltungsgerichtlichen Prozess generieren.

(1) Vorlage- und Auskunftspflicht der Verwaltungsbehörden

Der bereits während des Verwaltungsverfahrens bestehende Geheimnisschutz wird durch § 99 Abs. 1 S. 2 VwGO im Verwaltungsprozess fortgeführt. Nach § 99 Abs. 1 S. 1 VwGO sind Behörden auf Verlangen des Verwaltungsgerichts zur Vorlage von Schriftstücken, Übermittlung von Dokumenten und Auskunftserteilung

---

637 *Ann*, in: Ann/et al., Praxishandbuch, Kap. 7, Rn. 85; *Herrmann*, in: BeckOK VwVfG, § 30, Rn. 20; *Kallerhoff/Mayen*, in: Sachs/Schmitz, VwVfG, § 30, Rn. 20; *Ramsauer*, in: Kopp/Ramsauer, VwVfG, § 30, Rn. 3, 16.

638 *Herrmann*, in: BeckOK VwVfG, § 29, Rn. 30.

639 *Ann*, in: Ann/et al., Praxishandbuch, Kap. 7, Rn. 86; *Kallerhoff/Mayen*, in: Sachs/Schmitz, VwVfG, § 29, Rn. 18, 56.

verpflichtet. Als Ausprägung des Grundsatzes der Amtshilfe gilt dies unabhängig davon, ob die jeweilige Behörde Beteiligte des Verwaltungsverfahrens ist, sodass alle deutschen Behörden hierzu verpflichtet sind und der Aufforderung Folge zu leisten haben.[640] Gemäß § 99 Abs. 1 S. 2 VwGO kann die Behörde die begehrte Vorlage oder Auskunft dann verweigern, wenn die betroffenen Vorgänge aufgrund gesetzlicher Vorgaben oder ihrem Wesen nach geheim gehalten werden müssen. Auch insofern kommt ein wesensgemäßes Geheimhaltungsbedürfnis insbesondere im Falle von Betriebs- und Geschäftsgeheimnissen in Betracht, da sich ansonsten der bereits nach verwaltungsverfahrensrechtlichen Vorgaben bestehende Geheimnisschutz mit Eintritt in den Verwaltungsprozess auflösen würde.[641] Allerdings ist weder gesetzlich vorgegeben noch in Rechtsprechung und Literatur einheitlich definiert, wann konkret eine Information ihrem Wesen nach geheim gehalten werden muss.[642] Aufgrund dieser verfassungsrechtlich bedenklichen Unbestimmtheit ist eine zweifelsfreie Abgrenzung und systematische Einordnung nicht ohne Weiteres möglich.[643] Einigkeit besteht insofern lediglich dahingehend, dass für die Frage der Wesensmäßigkeit ein insgesamt strenger Maßstab heranzuziehen ist.[644]

(2) Gerichtliches Überprüfungsverfahren über Entscheidung der Behörde

Die nach § 99 Abs. 1 S. 2 VwGO von der Behörde getroffene Entscheidung über die Verweigerung der Vorlage bzw. Auskunft unterliegt gemäß § 99 Abs. 2 VwGO auf Antrag der gerichtlichen Kontrolle.[645] Um dabei sowohl dem Geheimhaltungsinteresse des Informationsinhabers als auch dem Anspruch des Einzelnen auf effektiven Rechtsschutz gerecht zu werden, erfolgt die Überprüfung dieser Behördenentscheidung gemäß § 99 Abs. 2 VwGO in einem besonderen Zwischenverfahren, dem sogenannten „In-Camera-Verfahren".[646] Dabei ist das zur Entscheidung berufene Gericht nach § 99 Abs. 2 S. 10 VwGO zur umfassenden Geheimhaltung über die ihm im Rahmen dieses Zwischenverfahrens vorgelegten

640 VG Kassel NJW 1985, 216; *Ann*, in: Ann/et al., Praxishandbuch, Kap. 7, Rn. 88; *Posser*, in: BeckOK VwGO, § 99, Rn. 12.

641 *Ann*, in: Ann/et al., Praxishandbuch, Kap. 7, Rn. 89; *Rudisile*, in: Schoch/et al., VwGO, § 99, Rn. 21; *Sodan/Ziekow*, VwGO, § 99, Rn. 31.

642 *Posser*, in: BeckOK VwGO, § 99, Rn. 22; *Sodan/Ziekow*, VwGO, § 99, Rn. 27.

643 *Posser*, in: BeckOK VwGO, § 99, Rn. 22; *Sodan/Ziekow*, VwGO, § 99, Rn. 27.

644 *Rudisile*, in: Schoch/et al., VwGO, § 99, Rn. 18.

645 *Posser*, in: BeckOK VwGO, § 99, Rn. 31.

646 *Ahrens*, in: Wieczorek/Schütze, ZPO, Vorb. § 284, Rn. 48; *Gaier*, in: FS Scharf, 201, 203; *Sodan/Ziekow*, VwGO, § 99, Rn. 57.

Akten verpflichtet. Das Gericht hat zudem durch organisatorische Maßnahmen sicherzustellen, dass Dritte keine Kenntnis von den geheimhaltungsbedürftigen Informationen erhalten.[647] Darüber hinaus haben die Beteiligten gemäß §§ 99 Abs. 2 S. 9, 100 VwGO kein Anspruch auf Einsicht in geheimschutzpflichtige Dokumente.

(3) Ausschluss der Öffentlichkeit und Verpflichtung zur Geheimhaltung

Aufgrund des in § 55 VwGO enthaltenen Verweises auf §§ 171a ff. GVG finden auch im Verwaltungsprozess die zivilprozessualen Regelungen über den Öffentlichkeitsausschluss und die Verpflichtung zur Geheimhaltung in §§ 172 Nr. 2, 174 Abs. 3 S. 1 GVG entsprechend Anwendung.

cc) Zusammenfassung und Bewertung der bisherigen Regelungen zum Schutz von Geschäftsgeheimnissen im Verwaltungsrecht

Das deutsche Verwaltungsrecht sieht sowohl für das Verwaltungsverfahren als auch für den verwaltungsgerichtlichen Prozess gewisse Mechanismen zum Schutz von Geschäftsgeheimnissen vor. Im Verwaltungsverfahren wird der Geheimnisinhaber vor einer unbefugten Offenbarung durch die um Auskunft bittenden Behörden geschützt. Zudem sind Geschäftsgeheimnisse und die Geheimhaltungsinteressen ihrer Inhaber von der Behörde im Rahmen ihrer Ermessensentscheidung über den Antrag auf Akteneinsicht angemessen zu berücksichtigen.

Im Verwaltungsprozess kann die Öffentlichkeit entsprechend den bereits im Zivilprozess erwähnten, in ihrem Anwendungsbereich jedoch beschränkten Grundsätzen sowohl von der Verhandlung als auch von der Verkündung der Entscheidungsgründe ausgeschlossen werden. Zudem kann die Behörde gegenüber dem Verwaltungsgericht die Preisgabe von Informationen verweigern, wenn diese „*ihrem Wesen nach*" geheimhaltungsbedürftig sind. Allerdings führt diese weder im Gesetz noch in der Rechtsprechung näher umschriebene Voraussetzung eines wesensgemäßen Geheimhaltungsbedürfnisses zu Auslegungsschwierigkeiten und dürfte auch im Hinblick auf das allgemeine Bestimmtheitsgebot problematisch sein. Zwar sorgen die verwaltungsrechtlichen Vorschriften für ein gewisses Schutzniveau, das aber insbesondere in Anbetracht des nach § 100 VwGO für alle Beteiligten geltenden unbegrenzten Akteneinsichtsrechts

647 BT-Drucks. 14/6393, S. 10.

den besonderen Gefahren für Geschäftsgeheimnisse im Gerichtsprozess nicht gerecht wird.[648]

d) *Gesamtüberblick über die bisherigen prozessualen Regelungen im deutschen Recht zum Schutz von Geschäftsgeheimnissen*

Der deutsche Gesetzgeber hat bereits vor der Umsetzung der Richtlinie die besondere Schutzbedürftigkeit geheimer Informationen im Gerichtsprozess erkannt und versucht, den Gefahren einer folgenreichen Offenlegung durch vereinzelte Vorschriften gerecht zu werden. Die bestehenden Regelungen beschränken sich dabei aber auf einen Schutz der Geheimhaltungsinteressen vor der allgemeinen Öffentlichkeit. Der Schutz des Geheimnisträgers gegenüber der Gegenpartei ist nur unzureichend ausgestaltet. Die Möglichkeit, eine Partei zumindest teilweise von der Verhandlung auszuschließen, sieht das deutsche Prozessrecht nicht vor. Während die Öffentlichkeit ausgeschlossen werden kann, müssen der gegnerischen Partei alle Informationen offengelegt werden.

Zudem generieren die bestehenden Regelungen nur Schutz für solche Informationen, die erstmals im Rahmen der Verhandlung erörtert werden. Alle anderen Informationen, die beispielsweise nur schriftsätzlich vorgetragen wurden, bleiben trotz der überragenden Bedeutung des schriftlichen Verfahrens regelmäßig außen vor.[649] Auf diese Weise setzt die vom Gesetzgeber beabsichtigte Schutzwirkung erst dann ein, wenn die Geheimhaltungsinteressen bereits gefährdet sind.[650] Eine in der anwaltlichen Praxis regelmäßig geforderte Erweiterung des Anwendungsbereichs durch eine analoge Anwendung wird von den Gerichten nur gelegentlich akzeptiert.[651] In ihren Folgen ähnlich schwerwiegend aber nicht umfasst ist eine zu befürchtende Nutzung der Information durch den Prozessgegner.

Der insgesamt und im Vorgenannten dargestellte eingeschränkte Anwendungsbereich der bislang gesetzlich vorgesehenen Schutzmechanismen widerspricht der überragenden Bedeutung von Geschäftsgeheimnissen. Obwohl der Verfassungsrang von Geschäftsgeheimnissen im deutschen Recht unbestritten ist, bestimmte der Gesetzgeber für jede prozessuale Maßnahme einen strengen Maßstab und setzte eine umfangreiche Interessenabwägung voraus, die

648 *Götz,* Schutz von Betriebs- und Geschäftsgeheimnissen, S. 52.

649 *Druschel/Jauch*, in: BB 2018, 1218, 1219.

650 *Lachmann*, in: NJW 1987, 2206, 2208; *Winzer*, Schutz von Geschäftsgeheimnissen, Rn. 218.

651 *Druschel/Jauch*, in: BB 2018, 1218, 1219.

regelmäßig zulasten des Geheimnisträgers ausgefallen ist. Dementsprechend wurden in der bisherigen gerichtlichen Praxis Geheimhaltungspflichten eher zurückhaltend auferlegt, was einem effektiven Schutz entgegenwirkte.[652] Zur Gewährleistung eines adäquaten prozessualen Geheimnisschutzes bedurfte es daher dringend einer entsprechenden Überarbeitung des Gesetzes.

3. Deutsches Gesetz zur Umsetzung der EU-Geschäftsgeheimnis-Richtlinie

Der deutsche Gesetzgeber gehört zu den wenigen nationalen Gesetzgebern innerhalb der Europäischen Union, die dem Geschäftsgeheimnis ein eigenes Gesetz widmen und diesem jedenfalls im Hinblick auf die vorgesehenen Rechtsfolgen den Rang eines Schutzrechts zusprechen.[653] Durch die Einführung eines neuen Stammgesetzes hat der deutsche Gesetzgeber den Geheimnisschutz legislatorisch aufgewertet.[654] Im Vergleich zur alten Rechtslage schafft das Gesetz zur Umsetzung der EU-Geschäftsgeheimnis-Richtlinie (im Folgenden benannt als „Geschäftsgeheimnisgesetz“ oder „Umsetzungsgesetz“) nun ein gewisses Maß an rechtlicher Sicherheit und Klarheit. In einem ersten allgemeinen Abschnitt definiert das Geschäftsgeheimnisgesetz (GeschGehG) wichtige Begriffe sowie den gesetzlichen Anwendungsbereich und setzt sowohl Handlungsverbote als auch Ausnahmetatbestände fest (§§ 1 bis 5 GeschGehG).

Die Ansprüche im Falle einer Rechtsverletzung ergeben sich aus dem zweiten Abschnitt des Gesetzes (§§ 6 bis 14 GeschGehG), während in einem dritten Abschnitt das Verfahren in Geschäftsgeheimnisstreitsachen näher geregelt wird (§§ 15 bis 22 GeschGehG) und im abschließenden § 23 GeschGehG die Strafvorschriften enthalten sind. Durch zivilprozessuale Neuerung schafft das neue Stammgesetz zum Schutz von Geschäftsgeheimnissen erstmalig nennenswerte Mechanismen zur Sicherung vertraulicher Informationen im Gerichtsverfahren.

---

652 *Jacobs*, in: Stein/Jonas, ZPO, § 173 GVG, Rn. 9; *Lachmann*, in: NJW 1987, 2206, 2207; *Zimmermann*, in: MüKO ZPO, § 174 GVG, Rn. 14.

653 *Ziegelmayer*, in: CR 2018, 693.

654 *Alexander*, in: Köhler/et al., UWG, Vorb. § 1 GeschGehG, Rn. 1; *Harte-Bavendamm*, in: Harte-Bavendamm/et al., GeschGehG, Einl., Kap. A, Rn. 130; *Reinfeld*, GeschGehG, § 1, Rn. 60.

a) Entstehungsgeschichte des Geschäftsgeheimnisgesetzes

Das Bundesministerium der Justiz und für Verbraucherschutz legte im Frühjahr 2018 den Referentenentwurf eines Umsetzungsgesetzes vor.[655] Bereits einige Tage vor der offiziellen Vorstellung durch das Bundesministerium wurde der Gesetzentwurf im Internet veröffentlicht und diskutiert.[656] Die Bundesregierung berücksichtigte einige der in der öffentlichen Diskussion ausgesprochenen Anregungen und stellte im Juli 2018 einen Regierungsentwurf vor.[657] Im Vergleich zum Referentenentwurf orientierte sich die Bundesregierung stärker an der Regelungssystematik der Geschäftsgeheimnis-Richtlinie.[658] Nach einer ersten Lesung im Bundestag im Oktober 2018 überwies man den Regierungsentwurf an den Ausschuss für Justiz und Verbraucherschutz, der entsprechende Sachverständige im November 2018 öffentlich anhörte und daraufhin einige Änderungen vorschlug, wobei die Grundstruktur des Regierungsentwurfs erhalten blieb.[659]

Das Geschäftsgeheimnisgesetz wurde am 21. März 2019 in dritter Lesung vom Bundestag beschlossen und ist am 26. April 2019 in Kraft getreten.[660] Die bisherigen zentralen Normen zum Schutz von Geschäfts- und Betriebsgeheimnissen in §§ 17 bis 19 UWG a.F. wurden mit dem Inkrafttreten des neuen Gesetzes aufgehoben.[661] Die umfassenden Regelungen des Geschäftsgeheimnisgesetzes

---

655 Referentenentwurf des Bundesministeriums für Justiz und für Verbraucherschutz, Entwurf eines Gesetzes zur Umsetzung der Richtlinie (EU) 2016/943 zum Schutz von Geschäftsgeheimnissen vor rechtswidrigem Erwerb sowie rechtswidriger Nutzung und Offenlegung, abrufbar unter: https://www.bmjv.de/SharedDocs/Gesetzgebungsverfahren/Dokumente/RefE_GeschGehG.pdf;jsessionid=2B05E12F7842B2F7128FF-1BEB26B690D.2_cid297?__blob=publicationFile&v=1.

656 *Alexander*, in: WRP 2019, 673, 674; *Druschel/Jauch*, in: BB 2018, 1794; *Dumont*, in: BB 2018, 2441, 2442; *Harte-Bavendamm*, in: Harte-Bavendamm/et al., GeschGehG, Einl., Kap. A, Rn. 48; *Trebeck/Schulte-Wissermann*, in: NZA 2018, 1175, 1176.

657 BT-Drucks. 19/4724; *Alexander*, in: Köhler/er al., UWG, Vorb. § 1 GeschGehG, Rn. 47; *Hauck*, in: GRUR-Prax 2019, 223.,

658 *Alexander*, in: WRP 2019, 673, 674; *Alexander*, in: Köhler/et al., UWG, Vorb. § 1 GeschGehG, Rn. 47; *Dumont*, in: BB 2018, 2441, 2442.

659 BT-Drucks. 19/8300; *Alexander*, in: WRP 2019, 673, 674; *Harte-Bavendamm*, in: Harte-Bavendamm/et al., GeschGehG, Einl., Kap. A, Rn. 81, 119, 134; *Reinfeld*, GeschGehG, § 1, Rn. 52 ff.

660 Bundesgesetzblatt 2019, Teil 1 Nr. 13, S. 466; Deutscher Bundestag, Plenarprotokoll 19/89, Stenografischer Bericht über die 89. Sitzung vom 21.3.2019, S. 10656, D.

661 Bundesgesetzblatt 2019, Teil 1 Nr. 13, S. 466, 472.

stehen systematisch eigenständig zwischen dem „Kernlauterkeitsrecht" des UWG und den Rechten des geistigen Eigentums.[662]

b) Neue gesetzliche Regelungen zum Geheimnisschutz im Gerichtsprozess

Das deutsche Zivilprozessrecht wird um einen neuen Schutzmechanismus zur prozessualen Absicherung von Geschäftsgeheimnissen ergänzt. In seinem dritten Abschnitt normiert das Umsetzungsgesetz Vorgaben für das Verfahren in Geschäftsgeheimnisstreitsachen. §§ 16 bis 20 GeschGehG sehen entsprechend der umzusetzenden EU-Richtlinie zur Geheimhaltung schutzwürdiger Informationen im gerichtlichen Verfahren einen zweistufigen Mechanismus vor: Zunächst kann das in einer Geschäftsgeheimnisstreitsache zur Entscheidung berufene Gericht auf Antrag einer Partei eine Information als geheimhaltungsbedürftig einstufen, sodass diese von allen Beteiligten als vertraulich zu behandeln ist. In einem nächsten Schritt können weitere gerichtliche Beschränkungen vorgenommen werden, indem das Gericht auf Antrag nur einer bestimmten Anzahl von Personen Einsicht in sensible Dokumente bzw. Zugang zur mündlichen Verhandlung gewährt. Das GeschGehG orientiert sich dabei insgesamt sehr stark an den europarechtlichen Vorgaben. Von dem teilweise eröffneten Umsetzungsspielraum hat der deutsche Gesetzgeber nur wenig Gebrauch gemacht.

aa) Anwendungsbereich

Der deutsche Gesetzgeber hat sich dafür entschieden, dem von der Richtlinie vorgegebenen Anwendungsbereich zu folgen und diesen im Hinblick auf die §§ 15 ff. GeschGehG auf Geschäftsgeheimnisstreitsachen zu beschränken. Dabei schränkt das Umsetzungsgesetz den von der Richtlinie vorgegebenen Anwendungsbereich noch weiter ein und definiert in § 16 Abs. 1 GeschGehG Geschäftsgeheimnisstreitsachen als Klagen, in denen Ansprüche nach „diesem" Gesetz, also nach den §§ 6 ff. GeschGehG, geltend gemacht werden. Nach dem Wortlaut des Gesetzes gelten die vorgesehenen Schutzmaßnahmen also nur für Klageverfahren, in denen Ansprüche wegen Rechtsverletzung nach dem GeschGehG geltend gemacht werden. In allen anderen Fällen sollen lediglich die bereits bestehenden gesetzlichen Schutzregelungen in der ZPO und im GVG anwendbar sein. Eine analoge Anwendung der §§ 16 ff. GeschGehG kommt aufgrund

---

662 *Alexander*, in: WRP 2019, 673; *Alexander*, in: Köhler/et al., UWG, Vorb. § 1 GeschGehG, Rn. 1.

der ausdrücklichen Beschränkung des Anwendungsbereiches auf Verfahren in Geschäftsgeheimnisstreitsachen nicht in Betracht.[663]

Allerdings ist diesem im Sinne einer richtlinienkonformen Auslegung ein weites Verständnis zugrunde zu legen. Da die Regelung des Art. 9 der EU-Richtlinie für „Gerichtsverfahren" im Allgemeinen gilt und daher auch Verfahren des einstweiligen Rechtsschutzes umfasst, muss für § 16 GeschGehG das gleiche gelten.[664] Darüber hinaus kann es nicht darauf ankommen, ob der gerichtlich geltend gemachte Anspruch eine formale Grundlage im Geschäftsgeheimnisgesetz hat.[665] Vielmehr müssen die Schutzmechanismen auf alle Verfahren anwendbar sein, die die Verletzung eines Geschäftsgeheimnisses zum Gegenstand haben. Daher können beispielsweise auch bereicherungsrechtliche Ansprüche oder Ansprüche aus angemaßter Eigengeschäftsführung „Geschäftsgeheimnisstreitsachen" darstellen.[666] Gleiches gilt, wenn Ansprüche geltend gemacht werden, die sich allein oder auch auf das alte Recht nach dem UWG stützen.[667] Beschäftigt sich der Rechtsstreit jedoch mit sonstigen Verpflichtungen, so wirkt sich die Schutzwirkung des § 16 GeschGehG hierauf nicht aus. Insofern ist insbesondere umstritten, ob vertragliche Ansprüche, wie beispielsweise die Geltendmachung einer Vertragsstrafe wegen Verstoßes gegen eine Geheimhaltungs- und Nutzungsvereinbarung, in den Anwendungsbereich der verfahrensrechtlichen Bestimmungen des Geschäftsgeheimnisgesetzes fallen sollen.[668] Da jedoch ein solcher vertraglicher Verstoß womöglich gleichzeitig auch einen Verstoß gegen das gesetzliche Handlungsverbot nach § 4 Abs. 2 Nr. 2 oder Nr. 3 GeschGehG begründet und Ansprüche nach den §§ 6 ff. GeschGehG auslöst, dürfte die Frage

---

663 *Druschel/Jauch*, in: BB 2018, 1218, 1221; *Gregor*, in: BeckOK GeschGehG, § 16, Rn. 10; *Semrau-Brandt*, in: GRUR-Prax 2019, 127, 129.

664 *Alexander*, in: Köhler/et al., UWG, § 16 GeschGehG, Rn. 12; *Gregor*, in: BeckOK GeschGehG, § 16, Rn. 11, 15; *Hauck*, in: GRUR 2020, 817, 820; *Kalbfus*, in: WRP 2019, 6923, 692, 693; *Kalbfus*, in: Harte-Bavendamm/et al., GeschGehG, § 16, Rn. 9, 14; *McGuire*, in: Büscher, UWG, § 16 GeschGehG, Rn. 9; *Reinfeld*, GeschGehG, § 6, Rn. 13.

665 *Kalbfus*, in: WRP 2019, 6923, 692, 693; *Kalbfus*, in: Harte-Bavendamm/et al., GeschGehG, § 16, Rn. 9.

666 *Kalbfus*, in: WRP 2019, 6923, 692, 693; *Kalbfus*, in: Harte-Bavendamm/et al., GeschGehG, § 16, Rn. 9.

667 *Alexander*, in: Köhler/et al., UWG, Vorb. § 1 GeschGehG, Rn. 105.

668 *Alexander*, in: Köhler/et al., UWG, § 16 GeschGehG, Rn. 15; *Gregor*, in: BeckOK GeschGehG, § 16, Rn. 13 f.; Harte-Bavendamm/Henning-Bodewig, UWG, § 13 Rn. 9; *Reinfeld*, GeschGehG, § 1, Rn. 12.

der Anwendbarkeit in der Praxis insofern keine große Rolle spielen.[669] Im Übrigen behelfen sich Gerichte in solchen Fällen vereinzelt mit einer entsprechenden Heranziehung des in §§ 16 ff. GeschGehG enthaltenen Rechtsgedankens und schaffen auf diese Weise einen erweiterten Anwendungsbereich.[670]

bb) Verpflichtung zur Geheimhaltung

§ 16 Abs. 2 GeschGehG setzt voraus, dass alle an der Geschäftsgeheimnisstreitsache beteiligten Personen die Informationen, die das Gericht als geheimhaltungsbedürftig eingestuft hat, vertraulich behandeln.

(1) Geheimhaltungsanordnung

Nach § 16 Abs. 1 GeschGehG kann das Gericht die streitgegenständliche Information auf Antrag einer Partei ganz oder teilweise als geheimhaltungsbedürftig einstufen, wenn diese ein Geschäftsgeheimnis sein können. Auch insofern setzt der deutsche Gesetzgeber die Vorgaben der EU-Richtlinie fast wortgleich um. Der Begriff der „streitgegenständlichen Information“ ist dabei im Sinne einer richtlinienkonformen Auslegung umfassend zu verstehen und beschreibt alle Tatsachen, die als Streitstoff in den Rechtsstreit eingeführt werden oder aber mit diesem nur in einem engen Zusammenhang stehen.[671] Das Gericht trifft die Entscheidung über die Geheimhaltungsbedürftigkeit im Rahmen des ihm zustehenden Ermessenspielraums, der jedenfalls hinsichtlich der Frage nach dem „Ob“ der Geheimhaltungsbedürftigkeit – nicht aber im Hinblick auf die Frage des Umfangs der Einstufung als Geschäftsgeheimnis – bei Vorlage der Voraussetzungen regelmäßig auf null reduziert sein dürfte, da sich das Geheimnis sonst nicht sinnvoll in den Prozess einführen ließe.[672]

(2) Nutzungs- und Offenlegungsverbot

Die dann im Rahmen der Geheimhaltungsanordnung als geheimhaltungsbedürftig eingestuften Informationen unterliegen nach § 16 Abs. 2 GeschGehG einem Nutzungs- und Offenlegungsverbot für alle Verfahrensbeteiligte. Das

669 *Gregor*, in: BeckOK GeschGehG, § 16, Rn. 13; *Kalbfus*, in: Harte-Bavendamm/et al., GeschGehG, § 16, Rn. 12.

670 *LG München I*, BeckRS 2019, 18148, Rn. 7.

671 *Gregor*, in: BeckOK GeschGehG, § 16, Rn. 30; *Kalbfus*, in: WRP 2019, 692, 694; *Kalbfus*, in: Harte-Bavendamm/et al., GeschGehG, § 16, Rn. 20 ff.

672 *Kalbfus*, in: WRP 2019, 692, 694, 698; *Kalbfus*, in: Harte-Bavendamm/et al., GeschGehG, § 16, Rn. 26.

Verbot der Nutzung und Offenlegung gilt gemäß § 20 Abs. 1 GeschGehG bereits ab Anhängigkeit der Klage und betrifft alle geheimhaltungsbedürftigen Informationen unabhängig davon, ob sie mündlich erörtert oder schriftlich vorgetragen wurden.[673] Mitumfasst sind im Gegensatz zum eingeschränkten Anwendungsbereich des § 174 Abs. 3 S. 1 GVG auch solche Informationen, die sich nicht direkt aus der mündlichen Verhandlung oder amtlichen Schriftsätzen, sondern etwa aus Anlagen, Gutachten oder schriftlichen Zeugenaussagen ergeben.[674]

Der Begriff der Verfahrensbeteiligten umfasst nach § 16 Abs. 2 GeschGehG sowohl die Parteien als auch ihre Prozessvertreter, Zeugen, Sachverständige, sonstige Vertreter und alle übrigen Personen, die an der Streitsache beteiligt sind. Hierzu gehören auch alle im späteren Verlauf des Verfahrens hinzutretenden oder ausgewechselten Prozessbeteiligten.[675] Die Verpflichtung zur Geheimhaltung und das Verbot der Offenlegung bzw. Nutzung besteht gemäß § 16 Abs. 2 a.E. GeschGehG aber nur gegenüber solchen Verfahrensbeteiligten, die nicht bereits außerhalb des Verfahrens Kenntnis von den geheimhaltungsbedürftigen Informationen erlangt haben. Die Person, die sich auf diese Ausnahme beruft, muss die anderweitige Kenntniserlangung darlegen und beweisen.[676] Problematisch ist insofern, dass der Wortlaut der Norm auch solche Personen privilegiert, die zwar anderweitig Kenntnis erlangt haben, dies aber in rechtswidriger Weise geschehen ist. Insofern bedarf es einer teleologischen Reduktion, die dazu führt, dass der Ausnahmetatbestand im Falle einer rechtswidrigen Kenntniserlangung nicht anzuwenden ist.[677]

§ 16 Abs. 2 GeschGehG verbietet eine Nutzung und Offenlegung außerhalb des gerichtlichen Verfahrens. So ist der beklagten Partei auch eine Weitergabe innerhalb des Unternehmens oder an den eigenen Arbeitgeber untersagt.[678] Weiterhin möglich bleibt aber eine Nutzung und Offenlegung innerhalb des Verfahrens, beispielsweise zur sinnvollen Verfolgung und Verteidigung der eigenen Rechte.[679] Ebenso dürfen sowohl Richter als auch Rechtspfleger die als

---

673 *Alexander*, in: WRP 2019, 673, 674, 675; *Semrau-Brandt*, in: GRUR-Prax 2019, 127, 128.

674 *Gregor*, in: BeckOK GeschGehG, § 16, Rn. 40.

675 *Gregor*, in: BeckOK GeschGehG, § 16, Rn. 44; *Kalbfus*, in: WRP 2019, 692, 695; *Kalbfus*, in: Harte-Bavendamm/et al., GeschGehG, § 16, Rn. 31.

676 *Kalbfus*, in: WRP 2019, 692, 695; *Kalbfus*, in: Harte-Bavendamm/et al., GeschGehG, § 16, Rn. 49.

677 *Kalbfus*, in: WRP 2019, 692, 695; *Kalbfus*, in: Harte-Bavendamm/et al., GeschGehG, § 16, Rn. 50; *McGuire*, in: Büscher, UWG, § 16 GeschGehG, Rn. 15.

678 *Gregor*, in: BeckOK GeschGehG, § 19, Rn. 28.

679 *Kalbfus*, in: WRP 2019, 692, 695.

geheimhaltungsbedürftig eingestufte Information im Rahmen ihrer Aufgaben verwenden und diese etwa zur Begründung eines Beweisbeschlusses oder eines Urteils heranziehen.[680] Trifft das Gericht eine Geheimhaltungsanordnung, so ist der zur Einsicht an berechtigte Dritte übergebene Akteninhalt gemäß § 16 Abs. 3 GeschGehG an den entsprechenden Stellen unkenntlich zu machen. Der sich aus § 299 ZPO ergebende allgemeine Anspruch aus Akteneinsicht tritt hinter den speziellen Regelungen des Geschäftsgeheimnisgesetzes zurück.[681]

(3) Sanktionen bei Verstößen

Gemäß § 17 GeschGehG kann das Gericht im Falle der Zuwiderhandlung auf Antrag einer Partei ein Ordnungsmittel festsetzen und sofort vollstrecken. Zur Erfüllung der von der EU-Richtlinie geforderten abschreckenden Wirkung und aufgrund der herausragenden Bedeutung eines Geschäftsgeheimnisses als Wirtschaftsgut kann das Ordnungsmittel in Form von Ordnungshaft bis zu sechs Monaten oder eines Ordnungsgeldes bis zu einer Höhe von 100.000,- EUR verhängt werden.[682] Der noch im Referentenentwurf enthaltene Sanktionsrahmen sah lediglich ein Ordnungsgeld von bis zu 1.000,- EUR und Ordnungshaft von bis zu einer Woche vor. Allerdings wäre von derart niedrig zu befürchtenden Ordnungsmitteln eine allenfalls nur marginale Abschreckungswirkung ausgegangen.[683] Die Verhängung eines Ordnungsmittels berührt nicht die Möglichkeit der Einleitung eines weiteren Verletzungsverfahrens oder die Verhängung strafrechtlicher Sanktionen nach § 23 GeschGehG.[684]

(4) Dauer der Geheimhaltungspflichten

Nach § 18 S. 1 GeschGehG besteht die Verpflichtung zur Geheimhaltung grundsätzlich über den Abschluss des gerichtlichen Verfahrens hinaus. Dabei spielt es keine Rolle, ob das Verfahren durch Urteil oder auf andere Weise, etwa aufgrund eines Prozessvergleichs, beendet wurde.[685] Entsprechend den zwingenden

---

680 BT-Drucks. 19/4724, S. 35 f.

681 *McGuire*, in: Büscher, UWG, § 16 GeschGehG, Rn. 18.

682 BT-Drucks. 19/4742, S. 36.

683 *Bitkom*, Stellungnahme, S. 14; *Druschel/Jauch*, in: BB 2018, 1218, 1222; *GRUR*, in: GRUR 2018, 708, 712; *Schlingloff*, in: WRP 2018, 666, 670; *Voigt/et al.*, in: BB 2016, 142, 144.

684 BT-Drucks. 19/4724, S. 36.

685 *Alexander*, in: Köhler/et al., UWG, § 18 GeschGehG, Rn. 9; *Gregor*, in: BeckOK GeschGehG, § 18, Rn. 3; a.A. *Kalbfus*, in: Harte-Bavendamm/et al., GeschGehG, § 18, Rn. 16 ff.

Vorgaben der EU-Richtlinie (Art. 1 Abs. 1 UAbs. 2, Art. 9 Abs. 2) besteht die Geheimhaltungsverpflichtung dann jedoch nicht mehr, wenn das Gericht die Geheimniseigenschaft im Rahmen einer rechtskräftigen Entscheidung verneint hat oder die Geheimnisqualität aufgrund allgemeiner Kenntnis oder Zugänglichkeit der Information entfällt. Unterliegt der Geheimnisinhaber im Prozess hingegen aus anderen Gründen, so bleibt die Verpflichtung zur Geheimhaltung bestehen.[686] Darüber hinaus erstreckt sich gemäß § 19 Abs. 3 GeschGehG die Dauer der Geheimhaltungspflichten auch auf ein anschließendes Verfahren der Zwangsvollstreckung. Somit stellt das Gesetz klar, dass auch alle Personen, die erstmals im Zwangsvollstreckungsverfahren von der geheimen Information Kenntnis erhalten, die Verpflichtung zur Geheimhaltung einzuhalten haben. Die entsprechenden Anträge müssen allerdings bereits im Rahmen des Erkenntnisverfahrens gestellt worden sein.[687]

cc) Zugangsbeschränkungen

Als weitere gerichtliche Maßnahme sieht § 19 Abs. 1 S. 1 GeschGehG die Möglichkeit vor, auf Antrag einer Partei den Zugang zu Dokumenten und zur mündlichen Verhandlung ganz oder teilweise auf eine bestimmte Anzahl an zuverlässigen Personen zu beschränken. Die Beschränkung des Dokumentenzugriffs und der Teilnahme an der mündlichen Verhandlung können kumulativ vorgenommen werden und gelten gemäß § 19 Abs. 3 GeschGehG auch im Verfahren der Zwangsvollstreckung fort.[688] Nicht zugelassene Personen erhalten gemäß §§ 19 Abs. 2 Nr. 2, 16 Abs. 3 GeschGehG lediglich Einsicht in einen Akteninhalt, in dem die Geschäftsgeheimnisse unkenntlich gemacht wurden.

(1) Beschränkung des Dokumentenzugangs

Sofern die bloße Anordnung zur Geheimhaltung nicht ausreichend ist, kann zusätzlich nach § 19 Abs. 1 S. 1 Nr. 1 GeschGehG der Zugang zu von den Parteien oder Dritten eingereichten oder vorgelegten Dokumenten, die Geschäftsgeheimnisse enthalten können, beschränkt werden. Dem Begriff der „Dokumente“ ist dabei ein umfassendes Verständnis zugrunde zu legen. Neben Anlagen wie

---

686 *Alexander*, in: Köhler/et al., UWG, § 18 GeschGehG, Rn. 8; *McGuire*, in: Büscher, UWG, § 16 GeschGehG, Rn. 7.

687 *Alexander*, in: Köhler/et al., UWG, § 19 GeschGehG, Rn. 44; *Gregor*, in: BeckOK GeschGehG, § 19, Rn. 52; *Reinfeld*, GeschGehG, § 6, Rn. 84.

688 *Gregor*, in: BeckOK GeschGehG, § 19, Rn. 25; *Kalbfus*, in: Harte-Bavendamm/et al., GeschGehG, § 19, Rn. 16.

beispielsweise Fertigungsplänen oder Konstruktionszeichnungen, die Einzelheiten der geheimen Information darstellen, sind auch etwa Schriftsätze, Vermerke sowie postalische und elektronische Korrespondenz mit möglicherweise sensiblem Inhalt von der Möglichkeit einer Beschränkung umfasst.[689] Der Zugang kann je nach Erforderlichkeit sowohl ganz als auch auf einzelne Dokumente oder Teile hiervon beschränkt werden.[690]

(2) Beschränkung der Teilnahme an der mündlichen Verhandlung

Darüber hinaus kann gemäß § 19 Abs. 1 S. 1 Nr. 2 GeschGehG auf Antrag einer Partei auch der Zugang zur mündlichen Verhandlung, bei der Geschäftsgeheimnisse offengelegt werden könnten, ganz oder teilweise auf eine bestimmte Anzahl von zuverlässigen Personen beschränkt werden. Entsprechend den Vorgaben der EU-Richtlinie bezieht der Wortlaut der Vorschrift auch eine etwaige Aufzeichnung und das Protokoll der mündlichen Verhandlung mit ein, zu denen der Zugang entsprechend beschränkt werden kann. Auf diese Weise kann die Zahl an Mitwissern zum Schutz der Geheimniseigenschaft kontrolliert werden.[691]Es handelt sich hierbei um das „*Kernstück*“[692] des verfahrensrechtlichen Geheimnisschutzes. Der deutsche Gesetzgeber schafft mit dieser Regelung eine gesetzliche Grundlage, die den Eingriff in die verfassungsrechtlich garantierten Verfahrensrechte der Prozessparteien rechtfertigen kann.[693]

Voraussetzung ist jedoch gemäß § 19 Abs. 1 S. 2 GeschGehG, dass nach Abwägung aller Umstände das Geheimhaltungsinteresse des Geheimnisinhabers die grundgesetzlichen Verfahrensrechte der übrigen Parteien überwiegt. Im Rahmen der Interessenabwägung sind der Wert der streitgegenständlichen Information, die Wahrscheinlichkeit einer Verletzung, die Schwere des hinreichend substantiierten Verletzungsvorwurfs, die Größe des zugangsberechtigten Personenkreises sowie das Verhalten der anderen Partei vor und während des Gerichtsprozesses zu berücksichtigen.[694] Um zu gewährleisten, dass das Recht auf rechtliches Gehör nicht gänzlich versagt wird, ist gemäß § 19 Abs. 1 S. 3

---

689 *Gregor*, in: BeckOK GeschGehG, § 19, Rn. 21; *Kalbfus*, in: Harte-Bavendamm/et al., GeschGehG, § 19, Rn. 35.

690 *Alexander*, in: Köhler/et al., UWG, § 19 GeschGehG, Rn. 21; *Gregor*, in: BeckOK GeschGehG, § 19, Rn. 26.

691 *Alexander*, in: Köhler/et al., UWG, § 19 GeschGehG, Rn. 11; *McGuire*, in: Büscher, UWG, § 19 GeschGehG, Rn. 3.

692 *McGuire*, in: Büscher, UWG, § 19 GeschGehG, Rn. 9.

693 *Kalbfus*, in: WRP 2019, 6923, 692, 693, 696.

694 *Gregor*, in: BeckOK GeschGehG, § 19, Rn. 15.

GeschGehG – entsprechend der zwingend einzuhaltenden Vorgaben der Richtlinie – mindestens einer natürlichen Person jeder Partei sowie ihren Prozessvertretern oder sonstigen Vertretern vollumfänglich Zugang zum Prozessstoff zu gewähren. Ausweislich der Formulierung in § 19 Abs. 2 Nr. 2 GeschGehG und dem darin enthaltenen Verweis auf § 16 Abs. 3 GeschGehG genießt die Zugangsbeschränkung Vorrang gegenüber dem sonst nicht einschränkbaren Recht auf Akteneinsicht, sodass nicht zugelassene Personen auch nicht durch eine Einsicht in die Akten Zugang zu den sensiblen Informationen erreichen dürfen.[695]

(3) Erfordernis der Zuverlässigkeit

Aufgrund eines Vorschlages des Rechtsausschusses wurde die hiesige nationale Vorschrift dahingehend ergänzt, dass nur „zuverlässigen" Personen Zugang zu Dokumenten und zur mündlichen Verhandlung zu gewähren ist. Auf diese Weise kann das Gericht Personen den Zugang verweigern, wenn diese eine vertrauliche Handhabung der im Prozess offenbarten Informationen nicht gewährleisten können. Die antragstellende Partei kann bereits im Rahmen ihres Antrags oder auf Aufforderung des Gerichts eine geeignete Person vorschlagen oder ihre Zweifel an der Zuverlässigkeit einer bestimmten Person mitteilen.[696]

Möglich ist es auch, den Zugang für bestimmte Personengruppen oder nach ihrer Funktion zu beschränken, ohne hierfür eine Person namentlich zu benennen. So können beispielsweise lediglich Syndikusrechtsanwälte des am Verfahren beteiligten Unternehmens zugelassen oder Mitarbeiter mit technischem Sonderwissen ausgeschlossen werden.[697] Mit dem Begriff der „Zuverlässigkeit" will der deutsche Gesetzgeber zum Ausdruck bringen, *„dass bei der Entscheidung über den Zugang zum Prozessstoff einerseits die Grundsätze des Rechts auf rechtliches Gehör, das Gebot des effektiven Rechtsschutzes und eines fairen Verfahrens sowie andererseits das berechtigte Interesse des Geheimnisinhabers an der Geheimhaltung miteinander in Einklang zu bringen sind."*[698]

dd) Möglichkeit weiterer gerichtlicher Anordnungen

Das zuständige Gericht ist gemäß § 19 Abs. 1 S. 4 GeschGehG ferner dazu ermächtigt, weitere Maßnahmen anzuordnen. Es handelt sich dabei um eine

---

695 *Kalbfus*, in: WRP 2019, 6923, 692, 697 f.

696 *Alexander*, in: Köhler/et al., UWG, § 19 GeschGehG, Rn. 13; *Gregor*, in: BeckOK GeschGehG, § 19, Rn. 32.

697 *Gregor*, in: BeckOK GeschGehG, § 19, Rn. 32.

698 BT-Drucks. 19/8300, S. 15.

„kleine Generalklausel“,[699] die es dem Gericht möglich macht, nach freiem Ermessen zu bestimmen, welche Anordnungen zur Erreichung des Geheimhaltungszwecks erforderlich sind. So kann das Gericht beispielsweise für die Personen, die zu dem beschränkten Kreis zugelassener Personen nach § 19 Abs. 1 GeschGehG gehören, erweiterte Verschwiegenheitspflichten bestimmen, deren Verstoß nach § 353d Nr. 2 StGB unter Strafe steht.[700] Möglich ist es etwa auch, der in ihrem Zugang beschränkten Partei, die aufgrund der gerichtlichen Beschränkung lediglich in Form von fachfremden Personen der Verhandlung der Geschäftsgeheimnisstreitsache beiwohnen darf, die Hinzuziehung eines zur Verschwiegenheit verpflichteten externen Sachverständigen zu gestatten, um eine effektive Verteidigung in jeder Hinsicht zu gewährleisten.[701]

Als weitere Maßnahme kommt eine Änderung des Prozessverlaufes in Betracht, wonach zunächst über den rechtswidrigen Eingriff verhandelt und dann erst zum streitgegenständlichen Geschäftsgeheimnis vorgetragen wird.[702] Auf diese Weise wird das bereits eingangs angesprochene Dilemma eines jeden klagenden Geheimnisinhabers, der sensible Informationen trotz eines unsicheren Prozessausgangs offenlegen muss, gelöst. Dem Gericht steht es dabei jedoch nicht frei, gänzlich andere Maßnahmen anzuordnen als diejenigen, die von den Parteien beantragt wurden.[703]

ee) Ausschluss der Öffentlichkeit

Gemäß § 19 Abs. 2 Nr. 1 GeschGehG kann die Öffentlichkeit auf Antrag von der mündlichen Verhandlung ausgeschlossen werden, wenn das Gericht Beschränkungen nach § 19 Abs. 1 S. 1 GeschGehG trifft. Ein Ausschluss der Öffentlichkeit kommt danach also nur dann in Betracht, wenn auch der Zugang der Beteiligten zu Dokumenten und/oder zur Verhandlung eingeschränkt wurde. Der Öffentlichkeitsausschluss ist insofern von der Beschränkung der Prozessbeteiligten abhängig. Dabei verkennt der Gesetzgeber, dass es durchaus Fälle gibt, in denen ein Ausschluss der Öffentlichkeit sinnvoll sein kann, ohne gleichzeitig auch Beteiligte auszuschließen.[704] In Anbetracht der hochrangigen Grundsätze

---

699 *Kalbfus*, in: WRP 2019, 692, 697.

700 *Kalbfus*, in: WRP 2019, 692, 697; *Kalbfus*, in: Harte-Bavendamm/et al., GeschGehG, § 19, Rn. 40.

701 *Gregor*, in: BeckOK GeschGehG, § 19, Rn. 35.

702 *McGuire*, in: Büscher, UWG, § 19 GeschGehG, Rn. 22.

703 *Alexander*, in: Köhler/et al., UWG, § 19 GeschGehG, Rn. 30.

704 *Gregor*, in: BeckOK GeschGehG, § 19, Rn. 44; *Schregle*, in: GRUR 2019, 912, 916.

effektiven Rechtsschutzes und verfahrensrechtlicher Fairness erscheint es zudem fragwürdig, den Öffentlichkeitsausschluss im Vergleich zum Ausschluss Prozessbeteiligter an höhere Voraussetzungen zu knüpfen.[705] Einige Stimmen in der Literatur halten dies für ein gesetzgeberisches Versehen und ziehen § 19 Abs. 2 Nr. 1 GeschGehG analog heran, wenn es an einer Zugangsbeschränkung nach § 19 Abs. 1 S. 1 GeschGehG fehlt.[706] In der Praxis wird der durch § 19 Abs. 2 Nr. 1 GeschGehG gewährten Möglichkeit des Öffentlichkeitsausschlusses allerdings nur wenig Bedeutung zukommen. Im Falle geheimhaltungsbedürftiger Dokumente erhalten Dritte gemäß § 299 Abs. 2 ZPO, § 16 Abs. 3 GeschGehG ohnehin nur Zugang zu solchen Dokumenten, in denen sensible Ausführungen unkenntlich gemacht wurden. Zudem wird der Gefahr einer Offenbarung von Geschäftsgeheimnissen in der mündlichen Verhandlung bereits durch § 19 Abs. 1 S. 1 Nr. 2 GeschGehG entgegengewirkt, indem auf Antrag einer Partei die Anzahl zugangsberechtigter Personen auf eine Mindestanzahl reduziert und damit auch die Öffentlichkeit ausgeschlossen wird.

ff) Verfahren zur Durchsetzung gerichtlicher Maßnahmen zum Schutz von Geschäftsgeheimnissen und Rechtsbehelfe

(1) Parteiantrag und Glaubhaftmachung

Sowohl der Erlass einer Geheimhaltungsanordnung nach § 16 Abs. 1, 2 GeschGehG als auch die Anordnung weiterer gerichtlicher Beschränkungen nach § 19 GeschGehG erfordern einen entsprechenden Antrag einer Partei. Der deutsche Gesetzgeber hat nicht von der in der Richtlinie vorgesehenen Möglichkeit Gebrauch gemacht, die Gerichte zu ermächtigen, dies auch von Amts wegen veranlassen zu können. Daher ist ausschließlich der Inhaber des Geschäftsgeheimnisses selbst für den Schutz seiner wertvollen Information verantwortlich.[707] Da die prozessualen Schutzmaßnahmen gemäß § 20 Abs. 1 GeschGehG bereits ab Anhängigkeit des Rechtsstreits angeordnet werden können, kann der entsprechende Antrag bereits im Rahmen der Klageschrift gestellt werden.[708] Im Rahmen ihres Antrags muss die Partei entsprechend § 20 Abs. 3 GeschGehG glaubhaft machen, dass es sich bei der streitgegenständlichen Information

705 *Schregle*, in: GRUR 2019, 912, 916.

706 *Gregor*, in: BeckOK GeschGehG, § 19, Rn. 42; *Schregle*, in: GRUR 2019, 912, 916.

707 *Druschel/Jauch*, in: BB 2018, 1218, 1222.

708 *Alexander*, in: Köhler/et al., UWG, § 20 GeschGehG, Rn. 7; *Kalbfus*, in: WRP 2019, 6923, 692, 699; *Kalbfus*, in: Harte-Bavendamm/et al., GeschGehG, § 20, Rn. 8; *McGuire*, in: Büscher, UWG, § 20 GeschGehG, Rn. 3; *Reinfeld*, GeschGehG, § 6, Rn. 86.

um ein Geschäftsgeheimnis handelt. Ein Vollbeweis dieser Tatsache ist nicht notwendig.[709]

In Anbetracht der europarechtlichen Vorgaben, die lediglich ein „angebliches Geschäftsgeheimnis" voraussetzen, und im Sinne eines möglichst umfassenden Geheimnisschutzes dürfen keine überspannten Anforderungen an das Erfordernis der Glaubhaftmachung gestellt werden.[710] Eine vage formulierte eidesstattliche Versicherung stellt allerdings kein geeignetes Beweismittel dar.[711] Das Geschäftsgeheimnis selbst muss nicht offengelegt werden, eine Umschreibung, die den Inhalt in gewissem Maße identifizierbar macht, ist in diesem Stadium des Verfahrens ausreichend.[712] Hierfür kann der Antragsteller jegliche zur Verfügung stehenden Beweismittel heranziehen.[713] Legt die beantragende Partei zur Glaubhaftmachung Schriftstücke vor, so hat sie diese gemäß § 20 Abs. 4 S. 1 GeschGehG auf entsprechende Geschäftsgeheimnisse hin unmissverständlich zu kennzeichnen. In Umsetzung des Art. 9 Abs. 2 UAbs. 2 lit. c EU-Geschäftsgeheimnis-Richtlinie verlangt § 20 Abs. 4 S. 2 GeschGehG, dass die beantragende Partei eine Ausführung der vertraulichen Dokumente zu überreichen hat, die keine Geschäftsgeheimnisse enthält und dem Gegner zur Einsicht zugänglich gemacht werden kann. Kommt sie dem nicht nach und sind keine besonderen Umstände erkennbar, so wird nach § 20 Abs. 4 S. 3 GeschGehG vermutet, dass Dritte die eingereichten Unterlagen einsehen dürfen.

(2) Entscheidung des Gerichts, Anhörung und Rechtsmittel

Über den Antrag entscheidet das zuständige Gericht gemäß § 20 Abs. 5 S. 1 GeschGehG durch Beschluss. Gemäß § 20 Abs. 2 S. 1 GeschGehG ist die andere Partei spätestens nach Anordnung der Maßnahme anzuhören. Dies muss nicht zwangsläufig im Rahmen einer mündlichen Verhandlung geschehen, eine schriftliche Anhörung ist in der Regel ausreichend.[714] Zum Schutz

---

709 *Alexander*, in: Köhler/et al., UWG, § 20 GeschGehG, Rn. 15; *Gregor*, in: BeckOK GeschGehG, § 18, Rn. 9; *Kalbfus*, in: Harte-Bavendamm/et al., GeschGehG, § 20, Rn. 25; *McGuire*, in: Büscher, UWG, § 16 GeschGehG, Rn. 12; *Voigt/et al.*, in: BB 2016, 142, 143.

710 *Gregor*, in: BeckOK GeschGehG, § 16, Rn. 26 f.; *Kalbfus*, in: Harte-Bavendamm/et al., GeschGehG, § 20, Rn. 25; *McGuire*, in: Büscher, UWG, § 20 GeschGehG, Rn. 5.

711 *Schlinghoff*, in: WRP 2018, 666, 670.

712 *Gregor*, in: BeckOK GeschGehG, § 20, Rn. 15.

713 *Alexander*, in: Köhler/et al., UWG, § 20 GeschGehG, Rn. 15; *Gregor*, in: BeckOK GeschGehG, § 20, Rn. 16; *Kalbfus*, in: Harte-Bavendamm/et al., GeschGehG, § 20, Rn. 26; *McGuire*, in: Büscher, UWG, § 20 GeschGehG, Rn. 5.

714 *Gregor*, in: BeckOK GeschGehG, § 19, Rn. 46.

des Geschäftsgeheimnisses ist diese auf ein Minimum zu beschränken, sensible Dokumente sind nicht in vollem Umfang zuzustellen.[715] Nach der Anhörung kann die Maßnahme nach § 20 Abs. 2 S. 2 GeschGehG aufgehoben oder abgeändert werden. Gibt das Gericht dem Antrag statt, so sind die Beteiligten gemäß § 20 Abs. 5 S. 2 GeschGehG auf die entsprechende Wirkung und Folgen der Anordnung sowie die Möglichkeit der Sanktionierung im Falle einer Zuwiderhandlung hinzuweisen.

Eine Anfechtung dieser Entscheidung ist gemäß § 20 Abs. 5 S. 4 GeschGehG nur gemeinsam mit dem Rechtsmittel in der Hauptsache möglich. Auf diese Weise unterstreicht der deutsche Gesetzgeber erneut die vorrangige Bedeutung des Geheimhaltungsinteresses. Im Falle einer Zurückweisung des Antrags hat das Gericht die beantragende Partei nach § 20 Abs. 5 S. 4 GeschGehG hierauf und auf die jeweiligen Gründe hinzuweisen. Ihr ist binnen einer zu bestimmenden Frist Gelegenheit zur Stellungnahme zu geben. Dem Antragsteller steht es frei, seine Klage in Anbetracht der bevorstehenden Zurückweisung seines Antrags zurückzunehmen oder zu modifizieren.[716] Er kann bereits vorab die Zustellung der Klage unter die Bedingung einer positiven Entscheidung nach § 16 Abs. 1 GeschGehG stellen.[717] Hält das Gericht trotz der Ausführungen weiterhin an der abweisenden Entscheidung fest, so ist hiergegen gemäß § 20 Abs. 5 S. 5 GeschGehG die sofortige Beschwerde statthaft. Die Verpflichtung zur Geheimhaltung sowie das Verbot der Nutzung und Offenlegung bleiben bis zur abschließenden Entscheidung über die sofortige Beschwerde bestehen.[718] Der gerichtliche Beschluss über den Ausschluss der Öffentlichkeit ist hingegen nicht anfechtbar.[719]

gg) Bekanntmachung des Urteils

Nach § 21 Abs. 1, 3 GeschGehG kann der obsiegenden Partei einer Geschäftsgeheimnisstreitsache – sei es Kläger oder Beklagter – auf Antrag die Befugnis zugesprochen werden, das Urteil oder Informationen über das Urteil auf Kosten der unterliegenden Partei öffentlich bekannt zu machen. Voraussetzung ist, dass

---

715 *Gregor*, in: BeckOK GeschGehG, § 20, Rn. 10.

716 *Gregor*, in: BeckOK GeschGehG, § 20, Rn. 6, 24; *Kalbfus*, in: Harte-Bavendamm/et al., GeschGehG, § 20, Rn. 38.

717 *Gregor*, in: BeckOK GeschGehG, § 20, Rn. 6.

718 *Gregor*, in: BeckOK GeschGehG, § 16, Rn. 46.

719 *Gregor*, in: BeckOK GeschGehG, § 19, Rn. 49; *Kalbfus*, in: Harte-Bavendamm/et al., GeschGehG, § 19, Rn. 44.

die obsiegende Partei ein berechtigtes Interesse an der Bekanntmachung darlegt. Das Gericht bestimmt in der Urteilsformel Form und Umfang der öffentlichen Bekanntmachung und berücksichtigt dabei die berechtigten Interessen der im Urteil genannten Personen. Auf diese Weise können die Öffentlichkeit über eine Verletzung von Geschäftsgeheimnissen informiert und potentielle Rechtsverletzer abgeschreckt werden.[720] Zudem kann der obsiegende Beklagte die Bekanntmachung des Urteils zur Klarstellung und Wiederherstellung des eigenen beschädigten Rufs nutzen.[721] Im Falle eines besonders dringenden Bedürfnisses kann eine Veröffentlichung ausnahmsweise bereits vor dem Eintritt der Rechtskraft erfolgten.[722] Wurde das Verfahren auf andere Weise als durch Urteil beendet, also etwa durch Erledigung, Rücknahme der Klage oder den Abschluss eines Vergleichs, findet § 21 GeschGehG keine Anwendung.[723]

c) Zusammenfassung und Bewertung des deutschen Geschäftsgeheimnisgesetzes

aa) Deutliche Schutzerweiterung

Mit der Einführung des neuen Stammgesetzes wurde der Geheimnisschutz in Deutschland grundlegend erneuert. Es handelt sich dabei um eine *„zeitgemäße Neustrukturierung des Rechts der Geschäftsgeheimnisse, von der innovationsstarke deutsche Unternehmen in besonderem Maße profitieren werden.“*[724] Zwar hat der deutsche Gesetzgeber den Weg des geringsten Widerstandes gewählt und die Mindestvorgaben der EU-Richtlinie im Sinne einer transparenten Umsetzung überwiegend wörtlich übernommen.[725] Trotzdem erweitert das neue Stammgesetz den bisherigen gesetzlich vorgesehenen Schutz von Geschäftsgeheimnissen erheblich.

Wesentliche Neuerung sind die in §§ 16 ff. GeschGehG normierten prozessualen Maßnahmen. Während bisher erst ab der mündlichen Verhandlung ein gewisser verfahrensrechtlicher Geheimnisschutz vorgesehen war, genießen geheime Informationen nun bereits mit Anhängigkeit des Verfahrens Schutz

---

720 BT-Drucks. 19/474, S. 39; *Harte-Bavendamm*, in: Harte-Bavendamm/et al., GeschGehG, § 21, Rn. 4.

721 BT-Drucks. 19/474, S. 39.

722 BT-Drucks. 19/474, S. 39.

723 *Gregor*, in: BeckOK GeschGehG, § 21, Rn. 10.

724 BT-Drucks. 19/8300, S. 13.

725 *Druschel/Jauch*, in: BB 2018, 1218, 1222 f.; *Dumont*, in: BB 2018, 2441; *GRUR*, in: GRUR 2018, 708.

vor einer folgenreichen Offenlegung.[726] Das Gericht entscheidet bereits vor der Zustellung der Klageschrift und Terminierung einer mündlichen Verhandlung über die Geheimhaltungsbedürftigkeit der streitgegenständlichen Information.[727] Auf diese Weise müssen keine sensiblen Informationen preisgegeben werden bevor die anderen Prozessbeteiligten nicht einem umfangreichen Verbot der Offenbarung und Nutzung unterstehen.[728]

Neben der Offenlegung ist gemäß § 16 Abs. 2 GeschGehG nunmehr auch die nicht weniger gefährliche Nutzung von Informationen durch Prozessbeteiligte gesetzlich verboten, wenn das Gericht sie als geheimhaltungsbedürftig eingestuft hat. Zudem wurden die Voraussetzungen für den Ausschluss der allgemeinen Öffentlichkeit deutlich herabgesenkt, in dem nicht mehr ein „wichtiges" Geschäftsgeheimnis erforderlich oder ein „überwiegend schutzwürdiges" Interesse darzulegen ist.[729] Nach der neuen Rechtslage genießen Geschäftsgeheimnisse also Schutz im Prozess unabhängig davon, ob ihnen eine besondere Stellung oder Schutzwürdigkeit zukommt. Hinzu kommt, dass nun erstmalig der zu sensiblen Dokumenten und zur mündlichen Verhandlung zugangsberechtigte Personenkreis auch hinsichtlich der am Verfahren beteiligten Personen ganz oder teilweise eingeschränkt werden kann. Auf diese Weise lässt sich der Kreis der Mitwisser auf ein überschaubares Maß reduzieren und kontrollieren.

bb) Schutzlücken und Verbesserungsbedarf

Trotz der insgesamt erheblichen Schutzerweiterung ist der Mehrwert einzelner Regelungen des neuen Geschäftsgeheimnisgesetzes fragwürdig und die vom deutschen Gesetzgeber in einigen Bereichen gewählte Art und Weise der Umsetzung der europarechtlichen Vorgaben unzureichend.

In Anbetracht der nach § 19 Abs. 1 GeschGehG im Rahmen der Entscheidung über die Zugangsbeschränkung erforderlichen umfangreichen Abwägung aller Umstände dürfte aller Voraussicht nach ein vollständiger Ausschluss sämtlicher Personen, die über die gesetzlich vorgegebene Mindestanzahl hinausgehen, von der gesamten mündlichen Verhandlung nur in speziellen Einzelfällen überhaupt infrage kommen.[730] Im Regelfall steht ohnehin lediglich eine natürliche

---

726 *Apel/Walling*, in: DB 2019, 891, 898; *Druschel/Jauch*, in: BB 2018, 1218, 1221; *Reinfeld*, GeschGehG, § 6, Rn. 41, 47; *Schregle*, in: GRUR 2019, 912, 913; *Schlingloff*, in: WRP 2018, 666, 670.

727 *Gregor*, in: BeckOK GeschGehG, § 20, Rn. 4.

728 *Gregor*, in: BeckOK GeschGehG, § 20, Rn. 3.

729 BT-Drucks. 19/4742, S. 37.

730 *McGuire*, in: Büscher, UWG, § 19 GeschGehG, Rn. 11.

Person – nämlich ein (ehemaliger) Mitarbeiter des klagenden Geheimnisinhabers – mit ihrem anwaltlichen Vertreter auf der Seite des Beklagten, sodass eine gerichtlich angeordnete Zugangsbeschränkung praktisch nur selten notwendig sein wird.[731] Der gedankliche Ansatz hinter dieser Regelung ist zwar begrüßenswert, aber letztlich ohne praktische Relevanz.

Das in § 20 Abs. 3 GeschGehG geschaffene reduzierte Beweismaß erleichtert die Beweisführung, bewahrt den Antragsteller allerdings nicht gänzlich davor, sensible Informationen im Prozess preiszugeben. Hinzu kommt die in § 16 Abs. 1 GeschGehG gewählte unglückliche Formulierung, wonach die im Geschäftsgeheimnisgesetz vorgesehenen Schutzmaßnahmen ausschließlich „streitgegenständliche Informationen" umfassen. Legt man diesem Wortlaut ein strenges Verständnis im Sinne des gebräuchlichen Streitgegenstandsbegriffes zugrunde, so sind die verfahrensrechtlichen Vorschriften des neuen Stammgesetzes in ihrer Konzeption nur auf den Schutz des Klägers als Inhaber der streitgegenständlichen Information ausgerichtet.[732] Mögliche Geheimhaltungsinteressen des Beklagten, der zur eigenen, bestmöglichen Verteidigung möglicherweise auch Geschäftsgeheimnisse preisgeben muss, bleiben dabei außer Betracht. In den Genuss prozessualen Geheimnisschutzes kommt er dann nur im Falle eines gerichtlichen Gegenangriffs, beispielsweise in Form einer Wiederklage, der ihn selbst in die Position des Klägers rückt.[733]

Umständlich ist zudem, dass jede einzelne Regelung zum Schutz von Geschäftsgeheimnissen einen Parteiantrag und eine gerichtliche Ermessensentscheidung voraussetzt. So bedarf es für das vollständige, regelmäßig komplett zu durchlaufende dreistufige Verfahren (Einstufung als Geschäftsgeheimnis und automatische Geheimhaltungsanordnung, Zugangsbeschränkung, Öffentlichkeitsausschluss) insgesamt dreier Anträge und dreier Ermessensentscheidungen (§§ 16 Abs. 1, 19 Abs. 1, 19 Abs. 2 Nr. 1 GeschGehG), was den beabsichtigten Geheimnisschutz unnötig erschwert und durch übertriebene Förmelei verzögert. Zwar dürfte das gerichtliche Ermessen bei einer erfolgreichen Glaubhaftmachung der für ein Geschäftsgeheimnis erforderlichen Eigenschaften auf null reduziert sein.[734] Sinnvoller wäre es aber, die Möglichkeit der Zugangsbeschränkung im Falle der erfolgreichen Einstufung der Information als

---

731 *McGuire*, in: Büscher, UWG, § 19 GeschGehG, Rn. 19.

732 *Alexander*, in: Köhler/et al., UWG, § 16 GeschGehG, Rn. 10; *McGuire*, in: Büscher, UWG, § 16 GeschGehG, Rn. 7; a.A. *Gregor*, in: BeckOK GeschGehG, § 16, Rn. 21.

733 *McGuire*, in: Büscher, UWG, § 16 GeschGehG, Rn. 14.

734 *Gregor*, in: BeckOK GeschGehG, § 16, Rn. 30.

Geschäftsgeheimnis als gesetzlichen Regelfall zuzulassen und nicht von weiteren Voraussetzungen abhängig zu machen. Auf diese Weise würde das deutsche Recht auch mit der deutlich großzügigeren Umsetzung in anderen nationalen Rechtsordnungen gleichziehen und einer einheitlichen Rechtsordnung im europäischen Raum zugutekommen.

Auch im Übrigen übernimmt der deutsche Gesetzgeber den von der Richtlinie vorgeschlagenen Gesetzestext mitsamt all seiner Unzulänglichkeiten, ohne von dem teilweise eröffneten Umsetzungsspielraum sinnvoll Gebrauch zu machen. So orientiert sich der deutsche Gesetzgeber an dem nur sehr beschränkten Anwendungsbereich und sieht die neuen Schutzmaßnahmen nur für sogenannte Geschäftsgeheimnisstreitsachen vor. Dabei verkennt er, dass die Gefahr einer folgenreichen Offenbarung auch in anderen Verfahren außerhalb von Geschäftsgeheimnisstreitsachen bestehen kann. So kann beispielsweise in Fällen der Produkthaftung die Offenlegung geheimer Informationen über Herstellungsverfahren notwendig sein, um entsprechend § 1 Abs. 2 Nr. 5 ProdHaftG zu beweisen, dass der Produktfehler nach dem Stand der Wissenschaft und Technik zum Zeitpunkt des Inverkehrbringens nicht erkannt werden konnte, und die Schadensersatzpflicht damit auszuschließen.[735] In diesen Fällen finden ausschließlich die alten Regelungen unverändert Anwendung.[736] Aufgrund der ausdrücklichen Einschränkung der Anwendung auf Geschäftsgeheimnisstreitsachen kommt auch eine analoge Anwendung der Vorschriften mangels planwidriger Regelungslücke nicht in Betracht.[737]

II. Prozessualer Geheimnisschutz in anderen Mitgliedstaaten

Mit der Umsetzung der EU-Geschäftsgeheimnis-Richtlinie und Einführung der von ihr vorgegebenen prozessualen Maßnahmen wurde in den meisten Mitgliedstaaten ein neuer Schutzstandard geschaffen, der die bisherige nationale Rechtsordnung grundlegend reformiert hat. Vor dem Inkrafttreten der EU-Richtlinie im Jahr 2016 fanden sich in den nationalen Rechtsordnungen der Mitgliedstaaten lediglich vereinzelte, über verschiedene Gesetze verteilte Vorgaben zum Geheimnisschutz. Nur einige wenige nationale Rechtsordnungen stachen dabei

735 *Schregle*, in: GRUR 2019, 912, 913.

736 *Druschel/Jauch*, in: BB 2018, 1218, 1221; *Schregle*, in: GRUR 2019, 912, 913.

737 *Druschel/Jauch*, in: BB 2018, 1218, 1221; *Müller/Aldick*, in: ZIP 2020, 9, 10; *Schregle*, in: GRUR 2019, 912, 913.

mit einem eigenen Schutzkonzept und vereinzelten Regelungen zum Schutz von Geschäftsgeheimnissen im Gerichtsprozess heraus.

1. Überblick über die prozessuale Rechtslage in den EU-Mitgliedstaaten vor dem Inkrafttreten der Richtlinie

Vor dem Inkrafttreten der EU-Richtlinie divergierte die Ausgestaltung des Geheimnisschutzes in den nationalen Gesetzen der EU-Mitgliedstaaten erheblich. Während einige Länder die Bedeutung von Geschäftsgeheimnissen bereits selbst erkannt hatten und sich zumindest ansatzweise um einen gewissen Schutz bemühten, fehlte es in anderen Ländern gänzlich an entsprechenden gesetzlichen Bestimmungen. So suchte man beispielsweise in den irländischen[738], maltesischen[739] und zyprischen[740] Gesetzen vergebens nach spezifischen Regelungen zum Geheimnisschutz im Ganzen. Auch in UK gab es keine gesetzlichen Vorschriften zum Schutz von Geschäftsgeheimnissen, der Geheimnisschutz erfolgte fast ausschließlich mit Hilfe der Grundsätze des Common Laws zum Vertrauensbruch („breach of confidence").[741] In Belgien hingegen waren zwar in begrenztem Umfang Maßnahmen zum prozessualen Geheimnisschutz vorgesehen, ihre Umsetzung in der Praxis aber eher unüblich.[742]

Sofern die nationalen Rechtsordnungen Regelungen zum Schutz von Geschäftsgeheimnissen im Prozess vorsahen, so beschränkten sich diese – ähnlich wie in Deutschland vor der Reform – auf allgemeine prozessuale Maßnahmen wie etwa den vollständigen oder teilweisen Ausschluss der Öffentlichkeit

---

738 *Baker & McKenzie*, Study on Trade Secrets, S. 4, 6, 20, 21, 25; *EUIPO*, Baseline 7, 84 ff.; *Hogan Lovells International LLP*, Report on Trade Secrets, Ziff. 4, 124, 128, 256, 263, 349.

739 *Baker & McKenzie*, Study on Trade Secrets, S. 4, 7, 20, 21, 25, 36, 44; *EUIPO*, Baseline, S. 7, 214 ff.; *EUIPO*, Rechtsschutz für Geschäftsgeheimnisse, S. 6; *Hogan Lovells International LLP*, Report on Trade Secrets, Ziff. 5, 159, 161, 258, 263, 359;

740 *Baker & McKenzie*, Study on Trade Secrets, S. 4, 20, 25, 57; *EUIPO*, Baseline, S. 7, 163 ff.; *EUIPO*, Rechtsschutz für Geschäftsgeheimnisse, S. 4, 6; *EUIPO*, Rechtsschutz für Geschäftsgeheimnisse, S. 6, *Hogan Lovells International LLP*, Report on Trade Secrets, Ziff. 66.

741 *Cook*, Trade Secret Protection, S. 443; *EUIPO*, Rechtsschutz für Geschäftsgeheimnisse, S. 4; *EUIPO*, Baseline, S. 7; *Hillenbrand*, Betriebs- und Geschäftsgeheimnis, S. 81; *Hogan Lovells International LLP*, Report on Trade Secrets, Ziff. 263; *Westermann*, Handbuch, Kap. 137, Rn. 1.

742 *EUIPO*, Baseline, S. 19; *Hogan Lovells International LLP*, Report on Trade Secrets, Ziff. 57, 283.

von der mündlichen Verhandlung, die Pflicht zur Geheimhaltung der in der Verhandlung anwesenden Personen und/oder Zeugnisverweigerungsrechte, die jedoch insgesamt eine nur marginale Schutzwirkung erzielten. Einige Länder sahen zudem bereits vor dem Erlass der EU-Richtlinie die Möglichkeit vor, den Zugang zu sensiblen Dokumenten zumindest auf die Parteien und ihre Prozessvertreter zu beschränken. Nach englischem[743] und französischem[744] Recht war es sogar möglich, sensible Dokumente ausschließlich den anwaltlichen Vertretern der Prozessparteien zugänglich zu machen, ohne dass die Parteien selbst Einsicht erhalten. Englische Gerichte forderten dabei, dass neben dem Prozessanwalt zumindest auch ein innerbetrieblicher Vertreter der Parteien mit juristischem Sachverstand – ein sogenannter „Inhouse-Jurist" – oder ein von der jeweils anderen Partei genehmigter Sachverständiger Zugang zu den streitgegenständlichen Dokumenten erhält.[745]

In der niederländischen Verfahrenspraxis achteten die Gerichte in der Vergangenheit regelmäßig darauf, dass ausschließlich Juristen oder unabhängige Dritte und keine Mitarbeiter aus der jeweiligen Fachabteilung mit dem streitbefangenen Geheimnis in Berührung kamen.[746] Handelt es sich bei der wertvollen Information beispielsweise um ein bestimmtes Produktionsverfahren, so wird der unternehmensinterne Rechtsanwalt in der Regel nur wenig damit anfangen können. Anders hingegen verhält es sich bei fachlich entsprechend ausgebildeten Mitarbeitern, wie beispielsweise aus der Entwicklungsabteilung, die sich regelmäßig mit technischen Details auseinandersetzen und das in der geheimen Information beschriebene Verfahren möglicherweise mit nur einem Blick vollständig erfassen können. Vermeidet man nun, dass entsprechend geschultes Personal mit der geheimhaltungsbedürftigen Information in Berührung kommt, so wird die Gefahr gebannt, dass diese Information automatisch und unwiderruflich in das Wissen der Gegenseite überläuft und möglicherweise unbewusst verwendet wird.

Auch in Italien und Rumänien war es möglich, Schriftsätze und Dokumente mit geheimem Inhalt nur den anwaltlichen Vertretern der Prozessparteien

---

743 *EUIPO*, Baseline, S. 325; *Maier*, Schutz von Betriebs- und Geschäftsgeheimnissen, S. 263.

744 Tribunal de Grande Instance de Paris, GRUR Int. 2000, 1031, 1032 – *Quick Turn/Meta Systems*.

745 *EUIPO*, Baseline, S. 325; *Maier*, Schutz von Betriebs- und Geschäftsgeheimnissen, S. 263.

746 *EUIPO*, Baseline, S. 228; *Kalbfus/Harte-Bavendamm*, in: GRUR 2014, 453, 456.

zugänglich zu machen.[747] Darüber hinaus bestand hier sogar die Möglichkeit, bestimmte Dokumente in einem versiegelten Umschlag oder an einem besonderen Ort aufzubewahren und der Gegenpartei sowie ihren Prozessvertretern den Zugriff hierauf gänzlich zu verweigern.[748] Sofern eine fachliche Beurteilung erforderlich war, konnten die unter Verschluss gehaltenen Dokumente dann einem vom Gericht zu bestimmenden Sachverständigen vorgelegt werden.[749]

2. Schweden als europäischer Vorreiter

Obwohl in Schweden der Bedarf an rechtlichen Regelungen und Mechanismen zum Schutz von Geschäftsgeheimnissen im Vergleich zu anderen europäischen Mitgliedstaaten erst recht spät erkannt wurde[750], ist dies das einzige Land innerhalb der Europäischen Union, das dem Geheimnisschutz bereits vor dem Erlass der EU-Richtlinie ein eigenes Sondergesetz widmete. Das im Jahr 1990 eingeführte schwedische Gesetz zum Schutz von Unternehmensgeheimnissen[751] normierte neben zivilrechtlichen Ansprüchen auch entsprechende Straftatbestände. Ergänzend hierzu fanden sich weitere Regelungen zum Geheimnisschutz unter anderem im schwedischen Strafgesetzbuch[752] und schwerpunktmäßig – wie auch in Deutschland vor der Reform – im Gesetz gegen den unlauteren Wettbewerb[753].[754]

Dabei enthielten sowohl das schwedische Gesetz gegen den unlauteren Wettbewerb als auch die schwedische Prozessordnung[755] und das Gesetz über Öffentlichkeit und Geheimhaltung[756] bereits vor der Umsetzung der EU-Richtlinie Maßnahmen zum Schutz geheimer Informationen im Gerichtsprozess. So wie

---

747 *EUIPO*, Baseline, S. 153, 270.

748 *EUIPO*, Baseline, S. 153, 270.

749 *EUIPO*, Baseline, S. 153, 270.

750 *Maier*, Schutz von Betriebs- und Geschäftsgeheimnissen, S. 19 ff.

751 Im Schwedischen: *Lag om skydd för företagshemligheter*, veröffentlicht in der schwedischen Verfassungssammlung Nr. 1990:409 am 31.5.1990, in Kraft seit 1.7.1990.

752 Im Schwedischen: *Brottsbalken*, veröffentlicht in der schwedischen Verfassungssammlung Nr. 1962:700 am 21.12.1962, in Kraft seit 1.1.1965.

753 Im Schwedischen: *Konkurrenslag*, veröffentlicht in der schwedischen Verfassungssammlung Nr. 1993:20 am 14.1.1993, in Kraft seit 1.7.1993.

754 *Cook*, Trade Secret Protection, S. 391 ff.; *EUIPO*, Baseline, S. 311 f.

755 Im Schwedischen: *Rättegångsbalk*, veröffentlicht in der schwedischen Verfassungssammlung Nr. 1942:740 am 18.7.1942, in Kraft seit 1.1.1948.

756 Im Schwedischen: *Offentlighets- och sekretesslag*, veröffentlicht in der schwedischen Verfassungssammlung Nr. 2009:400 am 20.5.2009, in Kraft seit 1.6.2009.

in vielen weiteren nationalen Rechtsordnungen vorgesehen, konnte auch in Schweden die Öffentlichkeit von einer grundsätzlich öffentlich zu führenden Gerichtsverhandlung ausnahmsweise ausgeschlossen werden, wenn das Gericht bestimmte im Rahmen des Verfahrens übermittelte Informationen als streng geheim im Sinne des Gesetzes einstuft.[757] Zudem wurde durch die Einführung spezieller Zeugnisverweigerungsrechte den Interessen von Geheimnisinhabern Rechnung getragen.[758] So konnten Zeugen oder Sachverständige die Aussage verweigern, wenn die Preisgabe von Geschäftsgeheimnissen zu befürchten war. Zudem mussten Unternehmen gemäß Kapitel 5, § 12 des schwedischen Gesetzes gegen den unlauteren Wettbewerb in verwaltungsrechtlichen Verfahren keine Geheimnisse technischer Art preisgeben, wenn sie gegenüber einer Behörde Auskunft geben mussten.

Die schwedische Rechtsordnung ging allerdings über solch allgemeine prozessuale Maßnahmen mit einer nur marginalen Schutzwirkung für Geschäftsgeheimnisse hinaus und sah bereits vor dem Inkrafttreten der EU-Richtlinie im Jahr 2016 einen mehrstufigen Maßnahmenkatalog zum prozessualen Geheimnisschutz vor. Gemäß Kapitel 36, § 2 des Gesetzes über Öffentlichkeit und Geheimhaltung konnten Informationen über die geschäftlichen oder industriellen Beziehungen einer Behörde oder Person auf Antrag oder von Amts wegen als geheim eingestuft werden, wenn zu vermuten ist, dass durch ihre Offenlegung ein erheblicher Schaden entstehen würde. Die Entscheidung hierüber steht im Ermessen des Gerichts.[759] Nach der Feststellung der Geheimhaltungsbedürftigkeit auf erster Stufe konnte im Anschluss daran der Zugang zur mündlichen Verhandlung begrenzt werden. Wird die streitgegenständliche Information als geheim eingestuft, so durften nur die Parteien, die Prozessvertreter und der zur Entscheidung berufene Richter an der mündlichen Verhandlung teilnehmen.[760] Zudem konnte das Gericht die anwesenden Parteien gemäß Kapitel 5, § 4 des Gesetzes über Öffentlichkeit und Geheimhaltung zur Geheimhaltung über die während des Verfahrens zur Sprache kommenden Informationen verpflichten. Die Verpflichtung zur Geheimhaltung erstreckte sich nach schwedischem Recht über einen Zeitraum von zwanzig Jahren.[761] Im Falle eines Verstoßes fand die

757 Kapitel 5, § 1 der schwedischen Prozessordnung (im Schwedischen: *Rättegångsbalk).*

758 *Maier*, Schutz von Betriebs- und Geschäftsgeheimnissen, S. 159 f.

759 *EUIPO*, Baseline, S. 314.

760 *EUIPO*, Baseline, S. 314; *Maier*, Schutz von Betriebs- und Geschäftsgeheimnissen, S. 158.

761 *EUIPO*, Baseline, S. 314; *Schwedisches Justizministerium*, Public Access to Information and Secrecy Act, S. 30.

strafrechtliche Vorschrift in Kapitel 20, § 3 des schwedischen Strafgesetzbuches Anwendung, die eine Geldstrafe oder Freiheitsstrafe bis zu einem Jahr vorsieht.

Das schwedische Gesetz hat also bereits vor dem Inkrafttreten der EU-Richtlinie fast identische Maßnahmen zum Schutz von Geschäftsgeheimnissen im Gerichtsprozess vorgesehen, wie sie der europäische Gesetzgeber seit 2016 für alle Mitgliedstaaten zwingend voraussetzt. Der schwedische Gesetzgeber war damit allen anderen EU-Mitgliedstaaten bereits seit Jahren weit voraus. In Umsetzung der EU-Richtlinie trat mit Wirkung zum 1. Juli 2018 das neue schwedische Geschäftsgeheimnisgesetz[762] in Kraft, welches das alte Gesetz zum Schutz von Unternehmensgeheimnissen vollständig ablöst. Im Rahmen der Umsetzung hat der schwedische Gesetzgeber nicht nur dieses neue Gesetz eingeführt, sondern auch die ergänzenden Regelungen in den übrigen nationalen Gesetzen entsprechend angepasst. Ein eigens hierfür eingesetzter Untersuchungsausschuss stellte den legislativen Änderungsbedarf fest und unterbreitete entsprechende Vorschläge.[763]Aufgrund des bereits hohen Schutzstandards beschränkten sich die Umsetzungsmaßnahmen allerdings lediglich auf einige wenige Anpassungen.

3. Umsetzungsmaßnahmen durch die EU-Mitgliedstaaten

Neben dem deutschen und schwedischen Gesetzgeber haben sich auch einige andere EU-Mitgliedstaaten dafür entschieden, den von der Richtlinie vorgegebenen Mindeststandards zum Schutz von Geschäftsgeheimnissen durch die Einführung eines eigenständigen Gesetzes gerecht zu werden. In Umsetzung der EU-Richtlinie haben Bulgarien[764], Dänemark[765], Finnland[766], Frankreich[767],

---

762 Im Schwedischen: *Lag om företagshemligheter*, veröffentlicht in der schwedischen Verfassungssammlung Nr. 2018:558 am 25.5.2018, in Kraft seit 1.7.2018.

763 *EUIPO*, Baseline, S. 7; *EUIPO*, Rechtsschutz für Geschäftsgeheimnisse, S. 6.

764 Bulgarisches Gesetz zum Schutz von Geschäftsgeheimnissen (im Bulgarischen: *Закон за защита на търговската тайна*), veröffentlicht im bulgarischen Staatsanzeiger Nr. 28 am 5.4.2019, in Kraft seit 5.5.2019.

765 Dänisches Geschäftsgeheimnisgesetz (im Dänischen: *Lov om forretningshemmeligheder*), veröffentlicht vom dänischen Wirtschaftsministerium als Gesetz Nr. 309 am 26.4.2018, in Kraft seit 9.6.2018.

766 Finnisches Geschäftsgeheimnisgesetz (im Finnischen: *Lag om företagshemligheter*), veröffentlicht in der finnischen Legislativsammlung Nr. 595/2018 am 14.8.2018, in Kraft seit 15.8.2018.

767 Französisches Gesetz zum Schutz von Geschäftsgeheimnissen (im Französischen: *Loi relative à la protection du secret des affaires*), veröffentlicht im Amtsblatt der Französischen Republik Nr. 0174 am 31.7.2018, in Kraft seit 31.7.2018.

Kroatien[768], Lettland[769], Litauen[770], Luxemburg[771], Malta[772], Niederlande[773], Rumänien[774], Slowenien[775], Spanien[776], Ungarn[777] sowie UK[778] ein neues

768 Kroatisches Gesetz zum Schutz unveröffentlichter Informationen mit Marktwert (im Kroatischen: *Zakon o zaštiti neobjavljenih informacija s tržišnom vrijednosti*), veröffentlicht im kroatischen Amtsblatt Nr. 30/2018 am 30.3.2018, in Kraft seit 7.4.2018.

769 Lettisches Gesetz zum Schutz von Geschäftsgeheimnissen (im Lettischen: *Komercnoslēpuma aizsardzības likums*), veröffentlicht im lettischen Amtsblatt Nr. 52 am 14.3.2019, in Kraft seit 2.4.2019.

770 Litauisches Gesetz über den rechtlichen Schutz von Geschäftsgeheimnissen (im Litauischen: *Lietuvos Respublikos komercinių paslapčių teisinės apsaugos įstatymas*), veröffentlicht im litauischen Amtsblatt Nr. 2018-07477 am 8.5.2018, in Kraft seit 1.6.2018.

771 Luxemburgisches Gesetz zum Schutz von Know-how und nicht offengelegten Geschäftsinformationen vor widerrechtlichem Erwerb, Verwendung und Weitergabe (im Französischen: *Loi sur la protection des savoir-faire et des informations commerciales non divulgués (secrets d'affaires) contre l'obtention, l'utilisation et la divulgation illicites*), veröffentlicht im Amtsblatt des Großherzogtums Luxemburg am 28.6.2019, in Kraft seit 2.7.2019.

772 Maltesisches Geschäftsgeheimnisgesetz (im Englischen: *Trade Secrets Act*), veröffentlicht im maltesischen Amtsblatt Nr. 20,025 am 13.7.2018, in Kraft seit 14.5.2019.

773 Niederländisches Gesetz zum Schutz von Geschäftsgeheimnissen (im Niederländischen: *Wet bescherming bedrijfsgeheimen*), veröffentlicht im niederländischen Amtsblatt Nr. 369 am 22.10.2018, in Kraft seit 23.10.2018.

774 Rumänische Notfallverordnung zum Schutz von Know-how und geheimen Geschäftsinformationen, die Geschäftsgeheimnisse darstellen, vor dem illegalen Erwerb, der illegalen Nutzung und Weitergabe sowie zur Änderung und Vervollständigung von normativen Handlungen (im Rumänischen: *Ordonanța de urgență privind protecția know-how-ului și a informațiilor de afaceri nedivulgate care constituie secrete comerciale împotriva dobândirii, utilizării și divulgării ilegale, precum și pentru modificarea și completarea unor acte normative*), veröffentlicht im rumänischen Amtsblatt Nr. 309 am 19.4.2019, in Kraft seit 19.4.2019.

775 Slowenisches Geschäftsgeheimnisgesetz (im Slowenischen: *Zakon o poslovni skrivnosti*), veröffentlicht im slowenischen Amtsblatt Nr. 22/2019 am 5.4.2019, in Kraft seit 20.4.2019.

776 Spanisches Geschäftsgeheimnisgesetz (im Spanischen: *Ley de Secretos Empresariales*), veröffentlicht im spanischen Amtsblatt Nr. 45 am 21.2.2019, in Kraft seit 13.3.2019.

777 Ungarisches Gesetz zum Schutz von Geschäftsgeheimnissen (im Ungarischen: *törvény az üzleti titok védelméről*), veröffentlicht im ungarischen Amtsblatt Nr. 123 am 31.7.2018, in Kraft seit 8.8.2018.

778 Britisches Geschäftsgeheimnisgesetz (im Englischen: *The Trade Secrets Regulations*), veröffentlicht im britischen Amtsblatt Nr. 597 am 22.5.2018, in Kraft seit 9.6.2018.

Stammgesetz zum Schutz von Geschäftsgeheimnissen in ihr nationales Rechtssystem eingeführt. Davon verzichteten nur einige wenige Länder auf prozessuale Regelungen in ihrem neuen Stammgesetz und ergänzten stattdessen das jeweilige nationale Prozessrecht um entsprechende Regelungen (Lettland[779], Litauen[780]und die Niederlande[781]). Die übrigen Länder (Belgien, Estland, Griechenland, Irland, Italien, Österreich, Polen, Portugal, Slowakei und Tschechien) haben ausschließlich bereits bestehende Gesetzestexte reformiert und entsprechend angepasst, ohne ein gänzlich neues Stammgesetz zu schaffen. So finden sich in diesen Mitgliedstaaten beispielsweise ergänzende Regelungen in den nationalen Wirtschaftsgesetzen und/oder den jeweiligen Gesetzen zum Prozessrecht, so wie etwa in Belgien[782] und Österreich.[783]

Insgesamt hält sich die Mehrzahl der EU-Mitgliedstaaten streng an die von der Richtlinie vorgegebenen Mindeststandards. Die meisten Mitgliedstaaten übernehmen die in der Richtlinie enthaltenen Regelungen vollständig, teilweise sogar wortwörtlich. Lediglich in einigen wenigen Ländern sind die im Rahmen der Umsetzung eingeführten Regelungen als unzureichend zu bezeichnen. So sieht etwa das dänische Geschäftsgeheimnisgesetz entgegen den Vorgaben der Richtlinie keine Möglichkeit vor, den Zugang zur mündlichen Verhandlung oder zu sensiblen Dokumenten auf eine gewisse Anzahl an Personen zu beschränken. Das nationale Recht in Estland, Polen, Tschechien und der Slowakei sieht auch nach der Umsetzung der EU-Richtlinie keine Maßnahmen zum Schutz von Geschäftsgeheimnissen während des Gerichtsverfahrens vor, die über den bloßen Ausschluss der Öffentlichkeit und das Recht zur Zeugnisverweigerung hinausgehen. In Zypern blieb der Versuch, die Vorgaben der EU-Richtlinie in das nationale Gesetz zu transferieren, bisher gänzlich aus, was in Anbetracht

---

779 Art. 250^{78} ff. des lettischen Zivilprozessgesetzes (im Lettischen: *Civilpricesa likuma*), Änderung veröffentlicht im lettischen Amtsblatt Nr. 52 (6391) am 14.3.2019, in Kraft seit 1.4.2019.

780 Art. 10^{1} der litauischen Zivilprozessordnung (im Litauischen: *Civilinio Proceso Kodekso*), Änderung veröffentlicht im litauischen Amtsblatt Nr. XIII-1126 am 26.4.2018 am, in Kraft seit 1.6.2018.

781 Art. 1019i ff. der niederländischen Prozessordnung (im Niederländischen: *Wetboek van Burgerlijke Rechtsvordering*), Änderung veröffentlicht im niederländischen Amtsblatt Nr. 369 am 22.10.2018, in Kraft seit 23.10.2018.

782 Kapitel 2 und 3 im belgischen Gesetz zum Schutz von Geschäftsgeheimnissen (im Französischen: *Loi relative à la protection des secrets d'affaires*).

783 Art. 1 und 2 der öUWG-Novelle, veröffentlicht im österreichischen Bundesgesetzblatt I Nr. 109 am 28.12.2018, in Kraft seit 28.1.2019.

des seit einigen Jahren bestehenden besonders hohen Umsetzungsdefizites[784] nicht verwundert. Einzig die im Folgenden benannten Länder haben von dem im Rahmen der Richtlinie eröffneten Gestaltungsspielraum Gebrauch gemacht, um für einen Schutz von Geschäftsgeheimnissen während eines Gerichtsverfahrens zu sorgen, der – zumindest geringfügig – über den von der EU-Richtlinie geforderten Mindeststandard hinausgeht.

a) Erweiterung des Anwendungsbereiches in Litauen, Portugal, Schweden und UK

Die EU-Geschäftsgeheimnis-Richtlinie gibt vor, dass der für Gerichtsverfahren vorgegebene Schutzmaßstab zumindest solchen Gerichtsverfahren zugutekommen soll, die den rechtswidrigen Erwerb oder die rechtswidrige Nutzung oder Offenlegung eines Geschäftsgeheimnisses zum Gegenstand haben. Diese Vorgabe unterliegt allerdings nicht der Vollharmonisierung, sodass die Mitgliedsstaaten hiervon abweichen und Schutzmaßnahmen nicht nur für die von der EU-Richtlinie ausdrücklich erwähnten sogenannten Geschäftsgeheimnisstreitsachen vorsehen können. Diese sinnvolle Möglichkeit der Schutzerweiterung haben allerdings lediglich die Gesetzgeber in Litauen, Portugal, Schweden und UK wahrgenommen. In Litauen finden nach Art. 1 des Änderungsgesetzes zum Zivilprozessrecht[785] die neuen prozessualen Schutzmaßnahmen sowohl in Fällen des widerrechtlichen Erwerbs, der widerrechtlichen Verwendung oder Offenlegung von Geschäftsgeheimnissen als auch in anderen Zivilsachen Anwendung. Damit wird der von der Richtlinie vorgesehene Anwendungsbereich auf alle Streitigkeiten in zivilrechtlichen Angelegenheiten erweitert. Noch weiter gehen der österreichische[786], portugiesische[787] und

784 *Europäische Kommission*, Binnenmarktanzeiger, S. 2, 4.

785 Gesetz Nr. 10 der Republik Litauen zur Ergänzung der Artikel 10-1 und 275, 292 der Zivilprozessordnung Nr. XIII-1126 (im Litauischen: *Lietuvos Respublikos civilinio proceso kodekso papildymo 10-1 straipsniu ir 275, 292 straipsnių pakeitimo įstatymas Nr. XIII-1126szám*), veröffentlicht im litauischen Amtsblatt am 26.4.2018, in Kraft seit 1.6.2018.

786 § 26h des österreichischen Gesetzes gegen den unlauteren Wettbewerb, Änderung veröffentlicht im österreichischen Bundesgesetzblatt Nr. 109/2018 am 28.12.2018, in Kraft seit 28.1.2019.

787 Art. 352 des Anhanges des portugiesischen Gesetzesdekrets Nr. 110/2018 zum neuen Gewerblichen Rechtsschutz (im Portugiesischen: *Decreto-Lei No. 110/2018 aprova o novo Código da Propriedade Industrial)*, veröffentlicht im portugiesischen Amtsblatt Nr. 237/2018 am 10.12.2018, in Kraft seit 1.1.2019.

schwedische[788] Gesetzgeber, die prozessuale Schutzmaßnahmen für jegliche Gerichtsverfahren vorsehen. Diese Länder haben erkannt, dass Geschäftsgeheimnisse auch in anderen prozessualen Konstellationen gefährdet sein können, und den Anwendungsbereich entsprechend angepasst. Auf diese Weise haben sie den prozessualen Schutz sensibler Informationen innerhalb ihrer nationalen Rechtsordnung erweitert und den offenen Gestaltungsspielraum auf sinnvolle Art und Weise ausgeschöpft.

b) Abweichende Regelungen zur Zugangsbeschränkung in Finnland und Italien

Entsprechend den Vorgaben der EU-Geschäftsgeheimnis-Richtlinie ist im Rahmen von Zugangsbeschränkungen darauf zu achten, dass mindestens einer natürlichen Person jeder Partei sowie den jeweiligen Rechtsanwälten der Parteien und gegebenenfalls sonstigen Vertreter uneingeschränkter Zugang zu gewähren ist. Die in Art. 9 Abs. 2 EU-Richtlinie enthaltene Vorgabe ist allerdings gemäß Art. 1 Abs. 1 UAbs. 2 der Richtlinie nicht zwingend einzuhalten. Daher können die Mitgliedstaaten im Rahmen der Umsetzung in das nationale Recht hiervon abweichen und für einen darüber hinausgehenden Schutz sorgen.

Finnland und Italien haben von der Möglichkeit Gebrauch gemacht, durch strengere Zugangsbeschränkungen für einen erweiterten Schutz in ihrer nationalen Rechtsordnung zu sorgen. So sieht das finnische Geschäftsgeheimnisgesetz in Abschnitt 14 vor, dass im Falle einer juristischen Person als Partei der Zugang nur auf eine begrenzte Anzahl natürlicher Personen beschränkt wird, ohne eine konkrete Mindestanzahl hierfür vorzusehen. Der italienische Gesetzgeber verzichtet gänzlich auf eine solche Einschränkung der Zugangsbeschränkung im neu eingeführten Art. 121-ter Abs. 3 des Gesetzes zum gewerblichen Rechtsschutz[789]. Sowohl nach dem finnischen als auch nach dem italienischen Gesetz ist es also nicht erforderlich, dass mindestens einer natürlichen Person jeder Partei und ihren Vertretern Zugang gewährt wird. Vielmehr kann der Zugang einer Partei hier grundsätzlich auch nur auf insgesamt eine natürliche Person oder einen ihren Vertreter begrenzt werden. Allerdings berücksichtigen auch diese nationalen Gesetzgeber insofern die europarechtlichen Grundsätze und setzen voraus, dass das Recht der Parteien auf ein faires Verfahren durch

---

788 Kapitel 10 und Kapitel 36 des schwedischen Gesetzes über Öffentlichkeit und Geheimhaltung (im Schwedischen: *Offentlighets- och sekretesslag*).

789 Im Italienischen: *Codice della proprieta' industriale*, Änderung veröffentlicht im italienischen Amtsblatt Nr. 63 am 11.5.2018, in Kraft seit 22.6.2018.

die Beschränkung nicht verletzt werden darf.[790] Stehen prozessuale Grundrechte der Beschränkung im Einzelfall entgegen, so ist daher gegebenenfalls sowohl der Partei als auch ihrem Vertreter Zugang zu gewähren.

c) *Maßnahmen ex officio in Frankreich, Irland, Litauen, Luxemburg und Portugal*

Gemäß Art. 9 Abs. 1 UAbs. 1 S. 2 EU-Richtlinie können die Mitgliedstaaten ihre zuständigen Gerichte ermächtigen, prozessuale Maßnahmen auch von Amts wegen zu ergreifen, ohne dass ein entsprechender Antrag einer Partei vorliegen muss. Von dieser Möglichkeit haben lediglich einige wenige Länder vollständig Gebrauch gemacht. In Dänemark[791], Estland[792] und Ungarn[793] kann das Gericht von Amts wegen die streitgegenständliche Information als geheimhaltungsbedürftig einstufen und die am Verfahren beteiligten Personen zur Geheimhaltung verpflichten. Für diesen ersten Schritt des prozessualen Geheimnisschutzes bedarf es hier keines Antrags durch eine Partei. Für weitere, daran anschließende prozessuale Maßnahmen – sofern diese überhaupt vorgesehen sind – wird jedoch ein entsprechender Antrag vorausgesetzt.

Auch in Frankreich[794] und Portugal[795] bedarf es nur eines Antrags, allerdings in umgekehrter Reihenfolge. Hier kann das zuständige Gericht zwar weitere Maßnahmen von Amts wegen erlassen. Allerdings bedarf es zur Einstufung der Information als geheimhaltungsbedürftig eines Antrags der betroffenen Partei. Ein Antrag wird hier also nur auf erster Stufe vorausgesetzt, nachfolgende Maßnahmen zum prozessualen Geheimnisschutz können auch von Amts wegen veranlasst werden.

---

790 § 14 des finnischen Geschäftsgeheimnisgesetzes; Art. 121-ter Abs. 3 des italienischen Gesetzes zum gewerblichen Rechtsschutz.

791 Kapitel 3 UAbs. 1 des dänischen Geschäftsgeheimnisgesetzes (im Dänischen: *Lov om forretningshemmeligheder*).

792 § 41 Abs. 1, 2 der estländischen Prozessordnung (im Estländischen: *Tsiviilkohtumenetluse seadustik*), Änderung veröffentlicht im estländischen Amtsblatt am 7.12.2018, in Kraft seit 17.12.2018.

793 Art. 11 Abs. 1 des ungarischen Gesetzes zum Schutz von Geschäftsgeheimnissen (im Ungarischen: *törvény az üzleti titok védelméről*).

794 Art. L 152-1, 153-2 des französischen Gesetzes zum Schutz von Geschäftsgeheimnissen (im Französischen: *Loi relative à la protection du secret des affaires*).

795 Art. 352 Abs. 1, 3 des Anhanges des portugiesischen Gesetzesdekrets Nr. 110/2018 zum neuen Gewerblichen Rechtsschutz (im Portugiesischen: *Decreto-Lei No. 110/2018 aprova o novo Código da Propriedade Industrial*).

In Belgien[796], Irland[797], Litauen[798], Luxemburg[799], Österreich[800], Rumänien[801], Schweden[802], Spanien[803] und UK[804] wurde der durch die EU-Richtlinie eröffnete Gestaltungsspielraum vollständig ausgeschöpft und auf beiden Stufen von einem entsprechenden Antrag durch eine Partei abgesehen. Hier kann das zuständige Gericht von Amts wegen sowohl die streitgegenständliche Information als geheimhaltungsbedürftig einstufen, als auch weitere Geheimhaltungsmaßnahmen ergreifen. Diese Länder verzichten auf eine unnötige Förmelei durch die Voraussetzung eines Parteiantrags auf jeder Stufe und erleichtern auf diese Weise den Geheimnisschutz innerhalb ihrer Rechtsordnungen.

d) Gesetzliche Beweiserleichterung in Slowenien und Österreich

Sowohl das slowenische Geschäftsgeheimnisgesetz als auch das österreichische Gesetz gegen den unlauteren Wettbewerb (öUWG) sehen zusätzlich zu den von der EU-Richtlinie vorgesehenen Mindeststandards Regelungen zur Erleichterung der Beweisführung vor. Nach Art. 8 Abs. 1 des slowenischen

---

796 Art. 871bis § 1 der belgischen Zivilprozessordnung (im Belgischen: *Code Judiciaire*), Änderung veröffentlicht im belgischen Amtsblatt Nr. 2018-7-30/18 am 14.8.2018, in Kraft seit 24.8.2018.

797 § 10 der irländischen Verordnung zum Schutz von Geschäftsgeheimnissen (im Englischen: *European Union (Protection of Trade Secrets) Regulations)*, veröffentlicht im Irländischen Amtsblatt Nr. 188 am 15.6.2018, in Kraft seit 9.6.2018.

798 Art. 10^1 der litauischen Zivilprozessordnung (im Litauischen: *Civilinio Proceso Kodekso*), Änderung veröffentlicht im litauischen Amtsblatt Nr. XIII-1126 am 26.4.2018 am, in Kraft seit 1.6.2018.

799 Art. 14 Abs. 1 des litauischen Gesetzes über den rechtlichen Schutz von Geschäftsgeheimnissen (im Litauischen: *Lietuvos Respublikos komercinių paslapčių teisinės apsaugos įstatymas*).

800 § 26h Abs. 2 des österreichischen Gesetzes gegen den unlauteren Wettbewerb.

801 Art. 9 Abs. 1, 3 der rumänischen Notfallverordnung zum Schutz von Know-how und geheimen Geschäftsinformationen (im Rumänischen: *Ordonanța de urgență privind protecția know-how-ului și a informațiilor de afaceri nedivulgate care constituie secrete comerciale împotriva dobândirii, utilizării și divulgării ilegale, precum și pentru modificarea și completarea unor acte normative*).

802 Kapitel 36 § 2 des schwedischen Gesetzes zur Öffentlichkeit und Geheimhaltung (Im Schwedischen: *Offentlighets- och sekretesslag)*.

803 Art. 15 Abs. 1, 2 des spanischen Geschäftsgeheimnisgesetzes (im Spanischen: *Ley de Secretos Empresariales*).

804 § 10 Abs. 1 lit. (a), 4 des britischen Geschäftsgeheimnisgesetzes (im Englischen: *The Trade Secrets Regulations*).

Geschäftsgeheimnisgesetzes ist der Geheimnisinhaber nicht verpflichtet, das betroffene Geschäftsgeheimnis in seinem Antrag offenzulegen, wenn er das Bestehen und die Verletzung des Geheimnisses nachweisen kann. Nach § 26h Abs. 1 öUWG ist das betroffene Geschäftsgeheimnis nur so weit offenzulegen, als es unumgänglich ist, um das Vorliegen der Voraussetzungen eines Geschäftsgeheimnisses sowie seiner Verletzung glaubhaft darzulegen. Es ist also ausreichend, wenn sich der geltend gemachte Anspruch aus dem Vorbringen des Geheimnisträgers zunächst nur schlüssig ableiten lässt. In Slowenien und Österreich wird der Geheimnisinhaber also davor bewahrt, die streitgegenständliche Information bereits im Rahmen seines ersten Schriftsatzes vollumfänglich preiszugeben zu müssen. Bis das Gericht die Verfahrensbeteiligten zur Verschwiegenheit verpflichtet und die im Übrigen vorgesehenen Geheimhaltungsmaßnahmen durchgeführt hat, müssen noch keine wesentlichen Informationen über das (möglicherweise) verletzte Geschäftsgeheimnis preisgegeben werden. Auf diese Weise wird der prozessuale Geheimnisschutz in Slowenien und Österreich nicht nur verstärkt, sondern um eine weitere, wesentliche Ebene erweitert. Der bereits zu Beginn des Verfahrens bestehenden Gefahr einer ungewollten Preisgabe im Rahmen des ersten Schriftsatzes wird durch die gesetzliche Beweiserleichterung erheblich entgegengewirkt.

e) Einsatz eines Sachverständigen in Österreich

„*Herzstück*“[805] der UWG-Reform in Österreich ist der neu eingeführte § 26h Abs. 2 S. 2 öUWG. Der österreichische Gesetzgeber hat den nationalen Geheimnisschutz um eine weitere Maßnahme ergänzt und sieht die Möglichkeit vor, dass das streitgegenständliche Geschäftsgeheimnis ausschließlich einem vom Gericht bestellten Sachverständigen zur Beurteilung offengelegt werden kann. Die gegnerische Partei selbst und ihre rechtlichen Vertreter erhalten danach keinen Einblick in die sensiblen Unterlagen. Ihnen ist nach § 26h Abs. 2 S. 4 ff. öUWG lediglich Zugang zu einer vom gerichtlich bestellten Sachverständigen erstellten Zusammenfassung zu gewähren, die frei von vertraulichen Angaben über die streitgegenständliche Information ist und der Akte beigelegt wird. Das Gericht bleibt für das Beweisverfahren zuständig und hat zur Überprüfung der Zusammenfassung Zugang zu sämtlichen Unterlagen, die der Beurteilung durch den Sachverständigen zugrunde lagen.[806] Diese Unterlagen sind nach § 26h Abs. 2

805 *ÖV*, Stellungnahme, S. 7.
806 *Bruckmüller/Kückl*, Schutz des Geschäftsgeheimnisses, S. 59.

S. 4 ff. öUWG vom Sachverständigen zu kennzeichnen und in einem gesonderten Aktenteil zu verwahren. Zwar kann die gegnerische Prozesspartei im Sinne eines fairen Verfahrens nach § 26h Abs. 3 öUWG Zugang zu allen vorgebrachten Beweismitteln beantragen.

Dies setzt allerdings voraus, dass ein uneingeschränkter Zugang für die eigene Rechtsverfolgung bzw. Rechtsverteidigung oder zur Durchsetzung sonstiger legitimer Interessen der beantragenden Partei erforderlich ist. Die Beurteilung erfolgt anhand einer Gesamtabwägung, bei der nach § 26h Abs. 3 S. 2 öUWG insbesondere der Schaden zu berücksichtigen ist, der durch die Gewährung oder Ablehnung der Offenlegung ernsthaft zu befürchten ist. Auf diese Weise wird gewährleistet, dass die prozessualen Grundrechte der Parteien angemessen berücksichtigt werden. Stellt die gegnerische Partei einen solchen Antrag auf unbeschränkten Zugang, so kann der Kläger die Klage zum Schutz seines Geschäftsgeheimnisses ohne Zustimmung des Beklagten nach § 237 Abs. 1 der österreichischen Zivilprozessordnung zurücknehmen. Auf diese Weise werden die wesentlichen Unterlagen der gegnerischen Partei nicht ohne Weiteres, sondern nur auf Antrag und nach umfangreicher Abwägung zugänglich gemacht. Es wird vermieden, dass ein unwiederbringlicher Schaden durch eine ungewollte Preisgabe des Geschäftsgeheimnisses entsteht. Der österreichische Gesetzgeber setzt auf diese Weise einen hohen Schutzstandard innerhalb der eigenen Rechtsordnung und führt damit den Geheimnisschutz im europäischen Vergleich an.

f) In-Camera-Verfahren in Frankreich

In Umsetzung der europarechtlichen Vorgaben hat sich der französische Gesetzgeber dazu entschlossen, die Möglichkeit der Zugangsbeschränkung nach Art. 9 Abs. 2 UAbs. 2 EU-Richtlinie zu erweitern, und die Möglichkeit eines relativen In-Camera-Verfahren vorzusehen.[807] Danach ist es vor französischen Gerichten möglich, den Zugang einer Partei zu beschränken und nur ihren Vertreter an der mündlichen Verhandlung teilnehmen zu lassen. Der französische Gesetzgeber ist damit eine Ausnahme im europäischen Vergleich. Die Vor- und Nachteile eines solchen „kameralistischen“ Verfahrens werden im folgenden Kapitel ausführlich dargestellt und diskutiert.

---

807 *McGuire*, in: Büscher, UWG, § 19 GeschGehG, Rn. 7.

4. Zusammenfassung über den prozessualen Geheimnisschutz in den Mitgliedstaaten der Europäischen Union

Durch die in den EU-Mitgliedstaaten erfolgte Umsetzung der EU-Geschäftsgeheimnis-Richtlinie konnte innerhalb der Europäischen Union – bis auf einige wenige Ausnahmen – ein insgesamt einheitlicher Schutzstandard für Geschäftsgeheimnisse generiert werden. Durch im Kern einheitliche Definitionen, ähnliche Rechtsbehelfe im Falle einer rechtswidrigen Geheimnisoffenbarung- und Nutzung sowie durch gesetzliche Vorgaben zum Schutz von sensiblen Informationen im Gerichtsprozess kommt Geschäftsgeheimnissen nun grenzüberschreitend eine ähnlich hohe Gewichtung zu. Um eine richtlinienkonforme Umsetzung zu garantieren, entschieden sich viele EU-Mitgliedstaaten für eine in großen Teilen fast wortgleiche Übernahme des Richtlinientextes.

Nur einige wenige nationale Gesetzgeber haben sich getraut, von dem eröffneten Gestaltungsspielraum Gebrauch zu machen und auf diese Weise zumindest in einzelnen Bereichen für einen über den vorgegebenen Mindeststandard hinausgehenden Schutzumfang zu sorgen. Die Gesetzgeber in Finnland, Frankreich, Irland, Italien, Litauen, Luxemburg, Österreich, Portugal, Schweden, Slowenien und UK haben sich die Mühe gemacht, den eingeschränkten Anwendungsbereich der EU-Richtlinie sowie die Reichweite ihrer Mindestvorgaben zu überdenken und Schutzlücken durch entsprechende Erweiterungen in den nationalen Rechtsordnungen zu schließen. Dabei handelt es sich allerdings nicht einmal um die Hälfte der heute insgesamt 27 EU-Mitgliedstaaten, die diesen Mehraufwand in Kauf genommen haben. Zudem beschränken sich die Erweiterungen in den jeweiligen EU-Mitgliedstaaten auf nur vereinzelte Bereiche, ohne dass ein nationaler Gesetzgeber den Gestaltungsspielraum umfassend ausschöpft.

Auch wenn mit der Umsetzung der EU-Richtlinie ein zumindest geringer aber einheitlicher Schutzstandard innerhalb der Europäischen Union geschaffen wurde, so spiegeln sich jedoch die Defizite der Richtlinie in den meisten nationalen Rechtsordnungen wider. Dies hätte womöglich durch eine umsichtige und im Detail durchdachte Umsetzung vermieden werden können. Im Folgenden wird dargestellt, welche sonstigen Maßnahmen zum Schutz von Geschäftsgeheimnissen im Gerichtsprozess unter Berücksichtigung geltenden Rechts und den Vorgaben der EU-Richtlinie in Betracht kommen. Dabei wird insbesondere ein Blick auf bereits aus anderen Rechtsbereichen bekannte prozessuale Schutzmechanismen geworfen und ihre Praktikabilität für den Geheimnisschutz überprüft.

E. Fortentwicklung prozessualer Schutzmaßnahmen

Ausweislich der vorausgehenden Ausführungen beschränkten sich die meisten Mitgliedstaaten bei der Umsetzung der europäischen Vorgaben darauf, lediglich die von der Richtlinie vorgegebenen Mindeststandards in das nationale Recht aufzunehmen. Nur einige wenige nationale Rechtsordnungen innerhalb der EU sehen Schutzmechanismen vor, die über diese Mindestvorgaben hinausgehen. Dabei kommen zahlreiche weitere Möglichkeiten in Betracht, die einen Schutz von Geschäftsgeheimnissen im Gerichtsprozess bewirken. Einige Verfahrensansätze wurden bereits im Hinblick auf andere Rechtsbereiche diskutiert oder haben sich im europäischen Ausland zum Schutz sensibler Informationen vor einer Offenlegung im Prozess etabliert. Diese haben jedoch – teilweise zu Unrecht – in den Erwägungen der nationalen Gesetzgeber im Rahmen der Umsetzung der Richtlinie keine Berücksichtigung gefunden. Im Folgenden werden diese Verfahren näher betrachtet, auf ihre Vereinbarkeit mit den Vorgaben der Richtlinie und dem europarechtlichen Fairnessgrundsatz sowie ihre Praktikabilität im Hinblick auf den Geheimnisschutz untersucht.

I. Black-Box-Verfahren

Ein besonders hoher Geheimnisschutz ließe sich mit dem sogenannten Black-Box-Verfahren generieren. Die Zulässigkeit dieses im europäischen Ausland bisweilen teilweise praktizierten aber insgesamt sehr radikalen Verfahrens wurde bereits in den frühen Neunzigerjahren vor dem obersten deutschen Gericht diskutiert.

1. Einzelheiten des Verfahrens

Im Black-Box-Verfahren wird für die Prüfung einer entscheidungserheblichen Tatsache im Hauptverfahren ein neutraler und zur Verschwiegenheit verpflichteter Sachverständiger als Beweismittler eingeschaltet. Allein diesem Beweismittler werden die für seine Beurteilung erforderlichen Informationen zur Prüfung vorgelegt. Sämtliche Beteiligte des Prozesses und auch das Gericht selbst sind hiervon ausgeschlossen.[808]

---

808 *Gniadek*, Beweisermittlung, S. 133; *Gregor*, in: BeckOK GeschGehG, § 19, Rn. 3; *Wrede*, Geheimverfahren, S. 159.

Nach Abschluss der Prüfung legt der Beweismittler sein Ergebnis dem Gericht vor, das von diesem ohne eigene Auseinandersetzung und Erörterung übernommen wird.[809] In einer Geschäftsgeheimnisstreitsache etwa würde der Beweismittler zur Überprüfung der Geheimniseigenschaft eingesetzt und allein diesem hierfür Zugang zu der streitgegenständlichen Information gewährt.[810] Auf diese Weise würde in Geschäftsgeheimnisstreitsachen das Geschäftsgeheimnis selbst nicht einmal Erwähnung in der gerichtlichen Akte finden.[811] Lediglich die finale Beurteilung des Sachverständigen über die Geheimniseigenschaft würde hierin vermerkt und vom Gericht uneingeschränkt übernommen, ohne dass inhaltliche Details der sensiblen Information preisgegeben werden.

Die in Art. 9 Abs. 2 UAbs. 3 EU-Richtlinie enthaltene Vorgabe, dass zumindest einer natürlichen Person und ihren jeweiligen Vertretern Zugang zu gewähren ist, steht dem nicht entgegen. Nach Art. 1 Abs. 1 UAbs. 2 EU-Richtlinie unterliegt diese Vorschrift nicht der Vollharmonisierung, sodass die Mitgliedstaaten in ihren nationalen Rechtsordnungen einen darüber hinausgehenden Schutzstandard schaffen und erweiterte Zugangsbeschränkungen vorsehen können. Das Black-Box-Verfahren ist daher jedenfalls mit den Vorgaben der Richtlinie vereinbar.

2. Vereinbarkeit mit dem Fairnessgrundsatz

Auch wenn das Black-Box-Verfahren in Einklang mit den Vorgaben der EU-Geschäftsgeheimnis-Richtlinie einen umfangreichen Schutz für sensible Informationen verspricht, so verstößt es jedoch gegen tragende Prinzipien des Prozessrechts und kann daher auch in Geschäftsgeheimnisstreitsachen nicht als prozessuale Lösung herangezogen werden.[812] Wie vorstehend erörtert, setzt der von Art. 6 EMRK umfasste Anspruch auf eine abschließende gerichtliche Entscheidung voraus, dass das zur Entscheidung berufene Gericht die Sache vollumfänglich prüft und über alle erheblichen

809 *Mayen*, in: NVwZ 2003, 537, 540.

810 *Kersting*, Schutz des Wirtschaftsgeheimnisses, S. 300; *Malmström*, Schutz von Betriebs- und Geschäftsgeheimnissen, S. 227; *Mayen*, in: NVwZ 2003, 537, 538; *McGuire*, in: GRUR 2015, 424, 430.

811 *McGuire*, in: GRUR 2015, 424, 430.

812 *McGuire*, in: GRUR 2015, 424, 430; *Prütting*, in: MüKO ZPO, Bd. 1, § 285, Rn. 13; *Winzer*, Schutz von Geschäftsgeheimnissen, Rn. 458.

Tatsachen- und Rechtsfragen selbst entscheidet.[813] Um eine verlässliche Entscheidungsgrundlage zu schaffen, müssen dem Gericht die zu würdigenden Umstände unmittelbar und gerade ohne eine vorherige Filterung durch einen Informationsmittler vorgelegt werden.[814]

Durch die Einschaltung eines Beweismittlers würde dem Gericht die Möglichkeit genommen, sich zur Bildung einer eigenen Überzeugung und Entscheidungsfindung mit allen tragenden Punkten selbst auseinanderzusetzen. Zwar ist die Übertragung von Zuständigkeiten zum Zwecke der Beweishilfe dem deutschen Gesetz nicht gänzlich fremd, allerdings geht das hier beschriebene Verfahren weit darüber hinaus, da dem Sachverständigen nicht nur die bloße Begutachtung der Befundtatsachen, sondern auch die rechtliche Schlussfolgerung übertragen wird.[815] Das Black-Box-Verfahren erhebt den Sachverständigen damit zum Entscheidungsträger, obwohl diesem an sich lediglich die Position eines neutralen Gehilfen zukommt. Den Verfahrensbeteiligten wird auf diese Weise ihr gesetzlicher Richter entzogen.[816] Das Gericht muss über sämtliche für die Entscheidung relevante Angaben selbst verfügen und hierüber befinden, eine Übertragung dieser richterlichen Aufgabe ist unzulässig.[817]

Ohnehin erscheint fraglich, wieso einem Sachverständigen, nicht aber dem zur Entscheidung berufenen Gericht das Geschäftsgeheimnis offengelegt werden soll.[818] Dies gilt insbesondere im Hinblick darauf, dass von einem neutralen Gericht und seinen beamtenrechtlich zur Verschwiegenheit verpflichteten Richtern die geringste Gefahr einer Offenbarung oder gar Verwertung der im Verfahren zur Sprache kommenden Geschäftsgeheimnisse ausgehen dürfte. Für das Gericht und die gegnerische Prozesspartei fehlt im Black-Box-Verfahren die Möglichkeit eines direkten Austausches, sodass es in gewisser Weise letztlich

---

813 EGMR, Urteil vom 7.11.2002, Rs. 37571/97, Ziff. 70 ff. – *Veeber/Estland*; *Meyer*, in: Karpenstein/Mayer, EMRK, Art. 6, Rn. 51; *Meyer-Ladewig/Harrendorf/König*, in: NK EMRK, Art. 6, Rn. 35.

814 *Berger*, in: Stein/Jonas, ZPO, § 355, Rn. 5; *Salomon*, in: Rescriptum 2015, 126, 127.

815 *Malmström*, Schutz von Betriebs- und Geschäftsgeheimnissen, S. 229; *Karger*, Beweisermittlung, S. 130; *McGuire*, in: GRUR 2015, 424, 430; *Pagenberg*, in: CR 1991, 65, 68; *Ploch-Kumpf*, Schutz von Geschäftsgeheimnissen, S. 187; *Prütting*, in: MüKo ZPO, Bd. 1, § 285, Rn. 11.

816 *Malmström*, Schutz von Betriebs- und Geschäftsgeheimnissen, S. 229; *Ploch-Kumpf*, Schutz von Geschäftsgeheimnissen, S. 187.

817 EuGH, Urteil vom 13.7.2006, Rs. C-438/04, Slg. 2006, I-6675 – *Mobistar*; BGHZ 116, 47, 58 – *Amtsanzeiger*; BGHZ 164, 261, Ziff. 22 f. – *Seiten- spiegel.*

818 *Wrede*, Geheimverfahren, S. 171.

an der Durchführung einer grundsätzlich erforderlichen mündlichen Verhandlung fehlt. Ebenso eingeschränkt sind wesentliche Prozessrechte der ausgeschlossenen Partei, der es verwehrt bleibt, das Ergebnis des Sachverständigen zu überprüfen. So entschied der BGH bereits im Jahr 1992, dass „*ein gerichtliches Sachverständigengutachten (...) grundsätzlich als Beweismittel unverwertbar* (ist), *wenn es auf Geschäftsunterlagen beruht, die eine der Parteien nur dem Sachverständigen, nicht auch dem Gericht und der Gegenpartei, zur Verfügung gestellt hat und die im Verfahren nicht offengelegt werden*“[819]. Es bedarf eines für alle Beteiligten transparenten Verfahrens, das durch das Black-Box-Verfahren nicht gewährleistet werden kann.

II. Geheimverfahren/Absolutes In-Camera-Verfahren

Als weitere Möglichkeit zur Gewährleistung eines umfangreichen Schutzes kommt das sogenannte Geheimverfahren bzw. absolute In-Camera-Verfahren in Betracht. Diese Art des Geheimnisschutzes wurde in der Literatur erstmals im späten 119. Jahrhundert diskutiert und findet sowohl im US-amerikanischen als auch schweizerischen Recht Anwendung.[820]

1. Einzelheiten des Verfahrens

Im Geheimverfahren bzw. absoluten In-Camera-Verfahren wird auf Antrag die gegnerische Partei, die keine Kenntnis von den im Verfahren zur Sprache kommenden Geschäftsgeheimnissen erhalten soll, mitsamt ihrem anwaltlichen Vertreter von allen Formen der Beweisaufnahme ausgeschlossen.[821] Ebenso

---

819 BGHZ 116, 47 – *Amtsanzeiger*.

820 *Bahner*, Geheimnisschutz, S. 188 f.; *Baumgärtel*, in: FS-Habscheid, S. 1 ff.; *Kersting*, Schutz des Wirtschaftsgeheimnisses, S. 266; *Leppin*, in: GRUR 1984, 695, 697; *Mayen*, in: NVwZ 2003, 537, 539; *McGuire*, in: GRUR 2015, 424, 431; *Müller/Aldick*, in: ZIP 2020, 9, 14; *Pagenberg*, in: CR 1991, 65; *Redeker/et al.*, in: WRP 2015, 812, 816 f.; *Spindler/Weber*, in: MMR 2006, 711, 712; *Stadler*, in: NJW 1989, 1202, 1203, 1205; *Stadler*, Schutz von Unternehmensgeheimnissen, S. 153, 254 f.; *Stürner*, in: JZ 1985, 453, 459; *Winzer*, Schutz von Geschäftsgeheimnissen, Rn. 469; *Wrede*, Geheimverfahren, S. 24 f.

821 *Bahner*, Geheimnisschutz, S. 235 f.; *Bornkamm*, in: FS Ullmann, 893, 904 f.; *Foerste*, in: Musielak/Voit, ZPO, § 284, Rn. 25; *Kalbfus*, in: Harte-Bavendamm/et al., GeschGehG, Vorb. §§ 16–20, Rn. 12; *Kersting*, Schutz des Wirtschaftsgeheimnisses, S. 266; *Lachmann*, in: NJW 1987, 2206, 2210; *Malmström*, Schutz von Betriebs- und Geschäftsgeheimnissen, S. 220, 223, 229 f., 233; *Mayen*, in: NVwZ 2003, 537; *McGuire*, in: GRUR 2015, 424, 432; *Ploch-Kumpf*, Schutz von Geschäftsgeheimnissen, S. 199;

beschränkt ist insoweit auch der Anspruch auf Einsicht in die jeweilige Akte, sofern sich aus den darin enthaltenen Unterlagen Hinweise auf die geheim zu haltenden Informationen ergeben. Nur das zur Entscheidung berufene Gericht erhält vollumfänglich Zugang zu den streitgegenständlichen Informationen einschließlich den für die Streitsache maßgeblichen Geschäftsgeheimnissen.[822] Auf diese Weise kann der Geheimnisinhaber durch Ausführungen zum streitgegenständlichen Geschäftsgeheimnis seinen Anspruch umfangreich darlegen und beweisen, ohne eine möglicherweise folgenschwere Offenbarung gegenüber der Gegenseite befürchten zu müssen. Auch die Einführung eines solchen Geheimverfahrens bzw. absoluten In-Camera-Verfahrens ist in Anbetracht der fehlenden Vollharmonisierung der einschlägigen Vorschriften in der EU-Geschäftsgeheimnis-Richtlinie möglich. Die Mitgliedstaaten können einen über Art. 9 Abs. 2 UAbs. 3 EU-Richtlinie hinausgehenden Schutz schaffen und sowohl den Zugang zu sensiblen Dokumenten als auch den Zugang zur mündlichen Verhandlung weiter einschränken – nach den Vorgaben der EU-Richtlinie also grundsätzlich auch durch die Implementierung eines Geheimverfahrens bzw. absoluten In-Camera-Verfahrens.

2. Vereinbarkeit mit dem Fairnessgrundsatz

Der gänzliche Ausschluss einer Partei samt ihrer anwaltlichen Vertreter von der Beweisaufnahme verstößt allerdings gegen wesentliche Prinzipien des europäischen Rechts. Das sich aus Art. 6 EMRK ableitende Recht auf persönliche Teilnahme am Verfahren soll gewährleisten, dass die Beteiligten effektiv teilnehmen und ihre Verfahrensrechte vollumfänglich geltend machen können. Das grundgesetzliche Recht auf rechtliches Gehör garantiert darüber hinaus, dass sich jede Partei angemessen am Verfahren beteiligen kann, indem sie zu allen erheblichen Tatsachen und rechtlichen Fragestellungen in ausreichender Weise Stellung nehmen und Beweise vortragen kann.[823] Hierfür bedarf es einer umfassenden

---

Stürner, Aufklärungspflicht, S. 223; *Stürner*, in: JZ 1985, 453, 458; *Wiese*, EU-Richtlinie, S. 223; *Winzer*, Schutz von Geschäftsgeheimnissen, Rn. 471; *Wrede*, Geheimverfahren, S. 314.

822 *Malmström*, Schutz von Betriebs- und Geschäftsgeheimnissen, S. 220, 233; *McGuire*, in: GRUR 2015, 424, 431; *Wiese*, EU-Richtlinie, S. 223; *Winzer*, Schutz von Geschäftsgeheimnissen, Rn. 575.

823 EGMR, Urteil vom 27.10.1993, Rs. 14448/88, Ziff. 33 – *Dombo Beheer B.V./Niederlande;* EGMR, Urteil vom 18.3.1997, Rs. 21497/93, Rn. 33 – *Mantovanelli/Frankreich;* BVerfGE 1, 418, 429; 22, 267, 273; 57, 250, 288; 89, 381, 392.

Kenntnis über jeglichen Sach- und Streitstand des Verfahrens, die durch einen gänzlichen Ausschluss der Partei und ihres Vertreters nicht gewährleistet werden kann. Im Sinne der von Art. 6 EMRK ebenfalls vorausgesetzten Waffengleichheit darf kein einseitiger Wissensvorsprung geschaffen und eine Partei nicht in ihrer Position benachteiligt werden.[824] Das Gericht darf lediglich solche Beweisergebnisse als Entscheidungsgrundlage heranziehen, über die beide Parteien verhandelt haben.[825]

Eine solche beidseitige Verhandlung fehlt gerade im Rahmen eines Geheimverfahrens bzw. absoluten In-Camera-Verfahrens. Auch der BGH sprach sich in Anbetracht des Fairnessgrundsatzes nach Art. 6 EMRK gegen die Zulassung eines solchen Geheimverfahrens aus.[826] Etwas anderes gilt auch nicht in Anbetracht der Tatsache, dass ein solcher Ausschluss jedenfalls dem deutschen Recht nicht gänzlich fremd ist. So kann zwar beispielsweise im Verwaltungsverfahren das Gericht nach § 99 Abs. 2 S. 1 VwGO über die Rechtmäßigkeit der Nichtvorlage von Verwaltungsvorgängen durch die oberste Aufsichtsbehörde im „kameralistischen“ Verfahren entscheiden. Beschränkt ist diese Möglichkeit jedoch lediglich auf das Zwischenverfahren.[827] Eine analoge Anwendung scheidet aufgrund des eindeutig formulierten Wortlautes aus.[828]

Auch in strafrechtlichen Verfahren besteht die Möglichkeit, zumindest eine Partei von der Verhandlung auszuschließen. So kann etwa nach § 247 StPO der Angeklagte während der Vernehmung aus dem Sitzungszimmer entfernt werden. Ebenso kann im Falle einer körperlichen Untersuchung durch einen gerichtlichen Sachverständigen der Ausschluss der gegnerischen Partei ausnahmsweise zulässig sein.[829] Hierbei handelt es sich allerdings um einen schwerwiegenden Eingriff in die Intimsphäre und das Persönlichkeitsrecht des jeweils Betroffenen, der die Beachtung der unantastbaren

---

824 EGMR, Urteil vom 23.6.1993, Rs. 12952/87, Ziff. 67 – *Ruiz-Mateos/Spanien*; EGMR, Urteil vom 24.6.2003, Rs. 39482/98, Ziff. 41 ff. – *Dowsett/Großbritannien*.

825 *Ann*, in: Ann/et al., Praxishandbuch, Kap. 7, Rn. 48.

826 BGH, NJW-RR 2016, 606, 608.

827 BVerfGE 115, 205, 250, Ziff. 144; *Bahner*, Geheimnisschutz, S. 235; *Gaier*, in: FS Scharf, 201, 203; *Malmström*, Schutz von Betriebs- und Geschäftsgeheimnissen, S. 223; *Mayen*, in: NVwZ 2003, 537; *McGuire*, in: GRUR 2015, 424, 431; *Sanner*, Informationsgewinnung, S. 683.

828 *McGuire*, in: GRUR 2015, 424, 431; *Müller/Aldick*, in: ZIP 2020, 9, 14.

829 OLG München, NJW-RR 1991, 896; OLG Köln, MedR 2010, 879.

Menschenwürde erfordert.[830] Zudem wird in beiden Fällen die jeweils ausgeschlossene Partei jedenfalls im Nachgang über den Inhalt der Beweisaufnahme vollumfänglich in Kenntnis gesetzt, eine Prüfung und Stellungnahme hierzu bleibt also im Gegensatz zum Geheimverfahren bzw. absoluten In-Camera-Verfahren gerade möglich.[831]

Das Geheimverfahren bzw. absolute In-Camera-Verfahren zwingt die Parteien, der Justiz blind zu vertrauen und sich einer erheblichen Gefahr des Missbrauchs auszusetzen.[832] Zudem ist es der in ihrem Recht auf rechtliches Gehör eingeschränkten Partei mangels vollumfassender Kenntnis aller entscheidungserheblichen Umstände nicht oder nur schwer möglich, gegen die im Geheimverfahren bzw. absoluten In-Camera-Verfahren ergangene Entscheidung Rechtsmittel einzulegen und diese zu begründen. Der in der Literatur diskutierte Ansatz, Rechtsmittel in diesem Fall ohne entsprechende Ausführungen zuzulassen, führt lediglich zu einer Verlagerung des Problems und Ausuferung des Instanzenzuges.[833]

Weitere Stimmen in der Literatur versuchen, den Verstoß gegen grundlegende Prinzipien des Prozessrechts mit einem konstruierten Verzicht zu umgehen. Die Parteien verzichten danach freiwillig auf ihr Recht auf rechtliches Gehör, um im Gegenzug eine uneingeschränkte Aufklärung der Angelegenheit verlangen zu können.[834] Allerdings ist neben der Tatsache, dass ein vorheriger Verzicht insofern gar nicht möglich ist, ohnehin fragwürdig, ob die Parteien überhaupt freiwillig auf ihre grundgesetzlichen Rechte verzichten würden. Somit kommt auch die Einführung eines sogenannten Geheimverfahrens bzw. absoluten In-Camera-Verfahrens zum Schutz von Geschäftsgeheimnissen im Gerichtsprozess nicht in Betracht.

---

830 BVerfG, NJ 2009, 215, Rn. 20, 25; OLG München, MedR 2015, 720; LSG Rheinland Pfalz, NJW 2006, 1547, 1548.

831 *Ploch-Kumpf*, Schutz von Geschäftsgeheimnissen, S. 191 f; *Stadler*, in: NJW 1989, 1202, 1204; *Stadler*, Schutz von Unternehmensgeheimnissen, S. 236.

832 *Baumgärtel*, in: FS Habscheid, S. 1, 7; *Prütting*, in: MüKo ZPO, Bd. 1, § 285, Rn. 13; *Winzer*, Schutz von Geschäftsgeheimnissen, Rn. 538.

833 *Bahner*, Geheimnisschutz, S. 190 ff.

834 *Kersting*, Schutz des Wirtschaftsgeheimnisses, S. 282; *Ploch-Kumpf*, Schutz von Geschäftsgeheimnissen, S. 188, 202 ff.; *Sanner*, Informationsgewinnung, S. 672, 709; *Stadler*, Schutz von Unternehmensgeheimnissen, S. 238; *Stürner*, Aufklärungspflicht, S. 225.

III. Relatives In-Camera-Verfahren

Inspiriert durch das europäische Übereinkommen zum einheitlichen Patentgericht (EPGÜ), das die Möglichkeit einer entsprechenden Zugangsbeschränkung enthält, hat die Europäische Kommission in ihrem ersten Vorschlag einer EU-Richtlinie zum Schutz von Geschäftsgeheimnissen[835] das sogenannte relative In-Camera-Verfahren als Ultima Ratio vorgesehen.[836] Die Vereinbarkeit eines solchen Verfahrens mit dem allgemeinen Fairnessgrundsatz wurde allerdings von einigen Seiten und auch durch den europäischen Gesetzgeber selbst vehement infrage gestellt, woraufhin der Wortlaut des Richtlinientextes in der fortlaufenden Entwicklung abgeändert wurde.[837]

1. Einzelheiten des Verfahrens

Gemäß Art. 8 Abs. 2 lit. b) des ersten Vorschlages der Europäischen Kommission für eine EU-Geschäftsgeheimnis-Richtlinie war zunächst vorgesehen, in Einzelfällen eine Anhörung nur in Gegenwart der gesetzlichen Vertreter der Parteien und geheimhaltungspflichtiger Sachverständiger zuzulassen. Danach wäre es also möglich gewesen, ähnlich wie im amerikanischen „counsel only"-Verfahren,[838] nur den Rechtsanwälten der Parteien umfassenden Zugang zu gewähren. Es handelt sich dabei um eine weniger radikale Variante des Geheimverfahrens bzw. absoluten In-Camera-Verfahrens, das die Parteien sofern notwendig nicht gänzlich aber auf Antrag eben teilweise vom Gerichtsprozess ausschließt. So wird zwar die Partei selbst von Teilen der Beweisaufnahme ausgeschlossen, ihr zur Verschwiegenheit verpflichteter Vertreter erhält hingegen vollumfänglich Zugang zur mündlichen Verhandlung und zu allen relevanten Dokumenten unabhängig von ihrem

---

835 Europäische Kommission, Vorschlag vom 28.11.2013 für eine Richtlinie des Europäischen Parlaments und des Rates über den Schutz vertraulichen Know-hows und vertraulicher Geschäftsinformationen (Geschäftsgeheimnisse) vor rechtswidrigem Erwerb sowie rechtswidriger Nutzung und Offenlegung, COM (2013) 813 final, 2013/0402 (COD), S. 24 f., abrufbar unter: https://eur-lex.europa.eu/legal-content/DE/TXT/PDF/?uri=CELEX:52013PC0813&from=DE (Abrufdatum: August 2020).

836 *Wiese*, EU-Richtlinie, S. 222.

837 Erwägungsgrund Nr. 25 der Richtlinie (EU) 2016/943; BR-Drucks. 786/13 (Beschluss), S. 5; *Müller/Aldick*, in: ZIP 2020, 9, 14; *Wiese*, EU-Richtlinie, S. 222.

838 *Bahner*, Geheimnisschutz, S. 231 f.; *Gniadek*, Beweisermittlung, S. 134; *Pagenberg*, in: CR 1991, 65, 69.

geheimhaltungsbedürftigen Inhalt.[839] Auch das finale Urteil wird nur dem anwaltlichen Vertreter vollständig übermittelt, die Partei selbst erhält lediglich eine vom Gericht zensierte Ausfertigung.[840]

Trotz der nunmehr in Kraft getretenen Fassung der EU-Richtlinie, wonach mindestens eine natürliche Person und ihre Vertreter an der Verhandlung teilzunehmen haben, ist aufgrund der insofern fehlenden Verpflichtung zur Vollharmonisierung die Einführung eines relativen In-Camera-Verfahrens und die Schaffung einer entsprechenden gesetzlichen Grundlage auf nationaler Ebene möglich. Im ungarischen[841], englischen[842] und französischen[843] Recht war vor der Umsetzung der EU-Richtlinie die Möglichkeit eines relativen In-Camera-Verfahrens bereits vorgesehen. Nunmehr ist es allerdings sowohl in Ungarn[844] als auch in England[845] entsprechend den europäischen Mindestvorgaben Voraussetzung, dass zumindest einer natürlichen Person jeder Partei und ihrem Vertreter Zugang zu gewähren ist. Der französische Gesetzgeber hat sich hingegen dazu entschlossen, seinen insofern freien Gestaltungsspielraum auszunutzen und auch weiterhin die Möglichkeit eines relativen In-Camera-Verfahrens im Gesetz vorzusehen.[846] Auch in Rechtsordnungen außerhalb der Europäischen Union konnte sich ein solches Verfahren bereits bewähren. Nach Art. 38 des schweizerischen Bundesgesetzes zum Bundeszivilprozess ist es zur Wahrung von Geschäftsgeheimnissen einer Partei oder eines Dritten möglich, von einem Beweismittel unter Ausschluss

---

839 *Bornkamm*, in: FS Ullmann, 893, 904; *Gaier*, in: FS Scharf, 201; *Gregor*, in: BeckOK GeschGehG, § 19, Rn. 4; *Gniadek*, Beweisermittlung, S. 134 f.; *GRUR*, in: GRUR 2005, 747; *Kersting*, Schutz des Wirtschaftsgeheimnisses, S. 277; *Malmström*, Schutz von Betriebs- und Geschäftsgeheimnissen, S. 226; *Müller/Aldick*, in: ZIP 2020, 9, 14; *Ploch-Kumpf*, Schutz von Geschäftsgeheimnissen, S. 208 f.; *Sanner*, Informationsgewinnung, S. 721; Wiese, EU-Richtlinie, S. 223; *Winzer*, Schutz von Geschäftsgeheimnissen, Rn. 471.

840 *Kersting*, Schutz des Wirtschaftsgeheimnisses, S. 278; *Lachmann*, in: NJW 1987, 2206, 2210; *Malmström*, Schutz von Betriebs- und Geschäftsgeheimnissen, S. 226 f.

841 *Baker & McKenzie*, Study on Trade Secrets, S. 7.

842 *Wiese*, EU-Richtlinie, S. 222.

843 Tribunal de grande instance de Paris Juge de la mise en état, GRUR Int. 2000, 1031 f. – *Quick Turn/Meta Systems*.

844 § 12 Abs. 2 des ungarischen Gesetzes zum Schutz von Geschäftsgeheimnissen (im Ungarischen: *törvény az üzleti titok védelméről*).

845 § 10 Abs. 6 des britischen Geschäftsgeheimnisgesetzes (im Englischen: *The Trade Secrets Regulations)*.

846 *McGuire*, in: Büscher, UWG, § 19, Rn. 7.

der Gegenpartei oder der Parteien Kenntnis zu nehmen. Ähnliche Schutzanordnungen sieht auch das US-amerikanische Prozessrecht in Form der sogenannten „protective order" vor.[847]

2. Vereinbarkeit mit dem Fairnessgrundsatz

Die Möglichkeit eines relativen In-Camera-Verfahrens ist sowohl dem europäischen als auch dem deutschen Recht nicht gänzlich fremd. Nach Art. 58 EPGÜ kann zum Schutz von Geschäftsgeheimnissen der Zugang zu Beweismitteln auf bestimmte Personen beschränkt werden. Entsprechende Regelungen im deutschen Recht finden sich etwa in § 99 Abs. 2 VwGO für das verwaltungsgerichtliche Vorverfahren und in § 138 Abs. 2 S. 2 TKG für das Hauptverfahren. Auch das Bundesverfassungsgericht hat bereits mehrfach bestätigt, dass das rechtliche Gehör im Sinne eines effektiven Rechtsschutzes eingeschränkt werden kann, wenn dies durch sachliche Gründe gerechtfertigt ist und im Rahmen der erforderlichen Verhältnismäßigkeit geschieht.[848] Der Anspruch auf rechtliches Gehör setzt nicht voraus, dass die Information der am Verfahren beteiligten Personen über den wesentlichen Sach- und Streitstand auf unmittelbare Weise zu erfolgen hat.[849]

Im relativen In-Camera-Verfahren werden zwar die natürlichen Personen der Partei, nicht aber ihr anwaltlicher Vertreter von der Verhandlung ausgeschlossen. Dieser erhält weiterhin in gleichem Maße umfassend Kenntnis über den Sach- und Streitstand des Verfahrens. Aufgrund des daher nur teilweisen Ausschlusses der Partei bleibt es dieser möglich, zu allen erheblichen Tatsachen und rechtlichen Fragestellungen in ausreichender Weise Stellung zu nehmen, eigene Beweise vorzutragen und andere anzugreifen. Der Partei bleibt es unbenommen, ihren Anwalt zur Vorbereitung des Prozesses umfangreich zu instruieren und ihm gegebenenfalls für die weitere Prüfung sowie zum Verständnis des streitgegenständlichen Geschäftsgeheimnisses

---

847 *Kalbfus/Harte-Bavendamm*, in: GRUR 2014, 453, 456; *Karger*, Beweisermittlung, S. 190, 287 f.; *Lejeune*, in: CR 2016, 330, 340; *Leppin*, in: GRUR 1984, 695, 697; *Redeker/et al.*, in: WRP 2015, 812, 817; *Rojahn*, in: FS Loewenheim, 251, 265; *Wiese*, EU-Richtlinie, S. 226.

848 BVerfGE 101, 106, 124 f., 129, Ziff. 74, 92; BVerfGE 115, 205 ff.; *Kalbfuß/Harte-Bavendamm*, in: GRUR 2014, 453, 456; *Stadler*, Schutz von Unternehmensgeheimnissen, S. 246 f.

849 *Malmström*, Schutz von Betriebs- und Geschäftsgeheimnissen, S. 239.

erforderliches (technisches) Fachwissen zu vermitteln.[850] Die Offenlegung der vorgetragenen Beweismittel wird auf ein notwendiges Maß reduziert, ohne dass dies zu einem Wissensvorsprung auf Seiten einer Partei führt und damit eine Ungleichbehandlung verursacht wird. Es ist nicht erkennbar, dass erhebliche Folgen für die Rechte einer Partei zu befürchten sind, wenn diese von sensiblen Teilen der Beweisaufnahme teilweise ausgeschlossen wird, der rechtliche Vertreter aber weiterhin alle ihm zustehenden Rechte effektiv ausüben kann. Die Parteien können weiterhin ihre Rechte gleich effektiv wahrnehmen und am Verfahren teilnehmen.

3. Praktikabilität des Verfahrens

a) Offenlegung im Falle einer Unterlassungsklage

Insbesondere im Hinblick auf den in der Regel vorliegenden Fall einer Unterlassungsklage, mit der sich der Kläger gegen eine Beeinträchtigung seines Geheimnisses verteidigen will und die Unterlassung bestimmter beeinträchtigender Handlungen begehrt, stellt sich die Frage, ob ein relatives In-Camera-Verfahren die beabsichtigte Wirkung überhaupt hervorbringen kann. Ist das schützenswerte Geschäftsgeheimnis zentraler Gegenstand des Verfahrens, so bedarf es einer präzisen Antragstellung sowie einer hinreichenden Konkretisierung im Rahmen des Urteilstenors, der dann auch dem verurteilten Beklagten vollumfänglich vorzulegen ist. Diesem muss sich aus der Formulierung des Urteilstenors unmissverständlich eröffnen, welche konkreten Handlungen er in Zukunft zu unterlassen hat. Daher ist spätestens hier mit einer Offenbarung der sensiblen Information zu rechnen.[851] Auch in den übrigen Fallkonstellationen, in denen der Ausgang des Rechtsstreites vom Geschäftsgeheimnis abhängt, dürfen die Parteien über die Details nicht im Unklaren gelassen werden, um nicht blind über die Möglichkeit einer Rechtsmitteleinlegung entscheiden zu müssen.[852]

Eine Offenbarung im Rahmen des Urteilstenors oder der Entscheidungsgründe ist jedoch nur dann problematisch, wenn der Gegner das darin im

---

850 *Bahner*, Geheimnisschutz, S. 244; *Pagenberg*, in: CR 1991, 65, 70; *Müller-Stoy*, Nachweis und Besichtigung, Rn. 196; *Stadler*, Schutz von Unternehmensgeheimnissen, S. 247; *Wrede*, Geheimverfahren, S. 323.

851 *Kersting*, Schutz des Wirtschaftsgeheimnisses, S. 278; *Lejeune*, in: CR 2016, 330, 336; *McGuire*, in: GRUR 2015, 424, 433; *Rojahn*, in: FS Loewenheim, 251, 258; *Stadler*, in: NJW 1989, 1202, 1205.

852 *Lachmann*, in: NJW 1987, 2206, 2210.

Detail beschriebene Geheimnis doch noch nicht oder jedenfalls nicht vollumfänglich kannte. Um dies zu vermeiden, kann in Betracht gezogen werden, die Parteien vorab aufzufordern, darzulegen, inwieweit ihnen das streitgegenständliche Geschäftsgeheimnis bekannt ist.[853] Stimmen die Ausführungen nicht vollständig überein, so bezieht sich das Verbot der Offenlegung und Nutzung lediglich auf den übereinstimmenden Teil.[854] Da der Beklagte insofern ohnehin schon in Kenntnis der geheimen Information ist, kann der übereinstimmende Teil in das Urteil mit aufgenommen werden. Der nicht übereinstimmende und dem Beklagten unbekannte Teil bleibt weiterhin geheim. Fraglich ist insofern allerdings, inwiefern der Beklagte in diesem Fall ehrliche Angaben machen und seine Kenntnis über fremde Geschäftsgeheimnisse vollumfänglich eingestehen wird.

b) Geheimhaltung durch den anwaltlichen Vertreter

Grundsätzlich wird sich auch im In-Camera-Verfahren nicht gänzlich ausschließen lassen, dass der vollumfänglich zugangsberechtigte anwaltliche Vertreter seinen Mandanten über jeglichen Inhalt informieren und dabei auch das im Verfahren zur Sprache gekommene Geschäftsgeheimnis weitergeben wird, womöglich auch lediglich aus Versehen.[855]

aa) Gesonderte Maßnahmen zur anwaltlichen Geheimhaltung

In Betracht kommt daher eine gesonderte richterliche Geheimhaltungsanordnung nach § 174 Abs. 3 GVG analog, die den Rechtsanwalt auch gegenüber seinem Mandanten zur Verschwiegenheit verpflichtet und einen Verstoß entsprechend unter Strafe stellt.[856] Alternativ könnten auch anwaltsgerichtliche Maßnahmen im Sinne der §§ 113, 114 BORA oder, mit Blick auf das angloamerikanische Recht, ein verschärfter Schadensersatzanspruch in Erwägung

---

853 *Kersting*, Schutz des Wirtschaftsgeheimnisses, S. 278.

854 *Kersting*, Schutz des Wirtschaftsgeheimnisses, S. 279.

855 BVerfG, BeckRS 2002, 30261665; *Kersting*, Schutz des Wirtschaftsgeheimnisses, S. 287 f.; *Leppin*, in: GRUR 1984, 695, 697; *Sanner*, Informationsgewinnung, S. 727; *Schregle*, in: GRUR 2019, 912, 915; *Schweikhardt*, in: GRUR 1962, 116, 124; *Stadler*, Schutz von Unternehmensgeheimnissen, S. 228; *Stürner*, Aufklärungspflicht, S. 224; *Stürner*, in: JZ 1985, 453, 458 ff.

856 *GRUR*, in: GRUR 2005, 747; *Kersting*, Schutz des Wirtschaftsgeheimnisses, S. 266 f., 277 f., 286 f.; *Lachmann*, in: NJW 1987, 2206, 2209.

gezogen werden, die den anwaltlichen Vertreter zur besonderen Vorsicht im Umgang mit Geschäftsgeheimnissen veranlassen.[857]

Einige Stimmen in der Literatur kritisieren diese Vorschläge, da sie hierin ein erhebliches Spannungsverhältnis zum allgemeinen Berufs- und Tätigkeitsbild eines Rechts- sowie Patentanwalts einschließlich seiner standesrechtlichen Informationspflicht gegenüber dem eigenen Mandanten erkennen.[858] Nach Abschnitt 3.1.2 der Berufsregeln der Rechtsanwälte der Europäischen Union[859] hat ein Anwalt seinen Mandanten vom Fortgang der ihm übertragenen Angelegenheit zu unterrichten. Eine entsprechende nationale Regelung findet sich im deutschen Recht in § 11 Abs. 1 BORA, wonach der Mandant über alle für den Fortgang der Sache wesentlichen Vorgänge und Maßnahmen unverzüglich zu unterrichten ist. Hiervon umfasst ist alles, was das Mandat betrifft und zur Bewertung der Erfolgsaussichten sowie sachgerechten Entscheidungsfindung in Bezug auf die Durchsetzung oder Verteidigung einer Rechtsposition notwendig ist, einschließlich sämtlicher Schriftsätze sowie Mitteilungen des Gerichts.[860] Dies bedeutet nicht, dass dem Mandanten von jedem Dokument eine Abschrift zur Verfügung zu stellen ist, eine telefonische Information kann im Einzelfall ausreichend sein.[861] Die Wesentlichkeit der Information beurteilt der Rechtsanwalt selbst nach eigenem pflichtgemäßem Ermessen, wobei dieses im Zweifel weit auszulegen ist.[862] Ein Verstoß gegen diese wesentliche Pflicht des Rechtsanwalts ist berufsrechtlich sanktionsbewehrt.[863]

---

857 *Winzer*, Schutz von Geschäftsgeheimnissen, Rn. 598, 601.

858 *Ann*, in: Ann/et al., Praxishandbuch, Kap. 7, Rn. 31; *Ann/et al.*, Auskunftsanspruch und Geheimnisschutz, Rn. 435; *Hauck*, in: NJW 2016, 2218, 2222; *Kalbfus/Harte-Bavendamm*, in: GRUR 2014, 453, 456; *Lachmann*, in: NJW 1987, 2206, 2210; *Rojahn*, in: FS Loewenheim, 251, 252; *Winzer*, Schutz von Geschäftsgeheimnissen, Rn. 390.

859 Ursprünglich angenommen von der Vollversammlung des Rates der Anwaltschaften der Europäischen Gemeinschaft („CCBE") am 28.10.1988, geändert durch die CCBE-Vollversammlungen am 28.11.1998, 6.12.2002 und 19.5.2006.

860 *Günther*, in: BeckOK BORA, § 11, Rn. 9 f.; *Nöker*, in: Weyland, BRAO, § 11 BORA, Rn. 5; *Prütting*, in: Henssler/Prütting, BRAO, § 11 BORA, Rn. 4, 7.

861 *Günther*, in: BeckOK BORA, § 11, Rn. 11; *Prütting*, in: Henssler/Prütting, BRAO, § 11 BORA, Rn. 6, 8.

862 *Günther*, in: BeckOK BORA, § 11, Rn. 9; *Nöker*, in: Weyland, BRAO, § 11 BORA, Rn. 6; *Stadler*, in: NJW 1989, 1202, 1205.

863 *Nöker*, in: Weyland, BRAO, § 11 BORA, Rn. 5; *Prütting*, in: Henssler/Prütting, BRAO, § 11 BORA, Rn. 6.

Die Verpflichtung des Anwalts zur Geheimhaltung gegenüber seinem Mandanten steht hierzu zwar im Widerspruch, ist der Rechtsordnung aber nicht gänzlich fremd. So erkennen einige Stimmen in der Literatur die Möglichkeit der Geheimhaltungsverpflichtung des Prozessbevollmächtigten gegenüber seinem Mandanten etwa in § 174 Abs. 3 GVG (analog) i.V.m. § 141 Abs. 1 ZPO.[864] Zudem ist es sowohl einem Rechts- als auch Patentanwalt aufgrund seiner besonderen Stellung als unabhängiges Organ der Rechtspflege zuzumuten, sich dem Spannungsverhältnis zwischen Verschwiegenheitspflicht und der sich aus dem Mandat ergebenden vertraglichen Pflichten auszusetzen.[865] Die an den Mandanten weitergeleitete Information wird auf diese Weise lediglich auf den nötigen Umfang beschränkt, je nach Interessenabwägung womöglich auch nur vorübergehend.[866] Zudem war der Mandant stets in Kenntnis möglicher Geheimhaltungspflichten über gegnerische Belange zum Zwecke des Geheimnisschutzes.[867] Daher steht einer gesonderten richterlichen Geheimhaltungsanordnung, die den Rechtsanwalt auch gegenüber seinem Mandanten zur Verschwiegenheit verpflichtet, nichts entgegen.

bb) Einschränkung der Anwaltswahl

In Betracht kommt ferner, der Partei zumindest für den sensiblen Teil der Verhandlung einen vom Gericht bestellten Rechtsanwalt zuzuweisen.[868] So wurde etwa im Vereinigten Königreich in der Vergangenheit gelegentlich ein sogenannter „*special counsel*" eingesetzt, ein gesondert vom Gericht bestellter Anwalt, der die Interessen der ausgeschlossenen Partei im Verfahren vertreten soll.[869] In Geschäftsgeheimnisstreitsachen vor US-amerikanischen Gerichten besteht die Möglichkeit, unternehmenseigene Juristen („Inhouse-Jurist") auszuschließen oder nur einen solchen Anwalt zuzulassen, der bisher nicht mit der Vertretung

---

864 *Bahner*, Geheimnisschutz, S. 254 f.; *Leppin*, in: GRUR 1984, 770, 774 ff.; *Spindler/Weber*, in: MMR 2006, 711, 714.

865 BGH, GRUR 2010, 318, 320, 321 f. – *Lichtbogenschnürung*; *Ann*, in: Ann/et al., Praxishandbuch, Kap. 7, Rn. 31; *Pagenberg*, in: CR 1991, 65, 70; *Redeker/et al.*, in: WRP 2015, 812, 818; *Stadler*, Schutz von Unternehmensgeheimnissen, S. 248.

866 *Winzer*, Schutz von Geschäftsgeheimnissen, Rn. 584.

867 *Winzer*, Schutz von Geschäftsgeheimnissen, Rn. 39.

868 *Ploch-Kumpf*, Schutz von Geschäftsgeheimnissen, S. 210 f.; *Malmström*, Schutz von Betriebs- und Geschäftsgeheimnissen, S. 233 f.; *McGuire*, in: GRUR 2015, 424, 433; *Rojahn*, in: FS Loewenheim, 251, 261 f.; *Stadler*, Schutz von Unternehmensgeheimnissen, S. 259.

869 EGMR, Urteil vom 16.2.2000, Rs. 28901/95, Ziff. 46 ff. – *Rowe u. Davis/Großbritannien.*

der Partei beauftragt war und zu dem auch sonst keinerlei Verbundenheit besteht.[870] US-amerikanische Gerichte können Informationen über die bisherige Beziehung zwischen Partei und Rechtsanwalt anfordern, um diese zu überprüfen und über eine Auswechselung zu entscheiden.[871] Auf diese Weise soll zumindest sichergestellt werden, dass die sensiblen Informationen, über die der Rechtsanwalt Kenntnis erlangt, vertrauensvoll behandelt und nur im Rahmen dieses aktuellen Prozesses verwendet werden.[872]

Allerdings steht all dies im Widerspruch zum Anspruch auf freie Wahl des Rechtsvertreters, das in Deutschland in § 3 Abs. 3 BORA einfachgesetzlich geregelt ist. Danach kann sich jedermann im Rahmen der gesetzlichen Vorschriften durch einen Rechtsanwalt seiner Wahl beraten und vor Gerichten, Schiedsgerichten oder Behörden vertreten lassen. Für eine umfassende und effektive Beratung bedarf es eines Vertrauensverhältnisses zwischen dem Rechtsanwalt und seinem Mandanten, das nur durch eine freie Wahl gewährleistet werden kann.[873] Das Gebot der freien Anwaltswahl steht im Zusammenhang mit dem Grundsatz der freien Advokatur und ist damit auch von verfassungsrechtlicher Bedeutung.[874] Durch die Aufforderung, im Rahmen der Geschäftsgeheimnisstreitsache einen bisher unbeteiligten Rechtsanwalt zu beauftragen, zu dem keinerlei Verbundenheit besteht, wird dem Rechtssuchenden zwar nicht die Wahl eines bestimmten Rechtsanwalts vorgeschrieben. Allerdings bleibt es ihm verwehrt, den bisher in Anspruch genommenen Rechtsanwalt, zu dem eine besonders vertrauensvolle Beziehung besteht, als Vertreter in dieser Sache zu benennen. Dies widerspricht dem Grundsatz einer uneingeschränkten, unbeeinflussten sowie freien Wahl des eigenen Rechtsvertreters und ist daher als zusätzliche Maßnahme zum Schutz von Geschäftsgeheimnissen ungeeignet.

---

870 *Ahrens*, in: GRUR 2005, 837, 839; *Kersting*, Schutz des Wirtschaftsgeheimnisses, S. 267, 290; *Pagenberg*, in: CR 1991, 65, 69; *Stadler*, in: NJW 1989, 1202, 1204; *Stadler*, Schutz von Unternehmensgeheimnissen, S. 229 ff.

871 *Kersting*, Schutz des Wirtschaftsgeheimnisses, S. 267.

872 *Kersting*, Schutz des Wirtschaftsgeheimnisses, S. 268; *McGuire*, in: GRUR 2015, 424, 433.

873 BVerfGE 63, 266, 286; 87, 287, 320; 93, 213, 236; 110, 226, 252; BGH, NJW 1991, 1335 f.

874 *Brüggemann*, in: Weyland, BRAO, § 3 BORA, Rn. 46; *Busse*, in: Henssler/Prütting, BRAO, § 3 BORA, Rn. 28.

IV. Stufenweises Verfahren

Zum Schutz geheimer Informationen vor einer vorschnellen Offenbarung könnten – so wie etwa auch im „Discovery-Verfahren" nach US-amerikanischem Recht[875] – die Splittung des Verfahrens und die Durchführung einer Stufenklage in Betracht gezogen werden. In einem ersten Schritt würden alle Punkte verhandelt, die nicht das Geschäftsgeheimnis selbst betreffen.[876] Dieses würde erst dann in den Prozess eingeführt, wenn alle übrigen Tatbestandsvoraussetzungen substantiiert vorgetragen wären und zweifelsfrei feststünden, es also zur Entscheidungsreife nur noch auf eben jenes Geschäftsgeheimnis ankäme. Fehlt es bereits an den im Übrigen erforderlichen Voraussetzungen, so käme die schützenswerte Information gar nicht erst zur Sprache. In diesem Fall endet das Verfahren durch Endurteil, ohne dass das Geschäftsgeheimnis offenbart wurde.[877] Werden die übrigen Tatbestandsvoraussetzungen hingegen bejaht, so ergeht hierüber ein Teilurteil.[878]

Auch im Besichtigungsverfahren nach § 809 BGB etwa müssen zunächst alle übrigen Voraussetzungen gegeben sein, bevor die Besichtigung *„als letztes Glied in einer sonst fertigen Beweiskette"*[879] zugelassen wird. Der Zeitpunkt der Geheimniserörterung würde durch diese Vorgehensweise schlichtweg nach hinten verschoben.[880] Die streitgegenständliche Information käme erst zur Sprache, wenn ein erfolgreicher Ausgang des Verfahrens wahrscheinlich ist. Dadurch würde die Gefahr einer grundlosen Offenbarung ausgeschlossen und ein damit einhergehender unumkehrbarer Schaden vermieden, ohne dabei die Verteidigungsrechte des Beklagten zu beschränken oder die gerichtliche Ermittlung des

---

875 *Ann/et al.*, Auskunftsanspruch und Geheimnisschutz, Rn. 435; *Bahner*, Geheimnisschutz, S. 202 ff.; *Karger*, Beweisermittlung, S. 204 ff.; *Kersting*, Schutz des Wirtschaftsgeheimnisses, S. 246 ff., 252 ff.; *Müller-Stoy*, Nachweis und Besichtigung, Rn. 339 ff.; *Stadler*, in: NJW 1989, 1202, 1205; *Stadler*, Schutz von Unternehmensgeheimnissen, S. 67 ff.; *Westermann*, Handbuch, Kap. 8, Rn. 130; *Zekoll/Bolt*, in: NJW 2002, 3129, 3133.

876 *Kersting*, Schutz des Wirtschaftsgeheimnisses, S. 254; *McGuire*, in: GRUR 2015, 424, 434; *Sanner*, Informationsgewinnung, S. 623; *Winzer*, Schutz von Geschäftsgeheimnissen, Rn. 431 ff., 438; *Wrede*, Geheimverfahren, S. 150.

877 *Kersting*, Schutz des Wirtschaftsgeheimnisses, S. 254.

878 *Ann/et al.*, Auskunftsanspruch und Geheimnisschutz, Rn. 56; *Sanner*, Informationsgewinnung, S. 626; *Stürner*, Aufklärungspflicht, S. 222.

879 BGHZ 93, 191, 206.

880 *McGuire*, in: GRUR 2015, 424, 434; *Sanner*, Informationsgewinnung, S. 627; *Winzer*, Schutz von Geschäftsgeheimnissen, Rn. 435.

Sachverhalts einzuschränken. Vermeiden ließe sich damit auch der Versuch, eine aussichtslose Klage nur mit dem Ziel zu betreiben, die jeweils andere Partei auszuforschen und vollumfänglich Kenntnis von Geschäftsgeheimnissen zu erlangen.[881]

Eine möglicherweise dadurch zu befürchtende Verzögerung des Verfahrens entgegen dem Grundsatz der Prozessökonomie ließe sich verringern, indem die Parteien angewiesen werden, sämtlichen Vortrag auch im Hinblick auf das aufgeschobene Tatbestandsmerkmal und entsprechende Beweismittel frühzeitig vorzubereiten, sodass nach Bejahung aller übrigen Voraussetzungen umgehend in die Verhandlung des „letzten Gliedes“ übergegangen werden kann.[882] Einige Stimmen in der Literatur kritisieren eine solche Abschichtung des Verfahrens im Hinblick auf die fehlende Bindungswirkung eines Teilurteils.[883] Allerdings ließe sich dies dadurch umgehen, indem das Teilurteil in Gestalt eines Zwischenfeststellungsurteils ergeht, welches das für die Hauptsache vorgreifliche Rechtsverhältnis rechtskräftig feststellt und die Parteien vor widersprüchlichen Gerichtsentscheidungen schützt.[884] Auf diese Weise kann die Gefahr sich widersprechender Urteile beseitigt werden.[885]

Problematisch ist aber eine solche Verfahrensabschichtung dann, wenn sich die Abgrenzung von Geschäftsgeheimnissen zu den sonstigen entscheidungsrelevanten Tatsachen, wie beispielsweise der Verletzungshandlung, als schwierig gestaltet und eine getrennte Prüfung dieser Voraussetzungen nicht möglich ist. Ein stufenweises Verfahren ist daher nur im Falle sehr spezifischer Sachverhaltskonstellationen anwendbar.[886] Daher dient eine solche Aufsplittung nicht als gängige Universallösung zum Schutz von Geschäftsgeheimnissen. Es bedarf daher keiner näheren Erörterung der Frage, ob eine solche den Verfahrensablauf regelnde Gesetzesbestimmung mit der unabhängigen Stellung des Richters nach Art. 97 GG zu vereinbaren wäre.

---

881 *Kersting*, Schutz des Wirtschaftsgeheimnisses, S. 248 f.

882 *Kersting*, Schutz des Wirtschaftsgeheimnisses, S. 250, 275.

883 *Ann/et al.*, Auskunftsanspruch und Geheimnisschutz, Rn. 57.

884 *Becker-Eberhard*, in: MüKo ZPO, Bd. 1, § 256, Rn. 6; *Foerste*, in: Musielak/Voit, ZPO, § 256, Rn. 39; *Kersting*, Schutz des Wirtschaftsgeheimnisses, S. 254; *McGuire*, in: GRUR 2015, 424, 433; *Saenger*, in: Saenger, ZPO, § 256, Rn. 26; *Winzer*, Schutz von Geschäftsgeheimnissen, Rn. 431 ff., 438.

885 *Althammer*, in: Stein/Jonas, ZPO, § 301, Rn. 21.

886 *Kersting*, Schutz des Wirtschaftsgeheimnisses, S. 254; *Winzer*, Schutz von Geschäftsgeheimnissen, Rn. 433.

V. Erleichterungen im Rahmen der Sachverhaltsaufklärung

Darüber hinaus kommen Erleichterungen im Rahmen der Darlegungs-, Substantiierungs- und Beweislast in Betracht, so wie es einige wenige Mitgliedstaaten der Europäischen Union in ihrer jeweiligen nationalen Rechtsordnung vorsehen.

1. Sekundäre Darlegungslast

Eine Erleichterung könnte zunächst im Rahmen der Darlegungslast erfolgen. Grundsätzlich obliegt die Darlegungslast derjenigen Partei, die auch die Beweislast trägt.[887] Eine Partei hat daher alle für sie günstigen Tatsachen und Umstände darzulegen und gegebenenfalls zu beweisen. Für eine Reihe von Fällen hat die Rechtsprechung jedoch eine sogenannte sekundäre Darlegungslast entwickelt.[888] Diese hat zur Folge, dass ein einfaches Bestreiten des Vortrags der beweisbelasteten Partei nicht ausreichend ist, sondern der Gegner im Rahmen des ihm Zumutbaren die für das Gegenteil sprechenden Tatsachen und Umstände darlegen muss.[889] Eine solche sekundäre Darlegungslast wird dann herangezogen, wenn es der an sich darlegungsbelasteten Partei unzumutbar ist, weiteren Vortrag zu bringen.[890] Ließe man eine solche sekundäre Darlegungslast im Hinblick auf Geschäftsgeheimnisstreitsachen zu, so wäre seitens des Geheimnisinhabers eine schlüssige Darlegung dahingehend, dass das gegnerische Produkt nur unter Anwendung seines Geschäftsgeheimnisses gefertigt worden sein kann, zunächst ausreichend.[891] Im Gegenzug müsste der Beklagte dann zur Verteidigung und Darlegung des Gegenteils offenlegen, ob und gegebenenfalls welches eigene Geschäftsgeheimnis er bei der Herstellung tatsächlich verwendet hat.[892] Problematisch ist dieser Ansatz allerdings im Hinblick auf die Tatsache, dass Geschäftsgeheimnisstreitsachen häufig technisch komplex sind und daher ein substantiierter

---

887 *Bacher*, in: BeckOK ZPO, § 284, Rn. 84; *Schweikhardt*, in: GRUR 1962, 116, 117.

888 BGH, NJW 1968, 1185 ff.; BGH, NJW 1969, 553 ff.; BGHZ 72, 132 ff.; BGHZ 85, 212 ff.; BGH, NJW 1998, 79, 81.

889 BGH, NJW 1961, 826, 828 – *Pressedienst*; BGH, NJW 1983, 687, 688; BGH, NJW 1990, 3151 f.; BGH, NJW 1993, 1200, 1203; BGH, GRUR 1995, 693, 697 – *Indizienkette*; BGH, NJW 2005, 2614, 2615 f.; BGH, NJW 2008, 982, 984, BGH, NJW-RR 2017, 1520, 1522; *Bacher* in: BeckOK ZPO, § 284, Rn. 84.

890 *Bacher*, in: BeckOK ZPO, § 284, Rn. 85.

891 *Gärtner/Goßler*, in: Mitt. 2018, 204, 208.

892 *Gärtner/Goßler*, in: Mitt. 2018, 204, 208.

Vortrag zu den Details in der Regel gar nicht möglich ist.[893] Zudem wird eine solche sekundäre Darlegungslast der immensen Spannweite von Geschäftsgeheimnissen nicht gerecht. Wie bereits eingangs beschrieben ist der Begriff des Geschäftsgeheimnisses weit zu verstehen. Neben dem klassischen Know-how in Form von technischem Wissen sind auch betriebliche Informationen, wie etwa Bilanz-, Kunden oder Lieferantendaten, hiervon umfasst. Im Falle solcher kaufmännischer Geheimnisse macht eine sekundäre Darlegungslast allerdings nur wenig Sinn, sodass diese Art der Erleichterung nicht in jeder Konstellation die beabsichtigte Wirkung erzielt.

2. Reduzierte Substantiierungspflicht

Da eine Offenbarung des Geschäftsgeheimnisses bereits bei der Einreichung einer Klage zu befürchten ist, könnte in Betracht gezogen werden, bis zum Ausschluss der Öffentlichkeit oder dem Erlass einer richterlichen Geheimhaltungsanordnung zum Schutze der klagenden Partei auf eine umfangreiche Substantiierungspflicht dieser zu verzichten. Im Gegenzug wäre seitens der gegnerischen Partei ein pauschales Bestreiten ausreichend.[894] Die Aufklärung des Sachverhaltes würde dann erst in einem frühen ersten Termin nach Klagezustellung erfolgen.[895] Allerdings erschwert dies eine effektive Sachverhaltsermittlung und zieht den Prozess entgegen dem Grundsatz der Verfahrensbeschleunigung unnötig in die Länge. Das Gericht hat ohne einen substantiierten Vortrag keine Möglichkeit, diesen auf seine Schlüssigkeit bzw. Erheblichkeit zu überprüfen und die Klage gegebenenfalls unverzüglich abzuweisen.[896] Zudem wird dem Beklagten die Möglichkeit vorenthalten, unmittelbar nach Klagezustellung zu den in der Klage formulierten Vorwürfen umfangreich Stellung zu nehmen, da der vorgeworfene Sachverhalt unvollständig ist. Die Pflicht zur vollständigen Darlegung und Substantiierung durch den Kläger wird auf diese Weise lediglich hinausgezögert, das Problem der umfangreichen Offenbarung im Rahmen eines Gerichtsprozesses bleibt bestehen, wenn auch zeitlich verzögert.

Im Übrigen wären auch durch eine reduzierte Substantiierungspflicht Probleme im Rahmen der Vollstreckung zu befürchten. So ließe sich

893 *Ann/et al.*, Auskunftsanspruch und Geheimnisschutz, Rn. 37.

894 *Stadler*, in: NJW 1989, 1202, 1203.

895 *Grosch*, in: Ann/et al., Praxishandbuch, Kap. 6, Rn. 194.

896 *Karger*, Beweisermittlung, S. 127; *Kersting*, Schutz des Wirtschaftsgeheimnisses, S. 275; *Lachmann*, in: NJW 1987, 2206, 2209.

beispielsweise ein Versäumnisurteil, das aufgrund einer nur allgemeinen Antragsformulierung und Klagebegründung ergeht, aufgrund seines unvollständigen Sachverhalts nicht als Grundlage für eine vollstreckungsrechtliche Anspruchsdurchsetzung heranziehen. Diese Gefahr lässt sich auch nicht damit umgehen, indem man – so wie vereinzelte Literaturstimmen vorschlagen – für die erforderliche Substantiierung den Verweis auf beigefügte Skizzen und sonstige Anlagen genügen lässt, ohne dass die geheime Information als solche konkret bezeichnet wird.[897] Der Bundesgerichtshof hat zwar im Rahmen einer urheberrechtlichen Entscheidung aus dem Jahr 2007 einen Antrag für ausreichend bestimmt erachtet, wenn das streitgegenständliche Werk durch Bezugnahme auf beigefügte Ausdrucke oder Datenträger so beschrieben wird, dass eine Verwechslung mit einem anderen Werk ausgeschlossen ist.[898] Allerdings eignet sich diese Variante der reduzierten Substantiierungspflicht regelmäßig nur für technische Geheimnisse.[899] Auch die beschriebene Entscheidung des BGH bezog sich auf ein mutmaßlich verletztes Recht an einem Computerprogramm. Sonstige Informationen, wie beispielsweise aus dem kaufmännischen Bereich, lassen sich in der Regel nur schwer mit Skizzen und Anlagen umschreiben, ohne selbst konkret benannt zu werden.

Alternativ wäre es möglich, es bei einer Pflicht zur umfassenden Substantiierung zu belassen, den Beklagten allerdings nur über die Klageerhebung zu informieren bzw. ihm lediglich eine geschwärzte Fassung der Klageschrift zukommen zu lassen und um Benennung eines Prozessbevollmächtigten zu bitten, um diesem dann die vollständige, ungeschwärzte Klageschrift zuzustellen.[900] Auf diese Weise bleibt das Gericht in der Lage, den klägerischen Vortrag vollumfänglich zu überprüfen. Gleichzeitig werden die darin enthaltenen geheimen Informationen vor dem Beklagten geheim gehalten, ohne dass ihm gänzlich die Möglichkeit vorenthalten wird, zu den Vorwürfen Stellung zu nehmen. Zwar verpflichtet dies die beklagte Partei zur Beauftragung eines Anwalts und Zahlung entsprechender Kosten. Allerdings sind jedenfalls

---

897 *Deichfuß*, in: GRUR-Prax 2012, 449, 452 f.; *Doepner*, in: FS Tilmann, 105, 112, 117; *Dreier*, in: Dreier/Schulze, UrhG, § 97, Rn. 111; *Harte-Bavendamm*, in: Harte-Bavendamm/Henning-Bodewig, UWG, § 17, Rn. 60; *Ohly*, in: Ohly/Sosnitza, UWG, § 17, Rn. 53; *Stadler*, Schutz von Unternehmensgeheimnissen, S. 163.

898 BGH, GRUR 2008, 357 – *Planfreigabesystem*.

899 *Winzer*, Schutz von Geschäftsgeheimnissen, Rn. 256.

900 *Bahner*, Geheimnisschutz, S. 213 f.

im deutschen Recht gemäß § 15 GeschGehG ausschließlich die Landgerichte ohne Rücksicht auf den Streitwert für Geschäftsgeheimnisstreitsachen zuständig, sodass ohnehin nach § 78 Abs 1 S. 1 ZPO Anwaltszwang herrscht.

3. Beweiserleichterungen

Weiterhin besteht die Möglichkeit, zum Schutz von Geschäftsgeheimnissen Regelungen zur Beweiserleichterung einzuführen. Dies könnte beispielsweise durch eine Beweislastumkehr geschehen, die zu einer vollständigen Entlastung der an sich beweisbelasteten Partei führt mit der Folge, dass das Risiko der Nichterweisbarkeit auf die gegnerische Partei übergeht.[901] Grundsätzlich muss jede Partei die Tatsachen beweisen, die zum Tatbestand einer für sie günstigen Rechtsnorm gehören.[902] Die nicht beweisbelastete Partei muss diesbezüglich nicht an der Aufklärung des Sachverhalts mitwirken.[903] Für einige wenige Fallgruppen aber sehen sowohl das Gesetz als auch die richterliche Rechtsfortbildung eine sogenannte Beweislastumkehr vor.[904] Diese führt dazu, dass die grundsätzlich vorgesehene Beweislast auf die jeweils andere Partei übertragen wird und diese nun die für das Gegenteil sprechenden Tatsachen und Umstände darzulegen sowie zu beweisen hat.

Den insofern vorgesehenen Fallgruppen ist gemein, dass es der beweisbelasteten Partei unzumutbar oder gar unmöglich ist, weiteren Vortrag zu bringen, der bestreitenden Partei aber alle wesentlichen Umstände bekannt sind. Dies gilt insbesondere dann, wenn die beweisbelastete Partei außerhalb des von ihr vorzutragenden Geschehensablaufs steht und keine nähere Kenntnis der maßgebenden Tatsachen besitzt, während der Gegner ohne Weiteres in der Lage ist, nähere Angaben zu machen.[905] Eine solche Schwierigkeit der Beweisführung ergibt sich beispielsweise im Rahmen patentrechtlicher Verfahren. Der Patentinhaber hat in der Regel keine Möglichkeit, den Fertigungsprozess des Gegners

---

901 *Gottwald*, in: BB 1979, 1781, 1783 f.; *McGuire*, in: GRUR 2015, 424, 435.

902 BGH, NJW 1987, 2008, 2009; BGH, NJW 1991, 1052, 1053; BGH, NJW 2009, 2199, 2202; BGH, NJW-RR 2014, 1172, 1173.

903 BGH, NJW 1961, 826, 828; BGH, NJW 1987, 2008, 2009; BGH, NJW 1990, 3151; BGH, NJW 2007, 155, 156.

904 *Prütting*, in: MüKo ZPO, Bd. 1, § 286, Rn. 123.

905 BGH, NJW 1961, 826, 828; BGH, NJW 1983, 687, 688; BGH, NJW 1987, 2008, 2009; BGH, NJW 1990, 3151; BGH, NJW 2005, 2395, 2397; *Bacher* in: BeckOK ZPO, § 284, Rn. 85.

zu überprüfen. Vielmehr kann er nur anhand des Ergebnisses vermuten, dass dieses durch eine Patentverletzung erzielt wurde.[906]

Dieses Dilemma haben auch die EU-Mitgliedstaaten erkannt und entsprechende beweisrechtliche Privilegierungen zum Schutz von Verfahrenspatenten in Art. 34 TRIPS-Abkommen und Art. 55 EPGÜ vorgesehen. Danach soll bis zum Beweis des Gegenteils vermutet werden, dass jedes identische, ohne Zustimmung des Patentinhabers hergestellte Erzeugnis nach seinem geschützten patentierten Verfahren hergestellt worden ist. Eine entsprechende Vorschrift findet sich im deutschen Recht in § 139 Abs. 3 PatG. Der klagende Patentinhaber muss lediglich Beweis dafür antreten, dass sein Erzeugnis auf einem patentierten Fertigungsverfahren beruht und die Beschaffenheit der sich gegenüberstehenden Fertigungsstücke identisch ist. Gelingt es ihm nicht, dies zu beweisen, so verliert er den Prozess ohne eine Offenlegung seines Patentes.[907] War die erleichterte Beweisführung des Klägers hingegen erfolgreich, so muss der Beklagte im Gegenzug beweisen, dass das von ihm hergestellte Erzeugnis gleicher Beschaffenheit gerade nicht nach dem patentierten Verfahren des Klägers hergestellt wurde.[908]

In Anbetracht dieser Grundsätze könnte für den Fall, dass ein Unternehmensgeheimnis bereits in der Klageschrift offengelegt werden muss, eine solche Beweiserleichterung herangezogen werden. Danach wäre es ausreichend, wenn der Kläger die Verletzung seines Geschäftsgeheimnisses darlegt. Der zum Beweis verpflichtete Gegner müsste dann umfangreich darlegen, dass dies gerade nicht geschehen ist. Allerdings bewahrt dies den Kläger nicht davor, ausführliche Ausführungen zum eigenen Geschäftsgeheimnis zu machen, wenn dies den eigentlichen Streitgegenstand bildet. Stellt der Beklagte etwa die vom Kläger behauptete Geheimniseigenschaft der klägerischen Information in Abrede oder behauptet er womöglich, ein eigenes, von der klägerischen Information erheblich abweichendes Geschäftsgeheimnis verwendet zu haben, so bedarf es seitens des Klägers spätestens dann der Vorlage entsprechender Beweise und damit einer Offenlegung des Geschäftsgeheimnisses im vermuteten Verletzungsumfang. Die Gefahr einer ungewollten Offenlegung und einer möglicherweise späteren Verwertung wird also lediglich nach hinten verschoben. Eine Beweislastumkehr hilft dem Kläger zwar über Schwierigkeiten im Rahmen der Beweisführung

906 *Hauck*, in: NJW 2016, 2218, 2222; *Schweikhardt*, in: GRUR 1962, 116; *Winzer*, Schutz von Geschäftsgeheimnissen, Rn. 256.

907 *McGuire*, in: GRUR 2015, 424, 428.

908 *Winzer*, Schutz von Geschäftsgeheimnissen, Rn. 310.

hinweg, dient jedoch nicht als Schutz von Geschäftsgeheimnissen im Verlaufe eines Verfahrens.

VI. Verpflichtung zur Zahlung einer Sicherheitsleistung

Um die Gefahr des Missbrauchs eines offenbarten Geschäftsgeheimnisses zu reduzieren, könnte die Zahlung einer angemessenen Sicherheitsleistung vorgesehen werden, die die Parteien vor der Einsichtnahme in die sensiblen Informationen leisten müssen. Dies gilt sowohl im Hinblick auf Geschäftsgeheimnisse der klagenden Partei als auch in Bezug auf solche, die im Sinne einer vollumfassenden Verteidigung von der Gegenpartei vorgetragen werden. Ein solcher prozessualer Sicherungsmechanismus kommt insbesondere im Rahmen der vorläufigen Zwangsvollstreckung regelmäßig zum Einsatz.[909] Als Grundlage einer solchen Sicherheitsleistung im Erkenntnisverfahren wurde § 811 Abs. 2 S. 2 BGB diskutiert.[910] Allerdings ist eine solche Maßnahme im Ergebnis abzulehnen. Zunächst stellt sich die nur schwer zu beantwortende Frage nach der Höhe der zu leistenden Sicherheit.[911] So lässt sich beispielsweise der Wert kaufmännischer Informationen, wie etwa Preislisten oder Kundenkarteien, nur schwer sinnvoll bestimmen. Gleiches gilt für die Frage des näher zu bestimmenden Zeitraums, im Rahmen dessen die Sicherheit geleistet werden soll.[912] Diese Unbestimmtheit führt zu womöglich unverhältnismäßigen Ergebnissen, die eine Grundlage für missbräuchliches Verhalten schafft und Dritte animiert, auf diese Weise verhältnismäßig günstig an Geschäftsgeheimnisse heranzukommen.[913] Letztlich garantiert eine Sicherheitsleistung nur die Liquidität des Geheimnisinhabers und nicht die tatsächliche Geheimhaltung seiner Informationen.[914]

---

909 *Winzer*, Schutz von Geschäftsgeheimnissen, Rn. 449.

910 *Bahner*, Geheimnisschutz, S. 218; *Leppin*, in: GRUR 1984, 770, 772; *Ploch-Kumpf*, Schutz von Geschäftsgeheimnissen, S. 165; *Stadler*, Schutz von Unternehmensgeheimnissen, S. 221 f.; *Stürner*, Aufklärungspflicht, S. 222; *Stürner*, in: JZ 1985, 453, 457.

911 *Kersting*, Schutz des Wirtschaftsgeheimnisses, S. 292; *Ploch-Kumpf*, Schutz von Geschäftsgeheimnissen, S. 165 f.; *Stadler*, Schutz von Unternehmensgeheimnissen, S. 222; *Stürner*, in: JZ 1985, 453, 458.

912 *Karger*, Beweisermittlung, S. 128; *Kersting*, Schutz des Wirtschaftsgeheimnisses, S. 292; *Stadler*, Schutz von Unternehmensgeheimnissen, S. 222; *Stürner*, in: JZ 1985, 453, 458; *Winzer*, Schutz von Geschäftsgeheimnissen, Rn. 451; *Wrede*, Geheimverfahren, S. 151.

913 *Bahner*, Geheimnisschutz, S. 218; *Sanner*, Informationsgewinnung, S. 634.

914 *Kersting*, Schutz des Wirtschaftsgeheimnisses, S. 274, 292; *Ploch-Kumpf*, Schutz von Geschäftsgeheimnissen, S. 167.

VII. Vorprozessuale Maßnahmen zum Schutze des Beklagten

Bereits bei der Geltendmachung präparatorischer Ansprüche zur Vorbereitung eines Gerichtsprozesses besteht ein gewaltiges Spannungsverhältnis zwischen dem Grundsatz einer effektiven Rechtsdurchsetzung und dem Schutz legitimer Geheimhaltungsinteressen. Auskunfts-, Vorlage- und Besichtigungsansprüche sollen Gläubiger in die Lage versetzen, Verletzungen ihrer Rechte auch dann beweisen zu können, wenn dies sonst nicht oder nur unter sehr erschwerten Bedingungen möglich wäre.[915] Gleichzeitig darf dies aber nicht dazu führen, dass solche vorbereitenden Ansprüche zur Ausspähung von Geschäftsgeheimnissen des Gegners ausgenutzt werden.[916] Sinn und Zweck des Auskunftsanspruchs ist lediglich, den Umfang der Verletzung aufzuklären. Die eigene Geheimnisverletzung, die es durch den Auskunfts-, Vorlage- oder Besichtigungsanspruch aufzuklären und zu beweisen gilt, darf nicht beansprucht werden, um wiederum Geheimnisse des mutmaßlichen Verletzers rechtswidrig zu erlangen und zu nutzen. Der Umfang des Auskunftsanspruchs beschränkt sich auf die Informationen, die für die gerichtliche Durchsetzung des Verletzungsanspruchs erforderlich sind, vorausgesetzt die Auskunftserteilung ist dem Auskunftsverpflichteten zumutbar.[917] Darüber hinausgehende Informationen, die im Rahmen der Besichtigung wahrgenommen werden und unmittelbar oder mittelbar Erkenntnisse über den Gegenstand eines Geschäftsgeheimnisses vermitteln können, dürfen nicht weitergegeben werden.[918] Um die Gefahr einer folgenreichen Ausspähung zu reduzieren, haben sich in der Verfahrenspraxis

---

915 *Ann*, in: Ann/et al., Praxishandbuch, Kap. 7, Rn. 21; *Ann/et al.*, Auskunftsanspruch und Geheimnisschutz, Rn. 36; *Hauck*, in: GRUR 2020, 817 f.; *Kersting*, Schutz des Wirtschaftsgeheimnisses, S. 125; *Köhler*, in: Köhler/et al., UWG, § 9, Rn. 4.1; *Raff*, in: MüKo BGB, Bd. 8, § 1004, Rn. 242; *Winzer*, Schutz von Geschäftsgeheimnissen, Rn. 314 ff.

916 *Ann*, in: Ann/et al., Praxishandbuch, Kap. 7, Rn. 21; *Ann/et al.*, Auskunftsanspruch und Geheimnisschutz, Rn. 71; *Raab*, in: MAH GewRS, § 35, Rn. 298; *Wimmers*, in: Schricker/Loewenheim, UrhG, § 97, Rn. 311; *Vykydal*, in: MAH GewRS, § 3, Rn. 45; *Winzer*, Schutz von Geschäftsgeheimnissen, Rn. 373.

917 *Grabinski/Zülch*, in: Benkard, PatG, § 140b, Rn. 11; *Köhler*, in: Köhler/et al., UWG, § 9, Rn. 4.13, 4.18; *Ohly*, in: Ohly/Sosnitza, UWG, § 9, Rn. 37 f.; *Vykydal*, in: MAH GewRS, § 3, Rn. 48 ff., 51 f., 64; *Winzer*, Schutz von Geschäftsgeheimnissen, Rn. 319.

918 BGH, GRUR 1961, 288, 293 – *Zahnbürsten*; BGH, GRUR 2010, 318, 320 – *Lichtbogenschnürung*.

sowohl der Wirtschaftsprüfervorbehalt als auch das sogenannte „Düsseldorfer Verfahren“ etabliert.

1. Wirtschaftsprüfervorbehalt

Um dem bei der Geltendmachung präparatorischer Ansprüche bestehenden Spannungsverhältnis gerecht zu werden, entwickelte das Reichsgericht bereits in den vierziger Jahren den sogenannten Wirtschaftsprüfervorbehalt.[919] Danach sind Informationspflichtige nicht dazu verpflichtet, die geheimhaltungsbedürftige Information direkt dem Anspruchsgegner mitzuteilen. Vielmehr reicht es aus, die Information einem nicht am Verfahren beteiligten und berufsrechtlich zur Verschwiegenheit verpflichteten Dritten, beispielsweise einem Wirtschaftsprüfer, zu übermitteln.[920] In arbeitsrechtlichen Verfahren bedient sich das Bundesarbeitsgericht gelegentlich eines Notars als neutrale Gewährsperson zur unmittelbaren Beweisführung.[921] Dieser neutrale Dritte überprüft die zur Beweisführung übermittelte Information im Interesse des Anspruchsberechtigten, teilt diesem aber zur Wahrung der Geheimschutzinteressen des Auskunftspflichtigen nur das Endergebnis seiner Prüfung mit.[922] Dabei beschränkt sich die Prüfung auf das bloße Bejahen oder Verneinen einer konkret gestellten Frage, ohne dass sachverständige Schlüsse durch den Dritten gezogen werden.[923] Zurückgehalten werden gegenüber dem Anspruchsberechtigten solche Informationen, die für die Bestimmung des geltend gemachten Anspruchs nicht erforderlich sind.[924] Auf diese Weise erfährt er lediglich die für ihn relevante Auskunft, nämlich ob ein klageweises Vorgehen erfolgsversprechend ist, ohne

---

919 RG, GRUR 1942, 153; RG, GRUR 1942, 207, 209.

920 BGHZ 10, 385, 388 f.; BGH, GRUR 1957, 336 – *Rechnungslegung*; BGH, GRUR 1958, 346, 348 – *Spitzenmuster*; BGH, GRUR 1962, 354, 357 – *Furniergitter*; BGH, GRUR 1980, 227, 233 – *Monumenta Germaniae Historica*; BGH, GRUR 1981, 535 – *Wirtschaftsprüfervorbehalt*; OLG Düsseldorf, GRUR 1983, 745, 746 – *Geheimhaltungsinteresse und Besichtigungsanspruch II*; OLG München, GRUR 1987, 33 – *Besichtigungskosten*; *Ann*, in: Ann/et al., Praxishandbuch, Kap. 7, Rn. 24; *Ann/et al.*, Auskunftsanspruch, Rn. 121, 416; *Heusch/et al.*, in: GRUR Int. 2015, 932, 935; *Kersting*, Schutz des Wirtschaftsgeheimnisses, S. 277; *Prütting*, in: MüKo ZPO, Bd. 1, § 285, Rn. 11; *Stürner*, in: JZ 1985, 453, 455; *Wrede*, Geheimverfahren, S. 69.

921 BAG NJW 1993, 612.

922 *Ann*, in: Ann/et al., Praxishandbuch, Kap. 7, Rn. 24;

923 *Bornkamm*, in: FS Ullmann, 893, 899.

924 *v. Braunmühl*, in: Fezer/et al., UWG, § 10, Rn. 305.

dass weitergehende Interna aus der Sphäre des Pflichtigen an die Öffentlichkeit gelangen.[925]

Das Gericht ordnet den Wirtschaftsprüfervorbehalt von Amts wegen oder auf Antrag einer Partei an.[926] Die Kosten hierfür trägt der auskunftspflichtige Verletzer.[927] Der neutrale Dritte wird durch den anspruchsberechtigten Kläger bestimmt, im Falle von Zweifeln an dessen Geeignetheit übernimmt die Bestimmung das Gericht.[928] Da der neutrale Dritte dem Anspruchsberechtigten lediglich das Ergebnis seiner Prüfung vorlegt, ist dieser nicht in der Lage, die Information selbst zu überprüfen, sodass ihm die Prozessführung erheblich erschwert wird. Daher bedarf es gegenüber den Belangen des Auskunftsberechtigten deutlich höhergewichtiger Interessen des Auskunftspflichtigen, die eine solche Einschränkung der Rechte des Auskunftsberechtigten rechtfertigen.[929] Die Darlegungs- und Beweislast obliegt insofern dem Verletzer, der den Wirtschaftsprüfervorbehalt wünscht.[930] Im Falle einer besonders groben Verletzungshandlung ist diese zugunsten des Verletzers wirkende Schutzmaßnahme ausgeschlossen.[931] Entwickelt wurde der Wirtschaftsprüfervorbehalt zur Schadensberechnung, die regelmäßig einen Einblick in die mit geheimhaltungsbedürftigen Informationen gefüllten Geschäftsbücher des Gegners erfordert.[932]

Diese Modifikation des Auskunftsanspruchs ist in ihrem Anwendungsbereich jedoch begrenzt und dient ausschließlich der Bestätigung bereits bekannter Angaben, während die Rechtsverletzung und der bestehende Anspruch feststehen.[933] Er dient in der Regel lediglich dazu, weitergehende Informationen

---

925 *Ann*, in: Ann/et al., Praxishandbuch, Kap. 7, Rn. 24.

926 BGH, GRUR 1958, 346, 348 – *Spitzenmuster*; BGH, GRUR 1978, 52, 53 – *Fernschreibverzeichnisse*; BGR GRUR 1980, 227, 232 – *Monumenta Germaniae Historica.*

927 BGH, GRUR 1957, 336 – *Rechnungslegung.*

928 BGH, GRUR 1980, 227, 233 – *Monumenta Germaniae Historica*; *Köhler*, in: Köhler/et al., UWG, § 9, Rn. 4.21; *Winzer*, Schutz von Geschäftsgeheimnissen, Rn. 321.

929 BGH, NJWE-WettbR 1999, 238, 239; BGH, NJW 1999, 2671, 2677 – *Preisbindung durch Franchisegeber.*

930 BGH, GRUR 1981, 535 – *Wirtschaftsprüfervorbehalt.*

931 BGH, GRUR 1958, 346, 348, 349 – *Spitzenmuster.*

932 *Ann*, in: Ann/et al., Praxishandbuch, Kap. 7, Rn. 26; *Ann/et al.*, Auskunftsanspruch und Geheimnisschutz, Rn. 122 ff., 148; *Stadler*, Schutz von Unternehmensgeheimnissen, S. 200 f.; *Siebert*, Geheimnisschutz und Auskunftsansprüche, S. 310; *Winzer*, Schutz von Geschäftsgeheimnissen, Rn. 321.

933 *Bornkamm*, in: FS Ullmann, 893, 899 f.; *Grosch*, in: Ann/et al., Praxishandbuch, Kap. 6, Rn. 90; *Siebert*, Geheimnisschutz und Auskunftsansprüche, S. 311, 314;

zur Berechnung und zum Umfang des Schadens zu ermitteln. Geschützt sind danach also lediglich Beweismittel, nicht aber der Gegenstand einer Geheimnisstreitsache selbst.[934] Der Wirtschaftsprüfervorbehalt dient lediglich als Filter für solche Informationen, die für die Anspruchsprüfung irrelevant und damit für das Verfahren nicht streiterheblich sind.[935] Daher ist dieses Verfahren für einen allgemeinen Geheimnisschutz ungeeignet.

2. Düsseldorfer Verfahren

Als vorprozessuale Maßnahme könnte das sogenannte Düsseldorfer Verfahren in Betracht gezogen werden, das in der patentrechtlichen Verfahrenspraxis bereits seit über einem Jahrzehnt Anwendung findet. In Großbritannien wird ein derartiges Verfahren zum Schutz von Geschäftsgeheimnissen bereits seit dem frühen 19. Jahrhundert praktiziert („search order").[936] Auch in Frankreich und Italien existieren in den Grundzügen ähnliche Beweissicherungsverfahren, die sogenannte „saisie contrefaçon"[937] (Frankreich) und die „descrizione"[938] (Italien). All diese Verfahren dienen der Durchsetzung präparatorischer Ansprüche und sind eine praktikable Alternative zu der sehr zeitaufwendigen isolierten Klage oder Stufenklage.[939]

a) Hintergründe des Düsseldorfer Verfahrens

Der womöglich verletzte Patentinhaber ist zur Erhebung einer substantiierten Klage regelmäßig darauf angewiesen, Informationen aus der Sphäre des mutmaßlichen Verletzers zu erhalten. Ein Erzeugnis lässt nämlich in der

---

Malmström, Schutz von Betriebs- und Geschäftsgeheimnissen, S. 219; *Winzer*, Schutz von Geschäftsgeheimnissen, Rn. 324, 236.

934 *Ploch-Kumpf*, Schutz von Geschäftsgeheimnissen, S. 93 f.; *Winzer*, Schutz von Geschäftsgeheimnissen, Rn. 343.

935 *Bornkamm*, in: FS Ullmann, 893, 900; *Stadler*, in: NJW 1989, 1202, 1203.

936 *Bahner*, Geheimnisschutz, S. 199 ff.; *Enchelmaier*, in: GRUR Int. 2012, 503, 505, 511; *Gniadek*, Beweisermittlung, S. 271 ff.; *Kuta*, Besichtigungsanordnung, S. 35; *Müller-Stoy*, Nachweis und Besichtigung, Rn. 348 ff.; *Rojahn*, in: FS Loewenheim, 251, 261.

937 *Bahner*, Geheimnisschutz, S. 193 ff.; *Gniadek*, Beweisermittlung, S. 287 ff.; *Kuta*, Besichtigungsanordnung, S. 35; *Müller-Stoy*, Nachweis und Besichtigung, Rn. 319 ff.; *Treichel*, in: GRUR Int. 2001, 690 ff.

938 *Müller-Stoy*, Nachweis und Besichtigung, Rn. 332 ff.

939 *Ann*, in: Ann/et al., Praxishandbuch, Kap. 7, Rn. 28; *Gniadek*, Beweisermittlung, S. 111, 145; *Hauck*, in: NJW 2016, 2218, 2222; *Müller-Stoy*, Nachweis und Besichtigung, Rn. 220, 223; *Pitz*, in: Fitzner/et al., PatG, § 140c, Rn. 32.

Regel von außen nicht erkennen, nach welchem Verfahren es hergestellt wurde.[940] In vielen Fällen ist bereits die Beschaffung des Produkts schwierig, weil beispielsweise ein Testkauf nicht möglich ist.[941] Ohne einen Blick hinter die Kulissen kann der Patentinhaber daher oft nur mutmaßen, dass im gegnerischen Unternehmen seine Patentrechte verletzt werden. Um es ihm zu ermöglichen, die gemutmaßte Patentverletzung substantiiert darlegen und beweisen zu können, gewährt § 140c Abs. 1 S. 1 PatG diesem neben einem Anspruch auf Vorlage einer Urkunde einen Anspruch auf Besichtigung einer Sache oder eines Verfahrens. Auf diese Weise wird ein vorübergehender, beschränkter Zugang zu Beweismitteln geschaffen.[942] Bis zur Einführung des § 140c PatG im Rahmen der Umsetzung der „Enforcement-Richtlinie"[943] in das deutsche Recht im Jahr 2006 wurde ein entsprechender Besichtigungsanspruch aus § 809 BGB abgeleitet.[944]

Der Patentinhaber kann sich auf diese Weise etwa durch eine Besichtigung der Produktionsanlagen im gegnerischen Unternehmen Zugang zu den für eine Klage erforderlichen Beweisen verschaffen. Der Begriff der Besichtigung ist dabei weit zu verstehen und kann neben der bloßen Inaugenscheinnahme auch die Besichtigung von innen, also etwa die Analyse und Inbetriebnahme von Gegenständen, die Untersuchung von Verfahren, das zeitweise Auseinanderbauen und Freilegen von Maschinen, sowie die Mitnahme von Mustern umfassen.[945] Es ist ausreichend, wenn sich der Auskunftssuchende durch die Besichtigung lediglich Gewissheit darüber verschaffen möchte, ob ihm

---

940 *Deichfuß*, in: GRUR 2015, 436, 438; *Eck/Dombrowski*, in: GRUR 2008, 387, 391; *Grabinski/Zülch*, in: Benkard, PatG, § 140c, Rn. 1; *Hauck*, in: NJW 2016, 2218, 2222; *Kühnen*, in: GRUR 2005, 185, 189; *Müller-Stoy*, Nachweis und Besichtigung, Rn. 11; *Müller-Stoy*, in: Mitt. 2009, 361; *Schweikhardt*, in: GRUR 1962, 116.

941 *Ann*, in: Ann/et al., Praxishandbuch, Kap. 7, Rn. 11, 14; *Kersting*, Schutz des Wirtschaftsgeheimnisses, S. 255; *Kühnen*, Handbuch Patentverletzung, Kap. B, Rn. 11; *Müller-Stoy*, Nachweis und Besichtigung, Rn. 10; *Müller-Stoy*, in: Mitt. 2009, 361; *Stauder*, in: GRUR Int. 1987, 230.

942 *Heusch/et al.*, in: GRUR Int. 2015, 932, 935.

943 Richtlinie 2004/48/EG des Europäischen Parlaments und des Rates vom 29.4.2004 zur Durchsetzung der Rechte des geistigen Eigentums.

944 BGH, GRUR 2002, 1046 – *Faxkarte*.

945 *Grabinski/Zülch*, in: Benkard, PatG, § 140c, Rn. 16, 27 ff.; *Kuta*, Besichtigungsanordnung, S. 172 ff.; *Leppin*, in: GRUR 1984, 552, 562 ff.; *Mes*, PatG, § 140c, Rn. 18; *Müller-Stoy*, in: Mitt. 2009, 361, 364 f.; *Pitz*, in: Fitzner/et al., PatG, § 140c, Rn. 20; *Stadler*, Schutz von Unternehmensgeheimnissen, S. 208 f.; *Zöllner*, in: GRUR-Prax 2010, 74, 75.

überhaupt ein Verletzungsanspruch in der Hauptsache zusteht, und dieser Anspruch in irgendeiner Weise von der Existenz oder der Beschaffenheit der zu besichtigenden Sache abhängt.[946] Allerdings verbietet sich eine Ausforschung „ins Blaue hinein" ohne dass konkrete Anhaltspunkte für eine Rechtsverletzung vorliegen.[947] Ausweislich des Wortlautes von § 140c Abs. 1 PatG bedarf es hinsichtlich der vermuteten Verletzung einer hinreichenden Wahrscheinlichkeit und einer substantiiert dargelegten Erforderlichkeit der Besichtigung zur Begründung von Ansprüchen.

Nach § 140c Abs. 2 PatG ist der Besichtigungsanspruch ausgeschlossen, wenn die Inanspruchnahme im Einzelfall unverhältnismäßig ist. Im Rahmen der insofern erforderlichen Interessenabwägung sind der Grad der Wahrscheinlichkeit einer Patentverletzung, mögliche Zweifel am rechtlichen Bestand des Klagepatents, die ansonsten bestehende Beweisnot des Patentinhabers, die Folgen eines Eingriffs in den Betrieb des vermeintlichen Verletzers, dessen Interesse an der Geheimhaltung sensibler Informationen und die Möglichkeiten zu deren verfahrensmäßiger Sicherung zu berücksichtigen.[948]

Neben dem Patentinhaber sind auch sonstige Berechtigte, wie etwa der Lizenznehmer oder Nießbraucher, aktivlegitimiert.[949] Der Anspruch kann sowohl im Hauptsacheverfahren im Wege der objektiven Klagehäufung[950] oder

---

946 BGH, GRUR 1985, 512, 516 – *Druckbalken*; BGH, NJW 2001, 233, 235; BGH, GRUR 2002, 1046, 1048 – *Faxkarte*; *Grabinski/Zülch*, in: Benkard, PatG, § 140c, Rn. 1, 4; *Ploch-Kumpf*, Schutz von Geschäftsgeheimnissen, S. 74; Mes, PatG, § 140c, Rn. 2; *Leppin*, in: GRUR 1984, 552, 557; *Marstall*, in: FS Preu, 151; *Remmertz*, in; Wurzer/Kaiser, Handbuch, S. 243; *Stauder*, in: GRUR Int. 1987, 230, 236; *Tilmann*, in: GRUR 2005, 737, 738; *Tilmann/Schreibauer*, in: GRUR 2002, 1015, 1017; *Winzer*, Schutz von Geschäftsgeheimnissen, Rn. 361; *Wrede*, Geheimverfahren, S. 74.

947 BGHZ 93, 191, 205; BGH, GRUR 2002, 1046, 1048 – *Faxkarte*; KG, NJW-RR 2000, 468, 469; *Druschel/Jauch*, in: BB 2018, 1794; *Grabinski/Zülch*, in: Benkard, PatG, § 140b, Rn. 1; *Kühnen*, Handbuch Patentverletzung, Kap. B, Rn. 26; *Remmertz*, in; Wurzer/Kaiser, Handbuch, S. 244; *Winzer*, Schutz von Geschäftsgeheimnissen, Rn. 362; *Zöllner*, in: GRUR-Prax 2010, 74.

948 BT-Drucks. 16/5048, S. 41; *Ann/et al.*, Auskunftsanspruch und Geheimnisschutz, Rn. 276, 278, 345 f.; *Deichfuß*, in: GRUR 2015, 436, 438; *Eck/Dombrowski*, in: GRUR 2008, 387, 389; *Grabinski/Zülch*, in: Benkard, PatG, § 140c, Rn. 1, 4, 15; *Müller-Stoy*, Nachweis und Besichtigung, Rn. 143; *Ploch-Kumpf*, Schutz von Geschäftsgeheimnissen, S. 144 ff.

949 BT-Drucks. 19/4724, S. 25; *Harte-Bavendamm*, in: Harte-Bavendamm/et al., GeschGehG, § 2, Rn. 76, 81; *Mes*, PatG, § 140c, Rn. 7.

950 *Kühnen*, Handbuch Patentverletzung, Kap. B, Rn. 83.

Stufenklage[951] als auch gemäß § 140c Abs. 3 S. 1 PatG im Rahmen eines einstweiligen Verfügungsverfahrens geltend gemacht werden. Letzteres ist dann sinnvoll, wenn mit Hilfe des damit verbundenen Überraschungseffekts eine möglichst schnelle und wirksame Sicherung der erheblichen Beweise erzielt werden soll.[952] Eine entsprechende Dringlichkeit wird in der Regel zu vermuten sein.[953] Allerdings hat das Gericht nach § 140c Abs. 2 S. 3, Abs. 3 S. 2 PatG sowohl im Hauptverfahren als auch im einstweiligen Verfügungsverfahren die zum Schutz vertraulicher Informationen erforderlichen Maßnahmen zu treffen.

b) Einzelheiten des Verfahrens

Eine solche Besichtigung birgt die große Gefahr, dass der Besichtigende Informationen erhält, die über das für den Beweis notwendige Maß hinausgehen. So können sich etwa aus der Besichtigung des Gegenstandes bzw. Verfahrens Hinweise auf betriebsinternes Know-how ergeben, das mit dem mutmaßlich verletzten Patent nicht im Zusammenhang steht, oder aber Informationen über zufällig im selben Raum befindliche Vorrichtungen, die an sich nicht Gegenstand der Besichtigung sind, geraten beiläufig in den Blick der Besichtigungsteilnehmer.[954] Um eine solche Gefahr der Kenntniserlangung zu vermeiden, erfolgt die Geltendmachung des patentrechtlichen Besichtigungsanspruchs in der Praxis regelmäßig im Wege des sogenannten Düsseldorfer Verfahrens.[955] Richter des Düsseldorfer Landgerichts entwickelten dieses Verfahren in Anbetracht der in § 140c Abs. 2 PatG enthaltenen Vorgabe, die erforderlichen Maßnahmen zu treffen, um den Schutz vertraulicher Informationen zu gewährleisten. Prozessual kombiniert dieses vom BGH bestätigte Verfahren ein selbstständiges Beweisverfahren im Sinne der §§ 485 ff. ZPO mit einer einstweiligen Verfügung auf Duldung der Besichtigung nach §§ 935, 940 ZPO.[956] Die Beweissicherung erfolgt dabei in vier Schritten.

---

951 *Kuta*, Besichtigungsanordnung, S. 25 ff.; *Mes*, PatG, § 140c, Rn. 36.

952 *Grabinski/Zülch*, in: Benkard, PatG, § 140b, Rn. 20, 21; *Kuta*, Besichtigungsanordnung, S. 27 f.

953 *Grabinski/Zülch*, in: Benkard, PatG, § 140b, Rn. 21.

954 *Grabinski/Zülch*, in: Benkard, PatG, § 140b, Rn. 26; *Kersting*, Schutz des Wirtschaftsgeheimnisses, S. 254; *Kühnen*, in: GRUR 2005, 185, 190.

955 *Druschel/Jauch*, in: BB 2018, 1794, 1795; *Grabinski/Zülch*, in: Benkard, PatG, § 140b, Rn. 15, 20; *Hauck*, in: NJW 2016, 2218, 2221 f.; *Kersting*, Schutz des Wirtschaftsgeheimnisses, S. 256; *Stürner*, in: JZ 1985, 453, 456.

956 BGH, GRUR 2010, 318 – *Lichtbogenschnürung*; *Ann*, in: Ann/Loschelder/Grosch, Praxishandbuch, Kap. 7, Rn. 28; *Bahner*, Geheimnisschutz, S. 176; *Bitkom*, Stellungnahme

aa) Anordnung des selbstständigen Beweisverfahrens

Kommt das Gericht zu dem Ergebnis, dass die gerügte Patentverletzung hinreichend wahrscheinlich ist und die Besichtigung die einzige zumutbare Möglichkeit zur Informationsbeschaffung darstellt, so ordnet das Gericht das selbstständige Beweisverfahren an. Das selbstständige Beweisverfahren dient der gerichtlichen Tatsachenfeststellung sowie der Aufnahme und Sicherung von Beweisen im Vorfeld oder außerhalb eines Rechtsstreits.[957] Die in §§ 485 ff. ZPO enthaltenen allgemeinen Regelungen finden insofern Anwendung. In der Beweisanordnung formuliert das Gericht möglichst genau, welche Gegenstände oder Verfahren von der Besichtigung umfasst sind und was durch die Besichtigung festgestellt werden soll.[958] Die Anordnung des Beweisverfahrens geschieht in der Regel ohne eine vorherige Anhörung des Antragsgegners, da ansonsten zu befürchten ist, dass dieser in Kenntnis einer bevorstehenden Besichtigung Änderungen an dem zu besichtigenden Gegenstand bzw. Verfahren vornimmt.[959] Um aber den von der angekündigten und unmittelbar bevorstehenden Besichtigung überrumpelten Antragsgegner in seinem Recht auf Waffengleichheit nicht

---

zum Referentenentwurf, 2018, S. 13; *Deichfuß*, in: GRUR 2015, 436, 437; *Druschel/Jauch*, in: BB 2018, 1794 f.; *Eck/Dombrowski*, in: GRUR 2008, 387, 392; *Enchelmaier*, in: GRUR Int. 2012, 503, 513; *Gärtner*, in: NZG 2014, 650, 652; *Grabinski/Zülch*, in: Benkard, PatG, § 140b, Rn. 22; *Gregor*, in: BeckOK GeschGehG, § 19, Rn. 37.1; *Hauck*, in: NJW 2016, 2218, 2222; *Heusch/et al.*, in: GRUR Int. 2015, 932, 935, 939; *Kuta*, Besichtigungsanordnung, S. 38 f.; *Kühnen*, in: GRUR 2005, 185, 187; *Malmström*, Schutz von Betriebs- und Geschäftsgeheimnissen, S. 208 ff.; *McGuire/et al.*, in: GRUR Int. 2010, 820, 834; *Mes*, PatG, § 140c, Rn. 24 ff.; *Redeker/et al.*, in: WRP 2015, 812, 814; *Rojahn*, in: FS Loewenheim, 251, 259; *Schlingloff*, in: WRP 2018, 666, 668; *Tilmann*, in: GRUR 2005, 737, 738; *Wrede*, Geheimverfahren, S. 93; *Zöllner*, in: GRUR-Prax 2010, 74, 77.

957 *Gniadek*, Beweisermittlung, S. 150; *Kuta*, Besichtigungsanordnung, S. 39; *Müller-Stoy*, Nachweis und Besichtigung, Rn. 78; *Zöllner*, in: GRUR-Prax 2010, 74.

958 *Grabinski/Zülch*, in: Benkard, PatG, § 140b, Rn. 24 f.; *Kuta*, Besichtigungsanordnung, S. 53 f.; *Zöllner*, in: GRUR-Prax 2010, 74, 77.

959 *Ann*, in: Ann/et al., Praxishandbuch, Kap. 7, Rn. 30; *Bahner*, Geheimnisschutz, S. 166, 183 f.; *Deichfuß*, in: GRUR 2015, 436, 437 f.; *Eck/Dombrowski*, in: GRUR 2008, 387 f.; *Grabinski/Zülch*, in: Benkard, PatG, § 140b, Rn. 26; *Kühnen*, GRUR 2005, 185, 190, 193 f.; *Kuta*, Besichtigungsanordnung, S. 33, 157; *Melullis*, in: FS Tilmann, 843, 848; *Müller-Stoy*, Nachweis und Besichtigung, Rn. 174; *Müller-Stoy*, in: Mitt. 2010, 267, 269; *Pitz*, in: Fitzner/et al., PatG, § 140c, Rn. 35; *Sanner*, Informationsgewinnung, S. 609; *Tilmann*, in: GRUR 2005, 737, 739; *Winzer*, Schutz von Geschäftsgeheimnissen, Rn. 368; *Zöllner*, in: GRUR-Prax 2010, 74, 76.

einzuschränken, hat dieser die Möglichkeit, die Besichtigung um etwa zwei bis drei Stunden hinauszuzögern, um sich in dieser Zeit um einen Rechtsbeistand zu bemühen und diesen hinzuziehen.[960]

bb) Erlass der Duldungsverfügung

Die bloße Anordnung des Beweisverfahrens nach §§ 485 ff. ZPO rechtfertigt allerdings keine Eingriffe in die materiellen Ausschließungsrechte des mutmaßlichen Verletzers.[961] Erst im Zusammenspiel mit dem Erlass der Duldungsverfügung erwächst das angeordnete Beweisverfahren zum *„scharfen Schwert“*[962]. Der Antragsgegner wird verpflichtet, die angeordnete Besichtigung durch einen gerichtlich bestellten Sachverständigen und damit eine Störung seines Betriebsablaufes zu dulden.[963] Gegebenenfalls wird dies durch die Verpflichtung ergänzt, keine Änderungen an der zu besichtigenden Sache vorzunehmen oder erforderliche Mitwirkungshandlungen zu erbringen.[964] Die Verfügung dient damit dem Durchsetzungsinteresse des antragstellenden Patentinhabers.[965] Gegen diese Verfügung ist der Widerspruch nach § 924 ZPO statthaft.[966] Eine Verweigerung der Mitwirkung durch den Besichtigungsschuldner ohne triftigen Grund kann eine Beweisvereitelung darstellen mit der Folge, dass der Beweis einer Patentrechtsverletzung im Hauptverfahren als erbracht gilt.[967] Im Falle einer verweigerten Zugangsgewährung zu den Räumlichkeiten des mutmaßlichen

---

960 *Deichfuß*, in: GRUR 2015, 436, 439; *Grabinski/Zülch*, in: Benkard, PatG, § 140b, Rn. 26; *Gregor*, in: BeckOK GeschGehG, § 19, Rn. 37.1; *Rojahn*, in: FS Loewenheim, 251, 261; *Winzer*, Schutz von Geschäftsgeheimnissen, Rn. 369.

961 *Grabinski/Zülch*, in: Benkard, PatG, § 140b, Rn. 26; *Kuta*, Besichtigungsanordnung, S. 42, 45 f.; *Müller-Stoy*, Nachweis und Besichtigung, Rn. 235.

962 *Eck/Dombrowski*, in: GRUR 2008, 387, 390.

963 *Eck/Dombrowski*, in: GRUR 2008, 387, 390; *Gniadek*, Beweisermittlung, S. 144; *Grabinski/Zülch*, in: Benkard, PatG, § 140b, Rn. 22, 27; *Kühnen*, Handbuch Patentverletzung, Kap. B, Rn. 61; *Mes*, PatG, § 140c, Rn. 34; *Zöllner*, in: GRUR-Prax 2010, 74, 77.

964 *Bahner*, Geheimnisschutz, S. 165; *Grabinski/Zülch*, in: Benkard, PatG, § 140b, Rn. 22, 28, 30; *Gregor*, in: BeckOK GeschGehG, § 19, Rn. 37.1; *Kuta*, Besichtigungsanordnung, S. 33, 146 ff.; *Mes*, PatG, § 140c, Rn. 34; *Zöllner*, in: GRUR-Prax 2010, 74, 76 f.

965 *Eck/Dombrowski*, in: GRUR 2008, 387, 390.

966 *Grabinski/Zülch*, in: Benkard, PatG, § 140b, Rn. 36; *Kühnen*, Handbuch Patentverletzung, Kap. B, Rn. 162; *Kuta*, Besichtigungsanordnung, S. 304 f.; *Mes*, PatG, § 140c, Rn. 53; *Pitz*, in: Fitzner/et al., PatG, § 140c, Rn *Zöllner*, in: GRUR-Prax 2010, 74, 78.

967 *Kühnen*, in: GRUR 2005, 185, 190; *Leppin*, in: GRUR 1984, 552, 558; *Leppin*, in: GRUR 1984, 770, 771; *Stauder*, in: GRUR Int. 1987, 230. 234.

Patentverletzers kann die Besichtigung mit Hilfe einer richterlichen Durchsuchungsanordnung durchgesetzt werden.[968]

cc) Durchführung der Besichtigung

Die Besichtigung selbst wird durch einen Sachverständigen durchgeführt, der im Nachgang ein Gutachten über das im gerichtlichen Beschluss festgelegte Beweisthema erstellt, das im anschließenden Verletzungsprozess als vollwertiges Beweismittel herangezogen werden kann.[969] Der auskunftsuchende Patentinhaber selbst darf nicht der Besichtigung beiwohnen, teilnahmeberechtigt ist aber sein zuvor von ihm instruierter anwaltlicher Vertreter.[970] Dies dient dem Erhalt der erforderlichen Waffengleichheit und ermöglicht es dem Besichtigungsgläubiger durch seinen Vertreter an der Besichtigung mitzuwirken und gegebenenfalls auf mögliche Indizien einer Patentverletzung hinzuweisen.[971]

Alle an der Besichtigung beteiligten Personen werden verpflichtet, über die Besichtigung Stillschweigen zu bewahren, insbesondere gegenüber dem mutmaßlich verletzten Patentinhaber.[972] Dies gilt auch im Hinblick auf solche

---

968 *Grabinski/Zülch*, in: Benkard, PatG, § 140b, Rn. 31; *Kersting*, Schutz des Wirtschaftsgeheimnisses, S. 256; *Müller-Stoy*, Nachweis und Besichtigung, Rn. 292 ff.; *Tilmann*, in: GRUR 2005, 737, 739.

969 *Eck/Dombrowski*, in: GRUR 2008, 387, 390; *Enchelmaier*, in: GRUR Int. 2012, 503, 513; *Kühnen*, in: GRUR 2005, 185, 192; *McGuire*, in: GRUR 2015, 424, 430; *Mes*, PatG, § 140c, Rn. 19.

970 *Ann*, in: Ann/et al., Praxishandbuch, Kap. 7, Rn. 30; *Bahner*, Geheimnisschutz, S. 176, 185, 223; *Baker & McKenzie*, Study on Trade Secrets, S. 34; *Deichfuß*, in: GRUR 2015, 436, 438; *Eck/Dombrowski*, in: GRUR 2008, 387, 390; *Enchelmaier*, in: GRUR Int. 2012, 503, 513; *Gregor*, in: BeckOK GeschGehG, § 19, Rn. 37.1; *Grabinski/Zülch*, in: Benkard, PatG, § 140b, Rn. 22; *Hauck*, in: NJW 2016, 2218, 2222; *Hauck*, in: GRUR 2020, 817, 818; *Kuta*, Besichtigungsanordnung, S. 41; *Malmström*, Schutz von Betriebs- und Geschäftsgeheimnissen, S. 209; *McGuire*, in: GRUR 2015, 424, 430; *Müller-Stoy*, Nachweis und Besichtigung, Rn. 182; *Sanner*, Informationsgewinnung, S. 608; *Winzer*, Schutz von Geschäftsgeheimnissen, Rn. 368, 384.

971 *Kühnen*, in: GRUR 2005, 185, 191.

972 *Bahner*, Geheimnisschutz, S. 176 f., 232; *Deichfuß*, in: GRUR 2015, 436, 438 f.; *Druschel/Jauch*, in: BB 2018, 1794, 1795; *Eck/Dombrowski*, in: GRUR 2008, 387, 390; *Enchelmaier*, in: GRUR Int. 2012, 503, 513; *Grabinski/Zülch*, in: Benkard, PatG, § 140b, Rn. 22, 26; *Hauck*, in: NJW 2016, 2218, 2222; *Kühnen*, in: GRUR 2005, 185, 187, 191; *Kühnen*, Handbuch Patentverletzung, Kap. B, Rn. 131; *Kuta*, Besichtigungsanordnung, S. 43, 154; *Malmström*, Schutz von Betriebs- und Geschäftsgeheimnissen, S. 208 f.; *Müller-Stoy*, Nachweis und Besichtigung, Rn. 178; *Müller-Stoy*, in: Mitt. 2010, 267,

Geschäftsgeheimnisse, die zwar während der Besichtigung offenbart wurden, letztlich aber nicht in das abschließende Gutachten mit aufgenommen werden.[973] Der während der Besichtigung anwesende Rechtsanwalt des Patentinhabers darf seinen Mandanten lediglich über das Ergebnis der Besichtigung informieren, nicht aber über ihren gesamten Inhalt.[974] Lässt allerdings bereits das bloße Besichtigungsergebnis Rückschlüsse auf schutzbedürftige Informationen des Gegners zu, so entscheidet im Zweifel das Gericht, ob dieses gegenüber dem Patentinhaber offengelegt werden darf.[975]

dd) Entscheidung über die Aushändigung des Gutachtens

Das von dem Sachverständigen über die Besichtigung erstellte Gutachten wird zunächst dem Gericht vorgelegt.[976] Im Hinblick auf die noch ausstehende Nachholung rechtlichen Gehörs wird das Gutachten nun auch dem Besichtigungsschuldner vorgelegt.[977] Ihm wird die Möglichkeit eingeräumt, zu etwaigen Geheimhaltungsinteressen, die einer Offenlegung des Gutachtens gegenüber dem Patentinhaber möglicherweise entgegenstehen, Stellung zu nehmen.[978] Er trägt hierfür die Darlegungs- und Beweislast.[979]

---

269 f.; *Rojahn*, in: FS Loewenheim, 251, 259; *Winzer*, Schutz von Geschäftsgeheimnissen, Rn. 384.

973 *Deichfuß*, in: GRUR 2015, 436, 440.

974 *Bornkamm*, in: FS Ullmann, 893, 902; *Deichfuß*, in: GRUR 2015, 436, 439; *Grabinski/Zülch*, in: Benkard, PatG, § 140c, Rn. 32 f.; *Kühnen*, Handbuch Patentverletzung, Kap. B, Rn. 131; *Mes*, PatG, § 140c, Rn. 39.

975 OLG Düsseldorf, InstGE 10, 198; *Deichfuß*, in: GRUR 2015, 436, 439.

976 *Bahner*, Geheimnisschutz, S. 165; *Deichfuß*, in: GRUR 2015, 436, 439; *Eck/Dombrowski*, in: GRUR 2008, 387, 390; *Grabinski/Zülch*, in: Benkard, PatG, § 140b, Rn. 22; *Hauck*, in: NJW 2016, 2218, 2222; *Hauck*, in: GRUR 2020, 817, 818; *McGuire*, in: GRUR 2015, 424, 430; *Müller/Aldick*, in: ZIP 2020, 9, 13.

977 *Grabinski/Zülch*, in: Benkard, PatG, § 140b, Rn. 32; *Kuta*, Besichtigungsanordnung, S. 242.

978 *Ann*, in: Ann/et al., Praxishandbuch, Kap. 7, Rn. 30; *Bahner*, Geheimnisschutz, S. 227 f.; *Deichfuß*, in: GRUR 2015, 436, 440; *Druschel/Jauch*, in: BB 2018, 1794; *Gniadek*, Beweisermittlung, S. 145; *Kuta*, Besichtigungsanordnung, S. 243; *Malmström*, Schutz von Betriebs- und Geschäftsgeheimnissen, S. 209; *Mes*, PatG, § 140c, Rn. 46; *Müller-Stoy*, Nachweis und Besichtigung, Rn. 191; *Schlingloff*, in: WRP 2018, 666, 668; *Tilmann/Schreibauer*, in: GRUR 2002, 1015, 1020, 1022; *Winzer*, Schutz von Geschäftsgeheimnissen, Rn. 386; *Wrede*, Geheimverfahren, S. 97 f.

979 BGH, GRUR 2010, 318, 320, 322 – *Lichtbogenschnürung*.

Nachdem dem Besichtigungsschuldner Gelegenheit zur Stellungnahme eingeräumt wurde, prüft das Gericht, ob das Gutachten in seiner Gesamtheit oder gegebenenfalls in Teilen auch dem Patentinhaber und seinem Vertreter offengelegt wird, gegebenenfalls unter Zuhilfenahme von Schwärzungen.[980] Liegt nach vorläufiger Beurteilung eine Patentverletzung nicht vor, so wird das Gutachten weder dem antragstellenden Patentinhaber noch seinem Vertreter offengelegt.[981] Ergibt sich aus dem Sachverständigengutachten hingegen, dass eine Verletzung wahrscheinlich ist, so haben die gegnerischen Geheimhaltungsinteressen zurückzutreten.[982] Der Patentinhaber kann in diesem Fall die Übermittlung des Gutachtens an seinen Prozessbevollmächtigten beantragen.[983] Auf diese Weise wird sichergestellt, dass der anwaltliche Vertreter des mutmaßlich verletzten Patentinhabers nur dann das Gutachten einsehen darf, wenn die behauptete Verletzung des Patentrechts zumindest naheliegt.[984] Kann der Besichtigungsschuldner allerdings darlegen, dass eine Missachtung der Verpflichtung zur Geheimhaltung durch den gegnerischen Vertreter droht, so kann er sich gegen dessen Einsichtnahme zur Wehr setzen.[985] Begehrt der Patentinhaber neben der Offenbarung des Gutachtens gegenüber seinem Anwalt auch eine eigene Kenntniserlangung, so bedarf es einer Abwägungsentscheidung durch das Gericht unter Beachtung der jeweiligen Umstände des Einzelfalls.[986]

---

980 *Bahner*, Geheimnisschutz, S. 226 f.; *Deichfuß*, in: GRUR 2015, 436, 440; *Grabinski/Zülch*, in: Benkard, PatG, § 140b, Rn. 22, 32; *Hauck*, in: NJW 2016, 2218, 2222; *Kühnen*, in: GRUR 2005, 185, 192; *Leppin*, in: GRUR 1984, 770, 771; *Mes*, PatG, § 140c, Rn. 38, 49; *Müller-Stoy*, Nachweis und Besichtigung, Rn. 195; *Müller-Stoy*, in: Mitt. 2010, 267, 272.

981 *Deichfuß*, in: GRUR 2015, 436, 441; *Eck/Dombrowski*, in: GRUR 2008, 387, 388; *Kühnen*, in: GRUR 2005, 185, 192; *Mes*, PatG, § 140c, Rn. 45; *Müller-Stoy*, in: Mitt 2010, 267, 272.

982 *Bahner*, Geheimnisschutz, S. 228; Deichfuß, in: GRUR 2015, 436, 441; *Eck/Dombrowski*, in: GRUR 2008, 387, 388; *Kühnen*, in: GRUR 2005, 185, 192; *Kühnen*, Handbuch Patentverletzung, Kap. B, Rn. 145, 147; *McGuire*, in: GRUR 2015, 424, 430; *Müller-Stoy*, in: Mitt. 2010, 267, 272; *Winzer*, Schutz von Geschäftsgeheimnissen, Rn. 388.

983 BGH, GRUR 2010, 318, 321 f. – *Lichtbogenschnürung*; *Deichfuß*, in: GRUR 2015, 436, 440; *Ann*, in: Ann/et al., Praxishandbuch, Kap. 7, Rn. 30; *Kersting*, Schutz des Wirtschaftsgeheimnisses, S. 257; *Mes*, PatG, § 140c, Rn. 46.

984 *Ann*, in: Ann/et al., Praxishandbuch, Kap. 7, Rn. 11; *Deichfuß*, in: GRUR 2015, 436, 442.

985 BGH, GRUR 2010, 318, 321 – *Lichtbogenschnürung*.

986 *Ann*, in: Ann/et al., Praxishandbuch, Kap. 7, Rn. 21; *Grabinski/Zülch*, in: Benkard, PatG, § 140c, Rn. 32; *Mes*, PatG, § 140c, Rn. 47.

Die Entscheidung über die Offenlegung des Gutachtens kann mit Hilfe der sofortigen Beschwerde angegriffen werden.[987] Setzt die Gegenpartei die Offenlegung durch und stellt sich im Nachgang aber heraus, dass entgegen dem vorläufigen Ergebnis keine Verletzung vorlag, so ist sie gemäß § 140c Abs. 5 PatG der offenlegenden Partei zum Schadensersatz verpflichtet. Durch diese Vorgehensweise wird versucht, in einem patentrechtlichen Verfahren sowohl einem effektiven Geheimnisschutz als auch allgemeinen prozessualen Prinzipien gerecht zu werden.

c) Vereinbarkeit mit dem Fairnessgrundsatz und den Anforderungen der EU-Richtlinie

Einige Stimmen kritisieren das Düsseldorfer Verfahren im Hinblick auf den Anspruch auf rechtliches Gehör und befürchten eine Einschränkung der davon umfassten Rechte der Parteien.[988] Dem ist jedoch entgegenzuhalten, dass durch die stetige Teilnahme der anwaltlichen Vertreter als *„alter ego"*[989] der Parteien eine ununterbrochene Wahrnehmung der parteilichen Beteiligungsrechte gewährleistet wird. Das Düsseldorfer Verfahren führt nicht zu einer Wehrlosigkeit des Antragstellers.[990] Die Parteien haben stets die Möglichkeit, zu allen maßgeblichen Gegebenheiten Stellung zu nehmen. Das Düsseldorfer Verfahren verhindert auch nicht eine inhaltliche Würdigung dessen und Berücksichtigung bei der Entscheidungsfindung. Ohnehin wird im Rahmen des vom Düsseldorfer Verfahren umfassten selbstständigen Beweisverfahrens nur über die Besichtigung und nicht final über den Streitgegenstand des Hauptsacheverfahrens entschieden. Die Bedenken im Hinblick auf Einschränkungen des Rechts auf rechtliches Gehör sind damit unbegründet. Auch im Hinblick auf die Vorgaben der EU-Geschäftsgeheimnisrichtlinie und des darin definierten Mindeststandards ist die Einführung eines Düsseldorfer Verfahrens zum Schutz von Geschäftsgeheimnissen bei der Geltendmachung präparatorischer Ansprüche als Vorbereitung von Geschäftsgeheimnisstreitsachen möglich.

---

987 *Grabinski/Zülch*, in: Benkard, PatG, § 140b, Rn. 36; *Kühnen*, in: GRUR 2005, 185, 192; *Kühnen*, Handbuch Patentverletzung, Kap. B, Rn. 156; *Kuta*, Besichtigungsanordnung, S. 323, 331; *Mes*, PatG, § 140c, Rn. 50; *Pitz*, in: Fitzner/et al., PatG, § 140c, Rn. 55; *Rojahn*, in: FS Loewenheim, 251, 259.

988 OLG München, GRUR-RR 2009, 191, 192; *Ann*, in: Ann/et al., Praxishandbuch, Kap. 7, Rn. 31.

989 *Enchelmaier*, in: GRUR Int. 2012, 503, 512.

990 *Müller-Stoy*, Nachweis und Besichtigung, Rn. 196.

d) *Erfordernis einer spezialgesetzlichen Rechtsgrundlage*

Es fehlt allerdings an einem weiten, spezialgesetzlichen Besichtigungsanspruch im Geschäftsgeheimnisgesetz, der im Hinblick auf die erkennbare Anlehnung des neuen deutschen Stammgesetzes an die „Enforcement-Richtlinie" (Abhilfemaßnahmen und Schadensersatzanspruch) sowie die Ähnlichkeit zu den Rechten des geistigen Eigentums naheliegend gewesen wäre.[991] Während das deutsche Recht für einzelne Schutzrechte inzwischen spezialgesetzliche Besichtigungsansprüche vorsieht – etwa in § 104c PatG, § 24c GebrMG, § 46a GeschmMG, § 101a UrhG, § 19a MarkenG –, sind bei Verletzungen von Geschäftsgeheimnissen nach wie vor die allgemeinen Regelungen der §§ 809 ff. BGB als Grundlage für einen solchen Anspruch heranzuziehen.[992] Allerdings ist insofern zu beachten, dass § 809 BGB sehr restriktiv, also schuldnerfreundlich, ausgelegt wird und seine praktische Bedeutung daher fraglich ist.[993]

Zudem umfasst § 809 BGB im Gegensatz zu § 140c PatG nur die Besichtigung von Urkunden und Sachen, also körperlichen Gegenständen.[994] Die Besichtigung eines ganzen Verfahrens, also etwa eines Herstellungs- oder Fertigungsprozesses, ist von dem Anspruch hingegen nicht umfasst.[995] Dabei ist auch gerade in Geschäftsgeheimnisstreitsachen ein Einblick in das Verfahren des mutmaßlichen Verletzers erforderlich, um die zum Nachweis der mutmaßlichen Geschäftsgeheimnisverletzung notwendigen Beweise zu erlangen. Wie bereits eingangs ausführlich dargelegt ist der Begriff des Geschäftsgeheimnisses weit zu verstehen. So sind insbesondere technologische Informationen und Know-how, etwa in Form von Herstellungsverfahren, Fertigungsmethoden oder mechanische Funktionsweisen, hiervon umfasst. Um das rechtswidrige Erlangen, Nutzen oder Offenlegen solcher Geheimnisse zu beweisen, ist die Besichtigung eines bloßen Gegenstandes in der Regel nicht ausreichend. Vielmehr bedarf es auch hier einer Untersuchung

---

991 *Druschel/Jauch*, in: BB 2018, 1794, 1798.

992 OLG Düsseldorf, BeckRS 2010, 781 – *Schaumstoffherstellung; Ann*, in: Ann/et al., Praxishandbuch, Kap. 7, Rn. 8; *Druschel/Jauch*, in: BB 2018, 1794, 1795; *McGuire*, in: GRUR 2015, 424, 429; *Spieker*, in: BeckOK GeschGehG, § 8, Rn. 6.

993 *Bornkamm*, in: FS Ullmann, 893, 896.

994 *Habersack*, in: MüKo BGB, Bd. 6, § 809, Rn. 3; *Hoffmann*, in: BeckOK BGB, § 809, Rn. 12; *Leppin*, in: GRUR 1984, 552, 555; *Müller-Stoy*, Nachweis und Besichtigung, Rn. 108 ff.

995 *Gärtner/Goßler*, in: Mitt. 2018, 204, 205; *Gniadek*, Beweisermittlung, S. 59 f.; *Müller-Stoy*, in: Mitt. 2009, 361, 364; *Palandt*, BGB, § 809, Rn. 3.

des gegnerischen Verfahrens. Der Verweis auf die in ihrem Anwendungsbereich beschränkten §§ 809 ff. BGB wird dem Umfang und den Besonderheiten einer Geschäftsgeheimnisstreitsache nicht gerecht.

e) *Praktikabilität des Verfahrens*

Das Düsseldorfer Verfahren stellt einen bestmöglichen Kompromiss zwischen dem Bedürfnis des Antragstellers an einer schnellstmöglichen Sicherung von Informationen, die für die Geltendmachung seines Anspruchs relevant sind, einerseits und dem Interesse des Antragsgegners an einem weitreichenden Geheimnisschutz andererseits her.[996] Es verhilft dem Kläger dazu, beweisrelevante Informationen aus der Sphäre des Beklagten zu erlangen, und schützt gleichzeitig die Geheimhaltungsinteressen des Beklagten.

Allerdings löst dieses Verfahren alleine nicht das Problem des Klägers, eigene Geheimnisse offenbaren zu müssen, um eine Verletzung seiner Rechte darzulegen und zu beweisen. Das System des Düsseldorfer Verfahrens beruht im Kern darauf, dass der beweisbelastete Kläger zum Schutz des Gegners teilweise auf seine Beteiligungsrechte verzichtet, um im Gegenzug in den Bereich des Gegners vorstoßen zu dürfen und die notwendigen Beweise finden zu können.[997] Es handelt sich dabei also um eine Art „Deal", den der klagende Patentinhaber eingeht, um eine erfolgreiche gerichtliche Durchsetzung seines Anspruchs zu erzielen. Das Besichtigungsverfahren steht ausschließlich dem Patentinhaber offen, der eine Patentverletzung geltend macht und daher auf Informationen im Unternehmen seines Gegners angewiesen ist.[998] Das Düsseldorfer Verfahren erzielt daher lediglich einen Schutz für die Geheimhaltungsinteressen des Beklagten, nicht aber für die des Klägers. Das Verfahren hilft dem Kläger nicht dabei, den Verletzungsanspruch ohne Offenbarung eigener Informationen geltend zu machen.[999] Der Antragsteller muss den Besichtigungsantrag immer noch hinreichend konkretisieren und

---

996 *Ann*, in: Ann/et al., Praxishandbuch, Kap. 7, Rn. 31.

997 *Deichfuß*, in: GRUR 2015, 436, 441; *Gregor*, in: BeckOK GeschGehG, § 19, Rn. 38; *Kalbfus*, in: WRP 2019, 6923, 692, 694; *Kühnen*, in: GRUR 2005, 185, 191; *Kuta*, Besichtigungsanordnung, S. 198; *Schlingloff*, in: WRP 2018, 666, 668.

998 *Semrau-Brandt*, in: GRUR-Prax 2019, 127, 128.

999 *Druschel/Jauch*, in: BB 2018, 1794, 1797; *Heusch/et al.*, in: GRUR Int. 2015, 932, 935; *Kalbfus*, in: WRP 2019, 6923, 692, 694; *McGuire*, in: GRUR 2015, 424, 430.

das als verletzt behauptete Patent wiedergeben.[1000] Der zur Beweissicherung und Begutachtung beauftragte Sachverständige muss genau wissen, was er im Betrieb des Antragsgegners in Augenschein nehmen soll.[1001] Fehlt eine hinreichende Konkretisierung dessen, so droht die Besichtigung fehlzuschlagen und der dadurch gewarnte Antragsgegner hat Gelegenheit, Beweismittel zu vernichten oder zu verändern.[1002] Daher müssen aus dem Antrag das Ziel und der Umfang der Beweissicherung deutlich hervorgehen. So beanstandete beispielsweise das OLG Hamm in einem ihm zur Entscheidung vorgelegten Besichtigungsverfahren die Unbestimmtheit des Verfügungsantrags nach § 253 Abs. 2 ZPO, da der Antragsteller die Beschreibung seines Anspruchs lediglich auf *„zu begutachtende Konstruktionspläne“*[1003] unter Bezugnahme auf einen bestimmten Patentanspruch beschränkte, ohne diese Pläne im Einzelnen zu benennen.

Aufgrund dieser hohen Anforderungen stellt sich die Frage, ob ein solches Verfahren im Rahmen einer Geschäftsgeheimnisstreitsache überhaupt die erhoffte Schutzwirkung erzielt. Im Falle einer Verletzung eines Geschäftsgeheimnisses besteht häufig zunächst nur eine entsprechende Vermutung, die durch die Besichtigung bestätigt werden soll. Daher ist es regelmäßig nur schwer möglich, vorab konkret zu bezeichnen, was in welchem Umfang zu besichtigen ist. Zudem bedarf es auch insofern einer hinreichenden Substantiierung der Verletzung, sodass auch hier wiederum die Gefahr einer Offenbarung der geheimhaltungsbedürftigen Information droht. Die auch im Besichtigungsverfahren anwendbaren §§ 16 ff. GeschGehG gewährleisten zwar zumindest über die darin vorgesehenen Maßnahmen (Geheimhaltungsanordnung und Begrenzung der Personenanzahl) auch einen gewissen Schutz für die Informationen des Antragstellers.[1004] Der Fokus des Düsseldorfer Verfahrens liegt jedoch in der Beschaffung von Informationen als Vorbereitung eines Hauptprozesses und deren Bestandsaufnahme zur Schaffung einer Entscheidungsgrundlage für das Gericht.[1005] Das Verfahren dient einem gewissen Maß an Schutz im Rahmen

---

1000 *Deichfuß*, in: GRUR 2015, 436, 438; *Karger*, Beweisermittlung, S. 96 f., 99; *Mes*, PatG, § 140c, Rn. 33; *Pitz*, in: Fitzner/et al., PatG, § 140c, Rn. 28; *Tilmann/Schreibauer*, in: GRUR 2002, 1015, 1022.

1001 *Winzer*, Schutz von Geschäftsgeheimnissen, Rn. 370.

1002 *Winzer*, Schutz von Geschäftsgeheimnissen, Rn. 370.

1003 OLG Hamm, GRUR-RR 2013, 306, 307.

1004 *Gregor*, in: BeckOK GeschGehG, § 16, Rn. 16; a.A. *Druschel/Jauch*, in: BB 2018, 1794, 1796, 1798.

1005 *Bornkamm*, in: FS Ullmann, 893, 903; *McGuire*, in: GRUR 2015, 424, 432.

der Geltendmachung eines präparatorischen Anspruchs, bietet allerdings alleine keine Grundlage für einen hinreichenden Geheimnisschutz des Klägers im sich anschließenden Hauptverfahren.

VIII. Zusammenfassung und Kombinationslösung

Nach der vorstehenden Darstellung aller in Betracht kommenden Schutzmaßnahmen und der Überprüfung ihrer Vereinbarkeit mit den Vorgaben der Richtlinie sowie dem Grundsatz eines fairen Verfahrens lässt sich festhalten, dass eine Balance insofern nur schwer herzustellen ist. Einige radikale Vorschläge sorgen zwar für einen vollumfassenden Schutz, verstoßen aber gegen den Fairnessgrundsatz und kommen daher nicht als Lösung in Betracht. Einige weitere Ansätze schaffen ein gewisses Maß an prozessualem Geheimnisschutz, sind für sich alleine genommen aber nicht ausreichend, um die sensiblen Informationen aller Beteiligten in jedem Stadium eines Gerichtsverfahrens vollumfänglich zu schützen. Zur Generierung eines möglichst weitreichenden prozessualen Schutzes von Geschäftsgeheimnissen sind daher einige der vorstehend diskutierten Lösungsansätze zu kombinieren und – je nach den Umständen des Einzelfalls und der Bedeutung des betroffenen Geschäftsgeheimnisses – im jeweiligen Verfahrensabschnitt anzuwenden.

1. Geheimnisschutz während der Prozessvorbereitung

a) Einführung eines spezialgesetzlichen Auskunfts- und Besichtigungsanspruchs

Aufgrund der vergleichbaren Situation in Patent- und Geschäftsgeheimnisstreitsachen im Hinblick auf mögliche Schwierigkeiten im Rahmen der Beweisführung und den eingeschränkten Anwendungsbereich der allgemeinen Regelungen in §§ 809 ff. BGB, empfiehlt es sich, einen spezialgesetzlichen Auskunfts- und Besichtigungsanspruch – ähnlich wie in § 140c PatG – auch im Geschäftsgeheimnisgesetz vorzusehen. Ein solcher Anspruch wäre dann entsprechend § 15 Abs. 1 GeschGehG ebenfalls ausschließlich vor dem zuständigen Landgericht unter Beachtung der in §§ 16 ff. GeschGehG vorgesehenen prozessualen Schutzmaßnahmen durchzusetzen.

b) Schutz der Informationen des Antragstellers

Der vom Auskunftssuchenden gestellte Antrag muss hinreichend konkret formuliert sein, Ziel und Umfang der begehrten Beweissicherung müssen deutlich daraus hervorgehen. Daher wäre es zwar je nach Art der geheimen Information möglich, dass dieser Antrag das mutmaßlich verletzte Geheimnis, dessen Verletzung bewiesen werden soll, vollumfänglich wiedergibt. Gleiches gilt für den in § 8 GeschGehG vorgesehenen Anspruch auf Auskunft, für dessen Anspruchsvoraussetzungen der Geheimnisinhaber die Beweislast trägt.[1006]

Der dadurch zu befürchtenden Offenbarung der Geschäftsgeheimnisse des Antragstellers kann jedoch entgegengewirkt werden, indem der Antrag lediglich dem anwaltlichen Vertreter des mutmaßlichen Verletzers vollumfänglich zugestellt wird. Der Antragsgegner selbst würde über die Antragstellung nur informiert und um Benennung eines – ohnehin vor dem zuständigen Landgericht erforderlichen – Prozessbevollmächtigten gebeten. Ihm selbst würde dabei lediglich eine vom Antragsteller geschwärzte Fassung des Antrags zugestellt. Diesem obliegt es ohnehin nach § 20 Abs. 4 GeschGehG, die sensiblen Ausführungen in Schriftstücken und sonstigen Unterlagen, die mit einem Antrag oder nach einer Anordnung gemäß § 16 Abs. 1 GeschGehG oder§ 19 Abs. 1 S. 1 Nr. 1 GeschGehG eingereicht oder vorgelegt werden, entsprechend zu kennzeichnen. Der Rechtsanwalt des Antragsgegners sollte mit der Zustellung der unzensierten Fassung des Antrags gegenüber seinem Mandanten durch gesonderte richterliche Anordnung zur Geheimhaltung über die im Antrag enthaltenen sensiblen Informationen verpflichtet und ein Verstoß entsprechend unter Strafe gestellt oder standesrechtliche Konsequenzen angedroht werden. Auf diese Weise könnte eine ungewollte und folgenreiche Offenbarung des Geschäftsgeheimnisses des Antragstellers durch einen Auskunfts- oder Besichtigungsantrag vermieden werden, ohne dass die Beteiligungsrechte des Antragsgegners in unzumutbarer Weise eingeschränkt würden.

c) Schutz des Antragsgegners vor Ausforschung

Da gesetzlich geregelte Mechanismen zum Schutz von Geschäftsgeheimnissen des mutmaßlichen Verletzers bei der Geltendmachung eines Besichtigungsanspruchs gänzlich fehlen, sollte eine entsprechende Regelung in das Gesetz mit aufgenommen werden. Dem bereits im Rahmen der Prozessvorbereitung bestehenden Spannungsverhältnis zwischen dem Grundsatz einer effektiven Rechtsdurchsetzung und dem Schutz legitimer Geheimhaltungsinteressen ließe sich mit dem vorstehend ausführlich behandelten Düsseldorfer Verfahren entsprechen. Auf diese Weise wäre es dem mutmaßlich verletzten Geheimnisinhaber

---

1006 *Alexander*, in: Köhler/et al., UWG, § 8 GeschGehG, Rn. 40; *Hohn-Hein*, in: BeckOK UWG, § 8 GeschGehG, Rn. 16.

möglich, die für die Geschäftsgeheimnisstreitsache erforderlichen Beweise durch die Geltendmachung eines Besichtigungsanspruchs einzuholen, ohne dass der Auskunftspflichtige die Gefahr einer Ausforschung zu befürchten hat. Durch die ununterbrochene Teilnahme des anwaltlichen Vertreters des Auskunftssuchenden ist dieser in der Lage, zu allen Punkten Stellung zu beziehen und gegebenenfalls zu intervenieren. Auf diese Weise gelänge der mutmaßlich verletzte Geheimnisinhaber an die für ihn notwendigen Beweise und die Geheimhaltungsinteressen des Auskunftsschuldners blieben gleichzeitig geschützt. Mit Hilfe des Düsseldorfer Verfahrens ließe sich im Rahmen der Vorbereitung einer Geschäftsgeheimnisstreitsache eine Balance herstellen zwischen dem Interesse des mutmaßlich verletzten Antragstellers an einer effektiven Durchsetzung seiner Rechte einerseits und dem Geheimhaltungsinteresse des Antragsgegners andererseits, der womöglich ebenso eine Offenbarung von Geschäftsgeheimnissen befürchtet.

2. Geheimnisschutz bei Prozesseinleitung

Aufgrund der vorstehend dargestellten Gründe sollte eine reduzierte Substantiierungspflicht möglichst vermieden und auf andere Weise ein Geheimnisschutz im Rahmen der Prozesseinleitung erzielt werden. Hier empfiehlt es sich – ähnlich wie im Rahmen der Prozessvorbereitung –, den Beklagten selbst nur über die Klageerhebung zu informieren und um Benennung eines Prozessbevollmächtigten zu bitten. Während diesem der klageeinleitende Schriftsatz vollumfänglich zugestellt wird, erhält der Beklagte selbst lediglich eine eigens vom Kläger um Geschäftsgeheimnisse gekürzte und entsprechend geschwärzte Fassung der Klageschrift. Mit Zustellung der unzensierten Fassung an den Rechtsanwalt des Beklagten sollte dieser – gegebenenfalls erneut – durch gesonderte richterliche Anordnung gegenüber seinem Mandanten zur Geheimhaltung über die in der Klageschrift enthaltenen sensiblen Informationen verpflichtet und ein Verstoß entsprechend unter Strafe gestellt werden. Gleiches gilt für klageerwidernde Schriftsätze des Beklagten, sofern dieser hierin zur Verteidigung eigene Geschäftsgeheimnisse vorträgt und offenlegt.

Besonders sensible Dokumente, die als Anlagen den Schriftsätzen beigefügt wurden, sollten von dem Prozessvertreter der jeweils gegnerischen Partei nur unter Aufsicht an der Geschäftsstelle eingesehen werden dürfen.[1007] Erlaubt

1007 *Kersting*, Schutz des Wirtschaftsgeheimnisses, S. 108; *Stadler*, Schutz von Unternehmensgeheimnissen, S. 231.

sollte dabei lediglich die Anfertigung einer Kopie sein, die mit einem entsprechenden Geheimhaltungsvermerk versehen und nach Abschluss des Verfahrens an das Gericht zurückzugeben ist.[1008] Auf diese Weise ließe sich auch bei der Prozesseinleitung eine Balance zwischen den Geheimhaltungsinteressen und den Beteiligungsrechten der Parteien herstellen.

3. Schutzmaßnahmen während des Hauptverfahrens

Zum Schutz von Geschäftsgeheimnissen während des Hauptverfahrens bietet sich das vielseitig diskutierte und von der Europäischen Kommission in ihrem ersten Vorschlag einer EU-Richtlinie vorgesehene relative In-Camera-Verfahren an. Danach sind die Parteien selbst von der Verhandlung auszuschließen, wenn Geschäftsgeheimnisse zur Sprache kommen. Dies gilt zugunsten von Geschäftsgeheimnissen beider Parteien, also sowohl hinsichtlich des streitgegenständlichen Geschäftsgeheimnisses als auch im Hinblick auf sonstige zur Anspruchsgeltendmachung oder Verteidigung vorgebrachte sensible Informationen des Klägers und des Beklagten.

Ebenso anwendbar sollte das relative In-Camera-Verfahren auch bei Vernehmungen von Zeugen zugunsten einer beweisbelasteten Partei sei, wenn zu befürchten ist, dass ihre Aussagen Geschäftsgeheimnisse enthalten. In diesem Fall wären beide Parteien auszuschließen. Einzig das Gericht und der zur Verschwiegenheit verpflichtete Rechtsanwalt der jeweiligen Partei dürfen der womöglich Geschäftsgeheimnisse offenbarenden Beweisaufnahme beiwohnen. Auf diese Weise wird die Offenlegung auf ein notwendiges Maß reduziert, ohne dass das Recht auf ein faires Verfahren in unzumutbarer Weise eingeschränkt wird. Kommt es, etwa in Strafverfahren, für die Beurteilung entscheidender Streitfragen gerade auf den persönlichen Eindruck an, so können Ausnahmen im Einzelfall möglich sein. Die bereits im Rahmen der Prozesseinleitung angeordnete Verpflichtung des Rechtsanwalts zur Geheimhaltung sollte die Hauptverhandlung mitumfassen oder durch das Gericht erneut angeordnet werden.

Ebenso anwendbar sollte das relative In-Camera-Verfahren auch für die Prüfung des Geschäftsgeheimnisses im Rahmen eines Antrags nach § 16 GeschGehG oder § 19 GeschGehG sein, in denen der Geheimnisinhaber zur Erzielung der darin vorgesehenen gerichtlichen Beschränkungen die Geheimniseigenschaft seiner Information glaubhaft machen muss. Zwar sind

---

1008 *Wiese*, EU-Richtlinie, S. 228.

an das Erfordernis der Glaubhaftmachung keine überspannten Anforderungen zu stellen. Allerdings ist nicht ausgeschlossen, dass in einigen Fällen die bloße Umschreibung der streitgegenständlichen Information bereits das darin enthaltene Geschäftsgeheimnis vollständig enttarnt, sodass auch hier Schutzbedarf bestehen kann und die Möglichkeit eines relativen In-Camera-Verfahrens auch insofern gegeben sein sollte.

Die von Teilen der Literatur aufgebrachte Idee, das relative In-Camera-Verfahren erst dann zuzulassen, wenn das Gericht in einem ersten Schritt die Erforderlichkeit der Geheimhaltung überprüft und die Wahrscheinlichkeit einer Verletzung festgestellt hat,[1009] überzeugt nicht. Selbst wenn das Gericht die behauptete Verletzung für wahrscheinlich hält, so kann nicht mit Sicherheit davon ausgegangen werden, dass dem mutmaßlichen Verletzer das wahrscheinlich verletzte Geschäftsgeheimnis bereits vollumfänglich bekannt und eine Offenlegung damit nicht mehr zu befürchten ist. Gerade im Hinblick auf technisch umfangreiche Informationen, etwa in Form von Fertigungsverfahren, lässt sich ohne vollumfängliche Prüfung nicht gänzlich ausschließen, dass dem mutmaßlichen Verletzer nur ein Teil des Geschäftsgeheimnisses bekannt ist und eine unbeschränkte Fortführung des Prozesses auch den übrigen, bisher unbekannten Teil offenlegen würde.

4. Geheimnisschutz bei Prozessabschluss

Der bereits im Rahmen der Prozessvorbereitung und -einleitung durch vorstehend erörterte Maßnahmen geschaffene Geheimnisschutz sollte auch beim Abschluss des Prozesses Geltung finden. Während den Parteien selbst eine für sie jeweils zensierte Fassung der gerichtlichen Entscheidung zugestellt wird, erhalten die anwaltlichen Vertreter vollumfänglich Einsicht. Auf diese Weise ist es jeder Partei durch ihre Prozessvertreter möglich, die Entscheidung zu überprüfen und sich über Rechtsmittel zu beraten. Die dem anwaltlichen Vertreter gegenüber bereits gesondert gerichtlich angeordnete Verpflichtung zur Geheimhaltung über die im Verfahren zur Sprache gekommenen sensiblen Informationen sollte über den Abschluss hinaus fortwirken oder gegebenenfalls mit Zustellung der Entscheidung erneut angeordnet werden.

Sollte im Falle eines obsiegenden Unterlassungsurteils, in dem es im Hinblick auf die Bestimmtheit und Vollstreckbarkeit gerade auf die detaillierte Beschreibung des streitgegenständlichen Geschäftsgeheimnisses im Tenor ankommt,

---

1009 *Winzer*, Schutz von Geschäftsgeheimnissen, Rn. 622.

immer noch unklar sein, ob dem unterliegenden Beklagten das streitgegenständliche Geschäftsgeheimnis vollumfänglich bekannt ist, so empfiehlt es sich, die Parteien vorab zur Darlegung ihres Kenntnisstandes aufzufordern. Der Beklagte ist dann verpflichtet, alle ihm bekannten Details offenzulegen und sein Wissensumfang preiszugeben. Stimmen seine Ausführungen mit den Angaben des Klägers vollständig überein, so ist nicht zu befürchten, dass ein bisher geheim gebliebener Teil des streitgegenständlichen Geschäftsgeheimnisses nun durch das Urteil offenbart wird. Das Geschäftsgeheimnis kann in diesem Fall vollumfänglich in den Tenor mit aufgenommen werden. Wird hingegen auf diese Weise festgestellt, dass der unterliegende Beklagte nicht alle Details des streitgegenständlichen Geschäftsgeheimnisses kennt, so ist in den Tenor nur der übereinstimmende Teil mit aufzunehmen. Auf diese Weise ließe sich auch im Rahmen des Prozessabschlusses eine Balance zwischen den Geheimhaltungsinteressen und Beteiligungsrechten der Parteien herstellen.

IX. Vorschlag einer Überarbeitung des deutschen GeschGehG

Im Sinne des Vorbehaltes des Gesetzes nach Art. 20 Abs. 3 GG und zur eindeutigen Festlegung sowie Vereinheitlichung des prozessualen Geheimnisschutzes empfiehlt es sich, entsprechende Regelungen in das Gesetz mit aufzunehmen. Die vorstehend erörterte Kombinationslösung ließe sich mit einigen wenigen Ergänzungen in das bereits bestehende Geschäftsgeheimnisgesetz einfügen.

1. Spezialgesetzlicher Besichtigungsanspruch im Geschäftsgeheimnisgesetz

Der vorstehend empfohlene spezialgesetzliche Besichtigungsanspruch ließe sich durch eine Ergänzung im zweiten Abschnitt des Geschäftsgeheimnisgesetzes, in dem in § 8 GeschGehG bereits ein Anspruch auf Auskunft über rechtsverletzende Produkte vorgesehen ist, einführen. Orientiert an § 140c PatG könnte eine entsprechende neue Regelung als Einfallstor für das Düsseldorfer Verfahren im Geschäftsgeheimnisgesetz sowie eine entsprechende Anpassung des bereits bestehenden § 9 GeschGehG wie folgt lauten. Die in § 9 GeschGehG vorgenommenen Ergänzungen sind durch Unterstreichung hervorgehoben, entfernte Passagen sind durchgestrichen:

§ 8a GeschGehG – Besichtigungsanspruch

(1) Wer mit hinreichender Wahrscheinlichkeit entgegen §§ 4 und 5 ein Geschäftsgeheimnis erlangt hat, nutzt oder offenlegt, kann von dem Geschäftsgeheimnisinhaber auf Vorlage einer Urkunde oder Besichtigung einer Sache, die sich in seiner Verfügungsgewalt befindet, oder eines Verfahrens, das Gegenstand des Geschäftsgeheimnisses ist, in Anspruch genommen werden, wenn dies zur Begründung von dessen Ansprüchen erforderlich ist. Besteht die hinreichende Wahrscheinlichkeit einer in gewerblichem Ausmaß begangenen Rechtsverletzung, erstreckt sich der Anspruch auch auf die Vorlage von Bank-, Finanz- oder Handelsunterlagen. Soweit der vermeintliche Verletzer seinerseits Geschäftsgeheimnisse geltend macht, trifft das Gericht die erforderlichen Maßnahmen, um den im Einzelfall gebotenen Schutz zu gewährleisten.

(2) Die Verpflichtung zur Vorlage oder zur Duldung der Besichtigung kann im Wege der einstweiligen Verfügung nach den §§ 935 bis 945 der Zivilprozessordnung angeordnet werden. Das Gericht trifft die erforderlichen Maßnahmen, um den Schutz vertraulicher Informationen zu gewährleisten. Dies gilt insbesondere in den Fällen, in denen die einstweilige Verfügung ohne vorherige Anhörung des Gegners erlassen wird.

(3) § 811 des Bürgerlichen Gesetzbuchs sowie § 140b Abs. 8 des Patentgesetzes gelten entsprechend.

(4) Wenn keine Verletzung vorlag oder drohte, kann der vermeintliche Verletzer von demjenigen, der die Vorlage oder Besichtigung nach Absatz 1 begehrt hat, den Ersatz des ihm durch das Begehren entstandenen Schadens verlangen.

§ 9 – Anspruchsausschluss bei Unverhältnismäßigkeit

Die Ansprüche nach den §§ 6 bis 8a ~~Absatz 1~~ sind ausgeschlossen, wenn die Erfüllung im Einzelfall unverhältnismäßig wäre, unter Berücksichtigung insbesondere

1. des Wertes oder eines anderen spezifischen Merkmals des Geschäftsgeheimnisses,
2. der getroffenen Geheimhaltungsmaßnahmen,
3. des Verhaltens des Rechtsverletzers bei Erlangung, Nutzung oder Offenlegung des Geschäftsgeheimnisses,
4. der Folgen der rechtswidrigen Nutzung oder Offenlegung des Geschäftsgeheimnisses,
5. der berechtigten Interessen des Inhabers des Geschäftsgeheimnisses und des Rechtsverletzers sowie der Auswirkungen, die die Erfüllung der Ansprüche für beide haben könnte,
6. der berechtigten Interessen Dritter oder
7. des öffentlichen Interesses.

2. Anpassung bestehender Regelungen zum Geheimnisschutz

Zur Generierung eines umfangreichen Geheimnisschutzes und Vermeidung von Lücken im Anwendungsbereich empfiehlt es sich, den Begriff der Geschäftsgeheimnisstreitsache weiter zu fassen und § 16 Abs. 1 GeschGehG entsprechend anzupassen. Ebenso ließe sich an dieser Stelle die vorstehend diskutierte Empfehlung, die Einsicht in besonders sensible Dokumente nur unter Aufsicht zu gestatten und die Anzahl der erlaubten Kopien auf eine zu beschränken, sinnvoll einbringen. Der Vollständigkeit halber wird § 16 GeschGehG im Folgenden vollständig abgedruckt, Änderungen sind durch Unter- sowie Durchstreichung hervorgehoben:

§ 16 GeschGehG – Geheimhaltung

(1) Bei Klagen, durch die Ansprüche nach diesem Gesetz geltend gemacht werden, oder in sonstigen Prozessen, die den rechtswidrigen Erwerb oder die rechtswidrige Nutzung oder Offenlegung eines Geschäftsgeheimnisses zum Gegenstand haben (Geschäftsgeheimnisstreitsachen), kann das Gericht der Hauptsache auf Antrag einer Partei ~~streitgegenständliche~~ Informationen ganz oder teilweise als geheimhaltungsbedürftig einstufen, wenn diese ein Geschäftsgeheimnis sein können.

(2) Die Parteien, ihre Prozessvertreter, Zeugen, Sachverständige, sonstige Vertreter und alle sonstigen Personen, die an Geschäftsgeheimnisstreitsachen beteiligt sind oder die Zugang zu Dokumenten eines solchen Verfahrens haben, müssen als geheimhaltungsbedürftig eingestufte Informationen vertraulich behandeln und dürfen diese außerhalb eines gerichtlichen Verfahrens nicht nutzen oder offenlegen, es sei denn, dass sie von diesen außerhalb des Verfahrens Kenntnis erlangt haben.

(3) Wenn das Gericht eine Entscheidung nach Absatz 1 trifft, darf Dritten, die ein Recht auf Akteneinsicht haben, nur ein Akteninhalt zur Verfügung gestellt werden, in dem die Geschäftsgeheimnisse enthaltenden Ausführungen unkenntlich gemacht wurden.

(4) Besonders sensible Dokumente, die als Anlage den Schriftsätzen beigefügt wurden, dürfen nur unter Aufsicht an der Geschäftsstelle eingesehen werden. Erlaubt ist die Anfertigung einer Kopie, die mit einem entsprechenden Geheimhaltungsvermerk versehen wird und nach Abschluss des Verfahrens an das Gericht zurückzugeben ist.

3. Einführung eines relativen In-Camera-Verfahrens

Zur Schaffung der Möglichkeit, den Prozess ganz oder teilweise „in camera“ durchzuführen, sollte § 19 Abs. 1 GeschGehG wie folgt angepasst werden. Ergänzungen sind durch Unterstreichung hervorgehoben, entfernte Passagen sind durchgestrichen:

§ 19 GeschGehG – Weitere gerichtliche Beschränkungen

(1) Zusätzlich zu § 16 Absatz 1 beschränkt das Gericht der Hauptsache zur Wahrung von Geschäftsgeheimnissen von Amts wegen oder auf Antrag einer Partei den Zugang ganz oder teilweise auf eine bestimmte Anzahl von zuverlässigen Personen
1. zu von den Parteien oder Dritten eingereichten oder vorgelegten Dokumenten, die Geschäftsgeheimnisse enthalten können, oder
2. zur mündlichen Verhandlung, bei der Geschäftsgeheimnisse offengelegt werden könnten, und zu der Aufzeichnung oder dem Protokoll der mündlichen Verhandlung.

Dies gilt nur, soweit nach Abwägung aller Umstände das Geheimhaltungsinteresse das Recht der Beteiligten auf rechtliches Gehör auch unter Beachtung ihres Rechts auf effektiven Rechtsschutz und ein faires Verfahren übersteigt. ~~Es ist jeweils mindestens einer natürlichen Person jeder Partei und ihren Prozessvertretern oder sonstigen Vertretern Zugang zu gewähren. Im Übrigen bestimmt das~~ Das Gericht bestimmt nach freiem Ermessen, welche Anordnungen zur Erreichung des Zwecks erforderlich sind.

(2) Je nach den Umständen des Einzelfalls kann das Gericht zur Wahrung von Geschäftsgeheimnissen anordnen, dass der Zugang nach Absatz 1 ausschließlich den Prozessvertretern der Parteien gewährt wird (relatives In-Camera-Verfahren). In diesem Fall verpflichtet das Gericht die Prozessvertreter durch gesonderte Anordnung zur Geheimhaltung gegenüber der eigenen Partei. Die Prozessvertreter sind solange zur Geheimhaltung gegenüber ihrer Partei verpflichtet, bis das Gericht die Geheimhaltungsanordnung aufhebt, insbesondere wenn kein Geschäftsgeheimnis oder eine verbotene Handlung nach § 4 vorlag oder das Geschäftsgeheimnis offenkundig geworden ist. § 17 gilt entsprechend. Die Partei selbst erhält in diesem Fall lediglich die nach § 20 Absatz 4 Satz 2 um Geschäftsgeheimnisse reduzierte Fassung der jeweiligen Schriftstücke und/oder Unterlagen.

(~~2~~3) Wenn das Gericht Beschränkungen nach Absatz 1 ~~Satz 1~~ und/oder Absatz 2 trifft,
1. kann die Öffentlichkeit von Amts wegen oder auf Antrag von der mündlichen Verhandlung ausgeschlossen werden und
2. gilt § 16 Absatz 3 für nicht zugelassene Personen.

(~~3~~4) Die §§ 16 bis 19 Absatz 1 ~~und 2~~bis 3 gelten entsprechend im Verfahren der Zwangsvollstreckung, wenn das Gericht der Hauptsache Informationen nach § 16 Absatz 1 als geheimhaltungsbedürftig eingestuft oder zusätzliche Beschränkungen nach Absatz 1 Satz 1 getroffen hat.

4. Anpassung bestehender Regelungen zum Schutz von Geschäftsgeheimnissen bei Prozessabschluss

Um dem Gericht Ermessen im Hinblick auf mögliche Maßnahmen zum Schutz von Geschäftsgeheimnissen im Rahmen des Prozessabschlusses einzuräumen, empfiehlt es sich, den bereits bestehenden § 21 GeschGehG um folgenden, unterstrichenen Absatz 1 zu ergänzen:

§ 21 GeschGehG – Bekanntmachung des Urteils

(1) Das Gericht trifft bei der Verkündung, Ausfertigung und Zustellung der gerichtlichen Entscheidung die erforderlichen Maßnahmen, um den im Einzelfall gebotenen Schutz der darin enthaltenen Geschäftsgeheimnisse zu gewährleisten.

(~~1~~2) Der obsiegenden Partei einer Geschäftsgeheimnisstreitsache kann auf Antrag in der Urteilsformel die Befugnis zugesprochen werden, das Urteil oder Informationen über das Urteil auf Kosten der unterliegenden Partei öffentlich bekannt zu machen, wenn die obsiegende Partei hierfür ein berechtigtes Interesse darlegt. Form und Umfang der öffentlichen Bekanntmachung werden unter Berücksichtigung der berechtigten Interessen der im Urteil genannten Personen in der Urteilsformel bestimmt.

(~~2~~3) Bei den Entscheidungen über die öffentliche Bekanntmachung nach Absatz 1 Satz 1 ist insbesondere zu berücksichtigen:

1. der Wert des Geschäftsgeheimnisses,
2. das Verhalten des Rechtsverletzers bei Erlangung, Nutzung oder Offenlegung des Geschäftsgeheimnisses,
3. die Folgen der rechtswidrigen Nutzung oder Offenlegung des Geschäftsgeheimnisses und
4. die Wahrscheinlichkeit einer weiteren rechtswidrigen Nutzung oder Offenlegung des Geschäftsgeheimnisses durch den Rechtsverletzer.

(~~3~~4) Das Urteil darf erst nach Rechtskraft bekannt gemacht werden, es sei denn, das Gericht bestimmt etwas anderes.

F. Fazit

Geschäftsgeheimnisse sind in jedem Unternehmen vorhanden und entscheidend für den wirtschaftlichen Erfolg eines Unternehmens am globalen Markt. Wie diese Untersuchung gezeigt hat, sind die überragende Bedeutung von Geschäftsgeheimnissen und ihre daraus resultierende besondere Schutzbedürftigkeit in der Theorie schon lange bekannt und seit vielen Jahren Thema in einschlägiger Fachliteratur.

Trotz einiger Vorgaben auf europarechtlicher Ebene, die sich diesem Schutzrecht zu nähern versuchten, bestand unter den Mitgliedstaaten der Europäischen Union diesbezüglich ein erheblicher Unterschied in der nationalgesetzlichen Ausgestaltung. Es fehlte ein einheitlicher Schutzstandard auf internationaler Ebene, der der besonderen Verletzlichkeit von Geschäftsgeheimnissen gerecht wird und einen grenzüberschreitenden Austausch zwischen Unternehmen innerhalb Europas fördert. Selbst in vielen einzelnen nationalen Rechtsordnungen fehlte es an einem strukturierten Schutzregime. So fanden sich etwa im deutschen Recht vereinzelte Regelungsansätze zum Schutz von Geschäftsgeheimnissen in verschiedenen Gesetzen ohne System und mit nur beschränktem Anwendungsbereich. Ein ähnliches Durcheinander ließ sich auch in zahlreichen anderen nationalen Rechtsordnungen feststellen. Wie vorstehend dargestellt, konnten nur einige wenige nationale Rechtsordnungen bereits in frühen Jahren mit einem eigenen gesetzlichen Schutzkonzept überzeugen.

Erst aufgrund der im Juni 2016 in Kraft getretenen und bis Juni 2018 umzusetzenden EU-Geschäftsgeheimnisrichtlinie, deren Hintergründe und Vorgaben in dieser Arbeit untersucht wurden, sahen sich auch die übrigen Mitgliedstaaten aufgefordert, die im eigenen Land geltenden Regelungen zum Schutz von Geschäftsgeheimnissen zu überprüfen und entsprechend den europäischen Vorgaben zu ergänzen. Viele nationale Gesetzgeber haben dies zum Anlass genommen, das eigene, in der Regel nur schwer überschaubare Recht umfangreich anzupassen und grundlegend zu reformieren. Auf diese Weise haben Geschäftsgeheimnisse innerhalb der Europäischen Union eine deutliche Schutzerweiterung erfahren. Weitgehend werden Geschäftsgeheimnisse nun europaweit einheitlich als Informationen definiert, die geheim, von kommerziellem Wert und Gegenstand von angemessenen Geheimhaltungsmaßnahmen sind.

Neben einer einheitlichen Definition sorgte die EU-Geschäftsgeheimnisrichtlinie auch für einen Mindestschutzstandard für Geschäftsgeheimnisse im Gerichtsverfahren, das bis dahin für Geheimnisinhaber ein großes

Wagnis darstellte. Aufgrund der zu befürchtenden Offenbarung scheuten viele Unternehmen eine gerichtliche Aufklärung der mutmaßlichen Verletzungshandlung und verzichteten auf eine Durchsetzung ihrer Rechte zum Schutz ihrer Informationen. Der vereinzelt vorgesehene Schutz von Geschäftsgeheimnissen vor einer Kenntniserlangung durch die allgemeine Öffentlichkeit war ein erster Schritt in die richtige Richtung, aber für einen vollumfassenden Geheimnisschutz nicht ausreichend, zumal sich in Geschäftsgeheimnisstreitsachen häufig Wettbewerber gegenüberstehen, die an Informationen der jeweils anderen Partei besonders interessiert sind. Der europäische Gesetzgeber hat versucht, diesem Dilemma mit entsprechenden Mindestvorgaben entgegenzuwirken.

Die lediglich groben Vorgaben der EU-Richtlinie eröffneten den Mitgliedstaaten einen weiten Gestaltungsspielraum, der es ihnen gestattete, einen darüber hinausgehenden nationalgesetzlichen Schutz für Geschäftsgeheimnisse in Gerichtsprozessen zu schaffen. Trotz der sehr offenen Formulierung in Art. 9 EU-Richtlinie haben viele Mitgliedstaaten – so wie auch sonst in der Umsetzungspraxis üblich – nur die darin vorgegebenen Mindeststandards übernommen, ohne den eröffneten Ermessensspielraum auszuschöpfen und den prozessualen Geheimnisschutz auf nationaler Ebene durch weitere Maßnahmen auszuweiten. Zu vermuten ist, dass die Mitgliedstaaten durch die Umsetzung der ausdrücklich vorgesehenen Maßnahmen ohne Ausschöpfung des Gestaltungsspielraums einen Verstoß gegen das mehrfach in der EU-Geschäftsgeheimnisrichtlinie erwähnte Recht auf ein faires Verfahren vermeiden wollten. Auch sie haben wohl erkannt, dass eine Balance insofern nur schwer herzustellen ist.

Der in Art. 6 EMRK normierte und in dieser Arbeit dargestellte Fairnessgrundsatz ist ein allgemeiner unionsrechtlicher Grundsatz, der zahlreiche Verfahrensgarantien festlegt und als Bestandteil der nationalen Rechtsordnungen in den Konventionsstaaten unmittelbar Anwendung findet. Auch in Geschäftsgeheimnisstreitsachen sind die danach vorgegebenen Garantien zwingend einzuhalten, was im Hinblick auf die Geheimhaltungsinteressen der Prozessparteien ein erhebliches Spannungsverhältnis schafft. Wie die vorstehende Untersuchung gezeigt hat, hat die Mehrheit der EU-Mitgliedstaaten die besondere Herausforderung, insofern eine Balance zu schaffen, gescheut.

Ziel dieser Arbeit war es, herauszuarbeiten, welche Anforderungen an den Schutz von Geschäftsgeheimnissen im Gerichtsprozess zu stellen sind und durch welche Maßnahmen ein effektiver Geheimnisschutz unter Beachtung der Grundsätze eines fairen Verfahrens herbeigeführt werden kann. Ausweislich der vorstehenden Untersuchung lässt sich insofern festhalten, dass sich ein perfekter Geheimnisschutz während eines Gerichtsprozesses alleine durch den gänzlichen Ausschluss der jeweils anderen Partei einschließlich ihres anwaltlichen

Vertreters generieren ließe. Ein solcher vollumfassender Ausschluss einer Prozesspartei ist zwar im Hinblick auf die Mindestvorgaben der EU-Richtlinie möglich, allerdings im Sinne eines fairen Verfahrens nicht mit europarechtlichen Grundsätzen vereinbar. Ein absoluter Geheimnisschutz im Gerichtsprozess ist damit nicht möglich.

Allerdings lässt sich ein annähernd lückenloser, gleichzeitig den Anforderungen des Art. 6 EMRK entsprechender Geheimnisschutz durch die vorstehend entwickelte Kombination mehrstufiger Mechanismen zum Schutze beider Parteien erzielen. Kombiniert werden dabei bereits aus anderen Rechtsbereichen bekannte Ansätze. Eine zentrale Rolle spielt dabei das sogenannte relative In-Camera-Verfahren, das die Rechte der Beteiligten in Einklang bringt und einen verhältnismäßigen Ausgleich schafft. Das Recht auf rechtliches Gehör wird zum Schutze der Geheimhaltungsinteressen der jeweils anderen Partei und im Sinne eines effektiven Rechtsschutzes in einem zumutbaren Maße beschränkt. Gänzlich ohne eine solche Einschränkung ist ein sinnvoller Geheimnisschutz im Gerichtsverfahren nicht möglich. Allerdings wird diese auf ein zumutbares Mindestmaß reduziert.

Im Gegenzug gibt der Geschäftsgeheimnisinhaber mit der Einbringung seiner Information in das Verfahren – sei es zur Anspruchsbegründung oder Verteidigung – die Kontrolle hierüber ab und setzt sich dem zwar deutlich reduzierten aber stets vorhandenen Risiko einer unumkehrbaren sowie folgenreichen Offenbarung aus. Dass ein solch kombinierter Katalog an Schutzmaßnahmen mit einem gewissen Mehraufwand für das Gericht und alle Beteiligten des Verfahrens verbunden ist, steht außer Frage. Jedoch führt allein dieser Weg zu einer für den jeweiligen Geheimnisinhaber möglichst gefahrlosen Aufklärung des Sachverhalts, Erzielung eines nachprüfbaren Ergebnisses und Erlass eines vollstreckbaren Urteils. Dies gilt insbesondere für den besonders problematischen aber in der Regel vorliegenden Fall einer Unterlassungsklage, in der das Geschäftsgeheimnis streitentscheidend im Mittelpunkt der Verhandlung steht. Die im Rahmen dieser Arbeit entwickelte Kombinationslösung hätte zur Folge, dass sich der Geheimnisinhaber – unabhängig von seiner Stellung als Kläger oder Beklagter – nicht mehr zwischen der Offenbarung seines Geschäftsgeheimnisses und dem möglichen Verlust des Prozesses entscheiden müsste. Die jeweilige andere Partei würde in verhältnismäßigem Maße vom Inhalt der Verhandlung ausgeschlossen, ohne aber ihre umfangreichen Teilnahmerechte dafür gänzlich hergeben zu müssen. Zudem würde auf diese Weise die Gefahr deutlich verringert, dass Geschäftsgeheimnisstreitsachen ausschließlich vor Gericht ausgetragen würden, um Details über Geschäftsgeheimnisse der jeweils anderen Partei zu erfahren. Der mit der vorgeschlagenen Kombination einhergehende Aufwand würde also durch einen verhältnismäßigen Ausgleich aller sich gegenüberstehenden Interessen entschädigt und ist daher allen Beteiligten zumutbar. Dies wird auch der Anforderung des EuGH gerecht, wonach der Geheimnisschutz im Gerichtsprozess weder die Erfordernisse eines effektiven Rechtsschutzes noch die Verteidigungsrechte der beteiligten Parteien und das Recht auf ein faires Verfahren unbeachtet lassen darf.[1010]

Dabei muss nicht jede einzelne vorstehend vorgeschlagene Schutzmaßnahme in allen Geschäftsgeheimnisstreitsachen umgesetzt werden. Je nach Art des Geschäftsgeheimnisses, seiner Streitrelevanz und dem Verhältnis der sich gegenüberstehenden Parteien ist nicht zwangsläufig in jedem Verfahren ein Missbrauch zu befürchten. Daher empfiehlt sich auch nicht die Einführung starrer Regelungen. Sinnvoller ist es, so wie im vorstehenden Gesetzesvorschlag formuliert, dem Gericht insofern eine flexible Entscheidung nach den individuellen Gegebenheiten des Falles zu ermöglichen und ein Auswahlermessen einzuräumen. So war auch etwa die in Art. 8 Abs. 1 im ersten Vorschlag der Kommission für eine EU-Geschäftsgeheimnis-Richtlinie enthaltene Möglichkeit eines relativen In-Camera-Verfahrens nicht als Regel, sondern nur unter außergewöhnlichen Umständen und vorbehaltlich einer angemessenen Begründung vorgesehen. Je nach Abwägung der Interessen unter Berücksichtigung des Wertes, der spezifischen Merkmale und der Bekanntheit des Geschäftsgeheimnisses sowie der Folgen einer ungewollten Offenbarung und der womöglich bereits bestehenden Kenntnis der gegnerischen Partei können einzelne oder alle der vorstehend herausgearbeiteten Maßnahmen kombiniert angewendet werden. Auf diese Weise ließe sich ein für den jeweiligen Einzelfall sinnvoller und verhältnismäßiger Ausgleich schaffen.

Die vorgeschlagene Lösung wird damit der besonderen Herausforderung gerecht, eine Balance zwischen dem Geheimnisschutz einerseits und den Grundsätzen eines fairen Verfahrens andererseits zu schaffen.

1010 EuGH, Urteil vom 14.02.2008, Rs. C-450/06, EUZW 2008, 209, 210, Ziff. 35 – *Varec SA./.Belgien.*

G. Zusammenfassung der Ergebnisse in Thesen

- Die EU-Geschäftsgeheimnis-Richtlinie schafft erstmalig einen europaweiten Mindeststandard für den Schutz wertvoller Informationen. Allerdings erschweren der eingeschränkte Anwendungsbereich der Richtlinie sowie einige darin enthaltene Vorgaben einen vollumfänglichen Schutz von Geschäftsgeheimnissen im Gerichtsprozess.
- Diese einschränkenden Vorgaben sind dem in Art. 6 EMRK enthaltenen Grundsatz eines fairen Verfahrens geschuldet, auf den die EU-Geschäftsgeheimnis-Richtlinie selbst Bezug nimmt. Art. 6 EMRK umfasst zahlreiche Rechte, die ein insgesamt gerechtes und möglichst austariertes Verfahren schaffen sollen. Es stellt eine große Herausforderung dar, den Anforderungen an ein ausgewogenes sowie transparentes Verfahren, in dem jeder Partei möglichst alles offengelegt werden soll, gerecht zu werden und dabei gleichzeitig für sensible Informationen die erforderliche Geheimhaltung zu garantieren.
- Um eine richtlinienkonforme Umsetzung zu garantieren, entschieden sich viele EU-Mitgliedstaaten der Einfachheit halber für eine in großen Teilen fast wortgleiche Übernahme des Textes der EU-Geschäftsgeheimnis-Richtlinie. Nur einige wenige nationale Gesetzgeber haben sich getraut, von dem eröffneten Gestaltungsspielraum Gebrauch zu machen und auf diese Weise zumindest in einzelnen Bereichen für einen über den vorgegebenen Mindeststandard hinausgehenden Schutzumfang zu sorgen.
- Auch wenn mit der Umsetzung der EU-Geschäftsgeheimnis-Richtlinie ein zumindest geringer aber einheitlicher Schutzstandard innerhalb der Europäischen Union geschaffen wurde, so spiegeln sich jedoch die Defizite der Richtlinie in den meisten nationalen Rechtsordnungen wieder. Dies hätte durch eine umsichtige und im Detail durchdachte Umsetzung in den nationalen Rechtsordnungen vermieden werden können.
- Nach Eruierung alternativer Lösungswege aus anderen Rechtsbereichen im In- und Ausland und Prüfung ihrer Vereinbarkeit mit den Vorgaben der EU-Geschäftsgeheimnis-Richtlinie ist festzuhalten, dass keine Schutzmaßnahme für sich alleine genommen einen lückenlosen Schutz für Geschäftsgeheimnisse schafft und dabei gleichzeitig mit europarechtlichen Grundsätzen vereinbar ist.

- Daraus folgt als **Kernthese**:

Gänzlich ohne eine Einschränkung des vom Fairnessgrundsatz umfassten Rechts auf rechtliches Gehör ist ein sinnvoller Geheimnisschutz im Gerichtsverfahren nicht möglich. Allerdings lässt sich ein annähernd lückenloser, gleichzeitig den Anforderungen des Art. 6 EMRK entsprechender Geheimnisschutz durch eine Kombination einzelner aus anderen Rechtsbereichen bekannter Ansätze erzielen. Diese Lösungsansätze könnten im Ermessen des Gerichtes je nach den Umständen des Einzelfalls und der Bedeutung des betroffenen Geschäftsgeheimnisses im jeweiligen Verfahrensabschnitt angewendet werden. Durch die fein abgestimmten mehrstufigen Schutzmaßnahmen würde die jeweilige andere Partei in einem gewissen Maße vom Inhalt der Verhandlung ausgeschlossen, müsste aber gleichwohl ihre umfangreichen Teilnahmerechte nicht gänzlich hergeben. Zentrale Rolle spielt dabei das sogenannte relative In-Camera-Verfahren, das die Rechte der Beteiligten in Einklang bringt und einen verhältnismäßigen Ausgleich schafft.

Die hierzu notwendigen Ergänzungen und Änderungen im derzeit bestehenden deutschen Geschäftsgeheimnisgesetz ließen sich durch entsprechende Anpassungen im Einklang mit den Vorgaben der EU-Geschäftsgeheimnis-Richtlinie relativ leicht umsetzen.

Literaturverzeichnis

Ahrens, Hans-Jürgen, Gesetzgebungsvorschlag zur Beweisermittlung bei Verletzung von Rechten des geistigen Eigentums, in: Gewerblicher Rechtsschutz und Urheberrecht 2005, S. 837–840 (zitiert: *Ahrens*, in: GRUR 2005, 837, S.);

Albrecht, Fredrich/Kur, Annette/Bomhard, Verena von (Hrsg.), Beck'scher Online-Kommentar Markenrecht (online, Stand: 22. Edition, 1. Juli 2020) (zitiert: *Bearbeiter*, in: BeckOK MarkenR, Kap., Rn.);

Alexander, Christian, Gegenstand, Inhalt und Umfang des Schutzes von Geschäftsgeheimnissen nach der Richtlinie (EU) 2016/943, in: Wettbewerb in Recht und Praxis 2017, S. 1034–1045 (zitiert: *Alexander*, in: WRP 2017, 1034, S.);

Alexander, Christian, Grundstrukturen des Schutzes von Geschäftsgeheimnissen durch das neue GeschGehG, in: Wettbewerb in Recht und Praxis 2019, S. 673–679 (zitiert: *Alexander*, in: WRP 2019, 673, S.);

Amt der Europäischen Union für geistiges Eigentum, The Baseline of Trade Secrets Litigation in the EU Member States, veröffentlicht im August 2018, abrufbar unter: https://euipo.europa.eu/tunnel-web/secure/webdav/guest/document_library/observatory/documents/reports/2018_Baseline_of_Trade_Secrets_Litigations_in_EU_Member_States/2018_Baseline_of_Trade_Secrets_Litigations_in_EU_Member_States_EN.pdf (Abrufdatum: August 2020) (zitiert: *EUIPO*, Baseline, S.);

Amt der Europäischen Union für geistiges Eigentum, Rechtsschutz für Geschäftsgeheimnisse in den Mitgliedstaaten der EU, Zusammenfassung, veröffentlicht im August 2018, abrufbar unter: https://euipo.europa.eu/tunnel-web/secure/webdav/guest/document_library/observatory/documents/reports/2018_Baseline_of_Trade_Secrets_Litigations_in_EU_Member_States/Executive_Summary/2018_Baseline_of_Trade_Secrets_Litigations_in_EU_Exec_Summ_EN_DE.pdf (Abrufdatum: August 2020) (zitiert: *EUIPO*, Rechtsschutz für Geschäftsgeheimnisse, S.);

Ann, Christoph, Know-how – Stiefkind des Geistigen Eigentums?, in: Gewerblicher Rechtsschutz und Urheberrecht 2007, S. 39–16 (zitiert: *Ann*, in: GRUR 2007, 39, S.);

Ann, Christoph, Geheimnisschutz – Kernaufgabe des Informationsmanagements im Unternehmen, GRUR Jahrestagung 2013, online veröffentlicht, abrufbar unter: http://www.grur.org/uploads/tx_meeting/Ann.pdf (Abrufdatum: August 2020) (zitiert: *Ann*, Geheimnisschutz, S.);

Ann, Christoph, Geheimnisschutz – Kernaufgabe des Informationsmanagements im Unternehmen, in: Gewerblicher Rechtsschutz und Urheberrecht 2014, S. 12–16 (zitiert: *Ann*, in: GRUR 2014, 12, S.);

Ann, Christoph, EU-Richtlinie zum Schutz vertraulichen Know-hows – Wann kommt das neue deutsche Recht, wie sieht es aus, was ist noch offen?, in: Gewerblicher Rechtsschutz, Praxis im Immaterialgüter- und Wettbewerbsrecht 2016, S. 465–467 (zitiert: *Ann*, in: GRUR-Prax 2016, 465, S.);

Ann, Christoph/Hauck, Ronny/Maute, Lena (Hrsg.), Auskunftsanspruch und Geheimnisschutz im Verletzungsprozess, 2011 (zitiert: *Ann/et al.*, Auskunftsanspruch und Geheimnisschutz, Rn.);

Ann, Christoph/Loschelder, Michael/Grosch, Marcus (Hrsg.), Praxishandbuch Know-how-Schutz, 2010 (zitiert: *Bearbeiter*, in: Ann/et al., Praxishandbuch, Kap., Rn.);

Apel, Simon/Walling, Sebastian, Das neue Geschäftsgeheimnisgesetz: Überblick und erste Praxishinweise, in: Der Betrieb 2019, S. 891–898 (zitiert: *Apel/Walling*, in: DB 2019, 891, S.);

Bader, Johann/Ronellenfitsch, Michael (Hrsg.), Beck'scher Online-Kommentar Verwaltungsverfahrensgesetz (online, Stand: 48. Edition, 1. Juli 2020) (zitiert: *Bearbeiter*, in: BeckOK VwVfG, §, Rn.);

Bahner, Andreas, Geheimnisschutz im Zivilprozess, 2013 (zitiert: *Bahner*, Geheimnisschutz, S.);

Baker & McKenzie, Study on Trade Secrets and Confidential Business Information in the Internal Market, 2013, online veröffentlicht, abrufbar unter: https://ec.europa.eu/docsroom/documents/14838/attachments/1/translations/en/renditions/pdf (Abrufdatum: August 2020) (zitiert: *Baker & McKenzie*, Study on Trade Secrets, S.);

Baker & McKenzie, The Board Ultimatum: Protect and preserve – The rising importance of safeguarding trade secrets, 2017, online veröffentlicht, abrufbar unter: https://www.bakermckenzie.com//media/files/insight/publications/2017/trade-secrets – (Abrufdatum: August 2020) (zitiert: *w*, The Board Ultimatum, S.);

Bartenbach, Kurt, Patentlizenz- und Know-how-Vertrag, 7. Auflage 2013 (zitiert: *Bartenbach*, Patentlizenz- und Know-how-Vertrag, Rn.);

Baumbach, Adolf (Begr.)/*Anders, Monika/Gehle, Burkhard* (Hrsg.), Zivilprozessordnung, 78. Auflage 2020 (zitiert: *Bearbeiter*, in: Baumbach/et al., ZPO, §, Rn.);

Baumgärtel, Gottfried, Geheimverfahren im Zivilprozess zur Wahrung von Geschäftsgeheimnissen nach Schweizer Vorbild?, in: Lindacher, Walter/Pfaff,

Dieter/Roth, Günter (Hrsg.), Festschrift für Walther J. Habscheid zum 65. Geburtstag, 1989, S. 1–9 (zitiert: *Baumgärtel*, in: FS Habscheid, 1, S.);

Benkard, Georg (Begr.), Patentgesetz, 11. Auflage 2015 (zitiert: *Bearbeiter*, in: Benkard, PatG, §, Rn.);

Benkard, Georg (Begr.), Europäisches Patentübereinkommen, 3. Auflage 2019 (zitiert: *Bearbeiter*, in: Benkard, EPÜ, Art., Rn.);

Bornkamm, Joachim, Der Schutz vertraulicher Informationen im Gesetz zur Durchsetzung von Rechten des geistigen Eigentums – In-camera-Verfahren im Zivilprozess?, in: Ahrens, Hans-Jürgen/Bornkamm, Joachim/Kunz-Hallstein, Hans Peter (Hrsg.), Festschrift für Eike Ullmann zum 65. Geburtstag, 2006, S. 893–912 (zitiert: *Bornkamm*, in: FS Ullmann, 893, S.);

Brammsen, Joerg, Lauterkeitsstrafrecht, Sonderband zum Münchner Kommentar Lauterkeitsrecht (§§ 13–20 UWG), 1. Auflage 2020 (zitiert: *Brammsen*, UWG, §, Rn.);

Bruckmüller, Georg/Krückl, Karl, Der Schutz des Geschäftsgeheimnisses, 1. Auflage 2019 (zitiert: *Bruckmüller/Kückl*, Schutz des Geschäftsgeheimnisses, S.);

Büscher, Wolfgang (Hrsg.), Gesetz gegen den unlauteren Wettbewerb, 1. Auflage 2019 (zitiert: *Bearbeiter*, in: Büscher, UWG, §, Rn.);

Buck, Holger, Das Geschäftsgeheimnis und sein neuer eigenständiger Schutz, in: Juris Monatszeitschrift 2020, S. 59–63 (zitiert: *Buck*, in: jM 2020, 59, S.);

Bundesrechtsanwaltskammer, Stellungnahme Nr. 17/2018 vom 22. Mai 2018 zum Referentenentwurf eines Gesetzes zur Umsetzung der Richtlinie (EU) 2016/943 zum Schutz von Geschäftsgeheimnissen vor rechtswidrigem Erwerb sowie rechtswidriger Nutzung und Offenlegung, online veröffentlicht, abrufbar unter: https://www.brak.de/zur-rechtspolitik/stellungnahmen-pdf/stellungnahmen-deutschland/2018/mai/stellungnahme-der-brak-2018-17.pdf (Abrufdatum: August 2020) (zitiert: *BRAK*, Stellungnahme, S.);

Bundesverband Deutscher Patentanwälte, Stellungnahme vom 22. Mai 2018 zum Gesetzesentwurf zur Umsetzung der EU-Richtlinie über den Schutz vertraulichen Know-hows und vertraulicher Geschäftsinformationen (Geschäftsgeheimnisse) vor rechtswidrigem Erwerb sowie rechtswidriger Nutzung und Offenlegung, online veröffentlicht, abrufbar unter: https://www.bundesverband-patentanwaelte.de/positionen/stellungnahme-zum-gesetzentwurf-zur-umsetzung-der-eu-richtlinie-ueber-den-schutz-vertraulichen-know-hows-und-vertraulicher-geschaeftsinformationen-geschaeftsgeheimnisse-vor-rechtswidrigem-erwerb-sow-2/ (Abrufdatum: August 2020) (zitiert: *BDP*, Stellungnahme, S.);

Bundesverband Informationswirtschaft, Telekommunikation und neue Medien e. V., Stellungnahme vom 18. Mai 2018 zum Referentenentwurf zur Umsetzung der Know-how-Richtlinie, online veröffentlicht, abrufbar unter: https://www.bitkom.org/sites/default/files/file/import/20180518-Bitkom-Stellungnahme-RefE-GeschGehG.pdf (Abrufdatum: August 2020) (zitiert: *Bitkom*, Stellungnahme, S.);

Burghardt-Richter, Ingrid/Bode, Johannes, Geschäftsgeheimnisschutzgesetz: Überblick und Leitfaden für Unternehmen zur Wahrung ihrer Geschäftsgeheimnisse, in: Betriebsberater 2019, S. 2697–2702 (zitiert: *Burghardt-Richter/Bode*, in: BB 2019, 2697, S.);

Busche, Jan (Hrsg.)/*Stoll, Peter-Tobias/Wiebe, Andreas*, TRIPs, Internationales und europäisches Recht des geistigen Eigentums, 2. Auflage 2013 (zitiert: *Bearbeiter*, in: Busche/et al., TRIPs, Art., Rn.);

Calliess, Christian/Ruffert, Matthias (Hrsg.), EUV/AEUV, 5. Auflage 2016 (zitiert: *Bearbeiter*, in: Calliess/Ruffert, EUV/AEUV, Art., Rn.);

Cook, Trevor, Trade Secret Protection, 2016 (zitiert: *Cook*, Trade Secret Protection, S.);

Corporate Trust, Studie: Industriespionage 2014, online veröffentlicht, abrufbar unter: https://www.corporate-trust.de/wp-content/uploads/2016/06/CT-Studie-2014_DE.pdf (Abrufdatum: August 2020) (zitiert: *Corporate Trust*, Studie: Industriespionage 2014, S.);

Creifelds, Carl (Begr.), Rechtswörterbuch (online, Stand: 24. Edition, Juni 2020) (zitiert: *Bearbeiter*, in: Creifelds, Rechtswörterbuch, Begriff);

Dann, Matthias/Markgraf, Jochen, Das neue Gesetz zum Schutz von Geschäftsgeheimnissen, in: Neue Juristische Wochenschrift 2019, S. 1774–1779 (zitiert: *Dann/Markgraf*, in: NJW 2019, 1774, S.);

Deichfuß, Hermann, Die Entwendung von technischen Betriebsgeheimnissen, in: Gewerblicher Rechtsschutz, Praxis im Immaterialgüter- und Wettbewerbsrecht 2012, S. 449–454 (zitiert: *Deichfuß*, in: GRUR-Prax 2012, 449, S.);

Deichfuß, Hermann, Rechtsdurchsetzung unter Wahrung der Vertraulichkeit von Geschäftsgeheimnissen, in: Gewerblicher Rechtsschutz und Urheberrecht 2015, S. 436–442 (zitiert: *Deichfuß*, in: GRUR 2015, 436, S.);

Deutsche Vereinigung für gewerblichen Rechtsschutz und Urheberrecht e. V., Stellungnahme zur Richtlinie 2004/48/EG des Europäischen Parlaments und des Rates vom 29. April 2004 zur Durchsetzung der Rechte des geistigen Eigentums, in: Gewerblicher Rechtsschutz und Urheberrecht 2005, S. 747–748 (zitiert: *GRUR*, in: GRUR 2005, 747, S.);

Deutsche Vereinigung für gewerblichen Rechtsschutz und Urheberrecht e. V., Stellungnahme zum Referentenentwurf des Bundesministeriums der Justiz und für Verbraucherschutz – Entwurf eines Gesetzes zur Umsetzung der Richtlinie (EU) 2016/943 zum Schutz von Geschäftsgeheimnissen vor rechtswidrigem Erwerb sowie rechtswidriger Nutzung und Offenlegung, in: Gewerblicher Rechtsschutz und Urheberrecht 2018, S. 708–713 (zitiert: *GRUR*, in: GRUR 2018, 708, S.);

Doepner, Ulf, Anmerkung zum wettbewerbsrechtlichen Geheimnisschutz im Zivilprozess, in: Keller, Erhard (Hrsg.), Festschrift für Winfried Tilmann zum 65. Geburtstag, 2003, S. 105–120 (zitiert: *Doepner*, in: FS Tilmann, 105, S.);

Dreier, Horst (Hrsg.), Grundgesetz Kommentar, 3. Auflage 2015 (zitiert: *Bearbeiter*, in: Dreier, GG-Kommentar, Art., Rn.);

Dreier, Thomas/Schulze, Gernot (Hrsg.), Urheberrechtsgesetz, 6. Auflage 2018 (zitiert: *Bearbeiter*, in: Dreier/Schulze, UrhG, §, Rn.);

Druschel, Johannes/Jauch, Andreas, Der Schutz des Know-how im deutschen Zivilprozess: Der Status quo und die zu erwartenden Änderungen (Teil I), in: Betriebsberater 2018, S. 1218–1223 (zitiert: *Druschel/Jauch*, in: BB 2018, 1218, S.);

Druschel, Johannes/Jauch, Andreas, Der Schutz des Know-how im deutschen Zivilprozess: Der Status quo und die zu erwartenden Änderungen (Teil II), in: Betriebsberater 2018, S. 1794–1798 (zitiert: *Druschel/Jauch*, in: BB 2018, 1794, S.);

Dumont, Nicolas, Happy End für ein Stiefkind? – Regierungsentwurf zur Umsetzung der Know-how-Richtlinie, in: Betriebsberater 2018, S. 2441–S. 2446 (zitiert: *Dumont*, in: BB 2018, 2441, S.);

Eck, Matthias/Dombrowski, Jan, Rechtsschutz gegen Besichtigungsverfügungen im Patentrecht, in: Gewerblicher Rechtsschutz und Urheberrecht 2008, S. 387–393 (zitiert: *Eck/Dombrowski*, in: GRUR 2008, 387, S.);

Enchelmaier, Stefan, Durchsetzung von Immaterialgüterrechten vs. Schutz von Betriebsgeheimnissen im englischen Zivilprozess, in: Gewerblicher Rechtsschutz und Urheberrecht, Internationaler Teil 2012, S. 503–513 (zitiert: *Enchelmaier*, in: GRUR Int. 2012, 503, S.);

Enders, Theodor, Know How Schutz als Teil des geistigen Eigentums, in: Gewerblicher Rechtsschutz und Urheberrecht 2012, S. 25–31 (zitiert: *Enders*, in: GRUR 2012, 25, S.);

Europäische Kommission, Binnenmarktanzeiger, Leistungsbewertung nach Governance-Instrument, Umsetzung, Berichtszeitraum: 11/2013- 05/ 2014, online veröffentlicht, abrufbar unter: https://ec.europa.eu/internal_market/scoreboard/_docs/2014/07/transposition/2014-07-scoreboard-transposition_de.pdf (Abrufdatum: August 2020) (zitiert: *Europäische Kommission*, Binnenmarktanzeiger, S.);

Europäische Kommission, Mitteilung der Kommission vom 24. Mai 2018 an das Europäische Parlament, den Rat, den Europäischen Wirtschafts- und Sozialausschuss und den Ausschuss der Regionen, Ein Binnenmarkt für Rechte des geistigen Eigentums, Förderung von Kreativität und Innovation zur Gewährleistung von Wirtschaftswachstum, hochwertigen Arbeitsplätzen sowie erstklassigen Produkten und Dienstleistungen in Europa, 2011, KOM(2011) 287, online veröffentlicht, abrufbar unter: https://ec.europa.eu/transparency/regdoc/rep/1/2011/DE/1-2011-287-DE-F1-1.pdf (Abrufdatum: August 2020) (zitiert: *Europäische Kommission*, Mitteilung KOM (2011) 287, S.);

Europäischer Wirtschafts- und Sozialausschuss, Stellungnahme 2014/C 226/09 vom 16. Juli 2014 zu dem Vorschlag für eine Richtlinie des Europäischen Parlaments und des Rates über den Schutz vertraulichen Know-hows und vertraulicher Geschäftsinformationen (Geschäftsgeheimnisse) vor rechtswidrigem Erwerb sowie rechtswidriger Nutzung und Offenlegung (COM(2013) 813 final - 2013/0402 (COD)), Amtsblatt der Europäischen Union C 226/48 (zitiert: *EWSA*, Stellungnahme 2014/C 226/09, Ziff.);

Europäisches Parlament, Initial Appraisal of European Commission Impact Assessment SWD (2013) 471, SWD (2013) 472 (summary) for a Commission proposal for a Directive of the European Parliament and the Council on the protection of undisclosed know-how and business information (trade secrets) against their unlawful acquisition, use and disclosure (COM (2013) 813), 2014, online veröffentlicht, abrufbar unter: https://op.europa.eu/en/publication-detail/-/publication/936f290b-a4f1-4597-9fd3-35817ecf5f4f/language-en (Abrufdatum: August 2020) (zitiert: *Europäisches Parlament*, Arbeitsdokument SWD (2013) 471, S.);

Falce, Valeria, Trade Secrets – Looking for (Full) Harmonization in the Innovation Union, in: International Review of Intellectual Property and Competition Law 2015, S. 940–964 (zitiert: *Falce*, in: ICC 2015, 940, S.);

Farkas, Thomas/Koch, Peter, The disclosure-fair trial dilemma when enforcing trade secrets in civil court proceedings, in: Journal of Intellectual Property Law & Practice 2016, S. 901–908 (zitiert: *Farkas/Koch*, in: JIPLP 2016, 901, S.);

Felsmann, Simon, Das neue Geschäftsgeheimnisgesetz: Ein praktischer Überblick, in: Aktuelles Thema-Spezial 2019, 201903 (zitiert: *Felsmann*, Aktuelles Thema-Spezial 2019, 201903);

Fezer, Karl-Heinz/Büscher, Wolfgang/Obergfell, Eva Inés (Hrsg.), Kommentar zum Gesetz gegen den unlauteren Wettbewerb, 3. Auflage 2016 (zitiert: *Bearbeiter*, in: Fezer/et al., UWG, §, Rn.);

Fitzner, Uwe/Lutz, Raimund/Bodewig, Theo (Hrsg.), Patentrechtskommentar, 4. Auflage 2012 (zitiert: *Bearbeiter*, in: Fitzner/et al., PatG, §, Rn.);

Franzen, Martin/Gallner, Inken/Oetker, Hartmut (Hrsg.), Kommentar zum europäischen Arbeitsrecht, 3. Auflage 2020 (zitiert: *Bearbeiter*, in: Franzen/et al., EuArbR, Kap., Art., Rn.);

Fritzsche, Jörg/Münker, Reiner/Stollwerck, Christoph (Hrsg.), Beck'scher Online-Kommentar Lauterkeitsrecht (online, Stand: 9. Edition, 15. Mai 2020) (zitiert: *Bearbeiter*, in: BeckOK UWG, §, Rn.);

Fuhlrott, Michael/Hiéramente, Mayeul (Hrsg.), Beck'scher Online-Kommentar Geschäftsgeheimnisgesetz (online, Stand: 4. Edition, 15. Juni 2020) (zitiert: *Bearbeiter*, in: BeckOK GeschGehG, §, Rn.);

Gärtner, Anette, Zum Richtlinienentwurf über den Schutz von Geschäftsgeheimnissen, in: Neue Zeitschrift für Gesellschaftsrecht 2014, S. 650–652 (zitiert: *Gärtner*, in: NZG 2014, 650, S.);

Gärtner, Anette/Goßler, Sabrina, Trade secret litigation nun auch in Deutschland? – Gedanken zur Umsetzung der Know-how-Richtlinie, in: Mitteilungen der deutschen Patentanwälte 2018, S. 204–209 (zitiert: *Gärtner/Goßler*, in: Mitt. 2018, 204, S.);

Gaier, Reinhard, Das „in camera"-Verfahren in der Hauptsache, in: Göcken, Stephan/Remmers, Thomas/Vorwerk, Volkert/Wolf, Christian (Hrsg.), Festschrift für Ulrich Scharf zum 70. Geburtstag, 2008, S. 201–209 (zitiert: *Gaier*, in: FS Scharf, 201, S.);

Gaugenrieder, Eileen, Einheitliche Grundlage für den Schutz von Geschäftsgeheimnissen in Europa – Zukunftstraum oder Alptraum, in: Betriebsberater 2014, S. 1987–1992 (zitiert: *Gaugenrieder*, in: BB 2014, 1987, S.);

Gloy, Wolfgang (Begr.)/*Loschelder, Michael/Danckwerts, Rolf* (Hrsg.), Handbuch des Wettbewerbsrechts, 5. Auflage 2019 (zitiert: *Bearbeiter*, in: Gloy/et al., Handbuch Wettbewerbsrecht, §, Rn.);

Gniadek, Thomas, Die Beweisermittlung im gewerblichen Rechtsschutz und Urheberrecht, 2011 (zitiert: *Gniadek*, Beweisermittlung, S.);

Götting, Horst-Peter/Nordemann, Axel (Hrsg.), Nomos Kommentar zum UWG, 3. Auflage 2016 (zitiert: *Götting/Nordemann*, NK UWG, §, Rn.);

Götz, Andreas, Der Schutz von Betriebs- und Geschäftsgeheimnissen im Zivilverfahren, 2014 (zitiert: *Götz*, Schutz von Betriebs- und Geschäftsgeheimnissen, S.);

Gottwald, Peter, Zur Wahrung von Geschäftsgeheimnissen im Zivilprozeß, in: Betriebs-Berater 1979, S. 1780–1787 (zitiert: *Gottwald*, in: BB 1979, 1781, S.);

Grabenwarter, Christoph/Pabel, Katharina (Hrsg.), Europäische Menschenrechtskonvention, 6. Auflage 2016 (zitiert: *Grabenwarter/Pabel*, EMRK, §, Rn.);

Grabitz, Eberhard (Begr.)/*Hilf, Meinhard/Nettesheim, Martin* (Hrsg.), Das Recht der Europäischen Union (Loseblatt, Stand: 69. Ergänzungslieferung, Februar 2020) (zitiert: *Bearbeiter*, in: Grabitz/et al., AEUV, Art., Rn.);

Graf, Jürgen-Peter (Hrsg.), Beck'scher Online-Kommentar StPO mit RiStBV und MiStra (online, Stand: 37. Edition, 1. Juli 2020) (zitiert: *Bearbeiter*, in: BeckOK StPO, Art., Rn.);

Graf, Jürgen-Peter (Hrsg.), Beck'scher Online-Kommentar GVG (online, Stand: 7. Edition, 1. Mai 2020) (zitiert: *Bearbeiter*, in: BeckOK GVG, §, Rn.);

Groeben, Hans von der (Begr.)/*Schwarze, Jürgen/Hatje, Armin* (Hrsg.), Europäisches Unionsrecht, 7. Auflage 2015 (zitiert: *Bearbeiter*, in: Von der Groeben/et al., Europäisches Unionsrecht, Art., Rn.);

Gsell, Beate/Krüger, Wolfgang/Lorenz, Stefan/Reymann, Christoph (Hrsg.), Beck'-scher Online-Großkommentar BGB (online, Stand: 1. November 2018) (zitiert: *Bearbeiter*, in: BeckOK BGB, §, Rn.);

Haedicke, Maximilian, Zweckbindung und Geheimnisschutz bei Auskunfts- und Rechnungslegungsansprüchen, in: Gewerblicher Rechtsschutz und Urheberrecht 2020, S. 785–792 (zitiert: *Haedicke*, in: GRUR 2020, 785, S.);

Hannich, Rolf (Hrsg.), Karlsruher Kommentar zur Strafprozessordnung, 8. Auflage 2019 (zitiert: *Bearbeiter*, in: KK StPO, §, Rn.);

Harte-Bavendamm, Henning, Reform des Geheimnisschutzes: naht Rettung aus Brüssel? Zum Richtlinienvorschlag zum Schutz von Geschäftsgeheimnissen, in: Alexander, Christian/Bornkamm, Joachim/Buchner, Benedikt/Fritzsche, Jörg/Lettl, Tobias (Hrsg.), Festschrift für Helmut Köhler zum 70. Geburtstag, 2014, S. 235–252 (zitiert: *Harte-Bavendamm*, in: FS Köhler, 235, S.);

Harte-Bavendamm, Henning/Henning-Bodewig, Frauke (Hrsg.), Gesetz gegen den unlauteren Wettbewerb, 4. Auflage 2016 (zitiert: *Bearbeiter*, in: Harte-Bavendamm/Henning-Bodewig, UWG, §, Rn.);

Harte-Bavendamm, Henning/Ohly, Ansgar/Kalbfus, Björn, Gesetz zum Schutz von Geschäftsgeheimnissen, 1. Auflage 2020 (zitiert: *Bearbeiter*, in: Harte-Bavendamm/et al., GeschGehG, §, Rn.);

Hartz, Nikolaus von, Beweissicherungsmöglichkeiten im Urheberrecht nach der Enforcement-Richtlinie im deutschen Recht, in: Zeitschrift für Urheber- und Medienrecht (zitiert: *Hartz*, in: ZUM 2005, 376, S.);

Hasselblatt, Gordian (Hrsg.), Münchener Anwaltshandbuch Gewerblicher Rechtsschutz, 5. Auflage 2017 (zitiert: *Bearbeiter*, in: MAH GewRS, §, Rn.);

Hauck, Ronny, Geheimnisschutz im Zivilprozess – was bringt die neue EU-Richtlinie für das deutsche Recht?, in: Neue Juristische Wochenschrift 2016, S. 2218–2223 (zitiert: *Hauck*, in: NJW 2016, 2218, S.);

Hauck, Ronny, Grenzen des Geheimnisschutzes, in: Wettbewerb in Recht und Praxis 2018, S. 1032–1037 (zitiert: *Hauck*, in: WRP 2018, 1032, S.);

Hauck, Ronny, Was lange währt ... – Das Gesetz zum Schutz von Geschäftsgeheimnissen (GeschGehG) ist in Kraft, in: Gewerblicher Rechtsschutz, Praxis im Immaterialgüter- und Wettbewerbsrecht 2019, S. 223–225 (zitiert: *Hauck*, in: GRUR-Prax 2019, 223, S.);

Hauck, Ronny, Besichtigungsanspruch und Geheimnisschutz im Patentrecht und (Software-)Urheberrecht nach Inkrafttreten des GeschGehG, in: Gewerblicher Rechtsschutz und Urheberrecht 2020, S. 817–822 (zitiert: *Hauck*, in: GRUR 2020, 817, S.);

Heath, Christopher, Elizabeth A. Rowe and Sharon K. Sandeen: Trade Secrecy and International Transactions, in: International Review of Intellectual Property and Competition Law 2016, S. 755–758 (zitiert: *Heath*, in: ICC 2016, 755, S.);

Heermann, Peter/Schlingloff, Jochen (Hrsg.), Münchner Kommentar zum Lauterkeitsrecht, Band 1, Grundlagen des Lauterkeitsrecht, Internationales Wettbewerbsrecht- und Wettbewerbsverfahrensrecht, das Unionsrecht und die UGP-Richtlinie, Vorabentscheidungsverfahren, §§ 1–4 UWG, 3. Auflage 2020 (zitiert: *Bearbeiter*, in: MüKo UWG, Bd. 1, Kap., Teil, Rn.);

Heinzke, Philippe, Richtlinie zum Schutz von Geschäftsgeheimnissen, in: Corporate Compliance Zeitschrift 2016, S. 179–183 (zitiert: *Heinzke*, in: CCZ 2016, 179, S.);

Henssler, Martin/Prütting, Hanns (Hrsg.), Bundesrechtsanwaltsordnung, 5. Auflage 2019 (zitiert: *Bearbeiter*, in: Henssler/Prütting, BRAO, §, Rn.);

Hernandez, Osman, Trade Secret Protection in the U.S. and EU., 2016, online veröffentlicht, abrufbar unter: http://arno.uvt.nl/show.cgi?fid=141634 (Abrufdatum: August 2020) (zitiert: *Hernandez*, Trade Secret Protection in the U.S. and EU., S.);

Heusch, Clemens/Königer, Karsten/Künzel, Jens/McGuire, Mary-Rose/Prinz zu Waldeck und Pyrmont, Wolrad/Winzer, Florian, Trade secrets: overlap with restraint of trade, aspects of enforcement (Q247), in: Gewerblicher Rechtsschutz und Urheberrecht, Internationaler Teil 2015, S. 932–941 (zitiert: *Heusch/et al.*, in: GRUR Int. 2015, 932, S.);

Hillenbrand, Stephan, Der Begriff des Betriebs- und Geschäftsgeheimnisses, 2017 (zitiert: *Hillenbrand*, Betriebs- und Geschäftsgeheimnis, S.);

Hoeren, Thomas/Münker, Reiner, Die EU-Richtlinie für Schutz von Geschäftsgeheimnissen und ihre Umsetzung – unter besonderer Berücksichtigung der Produzentenhaftung, in: Wettbewerb in Recht und Praxis 2018, S. 150–155 (zitiert: *Hoeren/Münker*, in: WRP 2018, 150, S.);

Hogan Lovells International LLP, Report on Trade Secrets for the European Commission, 2011, online veröffentlicht, abrufbar unter: https://publications.europa.eu/en/publication-detail/-/publication/068c999d-06d2-4c8e-a681-a4ee2eb0e116 (Abrufdatum: August 2020) (zitiert: *Hogan Lovells International LLP*, Report on Trade Secrets, S.);

Hombrecher, Lars, Grundzüge und praktische Fragen des Internationalen Strafrechts – Teil 2: Europäisches Strafrecht und Völkerstrafrecht, in: Juristische Arbeitsblätter 2010, S. 731–737 (zitiert: *Hombrecher*, JA 2010, 731, S.);

Hombrecher, Lars, Rechtsverstöße im Ermittlungsverfahren als Gegenstand der Revision – Grundlagen und aktuelle Rechtsprechung zu Beweisverwertungsverboten, in: Juristische Arbeitsblätter 2016, S. 457–463 (zitiert: *Hombrecher*, in: JA 2016, 457, S.);

Institut für Innovationsforschung, Technologiemanagement und Entrepreneurship der Ludwig-Maximilians-Universität München, Eine empirische Studie über Patente im mittelständischen Unternehmen, 2010, online veröffentlicht, abrufbar unter: https://epub.ub.uni-muenchen.de/13119/1/Harhoff_1547.pdf (Abrufdatum: August 2020) (zitiert: *INNO-tec*, Patente im mittelständischen Unternehmen, S.);

Jansen, Philipp/Hofmann, Ruben, Auswirkungen des Gesetzes zum Schutz von Geschäftsgeheimnissen auf Vertraulichkeitsvereinbarungen, in: Betriebsberater 2020, S. 259–265 (zitiert: *Jansen/Hofmann*, in: BB 2020, 259, S.);

Jarass, Hans (Hrsg.), Charta der Grundrechte der Europäischen Union unter Einbeziehung der vom EuGH entwickelten Grundrechte, der Grundrechtsregelungen der Verträge und der EMRK, 3. Auflage 2016 (zitiert: *Jarass*, EU-Grundrechtecharta, Art., Rn.);

Joecks, Wolfgang/Miebach, Klaus (Hrsg.), Münchner Kommentar zum Strafgesetzbuch, Band 7, Nebenstrafrecht II, 3. Auflage 2019 (zitiert: *Bearbeiter*, in: MüKo StGB, Bd. 7, §, Rn.);

Kalbfus, Björn, Die EU-Geschäftsgeheimnisrichtlinie, in: Gewerblicher Rechtsschutz und Urheberrecht 2016, S. 1009–1017 (zitiert: *Kalbfus*, in: GRUR 2016, 1009, S.);

Kalbfus, Björn, Angemessene Geheimhaltungsmaßnahmen nach der Geschäftsgeheimnis-Richtlinie, in: Gewerblicher Rechtsschutz und Urheberrecht, Praxis im Immaterialgüter- und Wettbewerbsrecht 2017, S. 391–393 (zitiert: *Kalbfus*, in: GRUR-Prax 2017, 391, S.);

Kalbfus, Björn, Rechtsdurchsetzung bei Geheimnisverletzungen – Welchen prozessualen Schutz gewährt das Geschäftsgeheimnisgesetz dem Kläger?, in: Wettbewerb in Recht und Praxis 2019, S. 692–699 (zitiert: Kalbfus, in: WRP 2019, 692, S.);

Kalbfus, Björn/Harte-Bavendamm, Henning, Protokoll der Sitzung des Fachausschusses für Wettbewerbs- und Markenrecht zum Richtlinienvorschlag über den Schutz von Geschäftsgeheimnissen, in: Gewerblicher Rechtsschutz und Urheberrecht 2014, S. 453–457 (zitiert: *Kalbfus/Harte-Bavendamm*, in: GRUR 2014, 453, S.);

Karger, Michael, Beweisermittlung im deutschen und U.S.-amerikanischen Softwareverletzungsprozeß, 1996 (zitiert: *Karger*, Beweisermittlung, S.);

Karpenstein, Ulrich/Mayer, Franz (Hrsg.), Konvention zum Schutz der Menschenrechte und Grundfreiheiten, 2. Auflage 2015 (zitiert: *Bearbeiter*, in: *Karpenstein/Mayer*, EMRK, Art., Rn.);

Kersting, Mark Oliver, Der Schutz des Wirtschaftsgeheimnisses im Zivilprozess, 1995 (zitiert: *Kersting*, Schutz des Wirtschaftsgeheimnisses, S.);

Kissel, Otto Rudolf (Begr.)/*Mayer, Herbert*, Gerichtsverfassungsgesetz, 9. Auflage 2018 (zitiert: *Kissel/Mayer*, GVG, §, Rn.);

Knauer, Christoph/Kudlich, Hans/Schneider, Hartmut (Hrsg.), Münchener Kommentar zur Strafprozessordnung, Band 1, §§ 1–150 StPO, 1. Auflage 2014 (zitiert: *Bearbeiter*, in: MüKo StPO, Bd. 1, §, Rn.);

Knauer, Christoph/Kudlich, Hans/Schneider, Hartmut (Hrsg.), Münchener Kommentar zur Strafprozessordnung, Band 2, §§ 151–332 StPO, 1. Auflage 2016 (zitiert: *Bearbeiter*, in: MüKo StPO, Bd. 2, §, Rn.);

Knauer, Christoph/Kudlich, Hans/Schneider, Hartmut (Hrsg.), Münchener Kommentar zur Strafprozessordnung, Band 3/2, GVG, EGGVG, EMRK, EGStPO, EGStGB, ZSHG, StrEG, JGG, G10, AO, 1. Auflage 2018 (zitiert: *Bearbeiter*, in: MüKo StPO, Bd. 3/2, Art., Rn.);

Kochmann, Kai, Schutz des „Know-how“ gegen ausspähende Produktanalysen („Reverse Engineering“), 2009 (zitiert: *Kochmann*, Schutz des „Know-how“, S.);

Köhler, Helmut/Bornkamm, Joachim/Feddersen, Jörg (Hrsg.), Gesetz gegen den unlauteren Wettbewerb, 38. Auflage 2020 (zitiert: *Bearbeiter*, in: Köhler/et al., UWG, §, Rn.);

Kohler, Josef, Prozessrechtliche Forschungen, 1889 (zitiert: *Kohler*, Prozessrechtliche Forschungen, S.);

Kopp, Ferdinand (Begr.)/*Ramsauer, Ulrich* (Hrsg.), Verwaltungsverfahrensgesetz, 21. Auflage 2020 (zitiert: *Bearbeiter*, in: Kopp/Ramsauer, VwVfG, §, Rn.);

Kraft, Ingo, Der Einfluss des Art. 6 EMRK auf die deutsche Verwaltungsgerichtsbarkeit, in: Europäische Grundrechte-Zeitschrift 2014, S. 666–675 (zitiert: *Kraft*, in: EuGRZ 2014, 666, S.);

Kraßer, Rudolf, Der Schutz des Know-how nach deutschem Recht, in: Gewerblicher Rechtsschutz und Urheberrecht 1970, S. 587–597 (zitiert: *Kraßer*, in: GRUR 1970, 587, S.);

Kraßer, Rudolf/Ann, Christoph (Hrsg.), Patentrecht, 7. Auflage 2016 (zitiert: *Bearbeiter*, in: Kraßer/Ann, PatentR, §, Rn.);

Kubitza, Marc Philip, Die Vorwirkung von Richtlinien – die richtlinienbezogene Auslegung und ihre Grenzen, in: Europäische Zeitschrift für Wirtschaftsrecht 2016, S. 691–696 (zitiert: *Kubitza*, in: EuZW 2016, 691, S.);

Kühnen, Thomas, Die Besichtigung im Patentrecht – Eine Bestandsaufnahme zwei Jahre nach „Faxkarte", in: Gewerblicher Rechtsschutz und Urheberrecht 2005, S. 185–196 (zitiert: *Kühnen*, in: GRUR 2005, 185, S.);

Kühnen, Thomas, Handbuch der Patentverletzung, 11. Auflage 2019 (zitiert: *Kühnen*, Handbuch Patentverletzung, Kap., Rn.);

Kuta, Kevin, Die Besichtigungsanordnung nach dem „Düsseldorfer Modell", 2017 (zitiert: *Kuta*, Besichtigungsanordnung, S.);

Lachmann, Jens-Peter, Unternehmensgeheimnisse im Zivilrechtsstreit, dargestellt am Beispiel des EDV-Prozesses, in: Neue Juristische Wochenschrift 1987, S. 2206–2210 (zitiert: *Lachmann*, in: NJW 1987, 2206, S.);

Lamy, Christoph/Vollprecht, Jens, Das neue Geschäftsgeheimnisschutzgesetz – Erster Überblick und Handlungsbedarf, in: Infrastruktur Recht 2019, S. 201–205 (zitiert: *Lamy/Vollprecht*, in: IR 2019, 201, S.);

Laoutoumai, Sebastian/Baumfalk, Patrick Jan, Probleme im vorprozessualen Verfahren bei der Rechtsverfolgung von Ansprüchen aus dem neuen GeschGehG, in: Wettbewerb in Recht und Praxis 2018, S. 1300–1304 (zitiert: *Laoutoumai/Baumfalk*, in: WRP 2018, 1300, S.);

Lapousterle, Jean/Geiger, Christophe/Olszak, Norbert/Desaunettes, Luc, What Protection for Trade Secrets in the European Union? A Comment on the Directive Proposal, in: European Intellectual Property Review 2016, S. 255–261 (zitiert: *Lapousterle/et al.*, in: EIPR 2016, 255, S.);

Lauck, Simon, Angemessene Geheimhaltungsmaßnahmen nach dem GeschGehG, in: Gewerblicher Rechtsschutz und Wettbewerb 2019, S. 1132–1133 (zitiert: *Lauck*, in: GRUR 2019, 1132, S.);

Leister, Alexander, Unternehmen müssen ihre „Geheimnisschutz-Compliance" sicherstellen, in: Gewerblicher Rechtsschutz, Praxis im Immaterialgüter- und Wettbewerbsrecht 2020, S. 145–147 (zitiert: *Leister*, in: GRUR-Prax 2020, 145, S.);

Lejeune, Mathias, Die neue EU Richtlinie zum Schutz von Know-How und Geschäftsgeheimnissen, in: Computer und Recht 2016, S. 330–342 (zitiert: *Lejeune*, in: CR 2016, 330, S.);

Leppin, Klaus, Besichtigungsanspruch und Betriebsgeheimnis – Ein Beitrag zum eingeschränkten Besichtigungsanspruch gemäß §§ 809, 242 BGB und zur Möglichkeit eines Geheimverfahrens im Zivilprozess unter besonderer Berücksichtigung der Patentverletzung (Teil I), in: Gewerblicher Rechtsschutz und Urheberrecht 1984, S. 552–564 (zitiert: *Leppin*, in: GRUR 1984, 552, S.);

Leppin, Klaus, Besichtigungsanspruch und Betriebsgeheimnis – Ein Beitrag zum eingeschränkten Besichtigungsanspruch gemäß §§ 809, 242 BGB und zur Möglichkeit eines Geheimverfahrens im Zivilprozess unter besonderer Berücksichtigung der Patentverletzung (Teil II), in: Gewerblicher Rechtsschutz und Urheberrecht 1984, S. 695–713 (zitiert: *Leppin*, in: GRUR 1984, 695, S.);

Leppin, Klaus, Besichtigungsanspruch und Betriebsgeheimnis – Ein Beitrag zum eingeschränkten Besichtigungsanspruch gemäß §§ 809, 242 BGB und zur Möglichkeit eines Geheimverfahrens im Zivilprozess unter besonderer Berücksichtigung der Patentverletzung (Teil III), in: Gewerblicher Rechtsschutz und Urheberrecht 1984, S. 770–778 (zitiert: *Leppin*, in: GRUR 1984, 770, S.);

Lubig, Sebastian/Sprenger, Johanna, Beweisverwertungsverbote aus dem Fairnessgebot des Art. 6 EMRK in der Rechtsprechung des EGMR, in: Zeitschrift für Internationale Strafrechtsdogmatik 2008, S. 433–440 (zitiert: *Lubig/Sprenger*, in: ZIS 2008, 433, S.);

Maaßen, Stefan, „Angemessene Geheimhaltungsmaßnahmen“ für Geschäftsgeheimnisse, in: Gewerblicher Rechtsschutz und Urheberrecht 2019, S. 352–360 (zitiert: *Maaßen*, in: GRUR 2019, 352, S.);

Maier, Antonia, Der Schutz von Betriebs- und Geschäftsgeheimnissen im schwedischen, englischen und deutschen Recht, 1998 (zitiert: *Maier*, Schutz von Betriebs- und Geschäftsgeheimnissen, S.);

Malmström, Amina-Viviana, Schutz von Betriebs- und Geschäftsgeheimnissen im Zivilprozess, 2012 (zitiert: *Malmström*, Schutz von Betriebs- und Geschäftsgeheimnissen, S.);

Marstall, Hans, Der Besichtigungsanspruch, in: Bohlig, Manfred/Brandi-Dohrn, Matthias/Donle, Lutz/Buddeberg, Michael/Schweyer, Stefan (Hrsg.) , Festschrift f ür Albert Preu zum 70. Geburtstag, 1988, S. 151–164 (zitiert: *Marstall*, in: FS Preu, 151, S.);

Maunz, Theodor (Begr.), Bundesverfassungsgerichtsgesetz, (Loseblatt, Stand: 54. Ergänzungslieferung, Juni 2018) (zitiert: *Bearbeiter*, in: Maunz, BVerfGG, §, Rn.);

Mayen, Thomas, Verwertbarkeit von geheim gehaltenen Verwaltungsvorgängen im gerichtlichen Verfahren, in: Neue Zeitschrift für Verwaltungsrecht 2003, S. 537–544 (zitiert: *Mayen*, in: NVwZ 2003, 537, S.);

Mayer-Ladewig, Jens/Nettesheim, Martin/Raumer, Stefan von (Hrsg.), Nomos Kommentar zur Europäische Menschenrechtskonvention, 4. Auflage 2017 (zitiert: *Bearbeiter*, in: NK EMRK, Art., Rn.);

Max-Planck-Institut für Innovation und Wettbewerb, Stellungnahme vom 12. Mai 2014 zum Vorschlag der Europäischen Kommission für eine Richtlinie über den Schutz vertraulichen Know-hows und vertraulicher Geschäftsinformationen (Geschäftsgeheimnisse) vor rechtswidrigem Erwerb sowie rechtswidriger Nutzung und Offenlegung vom 28. November 2013, COM (2013) 813 final, in: Gewerblicher Rechtsschutz und Urheberrecht, Internationaler Teil 2014, S. 554–560 (zitiert: *MPI*, in: GRUR Int. 2014, 554, S.);

Max-Planck-Institut für Innovation und Wettbewerb, Stellungnahme vom 18. Mai 2018 zum Referentenentwurf eines Gesetzes zur Umsetzung der Richtlinie (EU) 2016/943 zum Schutz von Geschäftsgeheimnissen vor rechtswidrigem Erwerb sowie rechtswidriger Nutzung und Offenlegung vom 17. April 2018, online veröffentlicht, abrufbar unter https://www.ip.mpg.de/fileadmin/ipmpg/content/stellungnahmen/Stellungnahme_zum_Referentenentwurf_eines_Gesetzes_zur_Umsetzung_der_Richtlinie__EU__2016_943.pdf (Abrufdatum: August 2020) (zitiert: *MPI*, Stellungnahme zum Referentenentwurf, S.);

Max-Planck-Institut für Innovation und Wettbewerb, Stellungnahme vom 10. März 2020 zum Diskussionsentwurf eines Zweiten Gesetzes zur Vereinfachung und Modernisierung des Patentrechts, online veröffentlicht, abrufbar unter https://pure.mpg.de/rest/items/item_3213914_6/component/file_3213915/content (Abrufdatum: August 2020) (zitiert: *MPI*, Stellungnahme zum Diskussionsentwurf Patentrecht, S.);

McGuire, Mary-Rose, Know-how: Stiefkind, Störenfried oder Sorgenkind?, Lücken und Regelungsalternativen vor dem Hintergrund des RL-Vorschlags, in: Gewerblicher Rechtsschutz und Urheberrecht 2015, S. 424–436 (zitiert: *McGuire*, in: GRUR 2015, 424, S.);

McGuire, Mary-Rose, Der Schutz von Know-how im System des Immaterialgüterrechts, in: Gewerblicher Rechtsschutz und Urheberrecht 2016, S. 1000–1008 (zitiert: *McGuire*, in: GRUR 2016, 1000, S.);

McGuire, Mary-Rose, Geheimnisschutz: In vier Schritten zur angemessenen Maßnahme, in: IP-Rechtsberater 2018, S. 202–206 (zitiert: *McGuire*, in: IPRB 2018, 202, S.);

McGuire, Mary-Rose, Neue Anforderungen an Geheimhaltungsvereinbarungen?, in: Wettbewerb in Recht und Praxis 2019, S. 679–688 (zitiert: *McGuire*, in: WRP 2019, 679, S.);

McGuire, Mary-Rose, Begriff und Rechtsnatur des Geschäftsgeheimnisses – Über ungeschriebene Unterschiede zwischen altem und neuem Recht, in: Ahrens,

Hans-Jürgen/Büscher, Wolfgang/Goldmann, Michael/McGuire, Mary-Rose (Hrsg.), Festschrift für Henning Harte-Bavendamm zum 70. Geburtstag, 2020, S. 367–383 (zitiert: *McGuire*, in: FS Harte-Bavendamm, 367, S.);

McGuire, Mary-Rose/Joachim, Björn/Künzel, Jens/Weber, Nils, Der Schutz von Geschäftsgeheimnissen durch Rechte des Geistigen Eigentums und durch das Recht des unlauteren Wettbewerbs, in: Gewerblicher Rechtsschutz und Urheberrecht, Internationaler Teil 2010, S. 820–840 (zitiert: *McGuire/et al.*, in: GRUR Int. 2010, 820, S.);

Melullis, Klaus-J., Zum Besichtigungsanspruch im Vorfeld der Feststellung einer Verletzung von Schutzrechten, in: Keller, Erhard/Plassmann, Clemens/Falck, Andreas von (Hrsg.), Festschrift für Winfried Tilmann zum 65. Geburtstag, 2003, S. 843–856 (zitiert: *Melullis*, in: FS Tilmann, 843, S.);

Mes, Peter, Patentgesetz Gebrauchsmustergesetz, 5. Auflage 2020 (zitiert: *Mes*, PatG, §, Rn.);

Müller, Wolf/Aldick, Jonna Margareta, Der Geheimnisschutz im Zivilprozess – Vom Gesetzgeber aus den Augen verloren?, in: Zeitschrift für Wirtschaftsrecht 2020, S. 9–15 (zitiert: *Müller/Aldick*, in: ZIP 2020, 9, S.);

Müller-Stoy, Tilman, Nachweis und Besichtigung des Verletzungsgegenstandes im deutschen Patentrecht, 2008 (zitiert: *Müller-Stoy*, Nachweis und Besichtigung, Rn.);

Müller-Stoy, Tilman, Der Besichtigungsanspruch gemäß § 140 c PatG in der Praxis (Teil I), in: Mitteilungen der deutschen Patentanwälte 2009, S. 361–366 (zitiert: *Müller-Stoy*, in: Mitt. 2009, 361, S.);

Müller-Stoy, Tilman, Der Besichtigungsanspruch gemäß § 140 c PatG in der Praxis (Teil II), in: Mitteilungen der deutschen Patentanwälte 2010, S. 267–276 (zitiert: *Müller-Stoy*, in: Mitt. 2010, 267, S.);

Müllmann, Dirk, Auswirkungen der Industrie 4.0 auf den Schutz von Betriebs- und Geschäftsgeheimnissen, in: Wettbewerb in Recht und Praxis 2018, S. 1177–1182 (zitiert: *Müllmann*, in: WRP 2018, 1177, S.);

Musielak, Hans-Joachim/Voit, Wolfgang (Hrsg.), Zivilprozessordnung mit Gerichtsverfassungsgesetz, 17. Auflage 2020 (zitiert: *Bearbeiter*, in: Musielak/Voit, ZPO, §, Rn.);

Nienaber, David, Bedeutung und Schutz von Geschäftsgeheimnissen im Mittelstand, 2019 (zitiert: *Nienaber*, Bedeutung und Schutz von Geschäftsgeheimnissen, Rn.);

Österreichische Vereinigung für gewerblichen Rechtsschutz und Urheberrecht, Stellungnahme vom 24. Juli 2018 zum Entwurf einer UWG-Novelle 2018, online veröffentlicht, abrufbar unter: https://www.parlament.gv.at/PAKT/VHG/

XXVI/SNME/SNME_01622/imfname_705489.pdf (Abrufdatum: August 2020) (zitiert: *ÖV*, Stellungnahme, S.);

Ohly, Ansgar, Geheimnisschutz im deutschen Recht: 10 Thesen, GRUR Jahrestagung 2013, online veröffentlicht, abrufbar unter: http://www.grur.org/uploads/tx_meeting/Ohly.pdf (Abrufdatum: August 2020) (zitiert: *Ohly*, Geheimnisschutz, S.);

Ohly, Ansgar, Der Geheimnisschutz im Deutschen Recht: heutiger Stand und Perspektiven, in: Gewerblicher Rechtsschutz und Urheberrecht 2014, S. 1–11 (zitiert: *Ohly*, in: GRUR 2014, 1, S.);

Ohly, Ansgar, Das neue Geschäftsgeheimnisgesetz im Überblick, in: Gewerblicher Rechtsschutz und Urheberrecht 2019, S. 441–451 (zitiert: *Ohly*, in: GRUR 2019, 441, S.);

Ohly, Ansgar/Sosnitza, Olaf (Hrsg.), Gesetz gegen den unlauteren Wettbewerb, 7. Auflage 2016 (zitiert: *Bearbeiter*, in: Ohly/Sosnitza, UWG, §, Rn.);

Otte-Gräbener, Sabine/Kutscher-Puis, Fabienne, Handlungsbedarf durch das neue Geschäftsgeheimnisgesetz für Vertraulichkeitsvereinbarungen im Rahmen von Liefer- und Vertriebsverträgen, in: Zeitschrift für Vertriebsrecht 2019, S. 288–292 (zitiert: *Otte-Gräbener/Kutscher-Puis*, in: ZVertriebsR 2019, 288, S.);

Pabel, Katharina/Schmahl, Stefanie (Hrsg.), Internationaler Kommentar zur Europäischen Menschenrechtskonvention (Loseblatt, Stand: 27. Ergänzungslieferung, Mai 2020) (zitiert: *Bearbeiter*, in: IntKomm EMRK, Art., Rn.);

Pagenberg, Jochen, Betrieblicher Know-How-Schutz in gerichtlichen Auseinandersetzungen, in: Computer und Recht 1991, S. 65–72 (zitiert: *Pagenberg*, in: CR 1991, 65, S.);

Palandt, Otto (Begr.), Bürgerliches Gesetzbuch mit Nebengesetzen, 79. Auflage 2020 (zitiert: *Palandt*, BGB, §, Rn.);

Partsch, Christoph/Rump, Lauritz, Auslegung der „angemessenen Geheimhaltungsmaßnahme" im Geschäftsgeheimnis-Schutzgesetz, in: Neue Juristische Wochenschrift 2020, S. 118–121 (zitiert: *Partsch/Rump*, in: NJW 2020, 118, S.);

Patel, Anand B./Pade, Jeff/Cundiff, Victoria/Newman, Bradford, The Global Harmonisation of Trade Secret Law: The Convergence of Protection for Trade Secret Information in the US and EU, in: European Intellectual Property Review 2016, S. 738–745 (zitiert: *Patel/et al.*, in: EIPR 2016, 738, S.);

Peters, Anne/Altwicker, Tilmann, Europäische Menschenrechtskonvention, 2. Auflage 2012 (zitiert: *Peters/Altwicker*, EMRK, §, Rn.);

Platzer, Michael, Der Schutz des Unternehmensgeheimnisses in den Mitgliedstaaten der Europäischen Wirtschaftsgemeinschaft, 1966 (zitiert: *Platzer*, Der Schutz von Unternehmensgeheimnissen, S.);

Ploch-Kumpf, Ute, Der Schutz von Geschäftsgeheimnissen im Zivilprozeß unter besonderer Berücksichtigung ihrer Bedeutung in der Gesamtrechtsordnung, 1995 (zitiert: *Ploch-Kumpf*, Schutz von Geschäftsgeheimnissen, S.);

Posser, Herbert/Wolff, Amadeus (Hrsg.), Beck'scher Online-Kommentar Verwaltungsgerichtsordnung (online, Stand: 54. Edition, 1. Oktober 2019) (zitiert: *Bearbeiter*, in: BeckOK VwGO, §, Rn.);

Rath, Michael/Schreiner, Paul/Laoutoumai, Sebastian, Erste Hilfe zum Geschäftsgeheimnisschutzgesetz, 2019 (zitiert: *Rath/et al.*, Erste Hilfe GeschGehG, S.);

Rauer, Nils, Richtlinienentwurf: Europaweit einheitlicher Schutz von Geschäftsgeheimnissen, in: Gewerblicher Rechtsschutz, Praxis im Immaterialgüter- und Wettbewerbsrecht 2014, S. 2–4 (zitiert: *Rauer*, in: GRUR-Prax 2014, 2, S.);

Rauer, Nils/Eckert, Anne, Richtlinie zur Harmonisierung des Know-how-Schutzes in der EU, in: Der Betrieb 2016, S. 1239–1244 (zitiert: *Rauer/Eckert*, in: DB 2016, 1239, S.);

Rauscher, Thomas/Krüger, Wolfgang (Hrsg.), Münchener Kommentar zur Zivilprozessordnung mit Gerichtsverfassungsgesetz und Nebengesetzen, Band 1, §§ 1–354, 6. Auflage 2020 (zitiert: *Bearbeiter*, in: MüKo ZPO, Bd. 1, §, Rn.);

Rauscher, Thomas/Krüger, Wolfgang (Hrsg.), Münchener Kommentar zur Zivilprozessordnung mit Gerichtsverfassungsgesetz und Nebengesetzen, Band 2, §§ 355–945 b, 5. Auflage 2016 (zitiert: *Bearbeiter*, in: MüKo ZPO, Bd. 2, §, Rn.);

Rauscher, Thomas/Krüger, Wolfgang (Hrsg.), Münchener Kommentar zur Zivilprozessordnung mit Gerichtsverfassungsgesetz und Nebengesetzen, Band 3, §§ 1015–1109, EGZPO, GVG, WGGVG, UKlaG, IZPR, EuZPR, 5. Auflage 2017 (zitiert: *Bearbeiter*, in: MüKo ZPO, Bd. 3, §, Rn.);

Redeker, Sandra/Pres, Sascha/Gittinger, Corin, Einheitlicher Geheimnisschutz in Europa (Teil I), in: Wettbewerb in Recht und Praxis 2015, S. 681–688 (zitiert: *Redeker/et al.*, in: WRP 2015, 681, S.);

Redeker, Sandra/Pres, Sascha/Gittinger, Corin, Einheitlicher Geheimnisschutz in Europa (Teil II), in: Wettbewerb in Recht und Praxis 2015, S. 812–818 (zitiert: *Redeker/et al.*, in: WRP 2015, 812, S.);

Reinfeld, Roland, Das neue Gesetz zum Schutz von Geschäftsgeheimnissen, 2019 (zitiert: *Reinfeld*, GeschGehG, §, Rn.);

Rieß, Peter/Hilger, Hans, Das neue Strafverfahrensrecht – Opferschutzgesetz und Strafverfahrensänderungsgesetz 1987, in: Neue Zeitschrift für Strafrecht 1987, S. 204–209 (zitiert: *Rieß/Hilger*, in: NStZ 1987, 204, S.);

Römermann, Volker (Hrsg.), Beck'scher Online-Kommentar Berufsordnung der Rechtsanwälte (online, Stand: 28. Edition, 1. Juni 2020) (zitiert: *Bearbeiter*, in: BeckOK BORA, §, Rn.);

Rojahn, Sabine, Das geheime Know-how: Wie geheim darf/muss das Zivilverfahren sein?, in: Hilty, Reto/Drexl, Josef/Nordemann, Wilhelm (Hrsg.), Festschrift für Ulrich Loewenheim zum 75. Geburtstag, 2009, S. 251–266 (zitiert: *Rojahn*, in: FS Loewenheim, 251, S.);

Rosenthal, Simone/Hamann, Gunnar, Geschäftsgeheimnisgesetz – Ein Überblick, in: Neue Justiz 2019, S. 321–326 (zitiert: *Rosenthal/Hamann*, in: NJ 2019, 321, S.);

Sachs, Michael/Schmitz, Heribert (Hrsg.), Verwaltungsverfahrensgesetz, 9. Auflage 2018 (zitiert: *Bearbeiter*, in: Sachs/Schmitz, VwVfG, §, Rn.);

Säcker, Franz Jürgen/Rixecker, Roland/Oetker, Hartmut/Limperg, Bettina (Hrsg.), Münchner Kommentar zum Bürgerlichen Gesetzbuch, Band 6, Schuldrecht, Besonderer Teil IV, §§ 705–853, Partnerschaftsgesellschaftsgesetz, Produkthaftungsgesetz, 7. Auflage 2017 (zitiert: *Bearbeiter*, in: MüKo BGB, Bd. 6, §, Rn.);

Säcker, Franz Jürgen/Rixecker, Roland/Oetker, Hartmut/Limperg, Bettina (Hrsg.), Münchner Kommentar zum Bürgerlichen Gesetzbuch, Band 8, Sachenrecht, §§ 854–1296, WEG, Erbbaurecht, 8. Auflage 2020 (zitiert: *Bearbeiter*, in: MüKo BGB, Bd. 8, §, Rn.);

Säcker, Franz Jürgen/Rixecker, Roland/Oetker, Hartmut/Limperg, Bettina (Hrsg.), Münchner Kommentar zum Bürgerlichen Gesetzbuch, Band 12, Internationales Privatrecht II, Internationales Wirtschaftsrecht, Einführungsgesetz zum Bürgerlichen Gesetzbuch, 7. Auflage 2018 (zitiert: *Bearbeiter*, in: MüKo BGB, Bd. 12, Teil, Rn.);

Saenger, Ingo (Hrsg.), Zivilprozessordnung, 8. Auflage 2019 (zitiert: *Bearbeiter*, in: Saenger, ZPO, §, Rn.);

Salomon, Martin, Fairness durch Konfrontation, in: Rescriptum 2015, S. 126–133 (zitiert: *Salomon*, in: Rescriptum 2015, 126, S.);

Sander, Charlotte, Schutz nicht offenbarter betrieblicher Informationen nach der Beendigung des Arbeitsverhältnisses im deutschen und amerikanischen Recht, in: Gewerblicher Rechtsschutz und Urheberrecht, Internationaler Teil 2013, S. 217–228 (zitiert: *Sander*, in: GRUR Int. 2013, 217, S.);

Sanner, Julian, Informationsgewinnung und Schutz von Unternehmensgeheimnissen in der privaten Kartellrechtsdurchsetzung, 2013 (zitiert: *Sanner*, Informationsgewinnung, S.);

Schlingloff, Jochen, Geheimnisschutz im Zivilprozess aufgrund der „Know-how-Schutz"-Richtlinie – Was muss sich im deutschen Prozessrecht ändern?, in: Wettbewerb in Recht und Praxis 2018, S. 666–671 (zitiert: *Schlingloff*, in: WRP 2018, 666, S.);

Schoch, Friedrich/Schneider, Jens-Peter/Bier, Wolfgang (Hrsg.), Verwaltungsgerichtsordnung (Loseblatt, Stand: 38. Ergänzungslieferung, Januar 2020) (zitiert: *Bearbeiter*, in: Schoch/et al., VwGO, §, Rn.);

Scholtyssek, Swen/Judis, Christian/Krause, Sven, Das neue Geschäftsgeheimnisgesetz – Risiken, Chancen und konkreter Handlungsbedarf für Unternehmen, in: Corporate Compliance Zeitschrift 2020, S. 23–29 (zitiert: *Scholtyssek/et al.*, in: CCZ 2020, 23, S.);

Schramm, Edward, Die fehlende Möglichkeit zur konfrontativen Befragung nach Art. 6 Abs. 3 lit. d EMRK und ihre Auswirkungen auf die Beweiswürdigung, in: Onlinezeitschrift für Höchstrichterliche Rechtsprechung zum Strafrecht 2011, S. 156–160 (zitiert: *Schramm*, in: HRRS 2011, 156, S.);

Schregle, Ronja Marie, Neue Maßnahmen zum Geheimnisschutz in Geschäftsgeheimnisstreitsachen, Wegbereiter für den effektiven Rechtsschutz?, in: Gewerblicher Rechtsschutz und Urheberrecht 2019, S. 912–917 (zitiert: *Schregle*, in: GRUR 2019, 912, S.);

Schricker, Gerhard (ehem. Hrsg.)/*Loewenheim, Ulrich* (Hrsg.), Urheberrecht, 6. Auflage 2020 (zitiert: *Bearbeiter*, in: Schricker/Loewenheim, §, Rn.);

Schuska, Frederik, Die Rechtsfolgen von Verstößen gegen Art. 6 EMRK und ihre revisionsrechtliche Geltendmachung, 2006 (zitiert: *Schuska*, Rechtsfolgen Art. 6 EMRK, S.);

Schwedisches Justizministerium, Public Access to Information and Secrecy Act, 2009, online veröffentlicht, abrufbar unter: https://www.government.se/49b75b/contentassets/2ca7601373824c8395fc1f38516e6e03/public-access-to-information-and-secrecy-act (Abrufdatum: August 2020) (zitiert: *Schwedisches Justizministerium*, Public Access to Information and Secrecy Act, S.);

Schweikhardt, Friedrich, Die Beweislast bei Verletzung von Schutzrechten auf Verfahren und Vorrichtungen, deren Verwendung am fertigen Erzeugnis nicht zu erkennen ist, in: Gewerblicher Rechtsschutz und Urheberrecht 1962, S. 116–125 (zitiert: *Schweikhardt*, in: GRUR 1962, 116, S.);

Semrau-Brandt, Jana, Patentstreit zwischen Qualcomm und Apple: Schwächen des Geschäftsgeheimnisschutzes im Zivilprozess, in: Gewerblicher Rechtsschutz, Praxis im Immaterialgüter- und Wettbewerbsrecht 2019, S. 127–129 (zitiert: *Semrau-Brandt*, in: GRUR-Prax 2019, 127, S.);

Siebert, Melanie, Geheimnisschutz und Auskunftsansprüche im Recht des Geistigen Eigentums, 2011 (zitiert: *Siebert*, Geheimnisschutz und Auskunftsansprüche, S.);

Sodan, Helge/Ziekow, Jan (Hrsg.), Verwaltungsgerichtsordnung, 5. Auflage 2018 (zitiert: *Sodan/Ziekow*, VwGO, §, Rn.);

Spindler, Gerald/Weber, Marc Philipp, Der Geheimnisschutz nach Art. 7 der Enforcement-Richtlinie, in: Zeitschrift für IT-Recht und Recht der Digitalisierung 2006, S. 711–714 (zitiert: *Spindler/Weber*, in: MMR 2006, 711, S.);

Stadler, Astrid, Der Schutz des Unternehmensgeheimnisses im deutschen und U.S.-amerikanischen Zivilprozeß und im Rechtshilfeverfahren, 1989 (zitiert: *Stadler*, Schutz von Unternehmensgeheimnissen, S.);

Stadler, Astrid, Der Schutz von Geschäftsgeheimnissen im Zivilprozeß, in: Neue Juristische Wochenschrift 1989, S. 1202–1206 (zitiert: *Stadler*, in: NJW 1989, 1202, S.);

Stauder, Dieter, Überlegungen zur Schaffung eines besonderen Beweisverfahrens im europäischen Patentverletzungsrecht – Saisie-contrefaçon oder actio ad exhibendum als Beispiel?, in: Gewerblicher Rechtsschutz und Urheberrecht, Internationaler Teil 1978, S. 230–238 (zitiert: *Stauder*, in: GRUR Int. 1987, 230, S.);

Stein, Friedrich/Jonas, Martin (Hrsg.), Kommentar zur Zivilprozessordnung, 23. Auflage 2018 (zitiert: *Bearbeiter*, in: Stein/Jonas, ZPO, §, Rn.);

Steinmann, Sabrina, Die Geschäftsgeheimnis-Richtlinie: Vorwirkung und unmittelbare Anwendbarkeit, in: Wettbewerb in Recht und Praxis 2019, S. 703–710 (zitiert: *Steinmann*, in: WRP 2019, 703, S.);

Stürner, Rolf, Die Aufklärungspflicht der Parteien des Zivilprozesses, 1976 (zitiert: *Stürner*, Aufklärungspflicht, S.);

Stürner, Rolf, Die gewerbliche Geheimsphäre im Zivilprozeß, in: Juristen Zeitung 1985, S. 453–461 (zitiert: *Stürner*, in: JZ 1985, 453, S.);

Thiel, Linda, Das neue Geschäftsgeheimnisgesetz (GeschGehG) – Risiken und Chancen für Geschäftsgeheimnisinhaber, in: Wettbewerb in Recht und Praxis 2019, S. 700–703 (zitiert: *Thiel*, in: WRP 2019, 700, S.);

Tilmann, Winfried, Beweissicherung nach Art. 7 der Richtlinie zur Durchsetzung der Rechte des geistigen Eigentums, in: Gewerblicher Rechtsschutz und Urheberrecht 2005, S. 737–740 (zitiert: *Tilmann*, in: GRUR 2005, 737, S.);

Tilmann, Winfried/Schreibauer, Marcus, Die neueste BGH-Rechtsprechung zum Besichtigungsanspruch nach § 809 BGB, in: Gewerblicher Rechtsschutz und Urheberrecht 2002, S. 1015–1022 (zitiert: *Tilmann/Schreibauer*, in: GRUR 2002, 1015, S.);

Tomuschat, Christian, Individueller Rechtsschutz: das Herzstück des "ordre public européen" nach der Europäischen Menschenrechtskonvention, in: Europäische Grundrechte-Zeitschrift 2003, S. 95–100 (zitiert: *Tomuschat*, in: EuGRZ 2003, 95, S.);

Trebeck, Joachim/Schulte-Wissermann, Lisa, Die Geheimnisschutzrichtlinie und deren Anwendbarkeit, in: Neue Zeitschrift für Arbeitsrecht 2018, S. 1175–1180 (zitiert: *Trebeck/Schulte-Wissermann*, in: NZA 2018, 1175, S.);

Treichel, Pierre, Die französische Saisie-contrefaçon im europäischen Patentverletzungsprozeß zur Problematik der Beweisbeschaffung im Ausland nach Art. 24 EuGVÜ, in: Gewerblicher Rechtsschutz und Urheberrecht, Internationaler Teil 2001, S. 690–703 (zitiert: *Treichel*, in: GRUR Int. 2001, 690, S.);

Voigt, Paul/Herrmann, Volker/Grabenschröer, Jan Felix, Das neue Geschäftsgeheimnisgesetz – praktische Hinweise zu Umsetzungsmaßnahmen für Unternehmen, in: Betriebsberater 2019, S. 142–146 (*Voigt/et al.*, in: BB 2016, 142, S.);

Vorwerk, Volkert/Wolf, Christian (Hrsg.), Beck'scher Online-Kommentar ZPO (online, Stand: 37. Edition, 1. Juli 2020) (zitiert: *Bearbeiter*, in: BeckOK ZPO, §, Rn.);

Weigert, Daniel, Angemessene Geheimhaltungsmaßnahmen im Sinne des Geheimnisschutzgesetzes – Geheimnisschutz ad absurdum?, in: Neue Zeitschrift für Arbeitsrecht 2020, S. 209–214 (zitiert: *Weigert*, in: NZA 2020, 209, S.);

Westermann, Ingo, Handbuch Know-how-Schutz, 2007 (zitiert: *Westermann*, Handbuch, Kap., Rn.);

Weyland, Dag (Hrsg.), Bundesrechtsanwaltsordnung, 10. Auflage 2020 (zitiert: *Bearbeiter*, in: Weyland, BRAO, §, Rn.);

Wiebe, Andreas/Schur, Nico, Protection of Trade Secrets in a Data-driven, Networked Environment – Is the update already out-dated?, in: Gewerblicher Rechtsschutz und Urheberrecht, Internationaler Teil 2019, S. 746–751 (zitiert: *Wiebe/Schur*, in: GRUR Int. 2019, 746, S.);

Wieczorek, Bernhard (Begr.)/*Schütze, Rolf* (Hrsg.), Zivilprozessordnung und Nebengesetze, Band 4, §§ 253–299, 4. Auflage 2013 (zitiert: *Bearbeiter*, in: Wieczorek/Schütze, ZPO, §, Rn.);

Wiese, Elena, Die EU-Richtlinie über den Schutz vertraulichen Knowhows und vertraulicher Geschäftsinformationen, 2018 (zitiert: *Wiese*, EU-Richtlinie, S.);

Winzer, Florian, Der Schutz von Geschäftsgeheimnissen im Zivilprozess, 2017 (zitiert: *Winzer*, Schutz von Geschäftsgeheimnissen, Rn.);

Wirtschaftskammer Österreich, Stellungnahme vom 18. Juli 2018 zum Entwurf der UWG-Novelle 2018, Umsetzung der Richtlinie zum Schutz von Geschäftsgeheimnissen, online veröffentlicht, abrufbar unter: https://www.parlament.gv.at/PAKT/VHG/XXVI/SNME/SNME_01627/imfname_705574.pdf (Abrufdatum: August 2020) (zitiert: *WKÖ*, Stellungnahme, S.);

Wolf, Manfred, Zivilprozessuale Verfahrensgarantien in Art. 6 I EMRK als Grundlage eines europäischen Zivilprozeßrechts, in: Köbler, Gerhard/Heinze, Meinhard/Hromadka, Wolfgang (Hrsg.), Festschrift für Alfred Söllner zum 70. Geburtstag, 2000, S. 1279–1296 (zitiert: *Wolf*, in: FS Söllner, 1279, S.);

Wrede, Marc, Das Geheimverfahren im Zivilprozess, 2013 (zitiert: *Wrede*, Geheimverfahren, S.);

Wurzer, Alexander/Kaiser, Lorenz (Hrsg.), Handbuch Internationaler Know-how-Schutz, 2. Auflage 2011 (zitiert: *Bearbeiter*, in; Wurzer/Kaiser, Handbuch, S.);

Zekoll, Joachim/Bolt, Jan, Die Pflicht zur Vorlage von Urkunden im Zivilprozess – Amerikanische Verhältnisse in Deutschland?, in: Neue Juristische Wochenschrift 2002, S. 3129–3134 (zitiert: *Zekoll/Bolt*, in: NJW 2002, 3129, S.);

Ziegelmayer, David, Geheimnisschutz ist eine große Nische, in: Computer und Recht 2018, S. 693–699 (zitiert: *Ziegelmayer*, in: CR 2018, 693, S.);

Zöllner, Stephanie, Der Vorlage- und Besichtigungsanspruch im gewerblichen Rechtsschutz – Ausgewählte Probleme, insbesondere im Eilverfahren, in: Gewerblicher Rechtsschutz, Praxis im Immaterialgüter- und Wettbewerbsrecht 2010, S. 74–80 (zitiert: *Zöllner*, in: GRUR-Prax 2010, 74, S.).

www.ingramcontent.com/pod-product-compliance
Ingram Content Group UK Ltd.
Pitfield, Milton Keynes, MK11 3LW, UK
UKHW021847290926
8980IPUK00005B/704

9 783631 862766